MODERNO DICIONÁRIO DE DIREITO DO TRABALHO

MODERNO DICIONÁRIO
DE DIREITO DO
TRABALHO

Raphael Miziara

MODERNO DICIONÁRIO DE DIREITO DO TRABALHO

EDITORA LTDA.

© Todos os direitos reservados

Rua Jaguaribe, 571
CEP 01224-003
São Paulo, SP — Brasil
Fone (11) 2167-1101
www.ltr.com.br
Abril, 2019

Produção Gráfica e Editoração Eletrônica: PIETRA DIAGRAMAÇÃO
Projeto de capa: FABIO GIGLIO
Impressão: META BRASIL

Versão impressa — LTr 6187.8 — ISBN 978-85-361-9971-9
Versão digital — LTr 9544.5 — ISBN 978-85-301-0001-8

Dados Internacionais de Catalogação na Publicação (CIP)

(Câmara Brasileira do Livro, SP, Brasil)

Miziara, Raphael

Moderno dicionário de direito do trabalho/Raphael Miziara. – São Paulo: LTr, 2019.

Bibliografia.

ISBN 978-85-361-9971-9

1. Brasil – Direito do trabalho 2. Direito Dicionários do trabalho I. Título.

19-23703　　　　　　　　　　　　　　　　　　　　　　　　　　　　　　　　CDU-34:331(81)(03)

Índice para catálogo sistemático:

1. Brasil: Direito do trabalho: Dicionários 34:331(81)(03)
Cibele Maria Dias - Bibliotecária - CRB-8/9427

SUMÁRIO

Nota do autor 15

— A —

Absentismo ou absenteísmo e ausentismo 19
Acordo japonês 19
Ações afirmativas 21
Ações fantasmas ou ações espelho ou *incentive share units* ou *target share units* 22
Agências de colocação 23
Ajenidad 26
Aposentadoria valetudinária ou grande invalidez 28
Aschimofobia 29
Assédio moral organizacional 31
Assédio processual 32
Atividade em sentido estrito 33
Ato inseguro e condição insegura 33
Autogestão da jornada 34

— B —

Background checks 36
Bandeira de favor ou bandeiras de conveniências ou Pavilhões facilitatórios ou Pavilhões de conveniência 36
Bichos 37
Bleisure 38
Bluewashing 38
Boicote 39
Bona fide ocuppations 39
Bônus de retenção (*retention bonus*) 40
Bossing 40

Burnout 41

— C —

Cartismo 42

Caso Bernadotte 42

Caso Fazenda Brasil Verde 43

Caso Griggs vs. Duke Power 44

Caso Hosanna-Tabor 44

Caso Janus 46

Caso Jefferson 46

Caso Laval 47

Caso Luth 49

Caso Nadia Eweida 50

Caso Ruffert 51

Caso Viking 52

Cenário da bomba-relógio 55

Chilling Effect ou efeito inibidor ou efeito congelante ou efeito amedrontador 55

Classificação de Schilling 56

Cláusula compensatória desportiva 56

Cláusula de "*hardship*" 57

Cláusula de exclusividade ou de dedicação exclusiva 57

Cláusula de não concorrência 58

Cláusula de não recrutamento 59

Cláusula de paz ou de trégua e dever de influência 59

Cláusula de permanência ou fidelização 61

Cláusula "*star del credere*" 62

Clásula de *stoppel* 62

Cláusula indenizatória desportiva 63

Cláusula social 63

Clásula valutária 63

Clawback clauses ou *clawback provisions* 67

Closed shop 68

Cluster rights ou direitos-quadro 68

Co.Co.Co e Co.Co.Pro 69

Colportagem 70

Concertação social e pactos sociais 70

Conduta antissindical midiática 70

Company union 71

Compliance trabalhista: aplicação dos princípios "KYC" e "KYE" 71

Condição insegura 72

Contrabando legislativo ou caudas legislativas ou *riders* 72

Contratos de facção 73

Contratos lineares de trabalho 74

Contratos zero hora 74

Controle de convencionalidade 74

Controle de ponto por exceção 75

Contrato de trabalho simultâneo e emprego desdobrado 76

Contrato de trabalho intermitente 79

Core obligations 80

Crowdwork ou *crowdsourcing* 81

Cyber atleta 82

— D —

Dano moral coletivo ou dano extrapatrimonial coletivo 85

Dano ao projeto de vida ou dano existencial ou *hedonic damages* 86

Dano espiritual ou dano ao projeto de pós vida (*Project After Life*) 87

Dano existencial 88

Dano pela perda do tempo livre 88

Danos punitivos ou *punitive damages* ou danos exemplares ou indenização punitiva ou Teoria do valor do desestímulo 88

Danos Sociais 89

Darwinismo normativo 91

Dépeçage 91

Deslaborização 92

Descanso hebdomadário 92

Deslocalização 92

Disgorgement 94

Dispensa coletiva e dispensa plúrima 95

Desregulamentação 95

Desvio do nexo cronológico e desvio do nexo topográfico 96

Dever de acomodação ou adaptação razoável 96

Diamante ético 96

Direito à desconexão 97

Direito à mentira 97

Direito à ocupação efetiva 98

Direito ao esquecimento 98

Direito do trabalho de exceção ou direito do trabalho de crise 98

Direitos laborais inespecíficos 99

Direito transnacional do trabalho 99

Direito do trabalho 4.0 100

Direito de arena 100

Direito de imagem 101

Discriminação estrutural ou sistêmica 101

Discriminação por preconceito implícito (*implicit bias*) 101

Discriminação indireta ou discriminação por impacto adverso 102

Discriminação inversa ou invertida 103

Discriminação múltipla 103

Discriminação oculta 103

Discriminação por retaliação familiar ou por associação familiar 104

Discriminação positiva ou benigna 104

Disparate treatment 105

Downsizing 105

Dress code 106

Dumping social 106

Duty to mitigate the loss 106

— E —

Economia colaborativa ou economia de compartilhamento ou *gig economy* 107

Efeito *cliquet* ou vedação do retrocesso social ou vedação da evolução reacionária 107

Elisão trabalhista 108

Empregado de cristal ou transparente 108

Empregado "hipersuficiente" 109

Empregado "hipervulnerável" 109

Empregado "paravulnerável" 110

Empregados de tendência e empregados neutros 110

Emprego desdobrado 111

Empregos verdes 111

Empresa prestadora de serviços 112

Empresa tomadora de serviços ou empresa-cliente 113

Empresa de trabalho temporário – ETT 113

Empresas ou empregadores ou organizações de tendência 113

Engenharia social de Roscoe Pound 114

Estado da técnica 114

Estado de coisas inconstitucional 115

— F —

Factum principis 117

Fissured work place 118

Flexibilização mediante pactos 118

Flexissegurança 119

Foro sindical 119

Free riders ou caroneiros 120

Fringe benefits 121

Função concorrencial ou *antidumping* do direito do trabalho 121

Fundo de trabalho 122

— G —

Garantia de indenidade 123

Gig economy ou *sharing economy* 123

Glass Ceiling 124

Greve virtual 124
Gueltas 124

— H —

Hiring bônus ou bônus de contratação...126

— I —

l Terzo Contratto 127
Inclusion rider ou *equity rider* 127
Incentive share units ou *target share units* ou *phantom shares* ou ações espelho ...129
Inferno da severidade 130
Infoproletariado ou cyberproletariado 130
Insourcing 131
Internalização das externalidades negativas 131

— J —

Job crafting 132
Job sharing...133
Joint employment ou teoria do vínculo empregatício compartilhado 133
Jornada móvel variável 135

— K —

Kapovaz..138
Karoshi 138

— L —

Label sindical 139
Lateralidade..139
Lay-off..139
Lei do pavilhão...139
Legislação simbólica..140
Lesão enorme..140
Lockout ou Locaute...140

Lookism 141

Ludismo 142

Luvas 143

— M —

Mala branca e mala preta 145

Marchandage 145

Mobbing 145

Modelo Kurzarbeit 145

Most significant relationship ou Teoria do Centro Gravitacional 146

— N —

Negociação coletiva atípica 147

Nexo Técnico Epidemiológico Previdenciário 148

— O —

Offshoring e *nearshoring* 149

Onshoring 149

Outsourcing 149

Outplacement 149

— P —

Pagamento a "*precio alzado*" 151

Panóptico nas relações trabalhistas 151

Paradigma da essencialidade 151

Parassubordinação 152

Pattern bargaining 152

Pejotização 153

Perda de uma chance 153

Phantom shares ou ações espelho ou *incentive share units* ou *target share units* 153

Piquete 155

Presenteísmo 155

Primarização ou *insourcing* 155

Princípio da adequação setorial negociada 155

Princípio da autodeterminação informativa 156

Princípio da compensação da posição debetória complexa das partes 157

Princípio da irreversibilidade da categoria 158

Princípio da nomogênese derivada 158

Princípio do ato contrário e da continuidade da vontade nacional 158

Princípio do centro de gravidade 160

Princípio do *non-refoulement* 160

Princípio *pro homine* 160

— Q —

Qualificações ocupacionais de boa-fé 161

Quarta Revolução Industrial ou Indústria 4.0 161

Quarteirização 161

Química da intrusão 163

— R —

Racketeering 164

Rattening 164

Regime SDF 164

Relação de trabalho em curva 164

Responsabilidade contributiva 165

Responsabilidade em terceiro grau 165

Responsabilidade vicária 166

— S —

Sabotagem 168

Salário emocional 168

Salário Mínimo de Inserção e Renda de Solidariedade Ativa 169

Selo social 170

Semana espanhola 170

Semana francesa 170

Semana inglesa 170

Sistema de *backlog* 170

Socialização 173

Split salary 173

Stalking 174

Stock options 174

Straining 174

Subordinação agonal 175

Subordinação algorítmica ou virtual 175

Subordinação eclesiástica 176

Subordinação estrutural 176

Subordinação integrativa 177

Subordinação objetiva 177

Subordinação potencial 177

Subordinação reticular 177

Subordinação virtual 178

Sweating system 178

Sweat shops 178

— T —

Target share units ou *incentive share units* ou *phantom shcres* ou ações espelho 179

Teletrabalho 180

Teoria da árvore de causas ou multicausalidade fatorial 181

Teoria da falha segura ou *fail-safe doctrine* e da falha perigosa 181

Teoria da torneira das tutelas 182

Teoria do desvio produtivo 183

Teoria do domínio da posição (*command responsability*) ou princípio do comando ou da responsabilidade superior 184

Teoria do impacto desproporcional 184

Teoria do queijo suíço 185

Teoria regalista ou feudal da responsabilidade civil 185

Terceirização em cadeia 186

Terceirização estruturante e Terceirização precarizante ou predatória 187

Trabalho escravo contemporâneo 188

Trabalho intermitente 189

Trabalho "*on demand*" via apps 189

Troika 189

Truck system ou *tiendas de raya* 190

— U —

Uberização 192

Undue hardship 192

— V —

Vesting 193

— W —

Wearable technology ou tecnologia vestível 194

Whistleblower 195

— Y —

Yellow dog contracts 196

— Z —

Zero-hour contract 197

Referências Bibliográficas 199

NOTA DO AUTOR

Em tempos de modernidade líquida, a mudança é a única coisa permanente e a incerteza a única certeza, escreveu Zygmunt Bauman. As informações percorrem o globo na velocidade da luz. Somos, todos nós, a todo momento, bombardeados com novas notícias, teorias, teses, conceitos e informações de todo gênero. Esse turbilhão de dados, muitas vezes, não é possível de ser compreendido e cooptado pelo ser humano.

Nesse cenário, um dos grandes desafios do profissional da era pós-moderna é, sem sombra de dúvidas, o de se manter atualizado. O profissional que fica um dia sequer sem acompanhar as novidades de sua área torna-se, do dia para a noite, obsoleto e desatualizado.

Esse fenômeno não é diferente no campo jurídico, especialmente quando se pensa no ordenamento jurídico brasileiro, mais *líquido* do que qualquer outro. Vivemos em um sistema *civil law*, de origem romano-germânica, que consegue ser mais instável do que qualquer outro sistema de *common law*, de origem anglo-saxônica.

Foi diante desse panorama de incertezas constantes e informações espalhadas que surgiu a ideia da presente obra, cujo propósito consiste em explicar o significado de certos institutos de direito do trabalho, principalmente do chamado direito do trabalho 4.0, fruto da Revolução Informacional e que deu origem a essa sociedade *info-info*, caracterizada pela soma da informática com a informação.

Nota-se, cada vez mais, a invasão de estrangeirismos para o direito do trabalho pátrio. Expressões como *gig economy*, *big data*, *crowdwork*, *outsourcing*, dentre várias outras, estão a cada dia mais impregnadas no nosso cotidiano. É preciso que o jurista moderno – aquele que atua no nosso tempo – esteja preparado para ser um moderno jurista – aquele que, além de atuar no nosso tempo, está com ele conectado e em sintonia.

Algumas expressões selecionadas não compõem o núcleo daquilo que se chama *moderno direito do trabalho*, daí porque o título também faz alusão a *outras expressões inusitadas* e muitas vezes desconhecidas, principalmente por aqueles que estão iniciando seus estudos na área.

Espera-se que a proposta encontre boa acolhida entre os profissionais da área jurídica. Mas, não só, pois o trabalho se destina também a todos aqueles que, de uma forma ou de outra, convivem com o ramo trabalhista em seu cotidiano, tais como administradores, contabilistas, empresários e trabalhadores.

Brasília/DF, 27 de novembro de 2018.

Raphael Miziara

Professor. Advogado.

Editor do site **www.ostrabalhistas.com.br**

Instagram: **@rmiziara** *e* **@informativos.tst**

E-mail: miziararaphael@gmail.com

"A mudança é a única coisa permanente e a incerteza, a única certeza".
Zygmunt Bauman

– A –

ABSENTISMO OU ABSENTEÍSMO E AUSENTISMO

O léxico informa que 'absentista' é aquele que está ou costuma estar ausente, ou seja, aquele que pratica o absentismo ou o absenteísmo, entendidos como a prática habitual de abandonar o cumprimento de deveres e funções de determinado cargo ou posto.[1]

No direito do trabalho, o absentismo ou absenteísmo consiste na falta ou ausência *injustificada* do empregado ao trabalho, ou seja, sem previsão legal. Mas, se a falta ou ausência for *justificada legalmente*, fala-se então em ausentismo, como se dá, por exemplo, nas hipóteses do art. 473 da CLT.

A Organização Internacional do Trabajo – OIT define o absentismo laboral como *"la no asistencia al trabajo por parte de un empleado que se pensaba que iba a asistir, quedando excluidos los períodos vacacionales y las huelgas; y el ausentismo laboral de causa médica, como el período de baja laboral atribuible a una incapacidad del individuo, excepción hecha para la derivada del embarazo normal o prisión"*.[2]

Portanto, a OIT faz distinção entre os termos 'absentismo' e 'ausentismo'. O primeiro, para se referir a ausências injustificadas e, o segundo, para designar ausências por enfermidade e, portanto, legalmente aceitas.

Ver também **presenteísmo*.

ACORDO JAPONÊS

O acordo japonês é aquele por meio do qual se admite redução salarial em troca da permanência do emprego, evitando, assim, dispensas. Trata-se de medida de proteção ao emprego. Mas, é preciso compreender o contexto histórico, a origem de tal expressão e a razão pela qual ela é utilizada para designar esse tipo de avença.

Os direitos de quarta dimensão estão ligados à democracia e ao pluralismo, principalmente no que tange aos direitos das minorias. Fala-se, então, em pluralismo, democracia e o direito de ser diferente. Contudo, essa percepção apresenta um cidadão passivo, carente de proteção estatal, que a tudo espera como direito de contribuir; logo, o sujeito é membro da sociedade, podendo, quando quiser, participar das coisas do Estado.[3]

Contudo, é preciso que também se vislumbrem os direitos de quarta dimensão sob perspectiva de dever, que enxerga e imprime ao cidadão a necessidade de um ser ativo e com responsabilidade pelos rumos da nação. Esta visão é a essência do bom cidadão.

A partir dessa perspectiva ativa é que surge o chamado *acordo japonês*. A doutrina leciona que foi o alto senso de cooperação que levou o Japão, após a 2ª Guerra Mundial, a superar a grave crise financeira e social, inclusive adotando, no âmbito trabalhista, o chamado *acordo japonês*, que permite a redução salarial em troca da permanência do emprego de contingente maior, evitando, assim, a despedida em massa. Houve um sentimento patriótico, no qual ocorreu divisão de responsabilidades, não só imposta pelo Estado, mas procurada e aceita pelos próprios cidadãos.[4]

---

(1) HOUAISS, Antônio. Dicionário Houaiss da língua portuguesa. Rio de Janeiro: Objetiva, 2009. p. 17.
(2) Oficina Internacional del Trabajo. *Enciclopedia de salud y seguridad en el trabajo*. Centro de publicaciones del Ministerio de Trabajo y Seguridad Social.
(3) LIMA, Francisco Gérson Marques de. *Dos deveres constitucionais*: o cidadão responsável. Disponível em: <http://servicos.prt7.mpt.gov.br/artigos/2011/Deveres% 20Constitucionais.pdf>. Acesso em: 22.07.2018.
(4) LIMA, Francisco Gérson Marques de. *Dos deveres constitucionais*: o cidadão responsável. Disponível em: <http://servicos.prt7.mpt.gov.br/artigos/2011/Deveres% 20Constitucionais.pdf>. Acesso em 22.07.2018.

Portanto, o acordo japonês é aquele por meio do qual se admite redução salarial em troca da permanência do emprego, evitando, assim, dispensas. Trata-se de medida de proteção ao emprego mas que, para ser legítima e observadora da boa-fé, deve ser de caráter temporário, apenas e enquanto for necessária para recuperação da economia.

No Brasil é garantida a irredutibilidade do salário, salvo o disposto em convenção ou acordo coletivo (art. 7º, VI, CRFB/88) e desde que seja respeitada a contrapartida adequada, qual seja, a garantia do emprego.

Vale lembrar que nos termos do art. 611-A, § 3º, da CLT, incluído pela Lei n. 13.467, de 2017 – Reforma Trabalhista: *"se for pactuada cláusula que reduza o salário ou a jornada, a convenção coletiva ou o acordo coletivo de trabalho deverão prever a proteção dos empregados contra dispensa imotivada durante o prazo de vigência do instrumento coletivo"*.

A citada norma celetista deve ser lida em conjunto com as disposições da Lei n. 4.923/65, editada logo após os anos de 1961 a 1964, período no qual o Brasil sofreu um período de forte turbulência política, que agravou o descontrole econômico da inflação, entre outras variáveis macroeconômicas.[5]

De acordo com o art. 2º da Lei n. 4.923/65: *"a empresa que, em face de conjuntura econômica, devidamente comprovada, se encontrar em condições que recomendem, transitoriamente, a redução da jornada normal ou do número de dias do trabalho, poderá fazê-lo, mediante prévio acordo com a entidade sindical representativa dos seus empregados, homologado pela Delegacia Regional do Trabalho, por prazo certo, não excedente de 3 (três) meses, prorrogável, nas mesmas condições, se ainda indispensável, e sempre de modo que a redução do salário mensal resultante não seja superior a 25% (vinte e cinco por cento) do salário contratual, respeitado o salário-mínimo regional e reduzidas proporcionalmente a remuneração e as gratificações de gerentes e diretores"*.

Ainda, conforme o parágrafo primeiro do mesmo dispositivo, *"para o fim de deliberar sobre o acordo, a entidade sindical profissional convocará assembleia geral dos empregados diretamente interessados, sindicalizados ou não, que decidirão por maioria de votos, obedecidas as normas estatutárias"*.

Igualmente, as empresas que tiverem autorização para redução de tempo de trabalho, nos termos do art. 2º e seus parágrafos, não poderão, até 6 (seis) meses depois da cessação desse regime admitir novos empregados, antes de readmitirem os que tenham sido dispensados pelos motivos que hajam justificado a citada redução ou comprovarem que não atenderam, no prazo de 8 (oito) dias, ao chamado para a readmissão (art. 3º, *caput*, da Lei n. 4.923/65).

E, firmado o acordo, é também vedado às empresas mencionadas no art. 3º, nas condições e prazos nele contidos, trabalhar em regime de horas extraordinárias, ressalvadas estritamente as hipóteses previstas no art. 61, e seus parágrafos 1º e 2º, da CLT (art. 4º, *caput*, da Lei n. 4.923/65).

Portanto, no Brasil, como bem sintetizam José Wally Gonzaga Neto e Adriana Schio, são os requisitos para o "acordo japonês": (i) negociação coletiva; (ii) respeito ao salário mínimo; (iii) limite de 25% na redução salarial; (iv) obrigatoriedade de extensão da redução salarial proporcionalmente aos cargos de direção e gerência; (v) duração de três meses, com possibilidade de prorrogação; (vi) vedação à realização de horas extras; (vii) vedação à admissão de novos empregados pelo prazo de seis meses após o término da redução salarial, entre outros.[6]

A esse rol, ainda pode se acrescentar um oitavo requisito, previsto no art. 611-A, § 3º, da CLT, incluído pela Reforma Trabalhista, qual seja, (viii) proteção dos empregados contra dispensa imotivada durante o prazo de vigência do instrumento coletivo.

Também com a ideia de redução salarial e de jornada com proteção do emprego foi criado o Programa de Proteção ao Emprego (PPE), instituído pela Medida Provisória n. 680, de 6 de julho de 2015, posteriormente convertida na Lei n. 13.189, de 19 de novembro de 2015 e, também posteriormente, alterada pela Lei n. 13.456, de 2017, que alterou o nome do programa para "Programa Seguro-Emprego (PSE)", tudo no afã de conter o crescimento do desemprego involuntário gerado a partir da crise econômica de 2015.

---

(5) MESQUITA, Mário M. C. *Brasil 1961-1964*: inflação, estagnação e ruptura. n. 569. Departamento de Economia da PUC-RJ. Disponível em: <http://www.econ.puc-rio.br/pdf/td569.pdf>. Acesso em: 28.07.2018.
(6) GONZAGA NETO, José Wally; SCHIO, Adriana Cavalcante de Souza. *A negociação coletiva para redução salarial*: o "Acordo japonês" e o PPE. In: Revista eletrônica Tribunal Regional do Trabalho da 9ª Região. Curitiba. v. 5, n. 51, p. 146-155, jun. 2016.

O Programa Seguro-Emprego (PSE) foi criado com os seguintes objetivos: possibilitar a preservação dos empregos em momentos de retração da atividade econômica; favorecer a recuperação econômico-financeira das empresas; sustentar a demanda agregada durante momentos de adversidade, para facilitar a recuperação da economia; estimular a produtividade do trabalho por meio do aumento da duração do vínculo empregatício; e fomentar a negociação coletiva e aperfeiçoar as relações de emprego e consiste em ação para auxiliar os trabalhadores na preservação do emprego (art. 1º, *caput* e parágrafo único, da Lei n. 13.189, de 19 de novembro de 2015).

Podem aderir ao PSE as empresas de todos os setores em situação de dificuldade econômico-financeira que celebrarem acordo coletivo de trabalho específico de redução de jornada e de salário.

A adesão ao PSE podia ser feita perante o Ministério do Trabalho até o dia 31 de dezembro de 2017, prazo esse já expirado. Assim, na presente data, não mais existe a possibilidade de adesão ao PSE, sendo que o acordo japonês no Brasil permanece regulado apenas pelas disposições normativas do art. 611-A, § 3º, da CLT c/c Lei n. 4.923/65.

AÇÕES AFIRMATIVAS

Ações afirmativas ou discriminações positivas ou benignas podem ser entendidas como políticas públicas e privadas voltadas à concretização do princípio constitucional da igualdade, em sua dimensão substancial material e à neutralização dos efeitos da discriminação racial, de gênero, de idade, de origem e de compleição física. Em razão das ações afirmativas, a igualdade deixa de ser meramente um princípio jurídico a ser respeitado por todos, e passa a ser um objetivo constitucional a ser alcançado pelo Estado e pela sociedade.

Trata-se, assim, da promoção e concretização efetiva e real da isonomia por meio de condutas positivas cujo propósito é beneficiar, para igualar, grupos em situação de desvantagem prévia ou, até mesmo de exclusão, em virtude de fatores históricos ligados a sua condição racial, étnica, sexual etc.

Paulo Jakutis afirma que por meio das ações afirmativas "*são adotadas políticas e ações que realmente fazem distinções entre pessoas em situações semelhantes, mas essa diferenciação, contrariamente ao que ocorre com a discriminação, tem uma explicação lógica e uma finalidade específica, visando a melhorar a condição social de um grupo ou classe em desvantagem crônica*".[7]

Como exemplos de ações afirmativas no direito do trabalho destacam-se, principalmente, o sistema de cotas para beneficiários reabilitados ou pessoas portadoras de deficiência, habilitadas (art. 93, da Lei n. 8.213/91, que dispõe sobre os Planos de Benefícios da Previdência Social).

Igualmente, o Decreto n. 3.956, de 8 de outubro de 2001, que promulgou a *Convenção Interamericana para Eliminação de Todas as Formas de Discriminação contra as Pessoas Portadoras de Deficiência*. Ainda, se pode citar o Decreto n. 6.949, de 25 de agosto de 2009, que promulgou a *Convenção Internacional sobre os Direitos das Pessoas com Deficiência e seu Protocolo Facultativo*. Igualmente, a Lei n. 13.146, de 6 de julho de 2015, que instituiu o Estatuto da Pessoa com Deficiência.

Especificamente no âmbito da Organização Internacional do Trabalho, pode-se mencionar o Decreto n. 129, de 22 de maio de 1991, que promulgou a Convenção n. 159 da OIT, sobre Reabilitação Profissional e Emprego de Pessoas Deficientes.

Ainda, importante citar, dentre outros inúmeros exemplos de ações afirmativas no direito do trabalho, a aplicabilidade das ações afirmativas em prol dos *povos indígenas e tribunais*, tal como estabelece a Convenção n. 169 da OIT, ratificada pelo Brasil e introduzida pelo Decreto n. 5.051, de 19 de abril de 2004. O artigo 20 da referida Convenção, ao tratar da "*contratação e condições de emprego*", vaticina que "*1. Os governos deverão adotar, no âmbito da legislação nacional e em cooperação com os povos interessados, medidas especiais para garantir aos trabalhadores pertencentes a esses povos uma proteção eficaz em matéria de contratação e condições de emprego, na medida em que não estejam protegidas eficazmente pela legislação aplicável aos trabalhadores em geral. 2. Os governos deverão **fazer o que estiver ao seu alcance para evitar qualquer***

---

(7) JAKUTIS, Paulo. *Manual de estudo da discriminação no trabalho*. São Paulo: LTr, 2006. p. 40.

discriminação entre os trabalhadores pertencentes ao povos interessados e os demais trabalhadores, especialmente quanto a: a) acesso ao emprego, inclusive aos empregos qualificados e às medidas de promoção e ascensão; b) remuneração igual por trabalho de igual valor; c) assistência médica e social, segurança e higiene no trabalho, todos os benefícios da seguridade social e demais benefícios derivados do emprego, bem como a habitação; d) direito de associação, direito a se dedicar livremente a todas as atividades sindicais para fins lícitos, e direito a celebrar convênios coletivos com empregadores ou com organizações patronais." (gn)

Ver também *Discriminação positiva ou benigna

AÇÕES FANTASMAS OU AÇÕES ESPELHO OU INCENTIVE SHARE UNITS OU TARGET SHARE UNITS

A figura das *incentive share units* (unidades monetárias de incentivo), igualmente chamadas de *phantom shares* (ações fantasmas), foi gestada pela criatividade mercantil da famosa instituição financeira *Credit Suisse*. As *incentive share units*, também chamadas no mundo corporativo de *target share units*, ou simplesmente "ISU", são parcelas de natureza não trabalhista conexas ao contrato de emprego. Ou seja, decorrem do contrato de trabalho, mas possuem natureza eminentemente mercantil, neste ponto se assemelhando às *stock options*. Na verdade, as *phantom shares* são espécies do gênero *stock options* e, em razão de seu caráter eminentemente mercantil, não gozam dos princípios de proteção salarial.

As "ISU" são verbas de incentivo que buscam encorajar o empregado na busca de melhores resultados, já que os valores recebidos, a título de bônus de pagamento, sofrerão variações de acordo com o melhor ou pior desempenho da empresa. Em outros termos, é um mecanismo de estímulo concedido pelo empregador ao empregado que permite o ganho do deste último na valorização futura da empresa.

Assim, embora a concessão das ações de incentivo seja oriunda do contrato de trabalho, o Empregado não possui garantia de obtenção de um valor determinado, tendo em vista as variações do mercado acionário, o que revela a natureza mercantil da vantagem.

As ações fantasmas ou *phantom shares* envolvem a concessão de uma cota virtual de ações resgatáveis após o período de carência, desde que atendidas as condições previstas em regulamento. Por esse sistema, o direito de resgatar as ações somente se materializa em direito subjetivo após o final do prazo de carência fixado pelo plano. Esse período de carência é conhecido como "*vesting*". Logo, se o empregado se demitir antes de decorrido determinado período de carência (ou "*vesting*") poderá perder o direito ao resgate.

Sobre as "ISU" vale observar que, no direito comparado, a Suprema Corte suíça já definiu critérios objetivos para identificação da natureza jurídica da parcela. Trata-se do critério da "*very high remuneration*".

Segundo a mais alta Corte suíça, se o empregado recebe, a título de "ISU", um valor muito alto – maior que cinco vezes a remuneração média do cargo –, este valor é legítima verba de incentivo e, portanto, com nítida natureza comercial. Por outro lado, se os valores recebidos a título de incentivo não ultrapassarem cinco vezes o valor da remuneração média do cargo, entende-se que se tratam de salário disfarçado e, portanto, deverão receber a proteção legal da intangibilidade[8].

Assim, em regra, não há a correlação estabelecida entre a prestação dos serviços e o ganho no resgate das ações, pois estão envolvidos fatores alheios à empresa, relacionados à valorização das ações no mercado. No entanto, válido o critério adotado pela Suprema Corte suíça como fator indicado ao intérprete na sempre tormentosa identificação da natureza jurídica das parcelas oriundas do contrato de trabalho.

A propósito do tema, o C. Tribunal Superior do Trabalho entende que "*é lícita a cláusula que prevê a perda de "ações fantasmas" (unidades monetárias de incentivo) pelo empregado que pedir demissão antes de decorrido o prazo de carência ("vesting")*

---

(8) KAUFMANN, Roland; JAGGI, Vibeke. Swiss Supreme Court defines "very high remuneration" and sets a framework for manager's remuneration. Disponível em: <http://www.froriep.com/uploads/tx_news/NL_ Employment_EN_29_09_15def.pdf?utmsource=Mondaq&utm_medium=syndication&utm_campaing=View-Original>. Acesso em: 25 jul. 2018.

fixado pelo regulamento. Não há falar em sujeição à vontade unilateral do empregador, mas na mera expectativa de direito ao resgate das ações de incentivo no curso do prazo de carência." (ARR-2843-80.2011.5.02.0030, Relatora Ministra: Maria Cristina Irigoyen Peduzzi, Data de Julgamento: 18.11.2015, 8ª Turma, Data de Publicação: DEJT 20.11.2015).

No caso julgado, a 8ª turma do TST considerou lícita cláusula que previa a perda de "ações fantasmas" (ações de incentivo) pelo empregado que se demitisse antes de decorrido o prazo de carência de três anos fixado pelo regulamento do Banco de Investimentos Credit Suisse (Brasil) S.A.

O TST entendeu que o plano de ações é mera liberalidade a favor do empregado, cuja aquisição foi condicionada à sua permanência na empresa pelo período de carência. Entendeu ainda que, no que tange ao elemento volitivo, a concessão da vantagem não está sujeita ao puro arbítrio do empregador, mas depende das vontades intercaladas das partes.

Igualmente, no caso concreto julgado, o empregado manifestou a vontade de romper o vínculo empregatício antes do encerramento do prazo de carência, quando havia mera expectativa de direito.

Ver *phantom shares*

Ver *incentive share units*

Ver *target share units*

Ver *vesting*

AGÊNCIAS DE COLOCAÇÃO

Agências de colocação, também chamadas de agências de angariação de mão de obra ou agências de emprego ou, ainda, escritórios de emprego, consistem em entidades, privadas ou públicas, com ou sem fins lucrativos, que fazem cadastro de mão de obra disponível no mercado para, posteriormente, colocá-la à disposição de empregadores interessados.

O tema ganha relevo no moderno direito do trabalho, pois as antigas agências de colocação, outrora operantes em estado físico, ressurgem com nova roupagem, passando a atuar no mundo virtual, por meio de *websites* que, mediante o pagamento de valores dos candidatos a empregos, coletam currículos e os colocam à disposição de empresas usuárias. Muitas vezes referidas agências cobram, inclusive, porcentagem sobre salários futuros como forma de pagamento por tê-los encaminhado a entrevistas ou vagas de emprego.

Agências de colocação ou agências de angariação de mão de obra, especialmente as privadas e com fins lucrativos, inicialmente vedadas pela Convenção n. 34 da OIT, ganharam aceitação com o tempo. Considerada muito rígida[9], a Convenção n. 34 da OIT foi revisada em 1949 pela Convenção n. 96 da OIT que, por sua vez, deixou aos Estados ratificantes a opção de proibir a existência de tais agências (Parte II) ou de regular sua atividade (Parte III).

Segundo o art. 1º da Convenção n. 96 da OIT[10], concernente aos Escritórios Remunerados de Empregos, a expressão "escritório de empregos" designa: *a)* os escritórios de colocação *com fins lucrativos*, quer dizer, toda pessoa, sociedade, instituição, agência ou outra organização que serve de intermediária para pronunciar emprego a um trabalhador para um empregador, com a finalidade de tirar de um ou de outro proveito material direto ou indireto; esta definição não se aplica aos jornais ou outras publicações, salvo àqueles cujo objeto exclusivo ou principal é agir como intermediário entre os empregadores e trabalhadores; *b)* os escritórios de colocação com fins não lucrativos, quer dizer, os serviços de colocação das sociedades, instituições, agências ou outras organizações que, mesmo não percebendo proveito material, recebem do empregador ou do trabalhador, para os ditos serviços, uma taxa de entrada, uma quota uma remuneração qualquer.

Como dito, a Convenção n. 96 da OIT foi ratificada pelo Brasil, mas, posteriormente, denunciada (Decreto n. 70.224, de 01.03.1972). Não obstante, vale esclarecer que a Convenção n. 96 foi revista pela Convenção n. 181 da OIT, que dispõe sobre

---

(9) SERVAIS, Jean-Michel. *Derecho internacional del trabajo*. Buenos Aires: Heliasta, 2011. p. 186. Para um estudo aprofundado sobre as convenções da OIT sobre "serviços de emprego" consultar: SERVAIS, Jean-Michel. *Derecho internacional del trabajo*. Buenos Aires: Heliasta, 2011.
(10) Essa Convenção, de n. 96, foi denunciada pelo Brasil em 1972, no Governo do então Presidente Emílio G. Médici, pelo Decreto n. 70.224. Deixou de vigorar no plano interno em 14.1.73.

Agências de Emprego Privadas que, em seu artigo 16º assim dispõe: "*A presente Convenção revê a convenção sobre as agências de colocação não gratuitas (revista), 1949, e a convenção sobre as agências de colocação não gratuitas, 1933*". A de n. 181, que reviu a n. 96 e a n. 34, não ratificada pelo Brasil.

Essa revisão passou a admitir o funcionamento das Agências de Emprego Privadas e foi feita pela OIT, "*consciente da importância da flexibilidade no funcionamento dos mercados de trabalho*", bem como "*considerando o contexto muito diferente em que operam as agências de emprego privadas, em relação às condições que prevaleciam aquando da adopção da convenção supracitada*" (referindo-se à Convenção n. 96) e "*reconhecendo o papel que as agências de emprego privadas podem desempenhar no bom funcionamento do mercado de trabalho*".

A Convenção n. 181 passou a definir as agências de colocação em seu artigo 1º, item I, da seguinte forma, *verbis*: "*1 — Para os efeitos da presente Convenção, a expressão "agência de emprego privada" designa qualquer pessoa singular ou colectiva, independente das autoridades públicas, que preste um ou mais dos seguintes serviços referentes ao mercado de trabalho: a) Serviços que visam a aproximação entre ofertas e procuras de emprego, sem que a agência de emprego privada se torne parte nas relações de trabalho que daí possam decorrer; b) Serviços que consistem em empregar trabalhadores com o fim de os pôr à disposição de uma terceira pessoa, singular ou colectiva (adiante designada 'empresa utilizadora'), que determina as suas tarefas e supervisiona a sua execução; c) Outros serviços relacionados com a procura de empregos que sejam determinados pela autoridade competente após consulta das organizações de empregadores e de trabalhadores mais representativas, tais como o fornecimento de informações, sem que no entanto visem aproximar uma oferta e uma procura de emprego específicas*".

Ao contrário do que possa parecer a Convenção n. 181 não instituiu a prática do *marchandage* já que, em seu artigo 7º, proíbe expressamente qualquer tipo de retribuição pecuniária. Confira-se: "*1 — As agências de emprego privadas não devem impor aos trabalhadores, directa ou indirectamente, no todo ou em parte, o pagamento de honorários ou outros encargos. 2 — No interesse dos trabalhadores visados, a autoridade competente pode, após consulta das organizações de empregadores e de trabalhadores mais representativas, autorizar derrogações ao disposto no n. 1 em relação a certas categorias de trabalhadores e para serviços específicos fornecidos pelas agências de emprego privadas. 3 — Qualquer membro que autorizar derrogações com base no n. 2 deve, nos seus relatórios, ao abrigo do artigo 22º da Constituição da Organização Internacional do Trabalho, fornecer informações sobre as mesmas e apresentar as razões que as justificam.*"

Em que pese não vigorarem no plano interno as disposições das Convenções ns. 96 e 181, fato é que o Brasil ratificou a Convenção n. 88, de junho de 1948 (Decreto n. 41.721, de 25.6.57), que dispõe sobre Organização do Serviço de Emprego, em pleno vigor no plano interno.

Em razão dessa última Convenção, o Brasil deve manter, e cuidar para que seja mantido, um serviço *público* e *gratuito* de emprego. O art. 6º da referida Convenção institui uma espécie de agência de colocação oficial: "*Art. 6 — O serviço de emprego deve ser organizado de maneira a assegurar a eficácia do **recrutamento** e da **colocação** dos trabalhadores; para essa finalidade, deve: a) ajudar os trabalhadores a encontrar emprego apropriado e os empregadores a recrutar trabalhadores que convenham às necessidades das empresas; mais particularmente, deve, conforme as regras formuladas sobre o plano nacional: I) **registrar os pretendentes a empregos**, anotar suas qualidades profissionais, sua experiência e seus gostos, interrogá-los para fins de emprego, examinar, se necessário, suas aptidões físicas e profissionais e ajudá-los a obter, se preciso, uma orientação, uma formação ou readaptação profissional; II) obter dos empregadores informações precisas sobre os empregos vagos notificados por eles ao serviço, e sobre as condições que devem preencher os trabalhadores que procuram; III) **encaminhar** para os empregos vagos os candidatos que possuam as aptidões profissionais e físicas exigidas; IV) organizar a compensação da oferta e da procura de emprego de um escritório a outro, quando o escritório consultado em primeiro lugar não está em condições de colocar convenientemente os empregos vagos, ou quando outras circunstâncias o justifiquem*".

Por fim, convém mencionar que atualmente, *no Brasil, não existe regulamentação sobre agências remuneradas de colocação*. Inicialmente, o Decreto n. 62.756/68 chegou a regulamentar a atividade das agências remuneradas de colocação e estabelecer que "*agência de colocação com fins lucrativos, isto é, tôda sociedade, instituição, escritório ou outra qualquer organização que sirva de intermediário para procurar um emprêgo para um trabalhador ou um trabalhador para um empregador, com o objetivo *de obter de um ou de outro um benefício direto ou indireto*" (art.1º, parágrafo único, alínea "*a*").

Ainda, que "*agência de colocação sem fins lucrativos, isto é, todo serviço de colocação das sociedades, instituições, agências ou outras organizações que, sem buscar um benefício material, perceba do empregador ou do trabalhador, pelos seus serviços somente jóias, emolumentos ou contribuições*" (art.1º, parágrafo único, alínea "b").

No entanto, o Decreto n. 99.663, de 31.10.1990, revogou totalmente o Decreto n. 62.756/68 e extinguiu o Cadastro Geral das Agências de Colocação de Mão de Obra, com ou sem fins lucrativos, públicas ou privadas.

Com isso, como já dito acima, afirma-se que no Brasil, atualmente, não existe regulamentação acerca da atividade de agenciamento de mão de obra por empresas privadas. Pelo contrário, em razão da Convenção n. 88 da OIT, ratificada pelo Brasil, o país deve manter, e cuidar para que seja mantido, um serviço público e gratuito de emprego, organizado de maneira a assegurar a eficácia do recrutamento e da colocação dos trabalhadores (art. 6º, da Convenção n. 88).

Apesar de não ratificada pelo Brasil, as disposições da Convenção n. 181, que permite a atividade de agências de emprego privadas, mas desde que sem fins lucrativos, podem ser aplicadas com base no art. 8º da CLT, em razão da lacuna normativa existente. Igualmente, pode-se aplicar analogicamente o art. 18 da Lei n. 6.019/74 que veda qualquer cobrança do trabalhador temporário.

A propósito, o Ministério Público do Trabalho já acionou agências de emprego *on line* que cobram salários futuros por serviços de encaminhamento a vagas. Na referida ação, que tramita perante o TRT da 1ª Região (Rio de Janeiro) (autos n. 0100038-59.2017.5.01.0070)[11], o MPT aduz que "*nos países que ratificaram a convenção da OIT, os serviços prestados pelas agências são pagos pelos empregadores, não pelos empregados. Não se quer impedir ou extinguir a atividade econômica do réu, mas apenas disciplina-la em atenção aos princípios constitucionais e à ordem jurídica trabalhista. Obviamente que o réu poderá continuar a exercer sua atividade, mas prestando o serviço ao empregador, que é quem deve arcar com os custos do recrutamento, como claramente preconiza a OIT*", afirmou o membro do MPT, Cássio Casagrande.

No processo em referência, em primeiro grau, a agência *on line* foi condenada ao pagamento de danos morais coletivos que em segundo grau foram majorados para R$ 9.000.000,00 (nove milhões de reais), em acórdão que ficou assim ementado:

> *A colocação de trabalhadores no mercado de trabalho não pode servir ao lucro abusivo de empresa que é apenas a intermediária da mão de obra. Aplicação analógica do artigo 18 da Lei 6.019/74 que veda qualquer cobrança do trabalhador temporário, por mera intermediação dos serviços. Os atos praticados têm repercussão coletiva porque afrontam preceitos fundamentais da Constituição Federal de 1988, tais como o princípio da dignidade do trabalhador e o valor social do trabalho, previstos no art. 1º, III e IV, bem como a garantia de acesso ao mercado de trabalho que se extrai do art. 6º da CRFB/88, e a reparação moral precisa ser significativa para cobrir os aspectos lenitivo, dissuasório e exemplar, donde a respectiva indenização deve ser fixada de forma proporcional à certeza de que o ato ofensivo não fique impune segundo as possibilidades econômicas do ofensor, e que assim lhe sirva de desestímulo a práticas que possam retirar do trabalhador a dignidade, o que justifica a majoração da reparação moral para R$ 9.000.000,00 (nove milhões de reais), valor adequado à reparação, em consonância com o princípio da razoabilidade, consubstanciado no parágrafo único do artigo 944 do Código Civil.* (TRT 1ª Região – Processo n. 0100038-59.2017.5.01.0070 (RO) – ACP – RECORRENTES: MINISTÉRIO PÚBLICO DO TRABALHO e MANAGER ONLINE SERVIÇOS DE INTERNET LTDA; RECORRIDA: OS MESMOS; RELATOR: DESEMBARGADOR THEOCRITO BORGES DOS SANTOS FILHO; julgamento: 04.07.2018)

Como se vê, as agências de colocação caracterizam-se pelo fato de serem meras intermediárias de uma contratação direta entre um trabalhador e um empregador interessado. Elas simplesmente

---

(11) Até a data de fechamento da presente edição, o acórdão, datado de 4 de julho de 2018 e que majorou o valor da indenização por danos morais coletivos para nove milhões de reais, ainda não havia transitado em julgado.

cadastram trabalhadores e empregadores interessados e, na medida das possibilidades cadastrais, apresentam uns aos outros, favorecendo a formação de vínculos contratuais de empregos diretos.

Por fim, segue tabela sobre as Convenções da OIT relacionadas ao tema, levando-se em consideração a situação do Brasil em relação a cada uma delas:

Título	Objeto	Situação do Brasil
Convenção 34 (1933) Sobre as agências remuneradas de colocação	Impõe a supressão gradativa das agências remuneradas de colocação.	Não ratificada pelo Brasil.
Convenção 88 (1948) Sobre a Organização do Serviço de Emprego	O país que ratificar deve manter e cuidar para que seja mantido, um serviço *público* e *gratuito* de emprego.	Ratificada em 25 de abril de 1957 e em vigor.
Convenção 96 (1949) Concernente aos Escritórios Remunerados de Empregos	Revisa a Convenção 34 e deixou aos Estados ratificantes a opção de proibir a existência de tais agências ou de regular sua atividade.	Ratificada em 21.06.1957 e denunciada em 01.03.1972. Não está em vigor no plano interno.
Convenção 181 (1997) Relativa às Agências de Emprego Privadas	Reviu a Convenção n. 96 e permite as agências de emprego privada, mas *desde que sem fins lucrativos*.	Não ratificada pelo Brasil.

AJENIDAD

Sabe-se que o elemento subordinação é a "*ponte de ouro*" para a relação de emprego e, por consequência, de todo o manto protetivo trabalhista. Ausente a subordinação, não há que se falar em relação de emprego e sua consequente tutela.

Acerca da identificação e caracterização do elemento subordinação, de grande valia se mostra o instituto espanhol da "ajenidad", pois ele pode socorrer o intérprete na identificação e caracterização do verdadeiro autônomo.

Com efeito, a presença dos elementos do contrato de trabalho, em especial a subordinação, é essencial para decifrar, diante de uma zona fronteiriça ou grise entre o direito do trabalho e o direito comum, qual a vinculação jurídica adequada para regular a situação. Nesses casos, recomenda-se ao intérprete a utilização de um feixe de indícios para determinar, com convicção, se o caso estabelecido abarca um trabalhador autônomo ou se, em verdade, se trata de um empregado, submetido, portanto, ao regime de proteção do direito do trabalho.

Dentre esses indícios, a doutrina espanhola inclui, como elemento do contrato de trabalho, a "ajenidad" que, grosso modo, significa alheamento ou alienação. Significa dizer que o verdadeiro empregado é colocado alheio aos riscos ("ajenidade" dos *riscos*), aos meios de produção ("ajenidad" dos *meios de produção*), ao mercado ("ajenidad" do *mercado*) e aos frutos do trabalho ("ajenidad" dos *frutos*). Como se nota, a "ajenidad" possui várias facetas.

O alheamento aos frutos ou à titularidade da produção significa, na lição de Manuel Alonso Olea, que os frutos do trabalho pertencem inicialmente a pessoa distinta da que executa o labor. Em outros termos, os frutos do trabalho são de propriedade originária do empregador.[12] Assim, na sempre preciosa lição de Supiot, enquanto ao trabalhador autônomo é sempre reconhecido um direito sobre o objeto do seu trabalho,

---

(12) ALONSO OLEA, Manuel. Introducción al derecho del trabajo. Sexta Edición, Editorial Civitas, Madrid 2002. p. 75. Essa é também a visão de Américo Plá Rodriguez, que assinalou: "Lo esencial y definitivo del Trabajo por cuenta ajena está en la atribución originaria, en que los frutos, desde el momento mismo de su producción, pertenecen a otra persona, nunca al trabajador" (PLÁ RODRÍGUEZ, Américo. A propósito de las fronteras del Derecho del Trabajo. *In: Estudios sobre Derecho Laboral*. Homenaje a Rafael Caldera. Tomo I. Universidad Católica Andrés Bello. Editorial Sucre. Caracas 1977. p. 327)

nada de semelhante existe em proveito do assalariado, para ao qual é total o divórcio entre, por um lado, o objetivo (a causa final do trabalho) e, por outro, o objeto desse trabalho, que permanece, do princípio ao fim da execução do contrato, coisa do empregador.[13]

Por sua vez, o alheamento dos fatores de produção revela que o empregado não organiza atividade econômica para produção ou circulação de bens ou de serviços, em outros termos, o empregador é o proprietário dos meios de produção e, por consequência, organiza e dirige o processo produtivo, de modo que o trabalhador se insere na empresa como uma "peça" necessária para o desenvolvimento normal do processo produtivo.

De outro lado, na "ajenidad" dos riscos[14] o trabalho é prestado por conta alheia, de modo que cabe ao empregador assumir os riscos do empreendimento. A propósito, calha a lição de Alain Supiot, ao lecionar que "enquanto a atividade do trabalhador independente põe em jogo o seu próprio patrimônio (e, nomeadamente, a sua própria clientela), a do trabalhador põe em jogo o patrimônio de outrem".[15] No mesmo sentido, Bayon Chacon e Perez Botija, ao tratarem sobre a alienação dos riscos, afirmam que "sobre el empresario recaiga el resultado económico, favorable o adverso, sin que el trabajador sea afectado por el mismo, ni exista, pues, paticipación suya em el riesgo económico".[16]

Por fim, na "ajenidad" do mercado, segundo Manuel-Ramón Alarcón Caracuel, citado por Lorena Porto, ocorre a desconexão jurídica entre o trabalhador e o destinatário final do produto de seu trabalho, pois entre eles está a figura do empregador. É dizer, no trabalho autônomo há uma bipolaridade entre o consumidor e o trabalhador autônomo. Já na relação de emprego, fala-se em tripolaridade, pois o fruto do trabalho do empregado, ao ser colocado no mercado, o é por intermédio do empregador, ou seja, o empregado não se lança diretamente no mercado. Com efeito, na relação de emprego há a presença de um terceiro (empregador) que se coloca entre o trabalhador e o cliente, "rompendo" ou impedindo que nasça a relação jurídica com o destinatário final (clientes).[17]

Por isso, concorda-se com o conceito de subordinação integrativa, que conjuga a noção de subordinação objetiva com os critérios que excluem a autonomia, podendo ser assim definida:

> A subordinação, em sua dimensão integrativa, faz-se presente quando a prestação de trabalho integra as atividades exercidas pelo empregador e o trabalhador não possui uma organização empresarial própria, não assume riscos de ganhos ou de perdas e não é proprietário dos frutos de seu trabalho, que pertencem, originalmente, à organização produtiva alheia para a qual presta a sua atividade.[18]

Portanto, no caso concreto, para a correta análise da existência ou não da relação de emprego, deve o intérprete percorrer o seguinte caminho: primeiro, verifica-se se o trabalhador se insere nos fins do empreendimento, ou seja, na dinâmica do negócio (subordinação objetiva). Presente a subordinação objetiva, passa-se então à verificação das diversas formas de "ajenidad" ou alienação. Se qualquer uma delas estiver ausente, o indivíduo não é empregado, mas sim, autônomo. Dito de outro modo, só haverá relação de emprego se, na relação fática, o empregado estiver alheio aos riscos, aos meios de produção, ao mercado e aos frutos do trabalho.

APOSENTADORIA VALETUDINÁRIA OU GRANDE INVALIDEZ

Valetudinário é palavra derivada do latim *"valetudinarius"*, que significa doença, enfermidade ou invalidez. Além disso, o *"valetudinaria"* dos Romanos, na Roma Antiga, era um tipo de hospital mili-

---

(13) SUPIOT, Alain. *Crítica do direito do trabalho*. Lisboa: Fundação Calouste Gulbenkian, 2016, p. 82.
(14) A doutrina brasileira muitas vezes, equivocadamente, tem tratado a "ajenidad" dos riscos como sinônimo de princípio da alteridade. Em verdade, *"trabajo por cuenta ajena"* (ajenidad) em nada se confunde com "alteridade". Esta última deriva do latim *"alter"*, que significa "outro". Logo, alteridade não significa trabalho por conta alheia, mas sim trabalho em benefício de outrem. É uma característica da relação de trabalho pela qual o trabalho é prestado em benefício de outro (o empregador), em troca de salário. Essa é a percepção de Bayon Chacon e Perez Botija, In: *Manual de derecho del trabajo*. volumen I. Madrid: Marcial Pons, 1974. p. 11 e 16.
(15) *Idem. Ibidem.*
(16) CHACON, Bayon; BOTIJA, Peres. *Manual de derecho del trabajo*. volumen I. Madrid: Marcial Pons, 1974. p. 16.
(17) PORTO, Lorena Vasconcelos. *Por uma releitura do conceito de subordinação*: a subordinação integrativa. In: PORTO, Lorena Vasconcelos; ROCHA, Cláudio Jannotti da. Trabalho: diálogos e críticas. São Paulo: LTr, 2018. p. 63.
(18) *Idem.* p. 68.

tar construído na maioria dos castelos para atender os chamados valetudinários, ou seja, doentes. Sua origem remonta ao Século I a.C. e possuíam diferentes finalidades. Em geral, constituíam-se como estabelecimentos destinados a recolher e cuidar de familiares idosos, doentes e escravos, pertencendo a famílias proprietárias de terras.[19] Assim, valetudinário pode significar tanto o estabelecimento de saúde em si, como aquele que é sujeito a enfermidades ou o que se apresenta doente.

No campo do direito, a aposentadoria valetudinária, também conhecida por "grande invalidez", é aquela prevista no art. 45 da Lei n. 8.213/91 – que dispõe sobre os Planos de Benefícios da Previdência Social –, na qual o segurado aposentado por invalidez necessita da assistência permanente de outra pessoa. Nessa hipótese, segundo o *caput* do referido dispositivo, o valor da aposentadoria por invalidez do segurado que necessitar da assistência permanente de outra pessoa será acrescido de 25% (vinte e cinco por cento).

Nos termos do parágrafo único do art. 45 em comento, o acréscimo referido: *a)* será devido ainda que o valor da aposentadoria atinja o limite máximo legal; *b)* será recalculado quando o benefício que lhe deu origem for reajustado; e, *c)* cessará com a morte do aposentado, não sendo incorporável ao valor da pensão.

Sobre o tema, paira controvérsia acerca da possibilidade de extensão do acréscimo de 25% para outros tipos de aposentadoria, além da aposentadoria por invalidez.

Com fulcro na aplicação do princípio da isonomia, há julgados no sentido de concessão do adicional de 25% (vinte e cinco por cento) também em outras modalidades de aposentadoria (por idade, por tempo de contribuição etc.). A título de exemplo, em julgamento do ano de 2015 a Turma Nacional de Uniformização de Jurisprudência dos Juizados Especiais Federais concedeu o adicional 25% a um titular de aposentadoria por tempo de contribuição. O relator do caso concluiu que "*o acréscimo de 25% é um adicional previsto para amparar aqueles que necessitam de auxílio de outra pessoa, não importando se a invalidez é decorrente de fato anterior ou posterior à aposentadoria*".

Na mesma linha, o Tribunal Regional Federal da 4ª Região entendeu ser devido o acréscimo de 25% independentemente da espécie de aposentadoria, desde que se faça necessário o auxílio permanente de outra pessoa. Atende-se, assim, aos princípios da dignidade da pessoa humana e da isonomia (TRF 4ª Região; Apelação Cível n. 0017373-51.2012.404.9999/RS; Relator: Des. Federal Rogério Favreto).

No julgamento, fundamentou-se que "*a doença, quando exige apoio permanente de cuidador ao aposentado, merece igual tratamento da lei a fim de conferir o mínimo de dignidade humana e sobrevivência, segundo preceitua o art. 201, inciso I, da Constituição Federal*", de modo que "*a aplicação restrita do art. 45 da Lei n. 8.213/1991 acarreta violação ao princípio da isonomia e, por conseguinte, à dignidade da pessoa humana, por tratar iguais de maneira desigual, de modo a não garantir a determinados cidadãos as mesmas condições de prover suas necessidades básicas, em especial quando relacionadas à sobrevivência pelo auxílio de terceiros diante da situação de incapacidade física ou mental*".

Igualmente, "*o acréscimo previsto na Lei de Benefícios possui natureza assistencial em razão da ausência de previsão específica de fonte de custeio e na medida em que a Previdência deve cobrir todos os eventos da doença. O descompasso da lei com o contexto social exige especial apreciação do julgador como forma de aproximá-la da realidade e conferir efetividade aos direitos fundamentais. A jurisprudência funciona como antecipação à evolução legislativa. A aplicação dos preceitos da Convenção Internacional sobre Direitos da Pessoa com Deficiência assegura acesso à plena saúde e assistência social, em nome da proteção à integridade física e mental da pessoa deficiente, em igualdade de condições com os demais e sem sofrer qualquer discriminação*".

Desse modo, concluiu-se que "*o fim jurídico-político do preceito protetivo da norma, por versar de direito social (previdenciário), deve contemplar a analogia teleológica para indicar sua finalidade objetiva e conferir a interpretação mais favorável à pessoa humana. A proteção final é a vida do idoso, independentemente da espécie de aposentadoria*".

Em resumo, o Tribunal Regional Federal da 4ª Região deferiu o acréscimo tomando como premissas: (a) o fundamento constitucional da seguridade social, suas finalidades e princípios, (b) o princípio da igualdade e a proibição de discriminação entre segurados aposentados que experimentam invalidez e necessitam de cuidados de terceiros, (c) o sistema jurídico previdenciário infraconstitucional e (d) a relevância por ele atribuída ao fenômeno da

---

(19) CARAPINHEIRO, Graça. *Saberes e poderes no hospital*. Porto: Edições Afrontamento, 1998.

invalidez como risco social protegido, conclui-se que se trata de lacuna legal, a ser suprida pela aplicação de igual direito ao caso concreto. A partir dessas premissas, e utilizando-se da analogia, para suprir a lacuna legal, considerou que, na espécie, *"tratava-se de pessoa com alto grau de invalidez e que necessita de cuidados permanentes de terceiros"*.

O Instituto Nacional da Seguridade Social entende de forma diversa. Sustenta que de acordo com o artigo 1º da Lei de Benefícios o acréscimo só pode se dar mediante contribuição. Assim, para a autarquia previdenciária, não há nada de caráter assistencial no adicional de 25% do artigo 45, pois ele integra o texto da Lei n. 8.213/91, cujo artigo 1º, que é norma orientadora para interpretar todos os demais artigos da mesma lei, dispõe que ele é devido mediante contribuição.

A divergência de teses, contudo, foi resolvida pelos tribunais superiores. A propósito, a Primeira Seção do Superior Tribunal de Justiça – STJ determinou que seja suspensa em todo o território nacional a tramitação de processos individuais ou coletivos que discutam o tema.

A decisão foi tomada pelo colegiado ao determinar a afetação do Recurso Especial 1.648.305 para julgamento pelo rito dos recursos repetitivos (artigo 1.036 do novo Código de Processo Civil). O tema está cadastrado sob o número 982 no sistema de recursos repetitivos, com a seguinte redação: *"Aferir a possibilidade da concessão do acréscimo de 25%, previsto no artigo 45 da Lei 8.213/91, sobre o valor do benefício, em caso de o segurado necessitar de assistência permanente de outra pessoa, independentemente da espécie de aposentadoria"*.

O cerne da controvérsia, portanto, estava em estabelecer se o adicional de 25%, previsto para o segurado aposentado por invalidez, que necessitar da assistência permanente de outra pessoa – na forma do art. 45 da Lei 8.213/91 –, pode ser estendido, ou não, a outros segurados, os quais, apesar de também necessitarem da assistência permanente de terceiros, são beneficiários de outras espécies de aposentadoria, diversas da aposentadoria por invalidez.

O STJ entendeu que comprovada a necessidade de assistência permanente de terceiro, é devido o acréscimo de 25%, previsto no art. 45 da Lei n. 8.213/91, a todas as modalidades de aposentadoria pagas pelo INSS. Apesar de o art. 45 da Lei 8.213/91 falar apenas em "aposentadoria por invalidez", o STJ entendeu que se pode estender esse adicional para todas as demais espécies de aposentadoria (especial, por idade, tempo de contribuição) (STJ. 1ª Seção. REsp 1.720.805-RJ e 1648305-RS, Rel. para acórdão Min. Regina Helena Costa, julgados em 23.08.2018) (recurso repetitivo).

Por fim, vale registrar que o acréscimo de 25% será devido ainda que o valor pago ao segurado supere o teto legal do RGPS. Outrossim, para o recebimento dos 25% a mais na aposentadoria, a Lei não exige que o aposentado comprove que paga alguém para cuidar dele.

ASCHIMOFOBIA

A expressão "aschimofobia" é um neologismo derivado das palavras gregas *"áschimos"* e *"fobos"* que, respectivamente, significam "feio" e "medo" ou "aversão". Em direito do trabalho, a palavra é utilizada para indicar a discriminação estética ou, mais especificamente, a discriminação levada a efeito contra empregados ou candidatos a emprego feios, assim entendidos aqueles que não se adequam ao padrão de beleza imposto pelo senso comum em determinado período histórico.

De forma mais específica, pode-se dizer que a "aschimofobia" é uma espécie do gênero discriminação pela aparência (*"lookism"*[20]), pois a discriminação por aparência pode se dar por diversos outros motivos que não seja a feiura, tais como, a cor do cabelo ou da pele, a altura, o uso de adereços como *piercings*, tatuagens, determinado tipo de vestuário ou indumentária etc. Uma pessoa pode ser bonita e, mesmo assim, sofrer discriminação pela aparência por, por exemplo, possuir uma tatuagem no pescoço.

Entende-se que usar o critério 'aparência física' para a seleção de trabalhadores deve ser tratado como conduta discriminatória e, portanto, ilícita, e não como um fato da vida a ser tolerado pela sociedade. Com

---

(20) Conferir a expressão *"Lookism"* que, em breve síntese, significa a construção de um *"standard"* ou padrão de beleza, atração e julgamentos sobre pessoas com base no quão bem ou mal essas pessoas se enquadram no referido padrão. Em outros termos, é uma forma de discriminação com base na aparência.

efeito, pautar o processo de seleção por critérios exclusivamente visuais reduz substancialmente o acesso de pessoas capacitadas ao mercado de trabalho.[21]

Diversos casos emblemáticos podem ser mencionados para ilustrar a prática da discriminação contra os menos aquinhoados esteticamente. Mas, dois se destacam. O primeiro deles é o da famosa rede de lanchonetes *Hooters*, famosa por manter uma homogeneidade de aparência entre suas garçonetes. Todas do sexo feminino – evidenciando-se, também, uma discriminação em razão do gênero –, altas, magras, com busto avantajado e corpo escultural. Segundo a própria empresa, ela não vende apenas hambúrgueres, mas também *sex appeal* feminino. *Hooters* é inclusive conhecido como um "*breastaurant*" ("*breast*" é palavra inglesa que signfica peito), por ser um estabelecimento que apresenta mulheres seminuas para atender a uma clientela masculina. Como tal, a "Garota Hooters", argumenta a empresa, é uma parte essencial de seus negócios.

A rede de lanchonetes já enfrentou diversas ações por contratar apenas pessoas do sexo feminino.[22] Em um dos casos, a Corte Distrital do Estado de Illinois considerou discriminatória conduta da rede de somente contratar jovens do sexo feminino. A ação foi iniciada por candidatos homens cuja contratação fora vedada. A empresa alegou que vendia "*sex appeal*" feminino e que seus clientes não iam ao restaurante apenas em razão de seus hambúrgueres, mas também por causa das garçonetes. A decidiu que o restaurante poderia vender também "*sex appeal*" masculino, sendo injustificável e discriminatório o critério de seleção, mesmo em razão do objeto da empresa. Para por fim ao processo, foi feito um acordo no qual os reclamantes receberam dois milhões de dólares. Além disso, o *Hooters* concordou em criar três tipos de posições (cargos), quais sejam, *Staff*, *Service Bartender* e *Host*, que seriam neutros em relação ao gênero.

No Brasil, a prática de vender "*sex appeal*" parecer estar se tornando comum. Determinados restaurantes contratam apenas garçons com determinado padrão visual, em manifesta prática de discriminação visual.[23]

Outro caso emblemático é da conhecida marca de roupas *Abercrombie & Fitch*. O próprio CEO da marca, Mike Jeffries, afirmou publicamente que "não produz roupas para pessoas gordas". Mas, a discriminação não era só em relação aos clientes. A empresa já enfrentou vários processos nas quais foi acusada de discriminação visual por só contratar empregados "jovens e sarados". Em uma entrevista em 2006 ao *site* de notícias *salon.com*, citado pelo órgão de direitos humanos da França, onde a empresa é investigada, Mike Jeffries admitiu que recrutava pessoal atraente por razões de *marketing*. "É por isso que contratamos pessoas de boa aparência em nossas lojas", disse ele na entrevista. "Porque as pessoas de boa aparência atraem outras pessoas de boa aparência, e queremos vender para pessoas de boa aparência", afirmou.[24]

A doutrina defende que quando há certa homogeneidade estética em determinada empresa isso não significa que se está praticando discriminação, mas a ausência de diversidade, representada por um quadro de empregados homogêneo, é um forte indício de discriminação. Nesses casos, como é algo que foge ao normal, mormente em uma sociedade tão diversa e multicultural como a brasileira, deve o ônus da prova ser distribuído dinamicamente, atribuindo-se ao empregador o ônus quanto à ausência de prática discriminatória, devendo provar que não pratica qualquer discriminação no processo seletivo, pois oferece oportunidades iguais a todos os candidatos.[25]

Em relação a pessoas gordas, o C. Tribunal Superior do Trabalho entende lícita a dispensa sem justa causa, desde que se trate de empresa cujo objeto social é justamente vender produtos relacionados a um estilo de vida *fitness*. É o caso da empresa "vigilantes do peso". Segundo o Tribunal Superior do Trabalho, "*afigura-se razoável que, tratando-se a ora reclamada de uma empresa que pretende comercializar produtos e serviços voltados ao emagreci-*

---
(21) Para maior aprofundamento sobre o tema, consultar: RODRIGUES JÚNIOR, Edson Beas. *Discriminação visual e suas diversas dimensões*: aschimofobia, discriminação etária, discriminação étnico-racial e discriminação cultural. In: Revista LTr, Volume 79, n. 9, set./2015. p. 63.
(22) Ver *Latuga v. Hooters*, Inc., n. 93 C 7709, 94 C6338, 1996 WL 164427, at *1 (N.D. Ill. Mar. 29, 1996). Os detalhes do caso podem ser encontrados em: <https://www.clearinghouse.net/detail.php?id=10692>
(23) A respeito, conferir: <https://delas.ig.com.br/comportamento/2013-07-18/garcons-gatos-nao-estamos-aqui-so-para-servir-mas-para-criar-um-clima.html>. Acesso em: 07 ago. 2018.
(24) *Rede Abercrombie é acusada de discriminação*. Disponível em: < https://economia.estadao.com.br/noticias/geral,rede-de-abercrombie-e-acusada-de-discriminacao >
(25) RODRIGUES JÚNIOR, Edson Beas. *Discriminação visual e suas diversas dimensões*: aschimofobia, discriminação etária, discriminação étnico-racial e discriminação cultural. In: Revista LTr, Volume 79, n. 9, set/2015. p. 63.

mento, **_estabeleça determinados padrões a serem observados por seus empregados_**, pois do contrário estará totalmente esvaziada qualquer mensagem ou discurso propagado pela "orientadora" do segmento. Assim sendo, não se verifica a alegada ilicitude e nulidade da cláusula regulamentar que **_exigia a manutenção do 'peso ideal' da empregada_** que se propôs ao exercício das funções inerentes à atividade essencial da empregadora, qual seja, Vigilantes do Peso" (RR-2462-02.2010.5.02.0000, Data de Julgamento: 27.02.2013, Redator Ministro: Renato de Lacerda Paiva, 2ª Turma, Data de Publicação: DEJT 26.03.2013).

ASSÉDIO MORAL ORGANIZACIONAL

Marie-France Hirigoyen define o assédio moral como "*qualquer conduta abusiva (gesto, palavra, comportamento, atitude...) que atente, por sua repetição ou sistematização, contra a dignidade ou integridade psíquica ou física de uma pessoa, ameaçando seu emprego ou degradando o clima de trabalho*".[26]

O assédio moral também pode se dar de forma coletiva ou difusa, espraiado por toda a organização empresarial. Quando ocorre de forma difusa e com o objetivo de aumentar a produção empresarial, surge o assédio moral organizacional, já que espalhado por boa parte da organização.

Pode-se conceituar o assédio moral organizacional, também denominado *gestão por injúria*, *gestão por estresse*, *assédio moral coletivo* ou *assédio moral difuso*, como a conduta sistemática de degradação do meio ambiente de trabalho, com vistas a incrementar a produtividade, geralmente por meio de exigência de metas inalcançáveis ou de difícil cumprimento, podendo ou não ser acompanhada de ofensas ou humilhações.

A intenção é criar um clima de medo, de modo que o empregado se sinta sempre ameaçado, como se estivesse sob sua cabeça com a espada de Dâmocles.

Ao tratar do assédio moral organizacional, Adriana Reis de Araújo diz que:

> Soma-se a esse quadro hostil, a adesão por algumas empresas à violência psicológica ou violência invisível para o controle da subjetividade dos trabalhadores, expressando modelos abusivos de gestão de mão-de-obra, como a gestão por injúria, gestão por medo ou gestão por estresse. O assédio moral difuso e fomentado pela empresa surge assim como mais um instrumento de controle e disciplina da mão-de-obra. Sua peculiaridade permite denominá-lo de assédio moral organizacional.[27]

A mesma autora define o assédio moral organizacional como a prática sistemática, reiterada e frequente de variadas condutas abusivas, sutis ou explícitas contra uma ou mais vítimas, dentro do ambiente de trabalho, que, por meio do constrangimento e humilhação, visa controlar da subjetividade dos trabalhadores. Para ela, o controle da subjetividade abrange desde a anuência a regras implícitas ou explícitas da organização, como o cumprimento de metas, tempo de uso do banheiro, método de trabalho, até a ocultação de medidas ilícitas, como sonegação de direitos (registro em Carteira de Trabalho, horas extras, estabilidade no emprego) ou o uso da corrupção e poluição pela empresa.

O Tribunal Superior do Trabalho já entendeu caracterizado o assédio moral organizacional na conduta da empresa que busca atingir metas econômicas mediante a imposição de condutas humilhantes aos seus empregados como incentivo à produtividade, sem atentar para a dignidade da pessoa humana e nem para a função social da empresa, bem menos cuidando do meio ambiente de trabalho como um local de valorização do homem (o trabalho não é uma mercadoria).[28]

Igualmente, entendeu que a prática motivacional engendrada por determinada empresa, ao constranger seus empregados a diariamente entoarem canto

---

(26) HIRIGOYEN, Marie-France. *Mal-estar no trabalho*: redefinindo o assédio moral. Tradução Rejane Janowitzer. Rio de Janeiro: Bertrand Brasil, 2002. p. 17.
(27) ARAUJO, Adriana Reis de. *Assédio moral organizacional*. In: Revista do Tribunal Superior do Trabalho, Brasília, vol. 73, no 2, abr./jun. 2007.
(28) RR-20449-52.2014.5.04.0292; Data de Julgamento: 23.05.2018, Relator Ministro: Alexandre de Souza Agra Belmonte, 3ª Turma, Data de Publicação: DEJT 25.05.2018.

motivacional "*cheers*" acompanhado de coreografia, exorbita os limites do poder diretivo e incorre em prática de assédio moral organizacional. Segundo o TST, as estratégias de gestão voltadas à motivação e ao engajamento dos trabalhadores que se utilizam da subjetividade destes devem ser vistas com cuidado, pois uma 'brincadeira" coletiva, que pareça alegre aos olhos de uns, pode expor a constrangimento aqueles empregados que não se sentem confortáveis com determinados tipos de atividades estranhas às tarefas profissionais para as quais foram contratados. Portanto, segundo o TST, não há que se falar em caráter "lúdico" quando se evidenciam circunstâncias de submissão e dominação dos trabalhadores.[29]

ASSÉDIO PROCESSUAL

Assédio processual pode ser entendido como a atuação da parte que, por meio do abuso do direito de defesa, pratica atos atentatórios à dignidade da justiça, sem observar os deveres de lealdade e boa-fé processuais, de modo que tais atos proporcionam excessiva demora na prestação jurisdicional, com o propósito deliberado e ilícito de obstruir ou retardar a efetiva prestação jurisdicional ou prejudicar a parte contrária, bem como minar a resistência dessa última, até que ela fique desestimulada e, quem sabe, desista do processo.

O assediante, ao atuar dentro da relação jurídica processual, possui objetivos escusos, quais sejam, retardar a prestação jurisdicional e/ou prejudicar dolosamente a parte contrária, por meio do exercício reiterado e abusivo das faculdades processuais, mas o faz geralmente sob a dissimulada alegação de estar exercendo o seu direito de contraditório e de ampla defesa.

A toda vista, é uma modalidade de abuso do direito ao contraditório e à ampla defesa, pois há deliberada utilização de sucessivos instrumentos procedimentais lícitos com a única finalidade de alongar desarrazoadamente a solução da controvérsia e, assim, atingir a esfera psicológica da parte adversa.

O Tribunal Superior do Trabalho já enfrentou o tema:

> ASSÉDIO PROCESSUAL 4.1. O assédio processual consiste em modalidade de abuso do direito ao contraditório e à ampla defesa. É ideia que descende da construção dogmática do assédio moral, exigindo gravidade substancial, extraída de comportamento reiterado do litigante, capaz, inclusive, de gerar efeitos sobre o ânimo de seu oponente, para além de ferir a própria autoridade do Poder Judiciário. Assim, caracteriza-se pela deliberada utilização de sucessivos instrumentos processuais lícitos, com a finalidade de alongar, desarrazoadamente, a solução da controvérsia e, de tal modo, atingir a esfera psicológica da parte adversa. 4.2. Como toda espécie de abuso de direito, o assédio processual é considerado ato ilícito no ordenamento, o que, somando-se à existência do dano moral, gera o dever de indenizar. Nessa direção, confira-se a dicção dos arts. 187 do Código Civil e 16 do CPC. [...] (RO-293-76.2012.5.09.0000, Relator Ministro: Alberto Luiz Bresciani de Fontan Pereira, Data de Julgamento: 02.02.2016, Subseção II Especializada em Dissídios Individuais, Data de Publicação: DEJT 12.02.2016)

Considerando que o assédio processual atinge principalmente a saúde psicológica da vítima, o dano a ser reparado, em regra, é de natureza moral.

É preciso, no entanto, chamar a atenção para o fato de que a mera utilização de expedientes processuais de forma protelatória não configura, por si só, assédio processual. Esse somente se caracteriza se a parte agir em desconformidade com o dever jurídico de lealdade processual, na forma estatuída pelo art. 80 do CPC. Isso porque o assédio processual pressupõe a configuração de *dolo* da parte no entrave no andamento do processo em nítida deslealdade processual. Logo, é preciso que fique evidenciado o nítido intuito de protelar o andamento do feito, abusando no exercício do seu direito ao contraditório e à ampla defesa

Por fim, a verificação do assédio processual, modalidade de litigância de má-fé, deve ter em conta as peculiaridades do caso concreto, considerando a potencialidade da conduta praticada, a reiteração da conduta, a seriedade das argumentações apresentadas, a fase processual, o objetivo a ser alcançado e a repercussão dos atos protelatórios na parte adversa.

---

(29) RR-20106-17.2014.5.04.0305; Data de Julgamento: 02.05.2018, Relator Ministro: Luiz Philippe Vieira de Mello Filho, 7ª Turma, Data de Publicação: DEJT 04.05.2018.

ATIVIDADE EM SENTIDO ESTRITO

Contrato de trabalho é diferente de contrato de atividade em sentido estrito. Na lição de Luciano Martinez, atividade é um gênero que comporta duas espécies, a saber: o trabalho e a atividade em sentido estrito, diferenciando-se pela meta, ou seja, pelos objetivos de cada qual. Isso porque, enquanto o "trabalho", indispensavelmente remunerado, tem por escopo o sustento próprio e, se for o caso, familiar do trabalhador, a forma identificada como "atividade em sentido estrito", prestada, em regra, sem qualquer onerosidade ou mediante uma contraprestação meramente simbólica, tem objetivos diferentes, ora relacionados com o intento de aperfeiçoamento, ora associados a ações meramente solidárias.[30]

Nessa ordem de ideias, nas atividades em sentido estrito os objetivos não são coincidentes com os do trabalho. Segundo Martinez, normalmente os contratos de atividade em sentido estrito miram metas que não são necessariamente satisfeitas por contraprestação pecuniária. Exemplifica o autor citando os contratos de estágio e de prestação de serviço voluntário, os quais, ao invés do sustento próprio e familiar, visam, respectivamente, *"ao aprendizado de competências próprias da atividade profissional e à contextualização curricular"* (§ 2º do art. 1º da Lei n. 11.788/2008) e à satisfação pessoal decorrente da prática do altruísmo nos campos *"cívicos, culturais, educacionais, científicos, recreativos ou de assistência social, inclusive mutualidade"* (art. 1º da Lei n. 9.608/1998).[31]

ATO INSEGURO E CONDIÇÃO INSEGURA

Ato inseguro é toda conduta, comissiva ou omissiva, por meio da qual o trabalhador se coloca em situação de risco, estando ciente ou não das consequências. São atos inseguros, por exemplo, a não utilização de Equipamentos de Proteção Individual, realização de brincadeiras perigosas e improviso de equipamentos etc.

Por sua vez, a condição insegura é caracterizada quando o ambiente de trabalho apresenta algum tipo de risco ao trabalhador, como, por exemplo, a construção de andaimes com material inadequado, a falta de manutenção de máquinas e equipamentos, dispositivos de segurança com defeito, ventilação inapropriada, dentre outros.

Ato inseguro e condição insegura são os conceitos centrais da "teoria dos dominós" elaborada na década de 1930. Para Heinrich, o acidente seria causado por uma cadeia linear de fatores, como uma sequência de dominós justapostos, que culminaria na lesão. A primeira peça do dominó seria os *"fatores sociais e ambientais prévios"* responsáveis pela formação do caráter dos operários. A segunda peça, os comportamentos inadequados dos trabalhadores, frutos de características herdadas ou adquiridas. Esses comportamentos inadequados poderiam vir a constituir-se em *atos inseguros*, isto é, em comportamentos de risco que, juntamente com a presença de condições inseguras (atos e condições inseguros são a terceira peça do dominó), levariam à ocorrência do acidente e, por fim, à lesão (respectivamente a quarta e a quinta peças da sequência de dominós).[32]

É cediço que a ocorrência do acidente do trabalho decorre da multiplicidade de elementos próprios da condição insegura de trabalho a que se encontra exposto o trabalhador. Desse modo, a doutrina entende superada a visão limitada do ato inseguro em face da alteração da NR-1 com a nova redação dada ao item 1.7, alínea "b", pela Portaria n. 84, de 04 de março de 2009, da Secretaria de Inspeção do Trabalho do Ministério do Trabalho. A partir disso, propõe-se uma releitura dos fatos geradores do acidente de trabalho, superando a ideia de ato inseguro pelo reconhecimento da condição insegura de trabalho.

Assim, todo acidente de trabalho ou doença ocupacional sempre há de receber análise contextual e multifatorial, adotando-se a teoria da *condição insegura* ao invés da teoria do *ato inseguro*, já abandonada pelo nosso ordenamento jurídico.

---

(30) Martinez, Luciano. *Curso de direito do trabalho*. 9. ed. São Paulo: Saraiva, 2018.
(31) *Idem. Ibidem*.
(32) OLIVEIRA, Fábio de. *A persistência da noção de ato inseguro e a construção da culpa*: os discursos sobre os acidentes de trabalho em uma indústria metalúrgica. In: Revista Brasileira de Saúde Ocupacional, São Paulo, 32(115): 19-27, 2007. p. 20.

Portanto, cabe ao empregador: a) cumprir e fazer cumprir as disposições legais e regulamentares sobre segurança e medicina do trabalho; b) elaborar ordens de serviço sobre segurança e saúde no trabalho, dando ciência aos empregados por comunicados, cartazes ou meios eletrônicos (Alterado pela Portaria SIT 84/2009); c) informar aos trabalhadores: I – os riscos profissionais que possam originar-se nos locais de trabalho; II – os meios para prevenir e limitar tais riscos e as medidas adotadas pela empresa; III – os resultados dos exames médicos e de exames complementares de diagnóstico aos quais os próprios trabalhadores forem submetidos; IV – os resultados das avaliações ambientais realizadas nos locais de trabalho; d) permitir que representantes dos trabalhadores acompanhem a fiscalização dos preceitos legais e regulamentares sobre segurança e medicina do trabalho; e, e) determinar os procedimentos que devem ser adotados em caso de acidente ou doença relacionada ao trabalho. (Redação dada pela Portaria SIT 84/2009).

Por sua vez, cabe ao empregado: a) cumprir as disposições legais e regulamentares sobre segurança e saúde do trabalho, inclusive as ordens de serviço expedidas pelo empregador; (Alterado pela Portaria SIT 84/2009).

Ver também *Teoria da falha segura e Teoria do queijo suíço.*

AUTOGESTÃO DA JORNADA

O sistema de autogestão da jornada é aquele por meio do qual as próprias partes, via negociação coletiva, estabelecem a forma pela qual se dará o registo da jornada de trabalho. A autogestão encontra previsão legal expressa no art. 611-A, X, da CLT, incluído pela Reforma Trabalhista, pelo qual *"a convenção coletiva e o acordo coletivo de trabalho têm prevalência sobre a lei quando, entre outros, dispuserem sobre: [...] X – modalidade de registro de jornada de trabalho".*

Assim, a obrigação contida no art. 74, § 2º, da CLT, pode ser flexibilizada por negociação coletiva. Logo, a *forma de marcação* da jornada de trabalho não se insere no rol de direitos indisponíveis dos trabalhadores, de modo que não há qualquer óbice na negociação para flexibilizar a incidência do dispositivo que regula a matéria, com o fim de atender aos interesses das partes contratantes.

Assim, em princípio, a norma coletiva pode prever *qualquer* forma de controle da jornada, inclusive o chamado *controle de ponto por exceção* como, a propósito, o TST já entendeu válido.[33]

Contudo, em decisão recente, o TST, de forma equivocada, entendeu válida norma coletiva que prevê a *total dispensa do controle formal de registro de horário*.[34] No caso enfrentado, a 4ª Turma da Corte deu

---

(33) Nesse sentido: RR-2016-02.2011.5.03.0011, Relator Ministro: Guilherme Augusto Caputo Bastos, Data de Julgamento: 09.10.2018, 4ª Turma, Data de Publicação: DEJT 11.10.2018. A propósito, conferir na presente obra o verbete *"controle de ponto por exceção".*
(34) RECURSO DE REVISTA INTERPOSTO PELA RECLAMADA. 1. SISTEMA DE CONTROLE ALTERNATIVO DE JORNADA. NORMA COLETIVA QUE DETERMINA A AUTOGESTÃO DA JORNADA PELO EMPREGADO. VALIDADE. PROVIMENTO. A teor do preceito insculpido no artigo 7º, XXVI, da Constituição Federal, é dever desta Justiça Especializada incentivar e garantir o cumprimento das decisões tomadas a partir da autocomposição coletiva, desde que formalizadas nos limites da lei. A negociação coletiva, nessa perspectiva, é um instrumento valioso que nosso ordenamento jurídico coloca à disposição dos sujeitos trabalhistas para regulamentar as respectivas relações de trabalho, atendendo às particularidades e especificidades de cada caso. É inequívoco que, no âmbito da negociação coletiva, os entes coletivos atuam em igualdade de condições, o que torna legítimas as condições de trabalho por eles ajustadas, na medida em que afasta a hipossuficiência ínsita ao trabalhador nos acordos individuais de trabalho. Assim, as normas autônomas oriundas de negociação coletiva, desde que resguardados os direitos indisponíveis, devem prevalecer sobre o padrão heterônomo justrabalhista, já que a transação realizada em autocomposição privada resulta de uma ampla discussão havida em um ambiente paritário, no qual as perdas e ganhos recíprocos têm presunção de comutatividade. Na hipótese, a Corte Regional reputou inválida a **norma coletiva em que autorizada a <u>dispensa de controle formal de horário</u>**, sob o fundamento de que tal previsão não se sobrepõe ao disposto no artigo 74, § 2º, da CLT, e, por isso, não exime a reclamada do cumprimento do disposto no aludido artigo. Conforme acima aduzido, a Constituição Federal reconhece a validade e a eficácia dos instrumentos de negociação coletiva, desde que respeitados os direitos indisponíveis dos trabalhadores. Ocorre que a forma de marcação da jornada de trabalho não se insere no rol de direitos indisponíveis, de modo que não há qualquer óbice na negociação para afastar a incidência do dispositivo que regula a matéria, com o fim de atender aos interesses das partes contratantes. Impende destacar, inclusive, que o artigo 611-A, X, da CLT, inserido pela Lei n. 13.467/2017, autoriza a prevalência das normas coletivas que disciplinam a modalidade de registro de jornada de trabalho em rela-

valor absoluto à norma coletiva examinada e declarou a validade de cláusula que autorizava o pagamento antecipado de determinado número mensal de horas extras, cabendo aos empregados informar eventuais horas não compensadas que excedessem o quantitativo pago antecipadamente, *dispensando-se o controle formal de registro de horário*.

Ora, dispor sobre a *modalidade de registro de jornada de trabalho* não é o mesmo que *dispensar por completo* o controle formal do registro de horário. O art. 611-A, inciso X, da CLT autorizou a *flexibilização* e não a *desregulamentação* da medida. É preciso que o controle seja feito de *algum modo*, por isso a lei diz que a negociação coletiva poderá tratar da *modalidade*.

Nesse prumo, a norma coletiva que autoriza a dispensa de controle formal de horário não se sobrepõe ao disposto no artigo 74, § 2º, da CLT, tampouco está abrigada pelo art. 611-A, inciso X, da CLT. E, mais ainda, não se sobrepõe às normas constitucionais sobre duração do trabalho (art. 7º, inciso XIII, da CRFB/88) e de saúde, higiene e segurança do trabalho (art. 7º, inciso XXII, da CRFB/88). A Constituição não diz expressamente que "é direito dos trabalhadores o registro de jornada". E nem precisa dizer, pois esse direito é extraído das normas constitucionais relativas ao meio ambiente do trabalho.

Nem se pode argumentar que a *dispensa do controle formal de registro de horário permite o controle informal*. No mundo dos fatos, não se afigura crível qualquer tipo de controle informal, pois inconcebível. Controle informal é um *não controle*. *Controle informal* carrega em si uma contradição em termos. É como se o empregado, a cada dia que fizesse horas extras, anotasse em sua caderneta particular a quantidade de labor extraordinário. Esse tipo de expediente, por certo, não encontra amparo na real autogestão da jornada previsto no art. 611-A, inciso X, da CLT.

Também, é certo que as hipóteses do art. 611-A da CLT não são taxativas, ou seja, a autonomia negocial privada pode dispor de outras matérias além das que estão previstas nos incisos do referido dispositivo. Mas, em se tratando de jornada, o que a lei autorizou foi a flexibilização da *modalidade* de registro. Ou seja, quanto ao registro, o legislador deixou claro o recado no inciso X: o máximo que as partes podem fazer é dispor sobre sua modalidade e não sobre sua eliminação.

Assim, não se nega que o *caput* do art. 611-A da CLT, contém a expressão "dentre outros", consagrou rol exemplificativo de hipóteses na qual a convenção coletiva e o acordo coletivo de trabalho têm prevalência sobre a lei. Mas, quanto à matéria *registro de jornada de trabalho*, o inciso X, em manifesta restrição ao próprio *caput*, previu uma verdadeira *cláusula de contenção* da autonomia privada coletiva. Caso a *mens legis* fosse permitir a prevalência do negociado sobre o legislado nessa matéria, melhor seria a não inclusão do tema em um dos seus incisos.

Como asseverado, ao contrário do que decidiu a 4ª Turma do C. Tribunal Superior do Trabalho, não pode a norma coletiva *dispensar* o controle da jornada. A norma coletiva pode apenas tratar do *modo pelo qual* a jornada será controlada, mas jamais afastar por completo a obrigação contida no art. 74, § 2º, da CLT.

Está correta a fundamentação do TST quando afirma que "*a forma de marcação da jornada de trabalho não se insere no rol de direitos indisponíveis*". Isso porque *alguma forma* deve haver, o que não ocorrerá com a norma coletiva que *dispensar* o registro.

A CLT prevê e autoriza a flexibilização da *modalidade de registro de jornada*. No entanto, em havendo dispensa do *próprio registro em si*, a norma extrapola a licitude do objeto, devendo ser declarada inválida, pois elimina, por consequência, a própria possibilidade fática de existência de *alguma modalidade*.

Não se trata de negar valor ao negociado sobre o legislado, direito fundamental dos trabalhadores (art. 7º, inciso XXVI, da CRFB/88) e que deve sempre ser incentivado, mas apenas de se interpretar o disposto no art. 611-A, inciso X, da CLT dentro dos quadrantes semânticos do texto legal.

Ver *controle de ponto por exceção

ção às disposições da lei. É bem verdade que o aludido preceito, por ser de direito material, não pode ser invocado para disciplinar as relações jurídicas já consolidadas. Não se pode olvidar, entretanto, que referido dispositivo não trouxe qualquer inovação no mundo jurídico, apenas declarou o fato de que essa matéria não se insere no rol das garantias inegociáveis. Ante o exposto, mostra-se flagrante a afronta ao artigo 7º, XXVI, da Constituição Federal. Recurso de revista de que se conhece e a que se dá provimento. (ARR-80700-33.2007.5.02.0261, Relator Ministro: Guilherme Augusto Caputo Bastos, Data de Julgamento: 24.10.2018, 4ª Turma, Data de Publicação: DEJT 26.10.2018) (gn)

– B –

BACKGROUND CHECKS

Em tradução livre, *background checks* significa "verificação em segundo plano". No direito do trabalho, nada mais é do que a investigação da vida pregressa do candidato ao emprego, principalmente por meio da certidão de antecedentes criminais. Mas, outros critérios podem ser utilizados, tais como a inscrição do nome do candidato em cadastros de restrição ao crédito.

No Brasil, não há lei específica sobre a checagem de dados dos empregados no período pré-contratual, principalmente na fase de seleção. O ideal é que durante a seleção dos candidatos ao emprego a empresa tenha o foco voltado às habilidades necessárias ao desenvolvimento técnico para desempenho das tarefas para as quais a contratação se dará. Assim, em regra, evita-se investigações sobre a vida pessoal e privada dos empregados, as quais não têm qualquer relação direta ou influência nas atividades ou na forma com que o trabalho será realizado.

No entanto, o Tribunal Superior do Trabalho, em sede de incidente de recurso de revista repetitivo, firmou tese vinculante acerca do tema, conforme se extrai da ementa a seguir:

> INCIDENTE DE RECURSO DE REVISTA REPETITIVO. TEMA N. 0001. DANO MORAL. EXIGÊNCIA DE CERTIDÃO DE ANTECEDENTES CRIMINAIS. CANDIDATO A EMPREGO 1. Não é legítima e caracteriza lesão moral a exigência de Certidão de Antecedentes Criminais de candidato a emprego quando traduzir tratamento discriminatório ou não se justificar em razão de previsão em lei, da natureza do ofício ou do grau especial de fidúcia exigido. 2. A exigência de Certidão de Antecedentes Criminais de candidato a emprego é legítima e não caracteriza lesão moral quando amparada em expressa previsão legal ou justificar-se em razão da natureza do ofício ou do grau especial de fidúcia exigido, a exemplo de empregados domésticos, cuidadores de menores, idosos ou deficientes (em creches, asilos ou instituições afins), motoristas rodoviários de carga, empregados que laboram no setor da agroindústria no manejo de ferramentas de trabalho perfurocortantes, bancários e afins, trabalhadores que atuam com substâncias tóxicas, entorpecentes e armas, trabalhadores que atuam com informações sigilosas. 3. A exigência de Certidão de Antecedentes Criminais, quando ausente alguma das justificativas supra, caracteriza dano moral *in re ipsa*, passível de indenização, independentemente de o candidato ao emprego ter ou não sido admitido. (IRR-243000-58.2013.5.13.0023, Redator Ministro: João Oreste Dalazen, Data de Julgamento: 20.04.2017, Subseção I Especializada em Dissídios Individuais, Data de Publicação: DEJT 22.09.2017)

Como dito, a decisão se deu em julgamento de incidente de recurso repetitivo, e o entendimento adotado deverá ser aplicado a todos os casos que tratam de matéria semelhante. Portanto, a partir do referido julgamento restaram bem delineadas as situações que ensejam ou não o reconhecimento de dano moral devido à exigência do documento como condição indispensável para a admissão ou a manutenção do emprego.

BANDEIRA DE FAVOR OU BANDEIRAS DE CONVENIÊNCIAS OU PAVILHÕES FACILITATÓRIOS OU PAVILHÕES DE CONVENIÊNCIA

A Lei do Pavilhão ou da Bandeira (Convenção de Havana ratificada por meio do Decreto n. 18.871/1929 – Código de Bustamante) dispõe que as relações de trabalho da tripulação de navios regem-se pelas leis do local da matrícula da embarcação. Todavia, em certos casos, tal norma não tem aplicação face à hipótese denominada pela doutrina e pela jurisprudência de "*bandeira de favor*". Em tais situações, o país onde está matriculado o navio não guarda qualquer relação com o armador, isto é, aquele que explora a atividade econômica atrelada à embarcação.

Trata-se de artifício levado a efeito pelas empresas para redução de direitos trabalhistas. Pavilhão de conveniência se dá quando a propriedade e o controle efetivos do navio se encontram num Estado diferente do Estado da bandeira do navio, geralmente com legislação trabalhista com patamar inferior de direitos.

A regra do Pavilhão ou da Bandeira comporta exceções. A primeira delas se trata da teoria da sede do fato e do princípio jurídico do centro de gravidade. Segundo o princípio jurídico do "centro da gravidade", as regras de Direito Internacional Privado deixam de ser aplicadas quando se verificar uma ligação mais forte com outro ramo do direito, como o Direito do Trabalho.

Nesse prumo, se uma empregada é contratada no Brasil e a prestação de serviço se dar não só em águas internacionais, mas também em águas brasileiras, pode-se determinar a aplicação da lei brasileira.

Por sua vez, o princípio jurídico do Centro da Gravidade (Otto Gierke) foi inicialmente desenvolvido como Teoria da Sede do Fato (Savigny). Tal teoria é essencial porque aponta o direito material a ser aplicado ao problema subjacente ao fato misto.

Se um fato gera efeitos em vários países ao mesmo tempo, em diversas ordens jurídicas, estaremos diante de um fato misto ou multinacional, e qualquer juiz será competente desde que, no país em que ele se situa, o fato gere efeitos. Ocorre que, apesar de tal fato gerar efeitos em várias ordens jurídicas, Savigny sustenta que ele só tem *uma* sede jurídica (um único centro de gravidade, "para qual o pêndulo pende"). Isso, pois apenas em um país o fato gera mais efeitos, ainda que isso seja difícil de perceber.

Assim, no exemplo dado, se em determinados momentos houve prestação de serviços também em águas nacionais, pode-se aplicar a lei brasileira. O centro de gravidade é onde acontece a maior irradiação de efeitos e o juiz deste local é mais competente que os outros; ele aplicará o seu direito na sede do fato. E, pela lógica do sistema, em qualquer lugar que se ajuizar a ação, o juiz aplicará o direito da sede do fato.

Portanto, afasta-se, ainda, a Lei do Pavilhão nos casos da chamada Bandeira de Favor. Como dito, as relações de trabalho da tripulação de navios regem-se pelas leis do local da matrícula da embarcação (lei do pavilhão). Se, entretanto, o registro do navio traduzir fraude, caracterizada pela "bandeira de favor" ou "pavilhão facilitatório", isto é, viaja sob determinada bandeira, mas a empresa que o explora pertence a nacionalidade diversa, a relação de emprego se estabelece entre o marítimo e este último.

Vale lembrar que a questão de se saber qual a lei aplicável a determinada relação de emprego (a lei da bandeira, a lei do foro do contrato, a lei da nacionalidade do marítimo) não tem como consequência a fixação da competência de foro para a apreciação do litígio entre empregado e empregador.

BICHOS

São parcelas pagas ao atleta em virtude da vitória ou para estimular o bom desempenho na partida. Como visam incentivar o empregado, como as gratificações, possuem natureza salarial (art. 31, § 1º, da Lei n. 9.615/98). Já o chamado bicho externo (mais conhecido como "mala branca") é uma vantagem externa atribuída à diretoria de um clube e/ou aos empregados/jogadores de outro como estímulo ao alcance de determinado resultado. Nessa hipótese, ganham natureza de *suplementos salariais*, assim como as gorjetas e as gueltas, pois o estímulo provém de um terceiro em decorrência do exercício regular de um trabalho.

Vale observar que o time empregador dos jogadores destinatário do bicho externo tem o poder jurídico de vedar a outorga e a distribuição dessa verba, mesmo porque, segundo Luciano Martinez, sob o ponto de vista ético, atletas que recebem vantagens externas para ganhar podem também recebê-las para perder.[35]

Há quem afirme que o oferecimento e recebimento da "mala branca" infringe o art. 243-A do CBJD: "*Atuar, de forma contrária à ética desportiva, com o fim de influenciar o resultado de partida, prova ou equivalente*". Além disso, a Lei n. 12.299/2010 criou os artigos 41-C, 41-D e 41-E no Estatuto do Torcedor e, por meio deles, criminalizou a "mala branca", ao mesmo no plano do desporto profissional. A "mala branca" parece se assemelhar à gorjeta imoral e, causando prejuízos a terceiros – e por certo causará –, não deverá integrar o salário.

---

(35) MARTINEZ, Luciano. *Curso de direito do trabalho*. 9. ed. São Paulo: Saraiva, 2018.

BLEISURE

Bleisure é um neologismo fruto da junção entre as palavras *business* (trabalho, negócio) e *leisure* (lazer) e consiste na combinação entre a viagem a trabalho e o lazer, depois do término das obrigações profissionais. Em outras palavras, concede-se ao empregado alguns dias de folga após o cumprimento dos compromissos profissionais.

Consta do dicionário Cambridge que *bleisure* é "*the activity of combining business travel with leisure time*", ou seja, a atividade de combinar viagem de negócios com tempo de lazer.[36]

Como é intuitivo, os custos do período da viagem destinado ao trabalho, tais como passagens e hospedagem, são de responsabilidade do empregador. Mas, o período subsequente, destinado ao lazer, fica a cargo do próprio empregado, que aproveitará tão somente o valor da passagem de volta, custeada pelo empregador.[37]

Essa figura é fruto da modernidade, na qual cada vez mais se prestigia o equilíbrio entre o trabalho e a qualidade de vida. Fruto de um novo modelo caracterizado pelo estreitamento das relações pessoais e profissionais do indivíduo. Daí porque a figura do *bleisure* pode ser enquadrada como espécie de *salário emocional* (ver *infra*).

A questão importa ao direito do trabalho, pois discussões podem surgir quanto ao enquadramento jurídico do período em que o empregado permanece no local nos momentos de lazer. Nesse ponto, concorda-se com Clarissa Valadares, para quem o período é concedido por mera liberalidade do empregador, não podendo haver descontos pelos dias de lazer.[38]

Ver *salário emocional

BLUEWASHING

Bluewashing é expressão utilizada para designar uma situação na qual o discurso de responsabilidade social não condiz com a prática empresarial. Assim, quando uma empresa atrela a sua imagem à responsabilidade social para vender mais produtos, porém essa responsabilidade social inexiste, configura-se a propaganda enganosa. Em outras palavras, qualquer forma de se incrementar a imagem social da empresa perante a sociedade que seja falsa constituirá *bluewashing*.[39]

A expressão tem um significado muito parecido ao do termo *greenwashing*, que pode ser definido como a prática empresarial na qual a empresa se autodenomina "verde", ou seja, ambientalmente responsável, alardeando que implementa condutas que contribuem para o meio ambiente, e vende esse conceito ao consumidor, mas, na verdade, olhando-se globalmente nota-se que a empresa não melhora as condições ambientais, visto que uma de suas unidades ou um de seus fornecedores dentro da cadeia de fornecedores, de fato, incrementa a poluição.[40]

Desse modo, o *bluewashing* é termo similar ao *greenwashing*, porém aplicável ao campo social. Ou seja, é a prática corporativa na qual a empresa se autodenomina "azul", ou seja, socialmente responsável, mas, na verdade, desrespeita os direitos sociais de forma grave e constante ou desagrega ainda mais uma determinada comunidade marginalizada. Dentre os possíveis direitos sociais que se encaixam nesse quadro estão os direitos fundamentais laborais.[41]

---

(36) Disponível em: <https://dictionaryblog.cambridge.org/2018/01/01/new-words-1-january-2018/>. Acesso em: 25 nov. 2018.
(37) CHAVES, Clarissa Valadares. *O "bleisure" e suas repercussões juslaborais*. In: Revista eletrônica da Escola Judicial do TRT da 17ª Região. Volume 1, ano 7, n. 12, jun./2012.
(38) Idem.
(39) WAKAHARA, Roberto. Bluewashing, desrespeito aos direitos fundamentais laborais e propaganda enganosa. In: *Revista do Tribunal Regional do Trabalho da 15ª Região*, n. 50, 2017. p. 166.
(40) Idem. Ibidem.
(41) Idem. Ibidem.

BOICOTE

A palavra deriva do nome de Charles Cunningham Boycott, que foi um militar britânico e, além disso, um agente de terras. Em 1853 se estabeleceu na Irlanda onde começou a trabalhar como Agente de Terras para Lorde Erne, latifundiário local.

Passando por dificuldades, os camponeses locais pedem a ele uma redução em seus aluguéis. Boycott recusa e inicia então os processos de despejo. Como retaliação pela intransigência de Boycott, uma Liga de camponeses resolveu lançar um movimento para isolá-lo na comunidade local: os vizinhos não lhe falariam; as lojas não lhe serviriam; na igreja, não lhe falariam, nem se sentariam perto dele.

Na época, a atitude recebeu alguns nomes, como excomunhão moral e ostracismo social. A ideia era forçar o Capitão Boycott a abandonar o lugar cortando todas as suas relações sociais e econômicas. A ideia se alastrou e ganhou grande escala de adesão na comunidade.

Boycott, em razão disso, deixou a Irlanda no dia 1 de dezembro de 1880. Seu nome foi imortalizado pela criação do verbo "boicotar", que significa "colocar em ostracismo". A história rendeu à língua inglesa o verbo *"to boycott"*.[42]

Atualmente, boicote é bastante utilizado como mecanismo de pressão de trabalhadores para melhoria das condições de trabalho e pode se manifestar de diversas maneiras. Numa primeira forma de manifestação, pode ser o acordo feito entre trabalhadores para não trabalharem com determinado empregador, interferindo na atividade profissional da outra parte. Ainda, o boicote pode se manifestar pela prática dos trabalhadores em não adquirir produtos do empregador ou em aconselharem consumidores para tanto.

Questiona-se se os sindicatos podem obrigar seus filiados a boicotarem o empregador, fazendo com que eles não firmem contrato de trabalho com esse último. Nesse caso, o empregado deve resistir à medida? Alfredo Ruprecht afirma que *"quando o que decreta a medida é o sindicato, pelo seu poder disciplinar, surgido de seus estatutos, pode compelir o cumprimento do boicote e se o associado não acata a resolução, sofre as consequências de seu ato"*.[43] Mas, alerta o autor que não se pode admitir qualquer tipo de coação, mas tão somente a instigação, o conselho para adesão ao boicote.

A licitude do boicote depende da finalidade perseguida. Se o propósito que se persegue é a defesa de legítimos interesses profissionais, e desde que a medida não supere a disputa trabalhista, o boicote é lícito. Para exemplo de um boicote considerado abusivo, remete-se o leitor ao verbete relacionado ao *Caso Jefferson*.

BONA FIDE OCUPPATIONS

Em português, as chamadas *"bona fide ocuppations"* significam qualificações ocupacionais de boa-fé. De acordo com o item 2 da Convenção n. 111 da OIT, concernente à discriminação em matéria de emprego e profissão, *as distinções, exclusões ou preferências fundadas em qualificações exigidas para um determinado emprego não são consideradas como discriminação*. São as chamadas *qualificações ocupacionais de boa-fé*.

Com efeito, a *BFOQ – Bona Fide Occupational Qualification* trata-se de uma exceção expressa à previsão de discriminação positivada no art. 703, "e", (1) do *Civil Rights Act*, a qual menciona que não será ilegal uma prática de contratar diretamente empregados, ou por meio de agências de empregos, com base nos motivos proibidos, em certas situações em que a religião, sexo ou origem nacional é uma qualificação vocacional de boa-fé, necessária para a operação normal de determinado negócio ou empreendimento.

Firmino Alves Lima enumera exemplos de BFOQ citados pela doutrina norte-americana e que foram aceitas com sucesso pela jurisprudência estrangeira. Podem ser citados: *a)* o caso de uma garçonete de origem chinesa para laborar em um restaurante chi-

---

(42) MINDA, Gary. *Boycott in America*: how imagination and ideology shape the legal mind. Southern Illinois University Press, 1999. p. 17-32. A propósito do tema, foi produzido um filme sobre a vida do Capitão Boycott, dirigido por Frank Launder e que foi ao ar em 1947. A película pode ser facilmente encontrada em *sites* de buscas na internet.
(43) RUPRECHT, Alfredo J. *Relações coletivas de trabalho*. São Paulo: LTr, 1995. p. 857.

nês autêntico; *b)* alguns casos em que a privacidade dos clientes de determinada atividade exige pessoas de determinado sexo, como enfermeiras em determinados tipos de hospitais.[44]

Logo, não será ilegal uma prática de contratar diretamente empregados, ou por meio de agências de empregos, com base nos motivos proibidos, em certas situações em que a religião, sexo ou origem nacional é uma qualificação vocacional de boa-fé, necessária para a operação normal de determinado negócio ou empreendimento

Assim, há um direito para discriminar, mas mediante uma razão que seria a qualificação ocupacional de boa-fé, necessária ao normal desenvolvimento e operação de um particular negócio, sendo que o ônus da prova é do empregador para articular e demonstrar motivos que justifiquem o trato diferenciado.

BÔNUS DE RETENÇÃO (RETENTION BONUS)

O bônus de retenção é um valor oferecido ao empregado que se compromete a permanecer no emprego por determinado período. Geralmente é oferecido como incentivo para manter um importante empregado no cargo, durante um ciclo de negócios particularmente crucial, como uma fusão ou aquisição, ou durante um período de produção crucial.

Como se vê, trata-se de um pagamento condicionado, porque se verificada a condição de que resulta o bônus deve ser pago. Logo, se o empregado permanecer no emprego pelo período ajustado, fará jus ao bônus. Por outro lado, caso se demita antes do período ajustado, terá que devolver parte do valor do bônus, proporcionalmente ao tempo que faltava para completar o período.

Os bônus de retenção estão muito relacionados com as *clawback clauses*. Na verdade, a previsão contratual que estipula o bônus de retenção é uma espécie de *clawback clause*. Segundo Jorge Cavalcanti Boucinhas Filho, "as *clawback clauses*, também chamadas de *clawback provisions*, consistem em previsões contratuais que obrigam altos executivos a, quando restar caracterizada fraude em sua gestão ou grave imprudência na condução dos negócios ou simples pedido de demissão para trabalhar em empresa concorrente, restituir ao empregador os bônus que recebeu antecipadamente".[45]

Por fim, não se pode confundir o "*hiring bonus*" com o bônus de retenção. O primeiro consiste no valor ofertado pela contratação pura e simples. Já o segundo ficaria condicionado à permanência do emprego. Na prática, ambos possuem natureza salarial. O fato de o bônus de retenção ser em várias vezes ao longo do contrato ou em parcela única, não lhe retira, só por este motivo, a natureza contraprestativa. Se assim fosse, a gratificação natalina não possuiria natureza salarial, eis que é paga apenas uma vez no ano. Quando se fala em habitualidade do pagamento da verba como requisito para sua natureza salarial, na verdade, se está a dizer que o valor deve ter ingressado na expectativa de ganho do empregado.

O bônus de retenção também não se confunde com os prêmios, entendidos como "*as liberalidades concedidas pelo empregador em forma de bens, serviços ou valor em dinheiro a empregado ou a grupo de empregados, em razão de desempenho superior ao ordinariamente esperado no exercício de suas atividades*" (art. 457, § 4º, da CLT), ou seja, cuja causa está ligada ao esforço, ao rendimento do trabalhador.

Também não se confundem com a gratificação, cuja causa depende de fatores externos à vontade do empregado.

BOSSING

O termo *bossing* advém do verbo em inglês "*to boss*", que significa chefiar, por identificar que a conduta advém da chefia. Em 1955, a palavra *bossing* foi introduzia por Brinkmann na Psicologia do Trabalho. Significa a ação feita pela pessoa que ocupa cargo de direção na empresa para com os empregados conside-

---

(44) LIMA, Firmino Alves. *Teoria da discriminação nas relações de trabalho*. Rio de Janeiro: Elsevier, 2011. p. 142-143.
(45) BOUCINHAS FILHO, Jorge Cavalcanti. *Validade das* clawback clauses *no direito brasileiro e cautelas necessárias para sua adoção*. São Paulo: Revista LTr, n. 05, vol. 75. p. 588-594.

rados incômodos. Pode ser considerada uma espécie de estratégia para diminuir o número de empregados ou diminuir os custos da empresa, visando à contratação de empregados por salários inferiores. Adota-se uma estratégia para o empregado pedir demissão.[46]

Portanto, o termo designa o assédio moral vertical descendente, ou seja, aquele levado a cabo pelo superior hierárquico e, geralmente, visa minar o psicológico dos empregados de forma a provocar pedidos de demissão, com o intuito final de reduzir gastos.

BURNOUT

Conceitua-se a síndrome do *burnout*, também conhecida como Síndrome do Esgotamento Profissional, como um estado físico e mental de profunda extenuação, que se desenvolve em decorrência de exposição significativa a situações de alta demanda emocional no ambiente de trabalho.[47]

Burn out é um *phrasal verb* de origem inglesa e significa *"queimar até o final e apagar"* e, dentre várias outras designações, a expressão é também utilizada para designar a situação na qual determinada

pessoa se esgota mentalmente em razão de algum trabalho. Figurativamente, é como se a pessoa fosse sendo consumida até a exaustão total.

Assim, o *burnout* é grave transtorno de tensão emocional crônica relacionada ao trabalho, em que o estresse chega às últimas consequências e leva o organismo a esgotamento por exaustão. Clinicamente o indivíduo torna-se improdutivo, sem compromisso, indiferente, desatencioso, frio emocionalmente e empobrecido em seus vínculos afetivos e laborais.

O Ministério da Saúde, por meio da Portaria n. 1.339, de 18 de novembro de 1999, instituiu a Lista de Doenças Relacionadas ao Trabalho e incluiu a Sensação de Estar Acabado (Síndrome de *Burnout* ou Síndrome do Esgotamento Profissional) (Z73.0) nos transtornos mentais e do comportamento relacionados com o trabalho, tendo como agentes etiológicos ou fatores de risco de natureza ocupacional o Ritmo de trabalho penoso (CID10 Z56.3) e Outras dificuldades físicas e mentais relacionadas com o trabalho (CID10 Z56.6).

Igualmente, o Decreto n. 6.042/2007, que alterou o Regulamento da Previdência Social, aprovado pelo Decreto n. 3.048/1999, em seu anexo II que trata sobre agentes patogênicos causadores de doenças profissionais ou do trabalho, conforme previsto no art. 20 da Lei n. 8.213, de 1991, inseriu na lista B, a síndrome de *Burnout*, no título sobre transtornos mentais e do comportamento relacionados com o trabalho (Grupo V da CID-10).

---

(46) MARTINS, Sérgio Pinto. *Assédio moral no emprego*. 2. ed. São Paulo: Atlas, 2013. p. 4.
(47) MENDANHA, Marcos Henrique; BERNARDES, Pablo Ferreira; SHIOZAWA, Pedro. *Desvendando o* burnout: uma análise interdisciplinar da síndrome do esgotamento profissional. São Paulo: LTr, 2018. p. 7.

– C –

CARTISMO

O Cartismo (1838 – 1848) foi um movimento social inglês que se iniciou na década de 30 do século XIX. Esse movimento lutou pela inclusão política da classe operária, representada pela Associação Geral dos Operários de Londres (*London Working Men's Association*). Aponta-se que o Cartismo foi o primeiro movimento revolucionário de massas na história da classe operária de Inglaterra.

O movimento ficou conhecido como "cartismo", porque os participantes do movimento publicaram a *Carta do Povo*, por meio da qual apresentavam uma série de reinvindicações, tais como o sufrágio universal, a revogação da exigência de ser proprietário de terras para ser eleito deputado ao Parlamento, dentre outras.

Ao fim e ao cabo, o Parlamento inglês recusou-se a ratificar a Carta do Povo e rejeitou todas as petições dos cartistas. Com isso, o governo reprimiu cruelmente os cartistas, prendeu seus dirigentes e aniquilou o movimento. Mas, como é de se notar, a influência do cartismo sobre o desenvolvimento do movimento operário internacional foi muito grande e continuou reverberando na luta de classes por longo período.

CASO BERNADOTTE

É indene de dúvidas a personalidade jurídica internacional das organizações internacionais. São elas sujeitos *derivados* ou *secundários* de direito internacional público, na medida em que os Estados cedem parcela de sua soberania para a criação de uma organização com vontade própria, autônoma em relação a de seus Estados-membros criadores.

Embora tendo personalidade jurídica própria – o que não se confunde com soberania, a qual elas não possuem –, tais entidades são *instrumentais*, ou seja, criadas para o cumprimento de determinadas finalidades específicas objetivadas pelos Estados, razão pela qual suas competências limitam-se ao fim para a qual foram criadas (*princípio da especialidade*). Partindo-se dessa ideia, pode-se afirmar, como já feito alhures, que somente os Estados possuem *soberania* e personalidade *plena*. As organizações internacionais estão a serviço daqueles e não o contrário, embora possam impor obrigações aos seus Estados-partes, que devem respeitá-las, justamente porque cedem parte de suas competências funcionais a elas. Com a sua criação, *ipso facto*, ela adquire personalidade jurídica internacional, *sem que isso precise estar dito expressamente no seu ato constitutivo*. A título exemplificativo pode-se mencionar a própria ONU. Na Carta da ONU não há nenhum dispositivo expressamente lhe atribuindo personalidade jurídica internacional, mas, mesmo assim, a própria Corte Internacional de Justiça admitiu, em seu Parecer de 1949 no *caso Folke Bernadotte*, que os Estados-membros da ONU a criaram como sendo dotada não apenas de personalidade reconhecida tão somente por eles, mas de personalidade internacional objetiva, tendo por base também a teoria dos poderes implícitos.

Nesse caso, leciona Antônio Augusto Cançado Trindade que a Corte Internacional de Justiça, com base na *teoria dos poderes implícitos*, reconheceu a personalidade jurídica internacional da ONU e sua capacidade de apresentar reclamações internacionais contra um Estado responsável, com vistas a obter reparação de danos causados a seus agentes no exercício de suas funções. Afirmou que "*os direitos e deveres de uma entidade como a Organização devem depender de seus propósito e funções, especificados ou implícitos em seus documentos constitutivos e desenvolvidos na prática*". Acrescentou a Corte que "*de acordo com o direito internacional, deve-se considerar a Organização como possuidora de poderes que, embora não expressamente constantes da Carta, são-lhe atribuídos pela necessária implicação de que são essenciais ao desempenho de suas tarefas*".[48]

---

(48) TRINDADE, Antônio Augusto Cançado. *Direito das organizações internacionais*. 6. ed. Belo Horizonte: DelRey, 2014. p. 15.

Vale asseverar que no *caso Folke Bernadotte* a Corte Internacional de Justiça atuou no exercício de sua função ou competência *consultiva* e não *contenciosa*, até mesmo porque somente os *Estados* podem submeter uma controvérsia à Corte Internacional de Justiça (CIJ). As organizações internacionais, como a ONU, não poderão postular perante esse órgão, a não ser quando se tratar da função ou competência *consultiva* (e não jurisdicional) da Corte, como se deu no caso *Bernadotte*.

CASO FAZENDA BRASIL VERDE

O caso refere-se à propriedade Fazenda Brasil Verde, localizada no estado do Pará (BR-155, entre os municípios de Marabá e Redenção), na qual se constatou, a partir de 1988, uma série de denúncias perante a Polícia Federal e o Conselho de Defesa dos Direitos da Pessoa Humana (CDDPH – agora transformado, a partir da Lei n. 12.986/2014, em Conselho Nacional dos Direitos Humanos) de prática de trabalho em condições análogas às de escravo na fazenda.

Durante a década de 90, a propriedade pecuária Fazenda Brasil Verde recebeu 128 trabalhadores rurais para a execução de diversos trabalhos em Sapucaia, no sul do estado do Pará. Os homens, com idade de 15 a 40 anos, foram atraídos de diversas cidades do norte e nordeste do país pela promessa de trabalho. No entanto, acabaram sendo submetidos a condições degradantes de trabalho, com jornadas exaustivas, e eram impedidos de deixar a fazenda em razão de dívidas contraídas.

A prática era comum na fazenda há mais de uma década, conforme ficou posteriormente demonstrado. No entanto, apenas em 2000, quando dois trabalhadores conseguiram fugir da propriedade, as irregularidades foram registradas pelas autoridades brasileiras. Na ocasião foi aberto processo penal referente às violações, mas que acabou sendo extraviado. Como resultado, nenhum responsável foi punido e nenhuma das 128 vítimas resgatadas foram indenizadas pelas condições degradantes.

O Brasil foi condenado pela Corte Interamericana de Direitos Humanos por violação dos direitos dos indivíduos de não serem submetidos a qualquer forma de escravidão ou servidão, bem como de não serem submetidos ao tráfico de pessoas (art. 6.1). Consignou a Corte ainda a condição de discriminação estrutural histórica em razão da condição econômica.

A Corte julgou o Brasil ainda incurso na violação do direito ao reconhecimento da personalidade jurídica (art. 3); do direito à integridade pessoal (art. 5); do direito à liberdade pessoal (art. 7); do direito à proteção da criança (art. 19), do direito à honra e à dignidade (art. 11); do direito de circulação e residência (art. 22).

Em razão da letargia na apuração dos fatos praticados e da reiteração da conduta por parte dos acusados, o Brasil foi condenado por violar o direito à razoável duração do processo (art. 81) e a garantia de proteção judicial prevista no art. 25 da CADH.

Como mandamentos da sentença, a Corte estipulou que o governo brasileiro deveria: a) publicar a sentença condenatória; b) reiniciar, com a devida diligência, as investigações e os processos penais sobre os fatos ocorridos em março de 2000, identificando, processando e responsabilizando os autores; c) adotar medidas para que a prescrição não seja aplicada ao crime de submissão à escravidão e fatos análogos; d) ressarcir às vítimas os danos morais sofridos, por meio de verbas indenizatórias, e arcar com as custas e gastos do processo.

Por meio do julgamento do caso Fazenda Brasil Verde, a Corte Internacional de Direitos Humanos expôs o conceito novo de trabalho escravo, não se limitando à definição que indica a propriedade sobre a pessoa (coisificação), entendendo que trabalho escravo é o estado ou a condição de um indivíduo e o exercício de algum dos atributos do direito de propriedade, podendo ser representado pelos seguintes elementos: restrição ou controle da autonomia individual; perda ou restrição da liberdade de movimento de uma pessoa; obtenção de um proveito por parte do perpetrador; ausência de consentimento ou livre-arbítrio da vítima ou sua impossibilidade ou irrelevância devido à ameaça do uso de violência ou outras formas de coerção, ao medo do uso da violência, ao ardil ou às falsas promessas; uso da violência física ou psicológica; posição de vulnerabilidade da vítima; detenção ou cativeiro; e exploração.

A novidade desse julgado foi o reconhecimento da pobreza como fator de proteção especial, em decorrência da vulnerabilidade econômica dela advinda, que gera as inúmeras situações de exploração da mão de obra.[49]

---

(49) As sentenças da Corte Interamericana de Direitos Humanos envolvendo o Brasil podem ser acessadas no seguinte endereço eletrônico: <http://www.itamaraty.gov.br/pt-BR/direitos-humanos-e-temas-sociais/sentenca-

CASO GRIGGS VS. DUKE POWER

Quando se fala em Teoria do Impacto Desproporcional, que está relacionada diretamente aos casos de discriminação indireta, o *leading case* é *Griggs* v. *Duke Power Co*. (1971), julgado pela Suprema Corte Norte-Americana.

Para promover seus empregados, a empresa *Duke Power Co.* aplicava testes de conhecimentos gerais que exigiam determinados conhecimentos incompatíveis com o cargo. A medida, aparentemente neutra e meritocrática, acabava por beneficiar os trabalhadores que estudaram nas melhores escolas, prejudicando aqueles não brindados com a mesma oportunidade.

Percebeu-se que os funcionários negros, justamente os que haviam estudado nas escolas de pior qualidade, eram prejudicados. Ou seja, o impacto da medida foi a promoção apenas de funcionários brancos, causando um impacto negativo nas pessoas de cor negra. Isto levou a Suprema Corte a vedar a aplicação do teste.[50]

Ao analisar o caso, a Suprema Corte dos Estados Unidos firmou o posicionamento de que o Título VII da Lei dos Direitos Civis buscava alcançar não apenas a igualdade formal, mas também a igualdade material traduzida pela igualdade de oportunidades de trabalho.

Nessa diretriz, a Excelsa Corte asseverou que os testes aplicados pela empresa impediam que um número significativo e desproporcional de empregados negros tivesse acesso aos departamentos mais bem remunerados da empresa.

Observa-se que a conduta da empresa discriminou, ainda que indiretamente, determinado grupo, causando-lhe um impacto desproporcional. Assim, ocorre a discriminação indireta quando uma lei ou ato aparentemente neutros, que não possuíam intenção discriminatória no momento da sua concepção, mas que quando aplicados, geram efeitos nocivos de incidência especialmente desproporcional sobre certa categoria de pessoas, violando a igualdade material.

É justamente o que se notou em *Griggs v. Duke Power Co.*, no qual o teste de inteligência promovido pela empresa, o qual, embora aparentemente neutro, segregava funcionários que possuíam, por razões históricas, um nível educacional inferior.

Dessa maneira, concluiu-se que nem a exigência de graduação no ensino médio, nem a realização dos 02 (dois) testes de aptidão foram direcionadas ou tiveram a intenção de medir a habilidade dos empregados de aprender ou de executar um determinado serviço. Ao contrário, a intenção da empresa, por meio de exigências aparentemente neutras e razoáveis, na prática, redundava em discriminação, pois o único intuito da empresa era salvaguardar sua política de dar preferência aos brancos para a ocupação dos melhores postos de trabalho

CASO HOSANNA-TABOR

O caso *Hosanna-Tabor Evangelical Lutheran Church and School versus Equal Employment Opportunity Commission* e outros tratou da discussão a respeito da liberdade de pensamento, de consciência e de religião em matéria trabalhista, especificamente nas instituições religiosas e de tendência nos Estados Unidos da América.

O núcleo central de discussão foram os limites da autonomia de uma organização religiosa frente às leis trabalhistas antidiscriminatórias. Em outras palavras, o que foi discutido foi se a igreja Hosanna-Tabor está ou não sujeita às leis contra a discriminação no emprego em relação aos professores que também sejam ministros do culto.

Em sua defesa, a igreja alegou que deveria ser aplicada a chamada "exceção ministerial", que reconhece plena autonomia às instituições religiosas para selecionar seus ministros. Nos Estados Unidos, esse instituto jurídico chamado de "exceção ministerial", que está amparado na Primeira Emenda (liberdade de religião, expressão e associação), estabelece que as organizações religiosas estão isentas de demandas estaduais e federais por discriminação no emprego, apresentadas pelos funcionários ministeriais, ou seja, pelos empregados de tendência. Esta isenção garante

---

-corte-interamericana-de-direitos-humanos-no-caso-trabalhadores-da-fazenda-brasil-verde>.
(50) VITORELLI, Edilson. *Estatuto da igualdade racial e comunidades quilombolas*. 2. ed. São Paulo: RT, 2015. p. 83

o direito das instituições religiosas de selecionar seu clero livres da interferência do governo.

Para compreensão do caso, é necessário ter em conta que a dempregadora distinguia os professores entre "*called*" (chamados) e "*layed*" (seculares). Os professores "chamados" são nítidos empregados de tendência, pois a organização entende que receberam uma vocação de Deus para o exercício do mister, após cumpridos certos requisitos de ordem formal, tal como a conclusão de um programa de estudos em uma escola ou faculdade luteranas.

No caso concreto, a professora e empregada Cheryl Perich foi contratada como professora "chamada" em 1999. Em 2004, foi diagnosticada com narcolepsia (doença do sono), razão pela qual obteve uma licença para deficientes no ano letivo de 2004/2005. Em janeiro de 2005, a professora – até então licenciada – notificou a escola sobre seu retorno, mas recebeu como resposta, do diretor da escola, a informação de que já havia sido contratado um professor substituto para o resto do ano acadêmico.

A congregação da escola entendeu que a professora seria incapaz de retornar às suas funções naquele ano ou no próximo, razão pela qual decidiu rebaixá-la de "chamada" para "laica" ou "secular". Em troca, ofereceram a ela uma indenização. Mas, Perish recusou a oferta e afirmou, apresentando documento médico, que estaria apta para trabalhar no início de fevereiro. Mesmo assim a diretoria informou que não seria possível que ela retomasse seu posto.

Assim que obteve a alta médica, Perish apresentou-se para trabalhar e solicitou, por escrito, um documento que comprovasse a sua presença. Pouco tempo depois a professora foi informada de que a escola estava planejando dispensá-la. Foi então que Perish ameaçou processar a escola por discriminação sob a "*Lei dos direitos dos americanos deficientes*".

Diante desses fatos, a empregadora decidiu retirar-lhe o caráter de professora "chamada", por comportamento irracional e por ameaçar a escola com processo judicial, de tal sorte que lhe foi comunicada a rescisão do contrato.

Depois disso, Perish apresentou uma denúncia à Comissão de Igualdade de Oportunidades de Emprego (CIOE), que tem legitimidade para demandar em nome de funcionários que acreditem serem vítimas de discriminação. A CIOE então ajuizou ação solicitando que Perish fosse reintegrada ao cargo, com pagamento dos salários do período, além de danos compensatórios e punitivos.

O juízo competente julgou improcedentes os pedidos sob a alegação de que a demissão estaria coberta pela "exceção ministerial". Foi interposto recurso para o Tribunal de Apelações do Sexto Circuito, que reverteu o julgado, por entender que as funções da professora "chamada" tinham as mesmas características de uma professora "laica", de modo que a exceção ministerial não se aplicava ao caso.

Mas, o Fundo *Becket* para a Liberdade Religiosa, interessado na defesa de Hosanna-Tabor, apelou para a Suprema Corte Norte-Americana, que decidiu:

> Hoje, a posição deste Tribunal é de que a exceção 'ministerial' se aplica a Cheryl Perich, que é considerada pela Igreja Luterana-Sínodo de Missouri como ministra encarregada. [...] A exceção ministerial aplica-se à recorrida porque, como observa o Tribunal, ela teve um papel importante em espalhar a mensagem da Igreja e no cumprimento de sua missão. [...] Não importa se a recorrida também ensinou assuntos seculares. Enquanto a um professor puramente secular não seria aplicável a exceção ministerial, a proteção constitucional dos professores religiosos não é de forma alguma diminuída quando assumem funções seculares, além das religiosas. [...]

A Suprema Corte então entendeu que a função religiosa realizada pela empregada tornava imprescindível que ela observasse a doutrina da resolução interna de conflitos, sendo que o Estado não tem condição de intuir essa avaliação. Esta conclusão baseia-se não no estado de ordenação religiosa da recorrida ou no seu título formal, mas sim no seu estado funcional como tipo de funcionário que a Igreja deve ser livre para nomear ou destituir, a fim de exercer a liberdade religiosa garantida pela Primeira Emenda.

Logo, ainda que Perish exercesse algumas funções seculares, preponderavam no caso concreto as funções religiosas, o que lhe enquadrou no tipo de empregado cuja contratação e dispensa são protegidos pela exceção ministerial e, portanto, pela primeira emenda.

Por fim, é importante deixar claro que a relação entre um empregado ministro e sua igreja não está inteiramente fora do âmbito da legislação trabalhista. Fato é que as questões religiosas são *interna corporis*, mas as partes puramente contratuais da relação são passíveis de análise pelo poder Judiciário.

Por exemplo, se a empregadora deixa de pagar o salário, o empregado de tendência pode ajuizar uma ação de cobrança e o Poder Judiciário pode analisar o caso. Por outro lado, caso o empregador dispense o empregado que não mais atende aos requisitos espirituais para ocupar o cargo, aplica-se aqui a exceção ministerial, impedindo que o Estado interfira nessa dispensa.

O ideal é que o magistrado, ao analisar a exceção ministerial, tenha em conta de que o seu completo esvaziamento pode conduzir à situação na qual o Estado possa se imiscuir indevidamente em questões religiosas. Já uma exceção muito ampla, por outro lado, permitirá que as organizações religiosas operem com excessos, o que também não é desejável.

CASO JANUS

A Suprema Corte dos Estados Unidos julgou recentemente o caso *Mark Janus v. American Federation of State, County and Municipal Employees – AFSCME*, que tratou sobre a obrigatoriedade de desconto da contribuição sindical para não associados. O caso se referia exclusivamente a servidores públicos.

A discussão girava em torno da possibilidade de os sindicatos do setor público exigirem dos servidores alcançados ou beneficiados por suas negociações o pagamento das chamadas *agency fees*, ou seja, as chamadas taxas de agência, também conhecidas por "taxas de participação justa".

A jurisprudência americana, desde o caso *Abood v. Detroit Board of Education*, entendia pela validade dessas taxas, destinadas a cobrir os custos da negociação coletiva, já que ela a todos beneficia. No entanto, no precedente *Abood v. Detroit Board of Education* firmou-se também o entendimento de que esses valores não poderiam ser utilizados para prática de atividades políticas do sindicato.

Janus argumentou que a taxa era inconstitucional, por violar a Primeira Emenda. Além disso, sustentou que, no caso de funcionários públicos cujas negociações contratuais são com o Estado/Governo, as taxas eram uma forma de defesa política, o que restou vedado no caso *Abood*.

O *Justice* Samuel Alito, em seu voto, entendeu que: "*compelling individuals to mouth support for views they find objectionable violates that cardinal constitutional command, and in most contexts, any such effort would be universally condemned*".[51]

No julgamento, que superou uma jurisprudência que estava estável há mais de 40 anos, a Suprema Corte entendeu que trabalhadores não sindicalizados não podem ser obrigados a pagar taxas aos sindicatos do setor público.[52]

A Suprema Corte fundamentou que é dever do sindicato promover uma representação justa para todos, pois isso é um ônus que um sindicato deve suportar a partir do momento em que escolhe ser o representante exclusivo da categoria. Em qualquer caso, segundo consta da decisão, os *free riders* podem ser evitados por meios menos restritivos do que a imposição de taxas de agência, pois a existência dos *free riders* não é um argumento que se sobrepõe à força da primeira emenda.

Depois da decisão do caso Janus, especula-se que os fundamentos do precedente sejam em breve exportados para o setor privado e que os descontos, também nessa área, serão considerados inconstitucionais.[53]

Ver *Free riders ou caroneiros

CASO JEFFERSON

Em que medida e de quais instrumentos pode se valer um empregado para cobrar melhorias nas suas condições de trabalho? Em recente e interessante caso julgado pela Corte de Apelação dos Estados Unidos em St. Louis, o tema foi amplamente debatido.

---

(51) Em tradução livre: Constranger indivíduos a apoiarem opiniões que considerarem inaceitáveis viola o cardeal comando constitucional e, na maioria dos contextos, qualquer esforço desse tipo seria universalmente condenado.
(52) A íntegra da decisão pode ser consultada em no seguinte *link*: <https://www.supremecourt.gov/opinions/17pdf/16-1466_2b3j.pdf>.
(53) SACHS, Benjamin. *Janus and the private sector*. Disponível em: <https://onlabor.org/janus-and-the-private-sector-2/>. Acesso em: 26 nov. 2018.

Trata-se do caso *MikLin Enterprises v. NLRB – National Labor Relations Board*, cujos fatos se deram no ano de 2011, mas o julgamento final ocorreu somente em julho de 2017. Discutiu-se se os trabalhadores da *MikLin Enterprises*, que é dona de uma rede de franquias da Jimmy John, poderiam ser legitimamente dispensados em razão de terem confeccionado e feito circular perante consumidores cartazes com duas idênticas imagens de sanduíches.

A primeira imagem continha a legenda *"seu sanduíche feito por um empregado doente da Jimmy John"*. Na segunda imagem, a legenda era *"seu sanduíche feito por um empregado saudável da Jimmy John"*.

Tudo se deu porque a empregadora não ofereceu pagamento para os dias de falta em razão de doença (gripes, resfriados etc.) e alertou seus empregados que poderiam arrumar um substituto caso resolvessem faltar ao trabalho.

O cartaz ainda continha o seguinte recado ao consumidor: *"esperamos que seu sistema imunológico esteja pronto, porque você está prestes a se submeter ao teste do sanduíche"*, dando a entender que o sanduíche poderia ou não estar contaminado por algum vírus ou bactéria oriundo do empregado doente.

Diante dessa conduta, a empregadora dispensou seis empregados sob a alegação de que esse cartaz foi ofensivo e denegriu a imagem da empresa.

Em primeira instância, os empregados obtiveram sucesso. Entendeu-se que a conduta dos obreiros foi legítima porque o cartaz não continha nenhuma linguagem ofensiva e a mensagem estava diretamente relacionada com uma das condições de trabalho: busca pelo pagamento dos dias parados em razão de doença. Assim, os empregados estavam motivados pelo desejo de melhorar seus termos e condições de trabalho.

No entanto, ao julgar o recurso da empresa, a Corte de Apelação Norte-Americana de St. Louis concluiu que os empregados excederam em seu direito, cometendo ato de deslealdade.

Interessante notar que, ao julgar o caso em comento, a Corte discutiu se seria ou não aplicável um precedente de 1953, que ficou conhecido como *Jefferson Standard*. Neste último, a Suprema Corte decidiu que empregados de uma estação de televisão incorreram em conduta ilícita ao distribuírem cartazes com severas críticas à grade de programação televisiva de sua empregadora, pois as críticas não continham nenhuma relação com as práticas laborais do empregador, ou seja, os empregados não buscavam nenhuma melhoria nas suas condições de trabalho. Pelo *Jefferson Standard*, a Suprema Corte dos Estados Unidos entendeu que empregados podem criticar o empregador, desde que para obtenção de vantagens trabalhistas.

Mas, no caso *MikLin Enterprises v. NLRB* a Corte de Apelação, por maioria de oito votos a dois, entendeu que o precedente *Jefferson Standard*, de 1953[54], não se aplicava ao caso, pois mesmo se a conduta reivindicatória ou de ataque a um produto do empregador estiver relacionada ao contrato de trabalho pode o empregador dispensar qualquer empregado que fizer *"um ataque incisivo, público e depreciativo sobre a qualidade do produto da empresa e de sua política comercial, de forma premeditada e calculada para prejudicar a reputação da empresa e reduzir sua renda"*.

Em outras palavras, a Corte de Apelação entendeu que a conduta reivindicatória foi abusiva e desleal, pois excedeu aos limites razoavelmente esperados, uma vez que intentou não apenas buscar melhores condições de trabalho, mas também causar prejuízos ao empregador.

Ou seja, a maioria da Corte defendeu a posição de seus votos ao argumento de que um ataque ao produto do empregador causa prejuízo *que supera a disputa trabalhista*. Ainda, argumentaram que mesmo se o empregador concedesse a licença médica paga, os danos à imagem da empresa não se dissipariam facilmente.

CASO LAVAL

Tanto no caso Laval (Processo C-341/05[55]), como no caso Viking (Processo C-438/05) – adiante examinado –, ambos julgados pelo Tribunal de Justiça da União Europeia, em 2011 e 2007, respectivamente,

---

(54) Disponível em: <https://supreme.justia.com/cases/federal/us/346/464/case.html – T9>. Acesso em: 10 dez. 2017.
(55) *Laval un Partneri Ltd contra Svenska Byggnadsarbetareförbundet, Svenska Byggnadsarbetareförbundets avdelning 1, Byggettan, Svenska Elektrikerförbundet*, C-341/05 de 18 de dezembro de 2007.

tratou-se, sobretudo, acerca dos limites do direito comunitário ao exercício do direito de ação coletiva, especialmente a greve, quando em conflito com o direito de liberdade de estabelecimento.

A Laval venceu uma licitação para a construção de uma escola numa cidade sueca. Para o cumprimento do respectivo contrato, a Laval destacou os seus trabalhadores da Letônia para a Suécia.

Como a prestação dos serviços se daria na Suécia, os sindicatos suecos entraram em negociações com a Laval para a celebração de um acordo coletivo para regular salários e demais condições para prestação de trabalho. Mas, como a sociedade Laval pretendia prevalecer-se do salário mais baixo vigente na Letônia, celebrou um acordo coletivo naquele país.

Em outros termos, o que a empresa Laval fez foi enviar seus trabalhadores para um país com altos salários (Suécia) e continuou aplicando suas condições nacionais de trabalho com baixos salários (Letônia), em possível prática de *dumping social*.

Como as negociações na Suécia fracassaram, os sindicatos suecos propuseram ações coletivas objetivando o bloqueio do canteiro de obras.

Sobre o tema, vale mencionar a Diretiva n. 96/71/CE que prevê regras sobre as condições de emprego aplicáveis à relação de trabalho quando uma empresa estabelecida num Estado-membro destaca temporariamente trabalhadores para o território de outro Estado-membro. Para os efeitos da diretiva, a noção de "remunerações salariais mínimas" referida na *alínea c do n. 1* é definida pela legislação e/ou pela prática nacional do Estado-membro em cujo território o trabalhador se encontra destacado, no caso concreto, a Suécia.

Mas, é importante ter em mente que o sistema sueco de relações coletivas não conhece convenções coletivas com eficácia *erga omnes* e não tinha, à época, salários mínimos fixados por lei.

Os sindicatos suecos queriam que a Laval aderisse à convenção coletiva sueca da construção civil. Como a Laval não atendeu ao pedido, os sindicatos iniciaram um bloqueio que consistiu na organização de uma greve, impedindo a entrega de mercadorias e a entrada dos trabalhadores letões e dos veículos na obra. Os sindicatos dos eletricistas iniciaram também uma greve de solidariedade, que impediu que as empresas eletricistas suecas prestassem serviços à Laval.

No Natal, os trabalhadores destacados pela Laval regressaram à Letônia e não voltaram à obra. Em janeiro de 2005, outras organizações sindicais anunciaram ações de solidariedade que consistiam num boicote de todas as obras da Laval na Suécia.

No caso em comento, o cerne da controvérsia consistiu em saber se os artigos 12º e 49º da TCE (*discriminação em razão da nacionalidade* e *restrições à livre prestação de serviços*) e a Diretiva n. 96/71/CE se opõem a que as organizações sindicais tentem obrigar, através de uma ação coletiva – especificamente a greve –, uma empresa estrangeira que destaca trabalhadores para a Suécia a aplicar uma convenção coletiva sueca.

A questão submetida ao Tribunal consistiu em saber se é compatível com as normas do Tratado da CE sobre a livre circulação de serviços e a proibição de discriminação em razão da nacionalidade, assim como com a Diretiva n. 96/71, que organizações sindicais de trabalhadores, através de uma ação colectiva sob a forma de um bloqueio, procurem levar uma empresa prestadora de serviços estrangeira a subscrever no país de acolhimento uma convenção coletiva respeitante às condições de trabalho e de emprego, como a indicada na [decisão de reenvio], se a legislação no país de acolhimento que transpôs a referida diretiva não contiver nenhuma disposição expressa sobre a aplicação das condições de trabalho e de emprego das convenções coletivas, como era o caso da Suécia?

O artigo 49 da TCE (atual artigo 56 do TFUE) reza que:

> No âmbito das disposições seguintes, as restrições à livre prestação de serviços na União serão proibidas em relação aos nacionais dos Estados-membros estabelecidos num Estado-membro que não seja o do destinatário da prestação.
>
> O Parlamento Europeu e o Conselho, deliberando de acordo com o processo legislativo ordinário, podem determinar que as disposições do presente capítulo são extensivas aos prestadores de serviços nacionais de um Estado terceiro e estabelecidos na União.

Por sua vez, o art. 12 da TCE (atual artigo 18 do TFUE) dispõe, *verbis*:

> No âmbito de aplicação dos Tratados, e sem prejuízo das suas disposições especiais, é proibida toda e qualquer discriminação em razão da nacionalidade.
>
> O Parlamento Europeu e o Conselho, deliberando de acordo com o processo legislativo ordinário, podem adotar normas destinadas a proibir essa discriminação.

Percebe-se que o art. 49 acima transcrito se opõe a que um Estado-membro proíba um prestador de serviços estabelecido noutro Estado-membro de se deslocar livremente para o seu território com o seu pessoal, ou a que esse Estado-membro sujeite a deslocação do pessoal a condições mais restritivas.

Na resposta às questões prejudiciais formuladas, considerou o Tribunal de Justiça que a ação de bloqueio encetada pelos sindicatos suecos era desconforme ao direito comunitário, designadamente ao disposto nos artigos 49 do Tratado CE e 3º da Diretiva 96/71/CE do Parlamento Europeu e do Conselho, de 16 de dezembro de 1996 (*relativa ao destacamento de trabalhadores no âmbito de uma prestação de serviços*), uma vez que tais preceitos se opõem a que um prestador de serviços estabelecido em outro Estado-membro seja pressionado, nos termos descritos, a negociar os salários devidos aos trabalhadores destacados ou a aderir a uma determinada convenção coletiva cujas cláusulas comportam condições mais favoráveis do que as resultantes das correspondentes disposições legislativas.[56]

O entendimento do Tribunal tem sido o de que os Estados-membros de acolhimento só podem estender aos trabalhadores destacados regimes que decorram de lei imperativa ou de convenções com eficácia *erga omnes*, que não era o caso da Suécia. Se fosse, a ação coletiva teria sido legítima. O Tribunal foi, pois, confrontado com uma situação na qual um sindicato sueco pretendia impor a uma empresa, por meio de negociação coletiva, um regime de condições de trabalho que não era obrigatoriamente aplicáveis a todos os empresários suecos concorrentes.

CASO LUTH

No início de 1958, o Tribunal Constitucional alemão julgou o caso Luth, considerado por muitos como o mais importante de sua história. Pela primeira vez, uma corte constitucional admitia que um particular utilizasse direitos fundamentais contra outro particular.[57]

A partir do caso Luth passou-se a entender que um particular poderia ofender direitos fundamentais em face de um igual, ou seja, a partir desse caso se criou uma doutrina permissiva da chamada eficácia indireta ou horizontal dos direitos fundamentais em relação aos particulares.

No caso, em 1940, o já famoso diretor de cinema Veit Harlan produziu um filme de propaganda antissemita, dando-lhe o título de o Judeu Suß. Após o término da Guerra, Veit Harlan foi processado por prática de crime contra a humanidade, pois o filme, com sua influência tendenciosa sobre o público, servira de causa para a perseguição aos judeus. Mas, o autor acabou absolvido por sua conduta, ao fundamento de que ele não poderia recusar uma ordem do ministro da propaganda nazista, Joseph Goebbels, sem colocar sua própria vida em perigo, tampouco poderia realizar o filme de forma menos impressionante ou eficaz para o público.[58]

Tempos depois, Erich Luth, então presidente de clube de imprensa de Hamburgo, dirigiu-se, em uma palestra a empresários e a produtores cinematográficos, convocando-os literalmente a boicotar o realizador do filme em todas as suas outras produções.

Em razão disso, a produtora do novo filme de Veit Harlan processou Erich Luth pedindo sua condenação em omitir-se de expressar suas opiniões. A Justiça estadual de Hamburgo julgou procedente o pedido ao fundamento de que o boicote era ilegal, pois Veit Harlan tinha sido absolvido no processo do filme Judeu Suß.

O caso chegou ao Tribunal Constitucional alemão que acolheu o recurso de Luth. Segundo o Tribunal, a Constituição alemã consagra uma ordem objetiva de valores que irradia sua eficácia por todo o ordenamento jurídico, irradiando-o, incluindo-se aí o direito civil e as relações entre particulares. Em outras palavras, firmou-se a ideia de que toda a ordem jurídica deveria ser interpretada à luz do Direito Constitucional, mais especialmente a partir dos direitos fundamentais, ainda que se cuidasse de relações jurídicas entre particulares, como no caso julgado.

---

(56) ECLI:EU:C:2007:291. Disponível em: <www.curia.europa.eu>. Acesso em: 15 nov. 2018.
(57) TOFFOLI, Dias; RODRIGUES JÚNIOR, Otavio Luiz. *60 anos do julgamento do caso Luth e a autocontenção judicial*. Disponível em: <www.conjur.com.br>. Acesso em: 15 nov. 2018.
(58) MENZEL, Jörg; MÜLLER-TERPITZ, Ralf (Hrsg.). *Verfassungsrechtsprechung*: Ausgewählte Entscheidungen des Bundesverfassungsgerichts in Retrospektive. Berlim: Mohr Siebeck, 2011. p. 110.

CASO NADIA EWEIDA

Trata-se de caso julgado pela Corte Europeia de Direitos Humanos (CEDH), em 15 de janeiro de 2013, que aplicou o dever de acomodação razoável para uma empregada cristã, no contexto de uma relação empregatícia firmada com a British Airways. Em suma, o caso tratou da temática relacionada à liberdade religiosa no contexto de uma relação de emprego.

A companhia aérea British Airways possuía uma política de vestimenta (*dress code*) que proibia seus empregados de deixarem a mostra adereços de cunho religioso, tais como colares com crucifixo. Na parte do regulamento da empresa que tratava da política de vestimentas havia uma seção intitulada "acessórios femininos", com os seguintes dizeres:

> *Qualquer acessório ou roupa que o funcionário, por motivos religiosos, esteja obrigado a usar, deve sempre ser coberto pelo uniforme. Se, no entanto, isso for impossível, dada a natureza do objeto e a maneira como ele deve ser usado, então será necessária a aprovação, por meio da liderança local, da adequação do projeto para assegurar a conformidade com padrões dos uniformes, a menos que tal aprovação já esteja incluída na guia uniforme. Nota: outros objetos não são aceitáveis para serem usados com o uniforme. Se pedirá a retirada de qualquer objeto de joalheria que não se ajuste à normativa.*

Nesses casos, quando um empregado era advertido por vestir um elemento ou objeto que não cumpria com a normativa sobre o uniforme de trabalho, era prática da empresa pedir ao empregado a retirada do objeto em questão ou, se necessário, voltar para a sua casa e trocar de roupa. Ainda, o tempo dedicado pelo empregado para corrigir sua vestimenta era deduzido de seu salário.

Mesmo sabendo que a política de vestimenta da empresa vedava especificamente a utilização visível de adornos religiosos, no dia 20 de maio de 2006, Nadia compareceu ao trabalho vestindo um colar que continha um pequeno crucifixo de prata, pelo que sua superior hierárquica determinou que a cruz fosse colocada por baixo do lenço do uniforme, de modo a ficar oculta para o público. Inicialmente, a empresa se opôs, mas logo depois resolveu cumprir a ordem.

Em 7 de setembro de 2006, Nadia compareceu novamente ao trabalho vestindo o crucifixo, mas dessa vez se negou a cumprir a ordem de sua superior para que a cruz ficasse escondida, mesmo advertida de que se não o fizesse seria enviada para casa, sem direito aos salários.

Em razão de tal conduta a empresa determinou à empregada que fosse para sua casa, sem direito à remuneração até que ela resolvesse trabalhar sem o seu colar. Tempos depois, voltou a trabalhar porque a companhia passou a permitir o uso da cruz.

Em 23 de outubro de 2006 a empresa lhe ofereceu um trabalho administrativo, sem contato com o público, que não requeria o uso de uniforme, mas a empregada rechaçou a oferta.

O caso foi duramente criticado na mídia e, em 24 de novembro de 2006, a empresa *British Airways* resolveu rever sua política de vestimentas em relação ao uso de símbolos religiosos e passou a permitir o uso de crucifixos.

Eweida regressou ao trabalho em 3 de fevereiro de 2007, com permissão para usar a cruz segundo a nova política. Sem embargo, a empresa se negou a indenizar a empregada pelos salários não recebidos no período de tempo no qual ela decidiu não ir trabalhar.

Diante dos fatos, Nadia ajuizou, em dezembro de 2006, ação contra a British Airways alegando que sofreu discriminação religiosa indireta. Alegou ainda violação de seu direito em manifestar sua religião, assegurado no art. 9º da Convenção Europeia de Direitos Humanos – CEDH.

Os tribunais ingleses julgaram improcedentes os pedidos, sob o fundamento de que a política de vestimenta da empresa não colocava os empregados cristãos, especialmente Nadia, em desvantagem em relação aos demais empregados não cristãos que não utilizam seus símbolos em formas de joias. Ainda, os tribunais ingleses entenderam que o código de vestimentas era legítimo, pois visava resguardar a imagem da empresa e promover o reconhecimento de sua marca.

Trata-se de um conflito entre o direito fundamental do indivíduo em poder manifestar suas crenças religiosas, inclusive perante terceiros, e o direito da empresa em projetar uma certa imagem corporativa.

Nadia Eweida apresentou então uma queixa perante a Corte Europeia de Direitos Humanos contra o governo do Reino Unido, alegando violação do art. 9º da CEDH, que trata da liberdade de pensamento, de consciência e de religião:

> Art. 9º, 1. Qualquer pessoa tem direito à liberdade de pensamento, de consciência e de religião; este direito implica a liberdade de mudar de religião ou de crença, assim como a liberdade de manifestar a sua religião ou a sua crença, individual ou colectivamente, em público e em privado, por meio do culto, do ensino, de práticas e da celebração de ritos.
>
> 2. A liberdade de manifestar a sua religião ou convicções, individual ou colectivamente, não pode ser objecto de outras restrições senão as que, previstas na lei, constituírem disposições necessárias, numa sociedade democrática, à segurança pública, à protecção da ordem, da saúde e moral públicas, ou à protecção dos direitos e liberdades de outrem.

A Corte decidiu que a política da British Airways não equilibrava de forma justa as crenças religiosas de seus empregados e o desejo da empresa de projetar uma certa imagem corporativa, razão pela qual entendeu violado o art. 9º da CEDH. Entendeu ser sim legítimo o objetivo da empresa, mas que os tribunais ingleses deram um peso demasiado a essa pretensão, até porque o crucifixo da senhora Eweida era discreto.

O Tribunal considerou que o comportamento da empregada foi uma manifestação de sua crença religiosa que deve ser protegida com base no art. 9º da CEDH e que a conduta da empresa de não a deixar trabalhar consubstanciou-se em ingerência indevida em seu direito de manifestar sua religião.

Ao final, concluiu que as autoridades nacionais inglesas não protegeram de maneira suficiente o direito da empregada a manifestar sua religião, vulnerando a obrigação positiva prevista no artigo 9º da CEDH.

A título de compensação, a empregada foi indenizada em lucros cessantes pelo período no qual ficou sem trabalhar, bem como por danos morais, pois a CEDH considerou que a violação de seu direito de manifestar sua crença religiosa causou à Eweida uma angústia, frustração e sofrimento considerável.

CASO RUFFERT

Assim como nos casos Laval e Viking, o caso Ruffert convida uma vez mais o Tribunal de Justiça a ponderar, por um lado, a livre prestação de serviços e, por outro, os imperativos resultantes da proteção dos trabalhadores e da prevenção do *dumping social*. A toda vista, tratando-se de situações transnacionais, as relações de trabalho dos trabalhadores destacados levantam problemas quanto à legislação que lhes é aplicável.

No caso concreto, a empregadora venceu uma licitação para construção do estabelecimento prisional de Göttingen-Rosdorf. O edital de licitação e consequente contrato tinha por base o acordo relativo à observância das convenções coletivas no âmbito da execução de obras. Assim, a empresa se comprometeu a pagar aos seus trabalhadores, pelo menos, o salário estabelecido para o lugar da execução, segundo a convenção coletiva do local da prestação dos serviços. Da mesma forma, comprometeu-se a impor também aos subempreiteiros as obrigações a que estava adstrita, bem como a fiscalizar o cumprimento destas obrigações pelos subempreiteiros.

No verão de 2004, surgiu a suspeita de que a sociedade PKZ (subempreiteira) tinha empregado na obra trabalhadores polacos aos quais pagava um salário inferior ao previsto na convenção coletiva aplicável. Após o início das investigações, foi rescindido o contrato. O Estado fundamentou a rescisão do contrato alegando, designadamente, que a demandada tinha violado a obrigação contratual de respeitar as convenções coletivas.

O Tribunal teve que se pronunciar sobre se o direito comunitário deve ser interpretado no sentido de que se opõe a uma legislação nacional relativa à adjudicação de empreitadas de obras públicas que imponha que os adjudicatários e, indiretamente, os seus subempreiteiros, paguem aos trabalhadores destacados no âmbito da execução de uma obra pública pelo menos a remuneração prevista na convenção coletiva aplicável no lugar da execução das prestações, sob pena de sanções que podem ir até à resolução do contrato de empreitada.

O quadro jurídico é o seguinte: o artigo 49º, primeiro parágrafo, da CE (atual art. 56 do TFUE) dispõe que as restrições à livre prestação de serviços na Comunidade serão proibidas em relação aos nacionais dos Estados-membros estabelecidos num Estado da Comunidade que não seja o do destinatário da prestação. Por sua vez, a Diretiva n. 96/71 visa desenvolver a livre prestação de serviços entre os Estados-Membros, assegurando uma concorrência leal entre as empresas prestadoras de serviços e garantindo o respeito pelos direitos dos trabalhadores.

A Corte Europeia de Justiça entendeu que os Estados-membros não podem impor medidas que limitem seus contratos públicos apenas às empresas que aceitem pagar aos seus empregados pelo menos a taxa fixada por uma convenção coletiva do local do país da prestação dos serviços. A Corte entendeu que essa conduta está em conflito com a liberdade de circulação dos serviços, nos termos do artigo 56 do TFUE.[59]

CASO VIKING

No âmbito da União Europeia, o atual Tratado de Funcionamento da União Europeia – TFUE assegura o chamado direito de "liberdade de estabelecimento", previsto no art. 49 do citado tratado (antigo art. 43 do Tratado da Comunidade Europeia – TCE), nos seguintes termos: "*Art. 49 do TFUE (ex-artigo 43 TCE) – No âmbito das disposições seguintes, são proibidas as restrições à liberdade de estabelecimento dos nacionais de um Estado-membro no território de outro Estado-membro. Esta proibição abrangerá igualmente as restrições à constituição de agências, sucursais ou filiais pelos nacionais de um Estado-membro estabelecidos no território de outro Estado-membro. A liberdade de estabelecimento compreende tanto o acesso às atividades não assalariadas e o seu exercício, como a constituição e a gestão de empresas e designadamente de sociedades, na aceção do segundo parágrafo do artigo 54º, nas condições definidas na legislação do país de estabelecimento para os seus próprios nacionais, sem prejuízo do disposto no capítulo relativo aos capitais*".

Por sua vez, também em sede de União Europeia, há previsão do direito fundamental de greve, previsto no art. 28 da Carta dos Direitos Fundamentais da União Europeia, ao tratar do "*Direito de negociação e de ação colectiva*", verbis: "*Os trabalhadores e as entidades patronais, ou as respectivas organizações, têm, de acordo com o direito comunitário e as legislações e práticas nacionais, o direito de negociar e de celebrar convenções colectivas, aos níveis apropriados, bem como de recorrer, em caso de conflito de interesses, a acções colectivas para a defesa dos seus interesses, incluindo a greve*".

Tanto no caso Laval (Processo C-341/05) – já tratado anteriormente –, como no caso Viking (Processo C-438/05), ambos julgados pelo Tribunal de Justiça da União Europeia, em 2011 e 2007, respectivamente, tratou-se, sobretudo, acerca dos limites do direito comunitário ao exercício do direito de ação coletiva, especialmente a greve, quando em conflito com o direito de liberdade de estabelecimento.

Ainda, os casos enfrentaram quando uma conduta sindical coletiva pode constituir um obstáculo à liberdade de estabelecimento na União Europeia e como se deve conciliar a liberdade de estabelecimento com o direito de ação coletiva sindical, sobretudo com o direito fundamental de greve.

Está-se, pois, diante de um nítido conflito entre direitos fundamentais: direito de greve *versus* direito de liberdade de estabelecimento. Tendo em vista que o exercício de um desses direitos pode impedir ou limitar o exercício do outro, o desafio está em conceber uma interpretação robusta do conceito de liberdades fundamentais que permita espaço para ambos serem aplicados.

Para melhor compreensão do caso, é preciso ter em mente que foi julgado dentro um contexto de crise econômica na União Europeia, ou seja, em um cenário que pode ser caracterizado pelo questionamento do Estado Social e dos direitos sociais daí advindos.

O caso Viking foi um litígio envolvendo a Federação Internacional dos Trabalhadores dos Transportes (ITF) e o Sindicato Finlandês dos Trabalhadores Marítimos (FSU), contra a *Viking Line ABP (Viking)* e a sua filial *Viking Line Eesti (Viking Eesti)*, cujo tema central foi a análise da validade de uma ação coletiva levada a efeito pelo sindicato com o intuito de dissuadir a Viking de mudar o pavilhão (bandeira) finlandês de um dos seus navios (Rosella) e de registrar esse navio sob o pavilhão de outro Estado-membro (Estônia),

---

(59) ARRIGO, Gianni; CASALE, Giuseppe. *International labour law handbook*: from A to Z. Torino: Giappichelli Editore, 2017. p. 264.

para aproveitar os salários mais baixos desse último país.[60]

Diante desse quadro e em retaliação à medida, o Sindicato Finlandês dos Trabalhadores Marítimos informou à empresa Viking que promoveria ações coletivas para bloquear o processo de mudança do pavilhão.

Enquanto o navio Rosella tivesse pavilhão finlandês, a Viking seria obrigada a pagar à tripulação salários de nível idêntico àqueles praticados na Finlândia, por força do direito finlandês e da convenção coletiva de trabalho aplicável. E, tendo em vista que os salários pagos às tripulações estônias eram inferiores aos pagos às tripulações finlandesas, a Viking alegava que a atividade de exploração do navio Rosella era deficitária devido à concorrência direta com dos navios estônios, que asseguravam o transporte Finlândia-Estônia a custos salariais inferiores.

A empresa Viking insistiu na ideia de mudança do pavilhão, razão pela qual os trabalhadores do Sindicato Finlandês dos Trabalhadores Marítimos iniciaram uma greve. Somada à greve, havia uma circular da Federação Internacional dos Trabalhadores dos Transportes (ITF) que impedia a Viking de negociar com os sindicatos da Estônia. Assim, a Viking ajuizou uma ação destinada a obter a proibição da greve promovida pelo Sindicato Finlandês dos Trabalhadores Marítimos (FSU).

Igualmente, a Viking ajuizou outra ação pedindo que a conduta coletiva da ITF e do FSU fosse declarada contrária ao artigo 49 do TFUE (antigo art. 43 da Comunidade Europeia), que assegura a chamada *liberdade de estabelecimento*. Em outros termos, segundo a Viking, a conduta coletiva estava ferindo a sua *liberdade de estabelecimento*.

O pedido da Viking foi acolhido pelo órgão jurisdicional, ao entender que a conduta coletiva da ITF e do FSU impunha restrições à liberdade de estabelecimento contrárias ao TFUE e, subsidiariamente, constituia restrições ilegais à livre circulação dos trabalhadores e à livre prestação de serviços, na acepção dos artigos 39º, CE e 49º, CE (atuais artigos 45º e 56º do TFUE, respectivamente).

Por outro lado, em sede recursal, a ITF e o FSU sustentaram que o direito de os sindicatos desencadearem uma greve para preservar postos de trabalho constitui um direito fundamental reconhecido no artigo 136º, CE (atual artigo 151º do TFUE). Portanto, os sindicatos teriam o direito de desencadear uma greve contra uma entidade patronal, estabelecida num Estado-membro, objetivando dissuadi-la de transferir sua empresa para outro Estado-membro.

A grande questão submetida ao tribunal foi: *o Tratado proíbe uma determinada ação sindical se esta ação objetivar impedir uma entidade patronal de utilizar a liberdade de estabelecimento por razões econômicas?*

Como a resolução do litígio dependia da interpretação do Direito da União Europeia, o Tribunal Nacional decidiu suspender a instância e submeter ao Tribunal de Justiça Europeu as questões prejudiciais, ou seja, as questões referentes à interpretação do Tratado.

O Tribunal de Justiça da União Europeia entendeu que:

> *64. Uma primeira razão para a ITF e o FSU desencadearem uma acção colectiva pode ser a de atenuar quaisquer consequências negativas que a mudança de pavilhão do Rosella terá para a sua tripulação actual. Uma acção colectiva concertada pode assim servir, por exemplo, para garantir os seus salários e condições de trabalho, impedir despedimentos ou obter uma indemnização justa.*
>
> *65. Atendendo ao poder de apreciação que o direito comunitário concede aos Estados-Membros, compete ao órgão jurisdicional nacional determinar, à luz das normas nacionais aplicáveis ao exercício do direito de acção colectiva, se a acção em causa vai além daquilo que o direito interno considera legítimo para proteger os interesses da tripulação actual. No entanto, ao efectuar esta apreciação, o órgão jurisdicional nacional tem o dever de garantir, por força do direito comunitário, que os casos de deslocalização no seio da Comunidade não sejam tratados de maneira menos favorável do que as deslocalizações efectuadas em território nacional.*
>
> *66. Assim, em princípio, **o direito comunitário não obsta a que os sindicatos, a fim de proteger os trabalhadores de***

---

(60) Ver *Bandeiras de favor ou pavilhões de conveniência.*

uma empresa, desencadeiem uma acção colectiva que tenha por efeito restringir o direito de estabelecimento da empresa que pretende deslocar-se para outro Estado-Membro.

67. No entanto, uma acção colectiva destinada a persuadir uma empresa a manter os seus actuais empregos e condições de trabalho não deve ser confundida com uma acção colectiva para impedir uma empresa de prestar os seus serviços depois de se ter deslocado para o estrangeiro. O primeiro tipo de acção colectiva representa uma forma legítima de os trabalhadores preservarem os seus direitos e corresponde ao que normalmente aconteceria se a deslocalização ocorresse no interior do território de um Estado-Membro. Todavia, o mesmo não se pode dizer da acção colectiva que apenas pretende impedir uma empresa, que se deslocou para outro local, de prestar legalmente os seus serviços no Estado-Membro em que se encontrava anteriormente estabelecida.

68. Impedir ou ameaçar impedir, através de uma acção colectiva, uma empresa sedeada num Estado-Membro de prestar legalmente os seus serviços noutro Estado-Membro é, essencialmente, o tipo de entrave ao comércio que o Tribunal de Justiça, no acórdão Comissão/França, declarou ser incompatível com o Tratado, uma vez que contraria inteiramente o objectivo do mercado comum. Além disso, permitir este tipo de acções implicaria o risco de gerar um ambiente de retaliação constante entre grupos sociais de diferentes Estados-Membros, que poderia ameaçar gravemente o mercado comum e o espírito de solidariedade que lhe é inerente.[61] *(gn)*

Na parte conclusiva do acórdão, o Tribunal de Justiça da União Europeia, dentre outras coisas, deixou assentado que:

3) O artigo 43 da CE não obsta a que um sindicato ou uma união de sindicatos, a fim de proteger os trabalhadores de uma empresa, desencadeiem uma acção colectiva que tenha por efeito restringir o direito de estabelecimento da empresa que pretende deslocar-se para outro Estado-Membro. Compete ao órgão jurisdicional nacional determinar se essa acção é legítima à luz das normas nacionais aplicáveis ao exercício do direito de acção colectiva, desde que os casos de deslocalização no seio da Comunidade não sejam tratados de maneira menos favorável do que as deslocalizações efectuadas em território nacional.

4) O artigo 43 da CE obsta a uma política concertada de acções colectivas desencadeadas por um sindicato e uma união de sindicatos que, ao restringir o direito à liberdade de estabelecimento, tem por efeito compartimentar o mercado de trabalho e impedir a contratação de trabalhadores de certos Estados-membros para proteger os empregos de trabalhadores noutros Estados-Membros.

Em outras palavras, o artigo 43 da CE confere a uma empresa privada direitos que podem ser oponíveis a um sindicato ou a uma associação de sindicatos, mas não se subtrai ao seu âmbito de aplicação condutas coletivas desencadeadas por um sindicato contra uma empresa privada para dissuadi-la de exercer a liberdade de estabelecimento.

Por outro lado, as ações coletivas, como as que estavam em causa no processo Viking, constituem restrições indevidas ao direito de liberdade de estabelecimento, pois tinham por efeito compartimentar o mercado de trabalho e impedir a contratação de trabalhadores de certos Estados-Membros para proteger os empregos de trabalhadores noutros Estados-Membros, o que contraria inteiramente o objetivo do mercado comum.

Portanto, no caso concreto, prevaleceu o direito ao livre exercício do estabelecimento em detrimento do exercício do direito de greve, tendo em vista os objetivos buscados por essa última, especificamente no caso julgado.

---

(61) ECLI:EU:C:2007:292; Disponível em: <http://curia.europa.eu>. Acesso em: 15 nov. 2018.

CENÁRIO DA BOMBA-RELÓGIO

A teoria do cenário da bomba-relógio é uma vertente do Direito Penal máximo que levanta a problemática sobre a possibilidade ou não de se torturar um determinado indivíduo em razão de um "estado de necessidade coletivo", dando ensejo à exclusão da ilicitude da conduta.

A teoria dos direitos fundamentais explica que estes não são absolutos, mas relativos. Contudo, parte da doutrina entende que o art. 5º, III da Constituição Federal consagra um direito absoluto: "*III – ninguém será submetido a tortura nem a tratamento desumano ou degradante*". É a opinião de Uadi Lammêgo Bulos, para quem "*a proibição à tortura é um direito absoluto, insuscetível de relativizações, sob pena de se fulminar o arcabouço do Estado Democrático de Direito*".[62]

O *ticking bomb scenario* tem aceitação nos EUA que tenta implementar medidas contra terroristas. No entanto, nem a Convenção das Nações Unidas, nem a Convenção Interamericana contra a Tortura admitem a inovação de circunstâncias excepcionais, tais como ameaça ou estado de guerra, instabilidade política interna ou qualquer outra emergência pública, como justificação de tortura.

Portanto, diante do atual estágio de proteção internacional de direitos humanos, a *ticking bomb scenario* caracterizaria um ato ilícito e contrários aos direitos humanos resguardados, seja pela ordem internacional, seja pela ordem interna.

A teoria tem relevância para o direito do trabalho na medida em que também o trabalho análogo ao escravo pode ser entendido como assemelhado à tortura ou, no mínimo, como "tratamento desumano ou degradante". Fica, então, a pergunta: a vedação ao trabalho análogo ao escravo é absoluta, ou poderia ser aceitável em casos extremos?

CHILLING EFFECT OU EFEITO INIBIDOR OU EFEITO CONGELANTE OU EFEITO AMEDRONTADOR

To chill significa esfriar, desencorajar, no sentido de desestimular. O *chilling effect* é a inibição ou desencorajamento do exercício legítimo de direitos legais pela ameaça de punição pelo próprio sistema legal. Em outros termos, é um efeito inibidor, que desencoraja o legítimo exercício de direitos pela ameaça de represálias.

O termo foi usado pela primeira vez pela Suprema Corte do Estados Unidos, no caso *Wieman v. Updegraff* e, até hoje, a doutrina do efeito congelante tem sido muito empregada e referida nos casos envolvendo a primeira emenda (liberdade de expressão). [63]

Em defesa da liberdade de expressão busca-se evitar o chilling effect ou efeito de resfriamento das opiniões, ocasião em que haveria inibição geral em se expressar opiniões diante da possibilidade de se sofrer sanções em decorrência disso.

Esse fenômeno pode ocorrer quando interessados e vítimas de violações de direitos privam-se de buscar os meios de tutela contra essas violações por receio ou medo de sofrer punições ou reprimendas do próprio sistema jurídico de onde deveriam receber proteção.

Daniel Sarmento, ao tecer comentários sobre o direito constitucional de liberdade de expressão, também cita a doutrina em comento:

> Mas, se é verdade que a tutela de bens jurídicos conflitantes pode justificar a responsabilização civil e até a penal daqueles que exercitarem de maneira abusiva a sua liberdade de expressão, não é menos certo que os valores dessa liberdade não deixam de incidir neste momento posterior. Afinal, pouco adiantaria proibir a censura prévia e permitir que, pela via da responsabilização ulterior penal ou civil, as pessoas fossem perseguidas ou prejudicadas pela manifestação das suas opiniões sempre

---

(62) BULOS, Uadi Lammêgo. *Curso de direito constitucional*. 9. ed. São Paulo: Saraiva, 2015. p. 566.
(63) The Chilling Effect in Constitutional Law. (1969). Columbia Law Review, 69(5), 808-842. doi:10.2307/1121147

que estas de alguma maneira atingissem os interesses de terceiros. Além das injustiças que fatalmente seriam perpetradas contra os críticos mais corajosos dos poderosos de plantão, este modelo teria efeitos sistêmicos nefastos, pois induziria a sociedade ao silêncio e à autocensura, empobrecendo os debates sociais e prejudicando o direito à informação do público. Trata-se do fenômeno que a doutrina norte-americana denominou *"efeito resfriador" (chilling effect)* do discurso.[64]

CLASSIFICAÇÃO DE SCHILLING

O médico inglês Richard Schilling, em 1984, propôs uma classificação que tentava explicar a relação de causa e efeito entre a doença e o trabalho. Se baseou na ideia de que a doença é fruto da interação entre fatores inerentes ao trabalhador, o ambiente externo e o comportamento individual, denominada por ele de *"causalidade múltipla"*.

A classificação de Schilling[65] envolve três categorias de doenças relacionadas ao trabalho:

Grupo I: no primeiro grupo se classificam as doenças que têm o trabalho como *causa necessária*. Em outros termos, o trabalho é o agente causador, é um fator necessário em todos os casos semelhantes. Exemplos: intoxicação por chumbo e silicose.

Grupo II: o trabalho é um fator que *contribui*, mas não é considerado causa necessária, ou seja, o trabalho é um fator de risco. Exemplo: afecções ao sistema locomotor, neoplasias, patologias coronárias, varizes etc.

Grupo III: o trabalho se define como um *fator agravador ou latente* de uma patologia já existente. Dessa forma, o trabalho pode desencadear uma patologia que estava adormecida ou piorar o quadro do indivíduo. Exemplo: bronquite, asma, dermatites, alergias, transtornos psiquiátricos etc.

Como se nota, as doenças relacionadas ao trabalho, excetuando-se as contidas no grupo I da Classificação de Schilling, podem se desenvolver completamente sem a influência ou interação do trabalho, portanto, não são equivalentes às doenças ocupacionais.

A chamada Classificação de Schilling é adotada no manual de procedimentos para as doenças relacionadas ao trabalho, elaborado pelo Ministério da Saúde e é usada para determinar se uma doença foi, ou não, causada pelo trabalho ou pelas condições em que ele se realizou.

Na categoria III da referida classificação, por exemplo, o trabalho aparece como provocador de um distúrbio latente ou agravador de doença já estabelecida. Logo, o trabalho é uma concausa de certas moléstias. Isso significa que o trabalho, em conjunto com outros fatores (concausas), contribuiu diretamente para produzir certas lesões.

Vale lembrar que a legislação não exige que o trabalho seja causa única para a caracterização do acidente ou doença do trabalho. Nosso ordenamento apenas exige que o trabalho haja contribuído diretamente para a morte do segurado, redução ou perda da sua capacidade para caracterizar a doença ou acidente de trabalho, conforme inciso I do art. 21 da Lei n. 8.213/91, *verbis*: *"Equiparam-se também ao acidente do trabalho, para efeitos desta Lei: I – o acidente ligado ao trabalho que, <u>embora não tenha sido a causa única</u>, haja contribuído diretamente para a morte do segurado, para redução ou perda da sua capacidade para o trabalho, ou produzido lesão que exija atenção médica para a sua recuperação"*. (gn)

CLÁUSULA COMPENSATÓRIA DESPORTIVA

A cláusula compensatória desportiva é a que reputa devida ao atleta, pela entidade de prática desportiva, uma compensação pecuniária nos seguintes casos: a) rescisão decorrente do inadimplemento salarial, de

---

(64) SARMENTO, Daniel. In: CANOTILHO, J. J. Gomes [et. al.]. *Comentários à Constituição do Brasil*. 2. ed. São Paulo: Saraiva e Almedina, 2018.
(65) SCHILLING, R.S.F. *More effective prevention in occupational health practice*? In: *Occupational Medicine*. Volume 34, Issue 3, 1st August 1984, pages 71–79. Disponível em: <http://citeseerx.ist.psu.edu/viewdoc/download?doi=10.1.1.893.2852&rep=rep1&type=pdf>.

responsabilidade da entidade de prática desportiva empregadora; b) rescisão indireta, nas demais hipóteses previstas na legislação trabalhista; e c) com a dispensa imotivada do atleta. Essas são as hipóteses previstas nos incisos III a V do § 5º do art. 28 da Lei do Atleta Profissional.

CLÁUSULA DE "HARDSHIP"

Hardship, em português, significa dificuldade. Transpondo a figura para o campo do direito contratual, pode-se dizer que *hardship* é a alteração substancial do equilíbrio do contrato provocado por fatores econômicos, sociais, financeiros, legais, tecnológicos, políticos, e outros, que levam uma das partes a ficar em uma situação de extrema desvantagem.

A cláusula de *hardship*, também conhecida como *cláusula de readaptação*, é prevista justamente para permitir a renegociação do contrato, diante do aparecimento de fatores que causem o desequilíbrio contratual e pode se conceituada como sendo aquela que estabelece um dever de renegociar um contrato quando ocorrer uma modificação substancial das circunstâncias, suscetível de afetar o equilíbrio geral do contrato, tornando mais onerosa a execução do contrato para uma das partes.

O fato gerador da cláusula não é qualquer desequilíbrio contratual, mas tão somente aquele que provoca uma onerosidade excessiva para uma das partes. Assim, caso hipóteses imprevisíveis agravem a situação de uma das partes, o direito deve proteger essa parte. Se foi gerado um impacto no estado inicial do contrato, o princípio *pacta sunt servanda* deve ser atenuado.

É a aplicação da chamada *teoria da imprevisão*, decorrente da *teoria da onerosidade excessiva*, que encontra previsão no art. 478 do Código Civil que, ao prever a hipótese de *resolução por onerosidade excessiva*, assim dispõe: "*Nos contratos de execução continuada ou diferida, se a prestação de uma das partes se tornar excessivamente onerosa, com extrema vantagem para a outra, em virtude de acontecimentos extraordinários e imprevisíveis, poderá o devedor pedir a resolução do contrato. Os efeitos da sentença que a decretar retroagirão à data da citação*".

CLÁUSULA DE EXCLUSIVIDADE OU DE DEDICAÇÃO EXCLUSIVA

Em regra, nada impede que um empregado, sem anuência prévia de quem quer que seja, trabalhe em favor de duas ou mais empresas concorrentes, como, por exemplo, o professor universitário que ministra aula em duas instituições privadas distintas, sem que com isso esteja configurado nenhum tipo de violação da boa-fé. São as situações de pluriemprego.

No entanto, podem as partes incluir em seus contratos a chamada cláusula de exclusividade, que tem por finalidade limitar a liberdade de trabalho do empregado, impedindo-o de prestar serviços a terceiros, concorrentes ou não, a depender da extensão da exclusividade.

A cláusula de exclusividade pode ser conceituada como o ajuste por meio do qual se estabelece uma limitação à liberdade de trabalho do empregado, de modo a impedi-lo de realizar, de forma graciosa ou não, atividade em favor de terceiros, durante o contrato de trabalho ou após o término deste, por certo período de tempo e mediante indenização compensatória.

É preciso notar que a cláusula de exclusividade contém implícita a cláusula de não concorrência e é mais ampla do que essa. Isso porque pode um contrato possuir cláusula de não concorrência, mas sem exclusividade. Para ser não concorrente, não precisa ser exclusivo. O contrário não é possível. Logo, a cláusula de exclusividade contém uma restrição maior do que a cláusula de não concorrência. Ambas são cláusulas limitativas da liberdade de trabalho nos contratos de trabalho, mas se diferenciam na amplitude.

Outra diferença é que a cláusula de exclusividade deve ter seus limites temporais coincidentes com o contrato de trabalho, ou seja, ela não projeta seus efeitos ou vigência após a cessação do contrato de trabalho. Já na cláusula de não concorrência, pode-se estipular uma restrição ao trabalho para o período pós-contratual.

Os requisitos para validade da cláusula de exclusividade devem ser analisados com muito rigor, pois, afinal, trata-se de ajuste que limita um direito humano fundamental do empregado, qual seja, o da liberdade de trabalho, com assento constitucional no art. 5º, XIII: "*é livre o exercício de qualquer trabalho, ofício ou profissão, atendidas as qualificações profissionais que a lei estabelecer*".

Nessa diretriz, pode-se elencar como um dos requisitos de validade da cláusula de exclusividade a previsão de uma parcela indenizatória, para compensar a restrição à liberdade de trabalho.

Além disso, é preciso que a validade do ajuste seja aferida à luz do princípio da proporcionalidade, levando-se em conta uma série de elementos, tais como, o efetivo interesse do empregador, tendo em conta o setor econômico em que se insere e a natureza das funções objeto do contrato de trabalho (tendo em conta a complexidade técnica destas, o tempo exigido para um eficiente desempenho e a responsabilidade do trabalhador, que podem reclamar disponibilidade total), de modo a apurar se a restrição é essencial à prossecução dos fins do contrato, conforme já decidiu o Supremo Tribunal Federal português.[66]

Assim, em princípio, não se pode negar peremptoriamente a validade a um pacto de exclusividade que proíba, genericamente, o exercício de qualquer trabalho para qualquer outro empregador. Pode-se ajustar a proibição para o trabalho, por exemplo, em uma empresa que, embora não concorrente, possa se aproveitar de informações confidenciais que esse empregado possa ter obtido em razão do seu trabalho. Não será lícita se proibir, genericamente, o exercício de qualquer trabalho, sem motivo plausível. É preciso sempre analisar o caso concreto, segundo os critérios acima mencionados.

A propósito, na França, os pactos de exclusividade encontram fundamentação, embora não de forma expressa, no art. L 120-2 do *Code du Travail*, que tem a seguinte redação: "*Nul ne peut apporter aux droits des personnes et aux libertés individuelles et collectives de restrictions qui ne seraient pas justifiées par **la nature de la tâche** à accomplir ni **proportionnées au but recherché***".[67] (gn)

Portanto, conclui-se que não é impeditiva a estipulação do pacto de exclusividade, observados os requisitos acima: *a)* pagamento de uma compensação financeira; e, *b)* análise da proporcionalidade a partir do conjunto concreto da natureza das atividades cuja vedação se justifica.[68] Logo, revela-se incompatível com o ordenamento jurídico sua admissibilidade irrestrita, uma vez que se trata de cláusula que representa um sério limite ao direito fundamental de liberdade de trabalho.

CLÁUSULA DE NÃO CONCORRÊNCIA

A cláusula de não concorrência pode ser conceituada como o ajuste por meio do qual se estabelece uma limitação à liberdade de trabalho do empregado, de modo a impedi-lo de, durante ou depois do contrato, realizar atividade que caracterize concorrência com a atividade do seu empregador, por certo período de tempo e espaço e mediante indenização compensatória.

Para que seja válida a cláusula, a restrição à liberdade de trabalho tem de satisfazer legítimo interesse do empregador e não se apresentar de forma desarrazoada.[69]

Como requisitos de licitude da cláusula de não concorrência exige-se uma compensação financeira indenizatória, para além do salário. Além disso, especialmente em se tratando de cláusula de não concorrência para período pós-contratual, exige-se como requisito de validade um lapso temporal razoável e uma delimitação geográfica justificável.

O Código do Trabalho de Portugal, que trata do pacto de não concorrência em seu artigo 136, também estipula como requisito de validade do ajuste determinados requisitos como os mencionados

---

(66) STJ – Supremo Tribunal Federal. Processo n. 09S0625. Relator Vasques Dinis, Lisboa, 10.12.2009.
(67) Em tradução livre: Ninguém pode restringir os direitos das pessoas e as liberdades individuais e coletivas sem que tal restrição esteja justificada pela natureza da tarefa a ser desempenhada e seja proporcional ao objetivo perseguido.
(68) Nesse sentido também se posiciona a doutrina especializada: MARTINS, João Zenha. *Dos pactos de limitação à liberdade de trabalho*. Coimbra: Almedina, 2016.
(69) MALLET, Estevão. Cláusula de não-concorrência no contrato individual de trabalho. In: *Revista da Faculdade de Direito da Universidade de São Paulo*. Volume 100. Jan./dez. 2005. p. 121-146.

acima. Prevê que "*é lícita a limitação da atividade do trabalhador durante o período máximo de dois anos subsequente à cessação do contrato de trabalho, nas seguintes condições: a) constar de acordo escrito, nomeadamente de contrato de trabalho ou de revogação deste; b) Tratar-se de atividade cujo exercício possa causar prejuízo ao empregador; c) atribuir ao trabalhador, durante o período de limitação da atividade, uma compensação que pode ser reduzida equitativamente quando o empregador tiver realizado despesas avultadas com a sua formação profissional*".

Portanto, pode-se concluir, a partir do que até aqui foi exposto, que são requisitos de validade da cláusula de concorrência: a) natureza da atividade, a impor a necessidade de restrição, ou seja, deve se tratar de atividade cujo exercício possa causar prejuízo ao empregador; b) compensação financeira; c) limitação geográfica ou espacial; d) limitação temporal; e) necessidade de ajuste expresso, pois se trata de um pacto limitativo de um direito fundamental.

Por fim, vale mencionar que a CLT configura como hipótese de justa causa para o rompimento do contrato a "negociação habitual por conta própria ou alheia sem permissão do empregador, e *quando constituir ato de concorrência à empresa para a qual trabalha o empregado*" (art. 482, alínea "c", da CLT). Nesse caso, independente da existência de cláusula de exclusividade, o empregado cometerá falta contratual.

Importante advertir que há hipóteses em que existe expressa previsão legal proibindo a cláusula de não concorrência, como é o caso do empregado contratado por empresa de trabalho temporário, favorecido pela previsão do art. 11, parágrafo único, da Lei n. 6.019, *verbis*: "*Será nula de pleno direito qualquer cláusula de reserva, proibindo a contratação do trabalhador pela empresa tomadora ou cliente ao fim do prazo em que tenha sido colocado à sua disposição pela empresa de trabalho temporário*".

CLÁUSULA DE NÃO RECRUTAMENTO

É o ajuste por meio do qual fica avençada a proibição destinada ao empregado em recrutar clientes ou empregados do empregador após o término do contrato de trabalho, em consagração aos princípios da lealdade e boa-fé contratuais, que se projetam, inclusive, para o período pós-contratual.

Desse modo, a cláusula é válida ainda que não haja nenhuma compensação financeira para o empregado, pois, como dito, esse dever é oriundo da boa-fé e lealdade contratuais. Não raro se tem notícias de que um ex-empregado iniciou seu próprio empreendimento e "levou" consigo antigos clientes e empregados do ex-empregador.

Mas, parece razoável que referida cláusula seja limitada no tempo, sob pena de desproporcionalidade e, por conseguinte, invalidade.

CLÁUSULA DE PAZ OU DE TRÉGUA E DEVER DE INFLUÊNCIA

As relações de trabalho são essencialmente conflituosas. Especialmente no âmbito do direito coletivo do trabalho, quando as partes chegam a um consenso, geralmente costuma-se firmar um instrumento para materialização da negociação coletiva, via acordo coletivo de trabalho ou convenção coletiva de trabalho.

A Organização Internacional do Trabalho estimula a prática da negociação coletiva, considerando-a a melhor forma de composição dos interesses nas relações de trabalho. As diretrizes desse Organismo Internacional são consubstanciadas em diversos documentos internacionais, especialmente a Convenção n. 98, de 1949, dispondo sobre direito de sindicalização, de negociação coletiva e de proteção do trabalhador contra todo ato de discriminação restritivo da liberdade sindical em relação ao seu emprego, ratificada pelo Brasil em 1952.

Firmada a negociação coletiva, ainda que não haja cláusula expressa a respeito, as partes se comprometem em não fazer novas reivindicações ou promover ameaças de paralisação, salvo em caso de alteração substancial das circunstâncias fáticas existente na época do ajuste. Trata-se, com efeito, de manifestação do princípio da boa-fé objetiva.

O paradigma da boa-fé impõe a vedação de posições contraditórias e de condutas incoerentes nas relações. Ao lado do princípio da segurança jurídica, o princípio da boa-fé objetiva faz surgir a vedação ao comportamento contraditório (*venire contra factum proprium*), impedindo que a parte, após praticar ato em determinado sentido, venha a adotar comportamento posterior e contraditório.

A cláusula de paz, do alemão *friedensvertrag*, ainda que não esteja expressa no instrumento, está nele subentendida. O dever de paz é da essência da negociação coletiva. Está nela implícito e subjacente, apresentando-se como compromisso, inerente e intrínseco a toda negociação coletiva, a partir da qual as partes comprometem-se em não levar a cabo nenhum tipo de ação conflitiva, especialmente a greve, durante o período de vigência do instrumento.

Ao discorrer sobre as cláusulas obrigacionais dos instrumentos coletivos, Amauri Mascaro Nascimento faz alusão a três deveres imanentes ao ajuste coletivo e, escorado na doutrina germânica, leciona que "*a cláusula de paz está implícita, fundamentando-a na teoria dos deveres imanentes dos acordos coletivos, segundo a qual todo acordo normativo pressupõe tacitamente o cumprimento de três deveres: sua aplicação, seu cumprimento pelos representados e a abstenção de conflitos. Há também quem fundamente o mesmo dever no princípio da boa-fé dos contratantes*".[70]

A doutrina ainda afirma que "*as cláusulas de paz e de influência são de conteúdo obrigatório da negociação coletiva e, segundo alguns doutrinadores, sequer precisam estar expressas no documento coletivo. Tal afirmação parte da premissa de que a convenção coletiva de trabalho tem como um dos papéis primordiais a criação e a manutenção de uma trégua nas relações entre trabalhadores e empregadores, daí que o dever de paz (e/ou de influência) se considere imanente à regulamentação convencionada, como elemento constitutivo da causa do contrato coletivo. As cláusulas de paz e de influência constituem uma exigência da boa-fé objetiva e seus deveres anexos em relação aos representantes sindicais o que inclui também respeito ao valor constitucional representado pelo princípio da livre-iniciativa e da consequente atividade empresarial*".[71]

Assim, firmada a negociação coletiva e, desde que mantidas as mesmas circunstâncias fáticas que permeavam a ocasião na qual o acordo foi feito, as partes comprometem-se a manter as coisas como estão, em decorrência de seu dever de fidelidade e de boa-fé.

Em razão da cláusula de paz, surge para o sindicato o dever de não fazer novas exigências durante a vigência da norma coletiva, bem como não fazer greve enquanto em vigor norma coletiva. Em outras palavras, de um lado, as empresas aceitam e se comprometem a aplicar determinadas condições de trabalho e a parte sindical obreira se abstêm de exercer algum tipo de greve, erradicando, por consequência, embora de forma temporária, todos os conflitos no âmbito de aplicação da convenção.

Outrossim, como consectário da cláusula de paz, surge também o chamado **dever de influência**, correspondente ao esforço que o sindicato deve desempenhar para que seus representados não descumpram a paz estabelecida. Assim, o sindicato assume dois tipos de obrigação: uma *negativa*, consistente em não fazer novas reivindicações durante a vigência da norma e a de não deflagrar greve; e, ainda, uma *positiva*, pela qual deve influenciar seus membros na observância das obrigações que lhes imponha o acordo.

Como dito, a cláusula de paz decorre do dever de boa-fé objetiva, na sua feição *venire contra factum proprium*, ou seja, veda-se o comportamento contraditório e tutela-se a confiança despertada na outra parte. Logo, é vedado sinalizar uma conduta em determinado sentido e depois contradizer a expecta já criada com o comportamento anterior.

Fala-se, assim, em "comportamento esperado", ou seja, espera-se que o titular do direito aja de determinada maneira e, assim agindo, desperta no outro a expecta legítima de que permanecerá inerte.

Nessa ordem de ideias, conclui-se que o sucesso da negociação coletiva (*factum proprium*) induz a manutenção do *status quo*, ainda que por um determinado período de tempo, criando nas partes uma expecta séria de que determinadas posições jurídicas (*venire*) não mais serão exercidas, o que suprime a possibilidade de exigência dessa pretensão.

A propósito, o dever de paz encontra positivação no artigo 14 da Lei n. 7.783/89, que dispõe sobre o

---

(70) NASCIMENTO, Amauri Mascaro. *Compêndio de direito sindical*. 8. ed. São Paulo: LTr, 2015. p. 430.
(71) SCAQUETTI, Sonia Cristina. *As cláusulas de paz e influência como conteúdo obrigatório da negociação coletiva sob a ótica da responsabilidade recíproca e social entre as partes*. In: Revista de direito do trabalho. São Paulo: Revista dos Tribunais, v. 40, n. 157, maio/jun. 2014, p. 103-113.

exercício do direito de greve, define as atividades essenciais e regula o atendimento das necessidades inadiáveis da comunidade, prevê que "*constitui abuso do direito de greve a inobservância das normas contidas na presente Lei, bem como a manutenção da paralisação após a celebração de acordo, convenção ou decisão da Justiça do Trabalho*".

Assim, a manutenção da paralisação após a celebração do ajuste coletivo viola a cláusula de paz e, por consequência, a boa-fé objetiva, configurando a abusividade do movimento.

Não obstante, é preciso deixar claro que isso não supõe uma proibição absoluta do exercício da greve durante o período de vigência da norma coletiva, em razão da chamada cláusula "*rebus sic stantibus*", que autoriza o início de novas tratativas em caso de mudança substancial das condições e circunstâncias que foram levadas em conta no momento da pactuação.

Logo, na vigência de acordo, convenção ou sentença normativa não constitui abuso do exercício do direito de greve a paralisação que tenha por objetivo exigir o cumprimento de cláusula ou condição ou seja motivada pela superveniência de fatos novos ou acontecimento imprevisto que modifique substancialmente a relação de trabalho (art. 14, parágrafo único, da Lei n. 7.783/89)

CLÁUSULA DE PERMANÊNCIA OU FIDELIZAÇÃO

Em regra, os empregados possuem total liberdade para se desvincularem do contrato de trabalho. Para tanto, basta exercer seu direito potestativo de demissão, entendido esse como a faculdade que o empregado tem de romper o vínculo empregatício, sem a anuência da outra parte.

Ocorre que em determinados contratos de trabalho o empregador tem a faculdade de investir na capacitação do empregado, como, por exemplo, pagando uma faculdade. Em contrapartida pelo investimento feito, exige que esse empregado não exerça seu direito potestativo de demissão por um determinado período de tempo, sob pena de ter que ressarcir os valores gastos pela empresa na sua formação e/ou aperfeiçoamento.

Para tanto, as empresas firmam com seus empregados a chamada *cláusula de permanência* ou *fidelização compulsória*, por meio da qual o empregado se compromete a continuar trabalhando para a empresa até que seja cumprido um determinado período de carência a partir do qual estará ele livre para se demitir, sem consequências jurídicas.

Conceitualmente, pode-se dizer que a cláusula de permanência é o acordo celebrado entre trabalhador e o empregador pelo qual aquele se compromete a não denunciar o contrato de trabalho durante um determinado período de tempo.

Assim, as partes assumem uma vigência mínima para o contrato de trabalho, mediante a fixação de um "termo estabilizador" do contrato. É uma espécie de compromisso de estabilidade assumido pelo empregado perante o empregador, garantido pela obrigação de restituição dos montantes correspondentes às despesas realizadas com a formação profissional do empregado.[72]

Em Portugal, o art. 137 do Código do Trabalho regula o pacto de permanência nos seguintes termos: "*1 – As partes podem convencionar que o trabalhador se obriga a não denunciar o contrato de trabalho, por um período não superior a três anos, como compensação ao empregador por despesas avultadas feitas com a sua formação profissional. 2 – O trabalhador pode desobrigar-se do cumprimento do acordo previsto no número anterior mediante pagamento do montante correspondente às despesas nele referidas*".

No Brasil não há regulamentação expressa sobre o tema, devendo a validada do ajuste ser analisada sempre casuisticamente, a partir da ponderação de valores segundo os critérios acima apontados. O C. Tribunal Superior do Trabalho já teve a oportunidade de enfrentar o tema, conforme se vê da ementa abaixo:

[...] AÇÃO MONITÓRIA. CLÁUSULA DE PERMANÊNCIA NÃO CONCORRENCIAL. DESCUMPRIMENTO PELO EMPREGADO. MULTA CONTRATUAL. VALIDADE. Nos termos do art. 444 da CLT é válida a pactuação de cláusula de permanência não

---

(72) CARNEIRO, Luís Almeida. *Dever de formação e pacto de permanência*. Coimbra: Almedina, 2015. p. 126.

concorrencial, que imponha multa em caso de seu descumprimento pelo empregado, desde que não se revele abusiva. No caso dos autos, o réu recebeu um valor substancial do banco-autor a título de incentivo para permanecer trabalhando nesta instituição por determinado lapso de tempo. Percebe-se que a previsão de cláusula penal, a despeito de servir como desestímulo à quebra do acordo, não impossibilitou o réu de obter outra colocação profissional, talvez mais promissora ou mais rentável, tanto assim que, de fato, ele rescindiu seu contrato de trabalho com o Banco Itaú S.A. para se empregar em outro estabelecimento empresarial. O réu está sendo cobrado a devolver apenas parte do que recebeu a título de bonificação de permanência. Evidencia-se, assim, que a multa prevista no acordo se revela equitativa e balanceada. O princípio da boa-fé e o dever de lealdade aplicam-se às relações trabalhistas e permeiam todos os seus aspectos e fases, incluindo as pré e pós contratual, dirigindo-se a ambos os lados da relação trabalhista. Nesse contexto, o art. 422 do Código Civil Brasileiro enuncia que "os contratantes são obrigados a guardar, assim na conclusão do contrato, como em sua execução, os princípios de probidade e boa-fé". Não é justo que o réu, tendo recebido uma alta importância em dinheiro para permanecer na empresa – independentemente de seu salário – rompa o acordo (quebrando legítimas expectativas) e não se submeta às penalidades contratuais acordadas. Agravo de instrumento desprovido. (AIRR-43800-95.2008.5.02.0041, Relator Ministro: Luiz Philippe Vieira de Mello Filho, Data de Julgamento: 28.09.2016, 7ª Turma, Data de Publicação: DEJT 07.10.2016)

Portanto, é necessário que haja proporcionalidade entre o tempo do curso realizado e o período mínimo de permanência ajustado. Do contrário, será violado o direito fundamental de liberdade no exercício de qualquer trabalho, ofício ou profissão, contido no art. 5º, XIII, da CRFB/88, pois o trabalhador, que dificilmente terá condições de ressarcir os valores investidos em sua capacitação, terá cerceado seu direito de rescisão contratual por tempo desarrazoado.[73]

CLÁUSULA "STAR DEL CREDERE"

No direito brasileiro, o Código Civil, ao regular o contrato de comissão, prevê que "*se do contrato de comissão constar a cláusula* del credere, *responderá o comissário solidariamente com as pessoas com que houver tratado em nome do comitente, caso em que, salvo estipulação em contrário, o comissário tem direito a remuneração mais elevada, para compensar o ônus assumido*" (art. 698).

Como se vê do dispositivo legal, a cláusula *star del credere* é aquela por meio da qual fica ajustada que o comissário será garante solidário pela solvabilidade e pontualidade daquele com quem contrata.

O artigo 43, da Lei n. 4.886/1965, que regulamenta as atividades dos representantes comerciais autônomos, veda expressamente a estipulação da cláusula *star del credere* ao dispor que "*é vedada no contrato de representação comercial a inclusão de cláusulas* del credere".

A proibição da cláusula para trabalhadores autônomos reforça sua incompatibilidade com a relação de emprego, na qual o trabalhador não deve assumir os riscos do negócio (alheamento dos riscos).

Segundo Mauricio Godinho, o máximo possível de assunção de riscos pelo vendedor empregado já foi absorvido pela legislação especial da categoria, por meio da autorização de estorno das comissões pagas em caso de insolvência do comprador[74], nos termos do art. 7º, da Lei n. 3.207/57, pelo qual "*verificada a insolvência do comprador, cabe ao empregador o direito de estornar a comissão que houver pago*".

CLÁSULA DE STOPPEL

A cláusula de *stoppel* nada mais é do que o princípio da boa-fé objetiva aplicado aos contratos e demais atos de direito internacional. Trata-se, segundo Rodolfo Pamplona, de uma expressão típica do direito inter-

---

(73) Também nesse sentido: TST-RR-982-59.2012.5.18.0004, Data de Julgamento: 16.03.2016, Relator Ministro: Mauricio Godinho Delgado, 3ª Turma, Data de Publicação: DEJT 22.03.2016.
(74) DELGADO, Mauricio Godinho. *Curso de direito do trabalho*. 16. ed. São Paulo: LTr, 2017. p. 694.

nacional, em que se busca preservar a boa-fé e, com isso, a segurança das relações jurídicas.[75]

Segundo Valério Mazzuoli, os Estados e Organizações Internacionais não podem voltar atrás em suas declarações ou manifestações formuladas expressa e inequivocamente, ficando vinculados ao conteúdo daquilo que formalmente expressaram, seguindo-se a regra *venire contra factum proprium non valet*.[76]

CLÁUSULA INDENIZATÓRIA DESPORTIVA

A cláusula indenizatória desportiva é a devida exclusivamente à entidade de prática desportiva à qual está vinculado o atleta. Ou seja, quem se beneficia da cláusula indenizatória é sempre o clube, nas seguintes situações: *a)* transferência do atleta para outra entidade, nacional ou estrangeira, durante a vigência do contrato especial de trabalho desportivo; ou *b)* por ocasião do retorno do atleta às atividades profissionais em outra entidade de prática desportiva, no prazo de até 30 (trinta) meses.

CLÁUSULA SOCIAL

Trata-se de cláusula inserta em tratados de comércio internacional que objetiva assegurar sanções comerciais aos países que não respeitarem padrões trabalhistas mínimos nos processos de produção de bens destinados à exportação.

Não é adotada pela OMC até a presente data. A adoção dessa cláusula permitiria à OMC impor restrições comerciais aos países que pratiquem o *dumping* social. Trata-se, em resumo, de um isolamento *antidumping* com finalidade punitivo-pedagógica.

A verdade é que os países em desenvolvimento se opõem ao emprego de sanções comerciais como forma de atingir padrões trabalhistas mais elevados, mas não aos padrões em si. Tanto é que são signatários de várias Convenções da OIT.

Assim, atualmente, a Organização Mundial do Comércio – OMC entende que questões trabalhistas não integram suas competências, ainda que impliquem em vantagens comerciais, nos termos do que foi explicado acima.

CLÁSULA VALUTÁRIA

A palavra *"valuta"* é de origem italiana e é normalmente considerada sinônimo de moeda ou divisa. Trata-se, segundo o léxico, de termo genérico que indica a moeda em circulação.[77]

A expressão *"valuta"* deu origem, no português, a "valutário", que é adjetivo relativo a moeda ou divisa estrangeira. Assim, na linguagem corrente, como também no jargão econômico, o termo italiano *"valuta"* é normalmente considerado sinônimo de moeda.

Por sua vez, na linguagem jurídica italiana, o termo não possui signifcado unívoco, podendo ser utilizado numa pluralidade de hipóteses. Mas, na principal delas, o termo é utilizado nas regras relativas às relações jurídicas que envolvem a circulação de capitais (entre residentes no Estado e não residentes).

A partir de tais considerações, pode-se conceituar a cláusula valutária como sendo aquela que estipula obrigação pecuniária para pagamento em moeda estrangeira.

No direito comparado, por exemplo, o Código Civil português alberga a licitude da cláusula valutária em seu artigo 558 que, ao tratar *"das obrigações em moeda com curso legal apenas no estrangeiro"*, prevê que "*1.*

---

(75) GAGLIANO, Pablo Stolze; PAMPLONA FILHO, Rodolfo. *Manual de direito civil*. São Paulo: Saraiva, 2017. p. 420.
(76) MAZZUOLI, Valério de Oliveira. *Curso de direito internacional público*. 9. ed. São Paulo: RT, 2015. p. 164.
(77) Dicionário Treccani. Disponível em: <http://www.treccani.it/enciclopedia/valuta/>. Acesso em: 16 jul. 2018.

A estipulação do cumprimento em moeda estrangeira não impede o devedor de pagar em moeda nacional, segundo o câmbio do dia do cumprimento e do lugar para este estabelecido, salvo se essa faculdade houver sido afastada pelo interessado. 2. Se, porém, o credor estiver em mora, pode o devedor cumprir de acordo com o câmbio da data em que a mora se deu".

No entanto, na maioria dos países, tal qual se dá no Brasil, como adiante se verá com detalhes, a estipulação da referida cláusula encontra, regra geral, óbice no ordenamento jurídico. Com efeito, lembra Roberto de Ruggiero que o Estado pode limitar a liberdade das partes ao impor que a prestação não se dê por meio de uma moeda que não tenha curso legal ou excluir determinada espécie de moeda. Assim, é interesse do Estado dar ou tirar curso legal às moedas por ele ou por outros Estados emitidas.[78]

Trata-se, pois, de regra imposta pelo Estado que tem por objetivo manter a organização e o correto funcionamento do sistema monetário, evitando desequilíbrios no fluxo de moedas dentro de seu território e, assim, manter o perfeito funcionamento de sua política monetária. Trata-se, pois, de norma se preocupa com a defesa do interesse público primário.

No direito brasileiro, especialmente no que se refere ao direito das obrigações, a cláusula valutária é também conhecida como "cláusula ouro" e é aquela, como já dito, que permite o pagamento das obrigações pecuniárias em moeda estrangeira.

O Código Civil brasileiro, em seu artigo 318, em regra, proíbe a estipulação da cláusula valutária, ao estatuir que *"são nulas as convenções de pagamento em ouro ou em moeda estrangeira, bem como para compensar a diferença entre o valor desta e o da moeda nacional, excetuados os casos previstos na legislação especial".*

O texto contém duas proibições, quais sejam: *a)* veda o pagamento de obrigações em moeda estrangeira ou em ouro. Aqui, a lei disse menos do que queria. Em verdade, proíbe-se o pagamento não só em ouro, mas também em qualquer espécie de pedras ou metais preciosos, tais como pratas, diamantes, dentre outras; e, *b)* impede a fixação de convenção de pagamento em moeda estrangeira ou pedras e metais preciosos para servir de instrumento compensatório da diferença entre o valor da moeda corrente e o valor da moeda estrangeira ou metal precioso. Ou seja, proíbe-se a indexação do valor da obrigação ao valor da moeda estrangeira.

A *mens legis* busca não só impedir o curso de moeda estrangeira no país, mas também evitar qualquer tipo de indexação para compensação da diferença entre o valor desta e o da moeda nacional.

Assim, a melhor interpretação do dispositivo celetista é a que veda não só o pagamento da obrigação em moeda estrangeira, mas também a mera estipulação de pagamento em moeda nacional, observado o valor do câmbio para o pagamento, pois isso encontra óbice na segunda parte do art. 318 do Código Civil.

No mesmo sentido, o artigo 1º do Decreto-lei n. 857, de 11 de setembro de 1969, que *"consolida e altera a legislação sôbre moeda de pagamento de obrigações exequíveis no Brasil"* dispõe que *"são nulos de pleno direito os contratos, títulos e quaisquer documentos, bem como as obrigações que exequíveis no Brasil, estipulem pagamento em ouro, em moeda estrangeira, ou, por alguma forma, restrinjam ou recusem, nos seus efeitos, o curso legal do cruzeiro".*

No Decreto citado a lei se preocupou apenas em evitar a restrição *ao curso legal da moeda nacional,* ao contrário do Código Civil que, como visto, se preocupou não só com isso, mas também com a própria indexação de valores.

A aplicação de tal cláusula, no direito do trabalho, em princípio, encontra óbice no art. 463 da CLT, que consagra regra proibitiva do pagamento em moeda estrangeira: *"Art. 463 da CLT – A prestação, em espécie, do salário será paga em moeda corrente do País".*

Igualmente, a Convenção n. 95 da OIT, que trata da proteção do salário, estabelece em seu artigo 3º, item 1 que *"os salários pagáveis em espécie serão pagos exclusivamente em moeda de curso legal; o pagamento sob forma de ordem de pagamento, bônus, cupons, ou sob qualquer outra forma que se suponha representar a moeda de curso legal, será proibido".*

Isso significa que a retribuição pelo trabalho deve ser feita, regra geral, em *moeda.* Não a moeda entendida em seu sentido genérico de valor de troca, pois, nesse aspecto, qualquer bem pode ser considerado moeda. Mas, sim, em moeda *"corrente no país",* qual seja, o Real.[79]

---

(78) RUGGIERO, Roberto de. *Instituições de direito civil.* Volume III. Campinas: Bookseller, 1999. p. 80-81.
(79) Essa norma não proíbe o pagamento em cheque, pois é considerado ordem de pagamento à vista (art. 32, da Lei n. 7.357/85 – Lei do Cheque). Ademais, a Convenção n. 95 da OIT, que trata da proteção do salário, estabelece em seu artigo 3º, item 2, que *"A autoridade competente poderá permitir ou prescrever o pagamento do salário em cheque*

Essas normas alicerçam-se em quatro fundamentos, a seguir descritos.

Em primeiro lugar, evita-se que o pagamento seja feito, em sua totalidade, *in natura*. Sabe-se que é permitido o pagamento do salário não apenas em dinheiro, mas também em utilidades (art. 4º da Convenção da OIT c/c art. 82 da CLT). No entanto, pelo menos 30% (trinta por cento) do salário mínimo deve ser pago em espécie e essa previsão legal constitui-se em importante medida de proteção do salário, pois evita abusos por parte do empregador que poderia pagar em vales de uso forçado na localidade ou no armazém da empresa, como exemplifica a doutrina,[80] evitando-se a caracterização do chamado *truck system*, vedado pelo art. 462, § 2º, da CLT.[81]

Em segundo lugar, como já dito linhas anteriores, visa resguardar a própria política monetária implantada pelo Estado, pois, ao impedir o fluxo de moeda estrangeira fora das hipóteses legalmente previstas, o Estado mantém o equilíbrio de sua balança monetária. Trata-se, pois, da defesa do interesse público.

Ainda, em terceiro lugar, a norma alicerça-se mais uma vez no próprio princípio da proteção, mais especificamente na proteção do salário, para evitar com que o trabalhador, mesmo em posse da moeda estrangeira, dela não possa usufruir em razão de suas limitações educacionais, sociais e, até mesmo, geográficas. Basta imaginar a situação de um trabalhador rural que, residente no interior ou até mesmo na propriedade rural, estará impossibilitado de proceder ao câmbio da moeda e, por consequência, do seu salário não poderá usufruir, como se nada tivesse recebido. Ou, ainda, a situação de um trabalhador não afeiçoado ao mercado financeiro – como a generalidade dos trabalhadores brasileiros – que não saberá o que fazer de posse de uma moeda estrangeira.

Por fim, o quarto e derradeiro fundamento da norma consiste na proteção do valor do salário contra as oscilações cambiais, evitando-se com que o empregado seja prejudicado, quando o valor da moeda utilizada no pagamento reste desvalorizado ao tempo de sua liquidação ou câmbio para moeda nacional.[82]

Embora, regra geral, o ordenamento jurídico brasileiro seja refratário à estipulação das obrigações valutárias, o próprio Decreto-lei n. 857/69 elenca algumas exceções em seu artigo 2º, *verbis*:

> Art 2º Não se aplicam as disposições do artigo anterior:
>
> I – aos contratos e títulos referentes a importação ou exportação de mercadorias;
>
> II – aos contratos de financiamento ou de prestação de garantias relativos às operações de exportação de bens e serviços vendidos a crédito para o exterior; (Redação dada pela Lei n. 13.292, de 2016)
>
> III – aos contratos de compra e venda de câmbio em geral;
>
> IV – aos empréstimos e quaisquer outras obrigações cujo credor ou devedor seja pessoa residente e domiciliada no exterior, excetuados os contratos de locação de imóveis situados no território nacional;
>
> V – aos contratos que tenham por objeto a cessão, transferência, delegação, assunção ou modificação das obrigações referidas no item anterior, ainda que ambas as partes contratantes sejam pessoas residentes ou domiciliadas no país.
>
> Parágrafo único. Os contratos de locação de bens móveis que estipulem pagamento em moeda estrangeira ficam sujeitos, para sua validade a registro prévio no Banco Central do Brasil.

---

ou vale-postal, quando esse modo de pagamento for de prática corrente ou necessária, em razão de circunstâncias especiais, quando uma convenção coletiva ou uma sentença arbitral o determinar, ou quando, apesar de tais disposições, o trabalhador interessado consentir".

(80) SAAD, José Eduardo; BRANCO, Ana Maria Saad Castello. *Consolidação das Leis do Trabalho comentada*. 49. ed. São Paulo: LTr, 2016.

(81) *"Art. 462, § 2º, da CLT – É vedado à emprêsa que mantiver armazém para venda de mercadorias aos empregados ou serviços estimados a proporcionar-lhes prestações "in natura" exercer qualquer coação ou induzimento no sentido de que os empregados se utilizem do armazém ou dos serviços"*. Guilherme da Rocha Zambrano, citando Orlando Gomes, registra que o *truck system* é repelido com o objetivo de impedir que o empregador se exima do pagamento de qualquer quantia em espécie, apenas fornecendo gêneros de primeira necessidade ao empregado, o que tornaria mais intensa a dependência econômica do empregado, a ponto de reduzi-lo à condição de verdadeiro servo. Ainda, valendo-se das lições de Alice Monteiro de Barros, informa que o sistema surgiu na Inglaterra, no século XV, quando as indústrias se instalavam em regiões isoladas para aproveitar a energia hidráulica e precisavam manter armazéns para fornecer artigos de primeira necessidade aos seus empregados, mas a fixação de preços abusivos provocava o endividamento diante do empregador e um estado de submissão vitalícia. Na América espanhola, informa o autor que esse sistema era conhecido como *tiendas de raya* e foi largamente utilizado nas minas de Potosí. (ZAMBRANO, Guilherme da Rocha. Arts. 457 a 467. In: SOUZA, Rodrigo Trindade de (org.). *CLT Comentada*. 3. ed. São Paulo: LTr, 2018. p. 330).

(82) CATHARINO, José Martins. *Tratado jurídico do salário*. São Paulo: LTr, 1994. p. 661.

Por sua vez, no direito do trabalho o ordenamento jurídico contempla expressamente duas exceções nas quais se admite a cláusula valutária: *i)* **a do técnico estrangeiro** (Decreto-lei n. 691/69); e, *ii)* **a do empregado transferido para o exterior** (Lei n. 7.064/85).

Em relação ao empregado transferido para o exterior, o art. 5º da legislação de regência acima mencionada prevê que, *verbis*:

> Art. 5º O salário-base do contrato será obrigatoriamente *estipulado* em moeda nacional, mas a remuneração devida durante a transferência do empregado, computado o adicional de que trata o artigo anterior, **poderá, no todo ou em parte, ser paga no exterior, em moeda estrangeira**. (gn)
>
> § 1º Por opção escrita do empregado, a parcela da remuneração a ser paga em moeda nacional poderá ser depositada em conta bancária.
>
> § 2º É assegurada ao empregado, enquanto estiver prestando serviços no exterior, a conversão e remessa dos correspondentes valores para o local de trabalho, observado o disposto em regulamento.

Extrai-se do *caput* do dispositivo que a *estipulação*, ou seja, a *convenção* do salário-base deve se dar, obrigatoriamente, em moeda nacional, mas o *pagamento* poderá, **no todo** ou **em parte**, **ser pago no exterior**, *em moeda estrangeira*.

Consagra-se aqui a figura do *split salary* ou salário repartido, pois a metade do pagamento poderá se dar no território nacional e em moeda corrente e, a outra metade, no exterior, em moeda estrangeira (da localidade em que o trabalho é prestado).

Por sua vez, o Decreto-lei n. 691/69, ao tratar do técnico estrangeiro domiciliado ou residente no exterior, mas *com execução do trabalho no Brasil*, assim vaticina:

> "Art 1º Os contratos de técnicos estrangeiros domiciliados ou residentes no exterior, **para execução, no Brasil**, de serviços especializados, *em caráter provisório*, **com estipulação de salários em moeda estrangeira**, serão, obrigatoriamente, celebrados *por prazo determinado e prorrogáveis sempre a têrmo certo*, ficando excluídos da aplicação do disposto nos artigos ns. 451, 452, 453, no Capítulo VII do Título IV da Consolidação das Leis do Trabalho e na Lei n. 5.107, de 13 de setembro de 1966, com as alterações do Decreto-lei n. 20, de 14 de setembro de 1966, e legislação subsequente". (gn)

Nesses casos, a *estipulação* dos salários se dá em moeda estrangeira, mas o *pagamento* deve se dar em moeda nacional, pois o art. 3º do referido decreto determina que "*a taxa de conversão da moeda estrangeira será, para todos os efeitos, a da data do vencimento da obrigação*". Ou seja, infere-se que o dispositivo, ao tratar de taxa de conversão, quer que o pagamento seja feito em moeda nacional, nos termos do que determina o já exaustivamente citado artigo 463 da CLT.

Portanto, a partir de uma análise detalhada dos dispositivos acima, conclui-se que a lei: *a)* para o técnico estrangeiro, a *estipulação* dos salários é feita em moeda estrangeira, mas o *pagamento*, necessariamente em moeda nacional, porque o trabalho é executado em território nacional; *b)* para os empregados transferidos para o exterior, a *estipulação* dos salários deve necessariamente ser feita em moeda nacional, mas o *pagamento* pode se dar em moeda estrangeira.

Partindo-se de uma análise gramatical do art. 463 da CLT, conclui-se que ele veda apenas o *pagamento* em moeda estrangeira, mas não sua *estipulação*. Não é outra a lição de Martins Catharino, para quem "*o dispositivo supra veda o pagamento em moeda estrangeira, mas o salário pode ser estipulado nesta moeda*".[83]

Logo, por esse método de interpretação, a situação do técnico estrangeiro não se constituiria em exceção ao art. 463 da CLT, como comumente se prega. Mas, o artigo 463 da CLT deve ser lido e interpretado em cojunto com o art. 318 do Código Civil, que proíbe não só o pagamento, mas também a estipulação em moeda estrangeira e, nesse particular, ousa-se discordar das lições do mestre Martins Catharino, para quem, como já asseverado, a *estipulação* é permitida.

Nessa ordem de ideias, pode-se afirmar que, no Brasil, a cláusula valutária proíbe tanto a estipulação, como o pagamento em moeda estrangeira, sendo que o direito do trabalho comporta as duas exceções acima alinhavadas, **observadas as peculiaridades de cada qual: a)** técnico estrangeiro, cujo pagamento deverá, necessariamente, se dar em moeda nacional, mas a estipulação pode se dar em moeda estrangeira; e **b)** empregado transferido, cuja estipulação somente pode se dar em moeda nacional, mas o pagamento em moeda estrangeira.

Qual a consequência fática e jurídica caso o pagamento seja efetivado em moeda estrangeira ou em metais ou pedras preciosas?

---

(83) CATHARINO, José Martins. *Tratado jurídico do salário*. São Paulo: LTr, 1994. p. 661.

A primeira consequência que se pode apontar é a imposição da penalidade administrativa prevista no art. 510 da CLT, com redação dada pela Lei n. 5.562, de 12.12.1968, segundo o qual *"pela infração das proibições constantes deste Título, será imposta à empresa a multa de valor igual a 1 (um) salário mínimo regional, elevada ao dobro, no caso de reincidência, sem prejuízo das demais cominações legais"*. Logo, trata-se de infração administrativa punível na forma da CLT.

Ainda, caso efetivado o pagamento em divisa estrangeira, o ordenamento jurídico estabelece como consequência a inexistência do ato jurídico. Com efeito, vaticina o parágrafo único, do art. 463 da CLT que *"o pagamento do salário realizado com inobservância deste artigo considera-se como não feito"*.

No entanto, essa regra deve ser vista com temperamentos, à luz das circunstâncias fáticas que permeiam o caso concreto e da intenção da lei.

Com efeito, a pedra de toque a ser analisada perpassa, necessariamente, pela ausência ou não de prejuízo ao empregado. Se o pagamento foi feito, por exemplo, para um empregado que reside em um grande centro urbano, acostumado com o mercado finaceiro – o que, obviamente, trata-se de exceção – e, ainda, se não houve desvalorização cambial, não haverá motivos para se considerar não feito o pagamento, sob pena de enriquecimento ilícito do empregado. Restará, apenas, a infração administrativa.

Também conferindo uma interpretação teleológica ao dispositivo em comento, José Martins Catharino leciona conclui que:

> "[...] não haverá necessariamente violação se o pagamento for feito em moeda estrangeira como havia sido estipulado, desde que o valor da prestação, previsto em moeda nacional, não seja reduzido, ficando apenas variável em virtude da natureza da estipulação e da sua liquidação. Concluindo: a regra proibitiva do art. 463 deve ser interpretada de acordo com a intenção que a inspirou".[84]

Por outro lado, fora dessa situação excepcional, parece ser inafastável a consequência legal de inexistência do ato jurídico caso o pagamento seja realizado com inobservância do art. 463 da CLT. Todavia, mesmo nesses casos, é direito do empregador o recebimento dos valores pagos em moeda estrangeira, via ação própria para tanto.

Num tal contexto, observa-se que nem sempre o pagamento em inobservância ao artigo 463 é lesivo ao salário e, por consequência, ao empregado. Assim, se não há evidência de prejuízos decorrentes da adoção dessa forma de pagamento, cujo ônus da prova competirá ao devedor – empregador –, não há que se reputar inexistente o pagamento.

CLAWBACK CLAUSES *OU* CLAWBACK PROVISIONS

A identificação da natureza jurídica da parcela recebida pelo empregado é de suma importância para avaliação da validade das chamadas *clawback clauses*. Segundo Jorge Cavalcanti Boucinhas Filho, "as *clawback clauses*, também chamadas de *clawback provisions*, consistem em previsões contratuais que obrigam altos executivos a, quando restar caracterizada fraude em sua gestão ou grave imprudência na condução dos negócios ou simples pedido de demissão para trabalhar em empresa concorrente, restituir ao empregador os bônus que recebeu antecipadamente".[85]

Trata-se de uma espécie de estorno de valores recebidos pelo empregado a título de bônus, nos casos em que ele pede demissão e também nos casos acima mencionados. Em princípio, pode-se argumentar que esse tipo de estipulação contratual fere o princípio da intangibilidade salarial. No entanto, como dito, as parcelas recebidas geralmente não possuem natureza salarial, mas mercantil, tais como as *stock options* e as *incentive share units*, razão pela qual não gozam da proteção que comumente se confere às verbas de natureza salarial.

Com efeito, necessário perquirir a validade da cláusula que prevê a perda de "ações fantasmas" (unidades monetárias de incentivo) pelo empregado que pedir demissão antes de decorridos determinado

---

(84) CATHARINO, José Martins. *Tratado jurídico do salário*. São Paulo: LTr, 1994. p. 661.
(85) BOUCINHAS FILHO, Jorge Cavalcanti. *Validade das* clawback clauses *no direito brasileiro e cautelas necessárias para sua adoção*. São Paulo: Revista LTr, n. 05, vol. 75. p. 588-594.

período de carência (ou "*vesting*") contado da promessa de sua concessão.

A metodologia das *incentive share units* envolve a concessão de uma cota virtual de ações resgatáveis após o período de carência, desde que atendidas as condições previstas em regulamento. Logo, o direito de resgatar as ações somente se materializa em direito subjetivo após o final do prazo de carência fixado pelo plano.

Em recente decisão, o TST entendeu que "*é lícita a cláusula que prevê a perda de "ações fantasmas" (unidades monetárias de incentivo) pelo empregado que pedir demissão antes de decorrido o prazo de carência ("vesting")*" (ARR-2843-80.2011.5.02.0030, Relatora Ministra: Maria Cristina Irigoyen Peduzzi, Data de Julgamento: 18.11.2015, 8ª Turma, Data de Publicação: DEJT 20.11.2015).

No caso, como noticiado pelo próprio TST, a sua 8ª turma "*considerou lícita cláusula que prevê a perda de "ações fantasmas" (ações de incentivo, um tipo de bônus) pelo empregado que pede demissão antes de decorrido o prazo de carência de três anos fixado pelo regulamento do Banco de Investimentos Credit Suisse (Brasil) S. A.*".

O TST entendeu que o plano de ações é mera liberalidade a favor do empregado, cuja aquisição foi condicionada à sua permanência na empresa pelo período de carência. Entendeu ainda que, no que tange ao elemento volitivo, a concessão da vantagem não está sujeita ao puro arbítrio do empregador, mas depende das vontades intercaladas das partes.

No caso concreto julgado, o Empregado manifestou a vontade de romper o vínculo empregatício antes do encerramento do prazo de carência, quando havia mera expectativa de direito.

A decisão ficou assim ementada: RECURSO DE REVISTA DO RECLAMADO – PLANO DIRETOR DE AÇÕES – "*INCENTIVE SHARE UNITS*" – PRAZO DE CARÊNCIA – VALIDADE. É lícita a cláusula que prevê a perda de "ações fantasmas" (unidades monetárias de incentivo) pelo empregado que pedir demissão antes de decorrido o prazo de carência ("*vesting*") fixado pelo regulamento. Não há falar em sujeição à vontade unilateral do empregador, mas na mera expectativa de direito ao resgate das ações de incentivo no curso do prazo de carência. [...] (ARR-2843-80.2011.5.02.0030, Relatora Ministra: Maria Cristina Irigoyen Peduzzi, Data de Julgamento: 18.11.2015, 8ª Turma, Data de Publicação: DEJT 20.11.2015).

CLOSED SHOP

A empresa fechada ou *closed shop* é uma modalidade de conduta antissindical por meio da qual o empregador se compromete perante o sindicato da categoria a somente contratar empregados a ele filiados. É conduta antissindical por se tratar de expediente que, ao fim e ao cabo, força a sindicalização, o que viola o conteúdo disposto no art. 2º da Convenção 87 da OIT, pois, em tese, a empresa é fechada a não sindicalizados.

Lembra Amauri Mascaro Nascimento que, nos Estados Unidos, Lei Taft-Hartley, de 1947 (conhecida como *Labor Management Relations Act*, que emendou a Lei Wagner, de 1935), considerou ilegal esse tipo de cláusula sindical ajusta entre o sindicato e o empregador.[86]

CLUSTER RIGHTS OU DIREITOS-QUADRO

Cluster é palavra inglesa que significa, em português, grupo, conglomerado ou feixe de coisas similares. Logo, *cluster rights* é expressão que designa um conjunto de direitos assemelhados e é bastante utilizada no campo dos direitos fundamentais para se referir a um direito fundamental como agregação molecular, ou seja, um direito que atrai para si e comporta em seu seio um verdadeiro feixe de outros direitos.

---

(86) NASCIMENTO, Amauri Mascaro. *Compêndio de direito sindical*. 8. ed. São Paulo: LTr, 2015. p. 45.

Em síntese, é um direito que contém outros direitos, na feliz expressão de Judith Jarvis Thomson.[87]

Assim, *cluster right* é um direito que enfeixa outros direitos, isto é, direito complexo formado por um feixe de outros direitos que dele se inferem e nele se incluem. Nas palavras de José de Melo Alexandrino, os direitos fundamentais são estruturas mais ou menos complexas, as quais podem ou não ser decomponíveis em estruturas menores ainda complexas (direitos-quadro, *cluster rights*, direitos principais) que, por sua vez, abrangem outras estruturas progressivamente mais simples, até se chegar às situações jurídicas mais simples ou analíticas.[88]

CO.CO.CO E CO.CO.PRO[89]

São, respectivamente, os contratos de *colaboração coordenada continuada* e os contratos de *colaboração coordenada continuada a projeto*, do direito italiano.

O Decreto-Legislativo n. 276, de 2003, conhecido como "Decreto Biagi", em seu art. 61, ao prever a figura do trabalho parassubordinado a projeto, faz referência ao art. 409, §3º, do CPC, mencionando expressamente as "*relações de colaboração coordenada e continuada, prevalentemente pessoal e sem vínculo de subordinação*", mais conhecidas como "co.co.co.".

Com a edição do "Decreto Biagi", as relações de trabalho parassubordinado, para serem válidas, devem se enquadrar em um "contrato de trabalho a projeto", o qual ficou conhecido como "co.co.pro." (colaboração coordenada continuada a projeto). Todavia, é excluída da nova disciplina uma série de hipóteses, como os colaboradores da Administração Pública, para os quais ainda é válida a estipulação de relações de colaboração continuada e coordenada fora do âmbito do contrato a projeto, e, assim, por tempo indeterminado.

Na essência, a diferença entre a "co.co.co." e a "co.co.pro." é que nessa última o tomador de serviços deve especificar o "projeto" em que o trabalhador irá atuar. Todavia, a noção de projeto é extremamente ampla, vaga e imprecisa, permitindo o enquadramento das mais diversas atividades e modalidades de execução. Além disso, não há no DL n. 276/03 uma norma que proíba a renovação continuada do "co.co.pro.", o que possibilita a "perpetuação" dessa forma contratual precária, por meio de uma série de renovações encadeadas uma à outra, indefinidamente, inclusive em relação a projetos ou programas análogos.

Segundo o entendimento majoritário, qualquer prestação laborativa pode se enquadrar no tipo da parassubordinação, desde que apresente os seus pressupostos ou requisitos: a coordenação, a continuidade e a prevalente pessoalidade.

Luisa Galantino, citada por Lorena Porto, nota que os contratos de colaboração coordenada e continuada "conheceram uma extraordinária difusão ao longo dos últimos anos – e, especialmente, no curso dos anos noventa – em razão da sua flexibilidade e, sobretudo, da possibilidade oferecida aos tomadores de poder contar com colaboradores juridicamente autônomos, mas frequentemente utilizados com modalidades não muito diversas daquelas típicas da relação de emprego". Houve uma "crescente consciência por parte dos potenciais empregadores" quanto à capacidade dessa figura contratual de representar uma "cômoda alternativa" à relação empregatícia, em razão das enormes diferenças quanto aos ônus sociais (notadamente os contributivos), à remuneração devida (não se aplicando os limites da suficiência e da proporcionalidade), às tutelas previdenciárias (em caso de doença, acidente de trabalho, gravidez etc.), aos limites impostos à cessação da relação de trabalho. As "co.co.co." serviram para dar uma "veste jurídica cômoda" a verdadeiras relações de emprego.

---

(87) "*So I suggest we suppose that the liberty to do such and such is itself a right, thus a right that contains rights. But the fact that the liberty to do such and such is a right that itself contains rights certainly does not make it unique among rights, for the rights to life, liberty, and property also contain rights. (The right to liberty presumably contains rights such as the liberty to do this or that, which themselves contain rights.).* **Let us call rights that contain other rights "cluster-rights"**".
(gn) THOMSON, Judith Jarvis. *The realm of rights*. Boston: Harvard University Press, 1992. p. 55.
(88) *Apud* GONTIJO, Danielly Cristina Araújo. *O direito fundamental de acesso à justiça*. São Paulo: LTr, 2015. p. 16.
(89) Explicações ao verbete extraídas de: VASCONCELOS, Lorena Porto. *A parassubordinação*: aparência x essência. In: Revista Magister de Direito Trabalhista e Previdenciário. Vol. 5, n. 27. Porto Alegre: Editora Magister.

COLPORTAGEM

Colportor é palavra que deriva do francês *colporteur*, que é uma espécie de vendedor ambulante de pequenas mercadorias, geralmente de livros e outras publicações de caráter religioso, de porta em porta.

Logo, colportagem é a atividade pela qual uma pessoa bate de porta em porta oferecendo mercadorias, geralmente livros religiosos. Há a figura da colportagem evangelística, consubstanciada em verdadeira atividade evangelística e missionária, que não gera vínculo empregatício, pois exercida em virtude de objetivos religiosos, como o de propagar a fé.

Mas, é preciso sempre ter em mente o princípio da primazia da realidade, de modo que a denominação "colportagem evangelística" não corresponda a um procedimento direcionado a mascarar a aplicação da legislação trabalhista. Assim, é preciso averiguar, em cada caso concreto, se o aspecto econômico da atividade por parte do colportor sobrepuja ou não o caráter evangélico ou missionário. Em caso positivo, presentes os requisitos do art. 3º da CLT, não há como se sustentar a finalidade religiosa do labor prestado, razão pela qual a declaração do vínculo é medida que se impõe.

CONCERTAÇÃO SOCIAL E PACTOS SOCIAIS

Concertação social é expressão bastante utilizada nos países de idioma espanhol para designar o procedimento negocial para se chegar aos grandes pactos sociais firmados no interesse geral da nação, para fixar diretrizes maiores de ação, tendo por fim o desenvolvimento econômico, o sistema tributário, o combate ao desemprego e as reformas fundamentais do sistema legal trabalhista.

Por meio da concertação social estabelece-se um espaço de negociação de compromissos firmados entre o Governo e as organizações sindicais e patronais, onde o poder político busca a legitimação das suas políticas públicas, através do envolvimento dos atores sociais representativos.

Amauri Mascaro Nascimento leciona que a concertação social é um procedimento ou método de negociação em plano mais alto do que o da negociação coletiva. Segundo o saudoso jurista, os pactos sociais têm finalidade mais ampla, predominantemente programática, mas também organizacional, por meio da qual é discutido o pacto social. Assim, segundo ele, parece melhor entender por concertação social o procedimento e por pacto social, o instrumento.

Nessa diretriz, ainda se valendo do escólio do Professsor Amauri Mascaro, os pactos sociais são acordos macroeconômicos tripartites — entre governo, trabalhadores e empregadores — ou bilaterais — entre trabalhadores e empregadores —, também denominados entendimentos, acordos nacionais ou concertação social.

Ao tratar da diferença entre convenções coletivas e pactos sociais, afirma que o conteúdo dos pactos sociais é mais amplo. Abrange, frequentemente, questões da mais alta envergadura, de ordem econômica, trabalhista e política, de modo a caracterizar-se como macroacordo, planejamento geral de natureza socioeconômica.

Igualmente, podem ter por objeto muitos dos mesmos temas das contratações coletivas: salários, preços, emprego, desemprego, sindicalização e outros. A ideia sobre o conteúdo dos pactos sociais é a de colaboração dos grupos sociais com o governo, para elaboração conjunta de um plano de política econômica e social, em troca de deveres que as partes assumem, visando à consecução do objetivo comum, o que leva alguns autores a ver nos pactos sociais um instrumento de tipo neocorporativista, na medida em que resultam da integração das forças sociais nos esforços do governo.[90]

CONDUTA ANTISSINDICAL MIDIÁTICA

O princípio da liberdade sindical, preconizado pela Convenção 87 da OIT (não ratificada pelo Brasil), é o mandamento nuclear a partir do qual os trabalhadores e os empregadores, sem distinção de

---

(90) NASCIMENTO, Amauri Mascaro. *Compêndio de direito sindical.* 8. ed. São Paulo: LTr, 2015. p. 444-445.

qualquer espécie, terão o direito de constituir, sem prévia autorização, organizações de sua escolha, bem como o direito de se filiar a essas organizações, sob a única condição de se conformar com os estatutos das mesmas (art. 2º, da Convenção 87 da OIT).

Do conceito acima, pode-se inferir que a liberdade sindical possui uma dimensão *positiva*, que é a possibilidade dos trabalhadores e empregadores de constituírem organizações e a ela se filiar e permanecerem filiados, pelo tempo que entenderem convenientes; e, de outro lado, uma dimensão *negativa*, segundo a qual a liberdade sindical confere a esses mesmos partícipes da relação capital/trabalho o direito de extinguirem suas organizações ou delas saírem de acordo com sua vontade.

Igualmente, a liberdade sindical pode ser de cunho individual ou coletiva. A liberdade individual diz respeito a cada trabalhador ou empregador de se filiar ao sindicato de sua escolha e dele se desfiliar. De outro flanco, a coletiva corresponde ao direito dos próprios grupos, enquanto atuação coletiva.

Bem delineado o conceito de liberdade sindical, pode-se dizer que conduta antissindical é todo e qualquer ato, comissivo ou omissivo que, extrapolando os limites normais do jogo das relações coletivas de trabalho, viole o princípio da liberdade sindical. Em outros termos, a ofensa à liberdade sindical constitui-se em uma conduta antissindical.

Não raro os trabalhadores coletivamente organizados, ao exercer seus direitos coletivos, principalmente a greve, sofrem represálias pela mídia, que tenta incutir no senso comum a ideia de que todo grevista é um desocupado e de que a greve é um recurso antissocial.

A liberdade de imprensa encontra limites e não pode ser exercida de forma abusiva. A mera opinião e/ou divulgação sobre os aspectos maléficos de uma greve é tolerável. Mas, fato é que a mídia tenta, pela repetição massificada de matérias enviesadas, assentar a ideia de que movimentos de reinvindicação de direitos trabalhistas são prejudiciais à sociedade como um todo.

COMPANY UNION

É o sindicato de empresa. Assim chamado por ser organizado, criado e mantido com a ajuda do empregador. Mauricio Godinho Delgado professa que também conhecidos como sindicatos amarelos ou pelegos, nos quais o próprio empregador estimula e controla (mesmo que indiretamente) a organização e ações do respectivo sindicato obreiro.[91] Por sua vez, Amauri Mascaro se refere ao "compromisso de criação de sindicatos-fantasmas"[92] montados sob a ideologia do capital para cooptar a vontade obreira por ocasião da negociação coletiva.

COMPLIANCE TRABALHISTA: APLICAÇÃO DOS PRINCÍPIOS "KYC" E "KYE"

Compliance significa observância, complacência, condescendência. A expressão deriva do verbo *"to comply"* que, no inglês, significa cumprimento, conformidade. Quando se fala em *compliance* trabalhista se está a dizer em observância preventiva de determinadas regras para evitar futuros prejuízos.

O *compliance* pressupõe a inserção e observância de determinadas ferramentas de prevenção, dentre as quais se podem destacar os princípios KYC – *Know Your Customer* e KYE – *Know Your Employee*, que significam, respectivamente, "conheça seu cliente" e "conheça o seu empregado".

O primeiro pode ser aplicado no aspecto preventivo, em especial nas empresas que prestam serviços para outras ou no Poder Público, relativamente à contratação de terceiros para prestação de serviços inseridos na atividade-meio da empresa contratante (tomadora), de acordo com a Súmula 331 do TST. Nesta esteira, o *compliance* busca a adoção de políticas que visem diligências e apurações sobre o cliente antes de contratá-lo, a fim de se evitar futuros passivos trabalhistas. Já no KYE, o *compliance* se aplica em vários aspectos, tanto na investigação social de quem é o funcionário, quanto nas instituições de políticas internas na empresa. Nesse âmbito, as

---

(91) DELGADO, Mauricio Godinho. *Direito coletivo do trabalho*. 5. ed. São Paulo, LTr, 2014. p. 51-53.
(92) NASCIMENTO, Amauri Mascaro. *Compêndio de direito sindical*. 8. ed. São Paulo: LTr, 2015. p. 180.

empresas podem diligenciar, nos limites da lei, a fim de conhecer seus funcionários previamente, durante o processo seletivo, por exemplo, e evitar contratar aqueles que realmente estejam comprometidos com a missão e valores da empresa.[93]

CONDIÇÃO INSEGURA

Ver *Ato inseguro

CONTRABANDO LEGISLATIVO OU CAUDAS LEGISLATIVAS OU RIDERS

Trata-se da prática consistente na inclusão, durante o processo legislativo, de matéria estranha ao objeto originário do Projeto de Lei, ou seja, acrescenta-se ao Projeto de Lei um assunto que nada tem a ver com o projeto inicialmente gestado, na maioria das vezes com o objetivo de não chamar a atenção para o assunto incluído.

O Supremo Tribunal Federal já decidiu (ADI n. 5127), por exemplo, que o Congresso não pode incluir, em medidas provisórias editadas pelo Poder Executivo, emendas parlamentares que não tenham pertinência temática com a norma, evitando-se assim o chamado "contrabando legislativo", pois isso fere o direito fundamental ao devido processo legislativo. Nesse sentido:

> DIREITO CONSTITUCIONAL. CONTROLE DE CONSTITUCIONALIDADE. EMENDA PARLAMENTAR EM PROJETO DE CONVERSÃO DE MEDIDA PROVISÓRIA EM LEI. CONTEÚDO TEMÁTICO DISTINTO DAQUELE ORIGINÁRIO DA MEDIDA PROVISÓRIA. PRÁTICA EM DESACORDO COM O PRINCÍPIO DEMOCRÁTICO E COM O DEVIDO PROCESSO LEGAL (DEVIDO PROCESSO LEGISLATIVO). 1. Viola a Constituição da República, notadamente o *princípio democrático e o devido processo legislativo* (arts. 1º, *caput*, parágrafo único, 2º, *caput*, 5º, *caput*, e LIV, CRFB), a **prática da inserção**, mediante emenda parlamentar no processo legislativo de conversão de medida provisória em lei, **de matérias de conteúdo temático estranho ao objeto originário da medida provisória**. 2. Em atenção ao princípio da segurança jurídica (arts. 1º e 5º, XXXVI, CRFB), mantém-se hígidas todas as leis de conversão fruto dessa prática promulgadas até a data do presente julgamento, inclusive aquela impugnada nesta ação. 3. Ação direta de inconstitucionalidade julgada improcedente por maioria de votos. (ADI 5127, Relator(a): Min. Rosa Weber, Relator(a) p/ Acórdão: Min. Edson Fachin, Tribunal Pleno, julgado em 15.10.2015, Processo Eletrônico, DJe-094 DIVULG 10.05.2016 PUBLIC 11.05.2016)

Do acórdão oriundo da ADI n. 5127, já citada, extrai-se interessante passagem sobre o tema da inclusão de regulação de temas inexistentes no texto original da Medida Provisória:

> "O que tem sido chamado de contrabando legislativo, caracterizado pela introdução de matéria estranha a medida provisória submetida à conversão, não denota, a meu juízo, mera inobservância de formalidade, e sim **procedimento marcadamente antidemocrático, na medida em que, intencionalmente ou não, subtrai do debate público e do ambiente deliberativo próprios ao rito ordinário dos trabalhos legislativos a discussão sobre as normas que irão regular a vida em sociedade**" (gn)

Ainda:

> [...] a prática sistemática da edição de emendas em processo legislativo de conversão em lei com conteúdo temático distinto daquele da Medida Provisória sob o escrutínio do Congresso Nacional demonstra desobediência sistemática à moldura institucional construída pela Constituição.

Igualmente, vale registrar que a primeira vez que o STF enfrentou o tema foi justamente por ocasião do julgamento da ADI n. 5127. Diante de tal fato, o STF entendeu por bem, em homonegem ao princípio da segurança jurídica, fixar a tese com efeitos prospectivos, ficando preservadas, no que diz respeito a esta inconstitucionalidade formal, as leis fruto de emendas em projetos de conversão de Medida Provisória em lei, inclusive a que era objeto da ADI em comento.

---

(93) BARBOSA, Fernanda. *O compliance trabalhista como ferramenta de integração*. Disponível em: <https://www.migalhas.com.br/>. Acesso em: 16.11.2018.

A prática é também conhecida como *"caudas legislativas"*[94], pois, de certo modo e figurativamente, as matérias estranhas incluídas estão, por assim dizer, *penduradas* na lei de conversão.

O direito norte-americano designa esse expediente pela expressão *"riders"* que, em português, significa "cavaleiro". A propósito, no direito norte-americano tal conduta é, inclusive, tachada como uma forma de *manipulação do processo legislativo*:

> *"the term "rider" is often used more generally to refer to additions to **a bill that are not germane to its original content** and to substantive measures that get attached to appropriations bills"* [...] *"Riding does not involve exchange but rather **manipulation of legislative procedures**. In certain situations, an unpopular measure can get attached to a popular one, and the combined bill can be submitted to the full legislature for a vote".* [95]

Outrossim, no direito inglês fala-se em *"tackings"* e no direito francês, em *"cavaliers budgétaires"*. Com efeito, *"Un cavalier budgétaire est une disposition insérée dans une loi de finances mais qui n'a aucun rapport avec l'objet de cette loi"*.[96]

No direito orçamentário, há vedação expressa na Constituição da República. No art. 165, §8º prescreve que "*a lei orçamentária anual não conterá dispositivo estranho à previsão da receita e à fixação da despesa, não se incluindo na proibição a autorização para abertura de créditos suplementares e contratação de operações de crédito, ainda que por antecipação de receita, nos termos da lei*". (gn)

A disposição constitucional evita, assim, que a lei orçamentária anual se torne um emaranhado com inúmeras disposições normativas que não guardam nenhuma pertinência com a temática orçamentária (cauda orçamentária).

Para se referir ao tema da cauda orçamentária, a doutrina costuma mencionar que Rui Barbosa cunhou a expressão orçamento rabilongo, ou seja, uma cauda comprida.

CONTRATOS DE FACÇÃO

O contrato de facção é um negócio jurídico muito empregado na indústria têxtil pelo qual uma das partes se obriga a fornecer a outra produtos acabados, para posterior comercialização por esta última.

O contrato de facção lícito não tem como objeto a prestação de serviços, tampouco o fornecimento de mão de obra, mas sim a aquisição, pela contratante, de um produto em seu estado bruto.

Há elementos cuja presença auxiliam o intérprete a identificar o verdadeiro contrato de facção. Assim, pode-se mencionar que *(i)* não existe exclusividade na prestação de serviços pela contratada, que, em regra, presta serviços a mais de uma empresa[97]; *(ii)* a realização dos serviços se dá nas instalações da contratada e não da contratante; *(iii)* há autonomia da empresa contratada, de modo que a intervenção da empresa contratante no processo produtivo deve ficar limitada ao controle de qualidade dos produtos, que garanta a manutenção do padrão por ela definido; *(iv)* a entrega, ao final, de produtos acabados pelo contratante

Presentes esses elementos, o contrato de facção não se inclui na situação de terceirização de serviços descrita na Súmula n. 331 do TST, razão pela qual não há que se falar em responsabilidade subsidiária da empresa contratante. Nesse contexto, como já decidiu o C. Tribunal Superior do Trabalho, não há espaço para virtual caracterização quer de culpa *in vigilando* quer de culpa *in elegendo* (pressupostos de imputação de responsabilidade subsidiária), desde que as atividades da empresa contratada se desenvolvam de forma absolutamente independente, sem qualquer ingerência da empresa contratante.[98]

---

(94) TEMER, Michel. *Elementos de direito constitucional*. 11. ed. São Paulo: Malheiros, 1995. p. 134.
(95) GILBERT, Michael D. *Single subject rules and the legislative process*. In: University of Pittsburgh Law Review. Vol. 67:803. p. 836.
(96) In: <http://fr.jurispedia.org/index.php/Cavalier_budgétaire_>. Acesso em: 22 jul. 2018.
(97) Ainda que a contratada tenha outros clientes, é preciso observar se a sua produção é voltada quase exclusivamente para a contratante, o que pode ser um indício de fraude.
(98) TST-AIRR-1945-34.2011.5.12.0048; Data de Julgamento: 11.09.2013, Relator Ministro: João Oreste Dalazen, 4ª Turma, Data de Publicação: DEJT 27.09.2013.

Ao diferenciar a terceirização do contrato de facção, o C. TST já fundamentou que: *"dito de outro modo, tem-se que, na espécie, aquela que figuraria como uma única relação triangular típica, caso se cuidasse de terceirização – entre tomador, empregado e prestador – dá lugar a uma dupla relação bipolar – entre empresa contratada e contratante, de um lado, e empresa contratada e empregado, de outro, em que não se afigura viável a responsabilização, ainda que subsidiária, da empresa contratante".*

Logo, no contrato de facção, ao contrário da terceirização, não se busca a obtenção da mão de obra imprescindível à realização de atividades-meio de uma das partes da avença, mas tão somente da matéria-prima necessária à exploração do seu objeto social, motivo pelo qual aquele que adquire os bens em comento não pode ser responsabilizado subsidiariamente pelos créditos trabalhistas devidos aos empregados de seu parceiro comercial. Assim, não se aplica o disposto na Súmula n. 331, IV, do TST, por não existir terceirização de serviços.[99]

CONTRATOS LINEARES DE TRABALHO

Ao contrário dos contratos verticais, em que há uma desigualdade fática entre os contratantes (por exemplo, nos contratos de adesão), nos contratos lineares as partes estão em pé de igualdade e podem negociar com paridade de armas.

A figura interessa ao direito do trabalho na medida em que a Lei n. 13.467 de 2017 – Reforma Trabalhista – criou a figura do empregado "parasuficiente" (por muitos chamado, indevidamente, de hipersuficiente[100]) que, segundo o legislador reformista, possui capacidade de negociar de igual para igual com o empregador.

Com efeito, na hipótese de empregado portador de diploma de nível superior e que perceba salário mensal igual ou superior a duas vezes o limite máximo dos benefícios do Regime Geral de Previdência Social, as relações contratuais de trabalho podem ser objeto de livre estipulação das partes interessadas, em relação às hipóteses previstas no art. 611-A, da CLT, com a mesma eficácia legal e preponderância sobre os instrumentos coletivos.

Nesse caso, a Reforma Trabalhista implantou uma espécie de contrato linear de trabalho, por entender que o empregado que acumula os requisitos acima está no mesmo patamar negocial da outra parte.

CONTRATOS ZERO HORA

Ver *zero hour contract

CONTROLE DE CONVENCIONALIDADE

O controle de convencionalidade das normas é o processo de compatibilização vertical das normas domésticas com os comandos encontrados nas convenções internacionais de direitos humanos[101], especialmente na ordem jurídica brasileira, na qual os tratados de direitos humanos podem ser equivalentes às emendas constitucionais ou, no mínimo, ter status supralegal, nos termos do art. 5º, §§ 2º e 3º, da CRFB/88.

A doutrina do controle de convencionalidade no âmbito do sistema interamericano de proteção dos direitos humanos foi inaugurada em 26 de setembro de 2006, no julgamento do caso *Almonacid Arellano*

---

(99) TST-RR-20085-82.2016.5.04.0301, Relator Ministro: Luiz Philippe Vieira de Mello Filho, Data de Julgamento: 22.11.2017, 7ª Turma, Data de Publicação: DEJT 24.11.2017.
(100) Para consultar a crítica sobre o equívoco dessa expressão, consultar o vocábulo "empregado hipersuficiente".
(101) MAZZUOLI, Valério de Oliveira. *Curso de direito internacional público*. Rio de Janeiro: Forense, 2018. 11. ed. p. 323.

e outros v. Chile, pela Corte Interamericana de Direitos Humanos, nos seguintes termos:

> La Corte es consciente que los jueces y tribunales internos están sujetos al imperio de la ley y, por ello, están obligados a aplicar las disposiciones vigentes en el ordenamiento jurídico. Pero cuando un Estado ha ratificado un tratado internacional como la Convención Americana, sus jueces, como parte del aparato del Estado, también están sometidos a ella, lo que les obliga a velar porque los efectos de las disposiciones de la Convención no se vean mermadas por la aplicación de leyes contrarias a su objeto y fin, y que desde un inicio carecen de efectos jurídicos. En otras palabras, **el Poder Judicial debe ejercer una especie de "*control de convencionalidad*" entre las normas jurídicas internas que aplican en los casos concretos y la Convención Americana sobre Derechos Humanos**. En esta tarea, el Poder Judicial debe tener en cuenta no solamente el tratado, sino también la interpretación que del mismo ha hecho la Corte Interamericana, intérprete última de la Convención Americana. (gn)

No Brasil, o controle de convencionalidade pode se dar de forma *concentrada* – exercido pelo Supremo Tribunal Federal – ou, de forma *difusa*, que é exercido por todos os juízes.

CONTROLE DE PONTO POR EXCEÇÃO

O art. 74, § 2º, da CLT determina ao empregador que realize o controle da jornada de trabalho dos seus empregados, nos seguintes termos, *verbis*: "*para os estabelecimentos de mais de dez trabalhadores será obrigatória a anotação da hora de entrada e de saída, em registro manual, mecânico ou eletrônico, conforme instruções a serem expedidas pelo Ministério do Trabalho, devendo haver pré-assinalação do período de repouso*".

O controle de ponto por exceção é aquele por meio do qual o empregador efetua o controle apenas da jornada extraordinária. Ou seja, sempre que a jornada for ordinária, nada se anota. Anota-se apenas as excepcionalidades.

Pode-se questionar se a norma coletiva que autoriza a dispensa de controle formal de horário se sobrepõe ao disposto no artigo 74, § 2º, da CLT. Em sendo a resposta positiva, isso exime a empresa do cumprimento do disposto no aludido artigo celetista.

Sobre o tema, impende registrar que o artigo 611-A, X, da CLT, inserido pela Lei n. 13.467/2017 – Reforma Trabalhista – autoriza a prevalência das normas coletivas que disciplinam a modalidade de registro de jornada de trabalho em relação às disposições da lei.

A jurisprudência do TST sempre foi no sentido de que a adoção do sistema de controle de ponto por exceção, ainda que previsto em norma coletiva, é inválida, pois afronta o art. 74, § 2º, da CLT, norma de ordem pública. O entendimento também era fundamentado no sentido de que o legislador constituinte, ao prever o reconhecimento das negociações coletivas (CF, art. 7º, XXVI), não chancelou a possibilidade de excluir direito indisponível dos trabalhadores por meio dessa modalidade de pactuação.

No entanto, mais recentemente, e já após a reforma trabalhista, a 4ª Turma do TST chancelou norma coletiva em que se autorizava a marcação somente das horas extraordinárias realizadas, cujo julgamento ficou assim ementado:

> RECURSO DE REVISTA. SISTEMA DE CONTROLE ALTERNATIVO DE JORNADA. PREVISÃO EM NORMA COLETIVA. VALIDADE. PROVIMENTO. A teor do preceito insculpido no artigo 7º, XXVI, da Constituição Federal, é dever desta Justiça Especializada incentivar e garantir o cumprimento das decisões tomadas a partir da autocomposição coletiva, desde que formalizadas nos limites da lei. A negociação coletiva, nessa perspectiva, é um instrumento valioso que nosso ordenamento jurídico coloca à disposição dos sujeitos trabalhistas para regulamentar as respectivas relações de trabalho, atendendo às particularidades e especificidades de cada caso. É inequívoco que, no âmbito da negociação coletiva, os entes coletivos atuam em igualdade de condições, o que torna legítimas as condições de trabalho por eles ajustadas, na medida em que afasta a hipossuficiência ínsita ao trabalhador nos acordos individuais de trabalho. Assim, as normas autônomas oriundas de negociação coletiva, desde que resguardados os direitos indisponíveis, devem prevalecer sobre o padrão heterônomo justrabalhista, já que a transação realizada em autocomposição privada resulta de uma ampla discussão havida em um ambiente paritário, no qual as perdas e ganhos recíprocos têm presunção de

comutatividade. Na hipótese, a Corte Regional reputou inválida a norma coletiva em que autorizada a marcação somente das horas extraordinárias realizadas, sob o fundamento de que contrariava previsão expressa em lei. Isso porque, em razão de o artigo 74, § 2º, da CLT determinar, obrigatoriamente, a anotação, pelo empregador, dos horários de entrada e de saída dos empregados, essa exigência não poderia ser afastada por meio de negociação coletiva. Conforme acima aduzido, a Constituição Federal reconhece a validade e a eficácia dos instrumentos de negociação coletiva, desde que respeitados os direitos indisponíveis dos trabalhadores. Ocorre que a forma de marcação da jornada de trabalho não se insere no rol de direitos indisponíveis, de modo que não há qualquer óbice na negociação para afastar a incidência do dispositivo que regula a matéria, com o fim de atender aos interesses das partes contratantes. Impende destacar, inclusive, que o artigo 611-A, X, da CLT, inserido pela Lei n. 13.467/2017, autoriza a prevalência das normas coletivas que disciplinam a modalidade de registro de jornada de trabalho em relação às disposições da lei. É bem verdade que o aludido preceito, por ser de direito material, não pode ser invocado para disciplinar as relações jurídicas já consolidadas. Não se pode olvidar, entretanto, que referido dispositivo não trouxe qualquer inovação no mundo jurídico, apenas declarou o fato de que essa matéria não se insere no rol das garantias inegociáveis. Ante o exposto, mostra-se flagrante a afronta ao artigo 7º, XXVI, da Constituição Federal. Recurso de revista de que se conhece e a que se dá provimento. (RR-2016-02.2011.5.03.0011, Relator Ministro: Guilherme Augusto Caputo Bastos, Data de Julgamento: 09.10.2018, 4ª Turma, Data de Publicação: DEJT 11.10.2018)

O tema é polêmico e a decisão cuja ementa foi acima transcrita é isolada. O entendimento ainda prevalecente no TST, em várias outras turmas, é pela invalidade das normas coletivas que adotam esse controle alternativo de jornada.[102]

Mas, a tendência é que a jurisprudência realmente se altere, porque o artigo 611-A, X, da CLT autoriza a prevalência das normas coletivas que disciplinam a modalidade de registro de jornada de trabalho em relação às disposições da lei. Ainda, pelo fato de que essa matéria não se insere no rol das garantias inegociáveis, o que foi inclusive ratificado pelo art. 611-A, X, da CLT.

Vale lembrar, por fim, que o TST, após a Reforma Trabalhista, já considerou válida norma coletiva que prevê o sistema de autogestão da jornada, também com fulcro no art. 611-A, X, da CLT e art. 7º, XXVI, da CRFB/88.

Ver *autogestão da jornada*

CONTRATO DE TRABALHO SIMULTÂNEO E EMPREGO DESDOBRADO

No *contrato de trabalho simultâneo* há dois ou mais contratos de trabalho firmados com o mesmo empregador. É o caso de um advogado e professor que celebra com a mesma instituição de ensino dois contratos de trabalho, um como professor e um como advogado da instituição. Serão dois contratos e duas anotações na CTPS. Não há nada de ilegal nisso, ainda que a duração total dos trabalhos, no mesmo dia, exceda oito horas, exceto em se tratando de menor, em razão da proibição constante no art. 414 da CLT. Não há sequer direito ao pagamento de horas extras.

Por outro lado, no *emprego desdobrado*, há apenas um contrato de trabalho, mas empregado exerce duas ou mais funções diferentes, em horários distintos. Domingos Sávio Zainaghi cita o exemplo de um zelador de um edifício que exerce também, e fora do horário de trabalho dessa função, atividade de porteiro no mesmo edifício.[103] Nesse caso, segundo o mesmo autor, os dois horários deverão ser somados para fins de duração máxima do trabalho e, o que sobejar do limite constitucional, deverá ser pago como extra. Por outro lado, há quem entenda que, por se tratarem de funções distintas, não se paga adicional de hora extra porque o serviço acrescido não é continuação da atividade normal.[104]

O C. Tribunal Superior do Trabalho já enfrentou o tema, ao analisar a validade de norma coletiva que previa a figura do emprego desdobrado. No caso

---

(102) Nesse sentido, dentre vários outros: RO-21671-58.2014.5.04.0000, Relatora Ministra: Maria Cristina Irigoyen Peduzzi, Data de Julgamento: 22.02.2016, Seção Especializada em Dissídios Coletivos, Data de Publicação: DEJT 26.02.2016; AIRR-36-44.2011.5.02.0303, Relatora Ministra: Maria Helena Mallmann, Data de Julgamento: 13.11.2018, 2ª Turma, Data de Publicação: DEJT 16.11.2018; AIRR-1000306-86.2014.5.02.0322, Relator Ministro: Alexandre de Souza Agra Belmonte, Data de Julgamento: 15.08.2018, 3ª Turma, Data de Publicação: DEJT 17.08.2018.
(103) ZAINAGHI, Domingos Sávio. *Contrato de trabalho simultâneo e emprego desdobrado*: fraude ou não? In: Revista de Direito do Trabalho – RDT. Ano 37, n. 141, jan./mar. São Paulo: Revista dos Tribunais, 2011. p. 486.
(104) SERSON, José; FERNANDES, Anníbal. *Curso de rotinas trabalhistas*. 37. ed. São Paulo: RT, 1997. p. 54.

enfrentado, o empregado exerce a função de roupeiro perante o clube de futebol Grêmio, com jornada normal. Mas, nas vésperas das partidas, trabalhava até as 23h, e nos jogos noturnos ficava à disposição do clube até meia-noite ou 1h da manhã, inclusive quando havia jogos aos sábados e domingos. Nessas ocasiões, recebia como contraprestação pelo trabalho, parte do rateio da bilheteria, que não chegava a ser igual ao valor da hora extra. Por sua vez, em defesa, o Grêmio alegou e provou que o roupeiro prestava o trabalho na modalidade "emprego desdobrado", previsto nos acordos coletivos da categoria, com remuneração de acordo com tabela e sem vinculação com o salário pago.

Contudo, a Turma considerou inválida a cláusula que permitia o chamado "emprego desdobrado", porque o empregado executava o mesmo serviço, porém fora do horário normal, evidenciando o objetivo de prolongar a jornada sem os direitos mínimos assegurados ao trabalho em sobrejornada.

Em sua fundamentação, o Ministro Luiz Philippe Vieira de Mello Filho expôs que o chamado emprego desdobrado tem por finalidade possibilitar que um empregado execute atividade *distinta* daquela para a qual foi contratado, fora do seu horário de trabalho, e que há duas correntes doutrinárias a respeito: *i)* uma sustenta que o trabalho em horário distinto enseja o pagamento de horas extraordinárias; e, *ii)* outra entende que a retribuição pecuniária no emprego desdobrado seja própria para este serviço distinto.

No caso, como o ajuste coletivo autorizou a prestação das mesmas atividades contratadas e desempenhadas pelo roupeiro, em horário excedente à sua jornada regular, o que se viu, segundo o Ministro, foi a tentativa de afastar o pagamento de horas extraordinárias ao trabalhador, que continuou prestando os mesmos serviços de roupeiro nos dias de eventos esportivos, mediante o pagamento de cachê decorrente da participação no rateio da bilheteria. A decisão ficou assim ementada:

> Trata-se de norma coletiva que previu a modalidade de "emprego desdobrado", autorizando a prestação dos mesmos serviços ou de outras atividades quando da realização de eventos esportivos, especificamente em dias de jogos, mediante pagamento de cachê, afastando o direito às horas extraordinárias. O emprego desdobrado tem por finalidade possibilitar que um empregado execute atividade distinta daquela objeto do contrato de trabalho firmado com o seu empregador, fora do seu

horário de trabalho. Na medida em que o ajuste coletivo em questão autorizou a prestação das mesmas atividades contratadas, o que, de fato, ocorreu com o obreiro, que era roupeiro, em horário excedente à sua jornada regular, resta evidente a finalidade de autorizar o elasticimento da prestação dos serviços sem assegurar o cumprimento dos direitos mínimos dos trabalhadores quanto à retribuição pelo trabalho prestado em sobrejornada e o noturno. Conforme consignado pelo juízo de origem, tal sistema visava "desvincular a prestação de trabalho na forma de emprego desdobrado daquela inerente ao contrato laboral", sonegando ao trabalhador o correto pagamento de horas extraordinárias e do adicional noturno, direitos mínimos previstos no art. 7º, incisos XVI e IX, da Constituição Federal e na legislação infraconstitucional. Muito embora previsto o pagamento de cachê ao empregado, o descumprimento da legislação trabalhista foi confirmado, inclusive, pela prova dos autos, tendo o Tribunal Regional consignado que os dados apresentados na perícia contábil foram no sentido de que, no período da amostragem apontada, somente em um mês o valor pago a título de emprego desdobrado foi superior ao valor das horas extras. O art. 7º, XXVI, da Constituição Federal, ao atribuir validade à negociação coletiva, não autoriza o descumprimento dos direitos mínimos trabalhistas concernentes à retribuição das horas extraordinárias e do labor noturno, previstos no próprio texto constitucional. [...] (RR-794-29.2012.5.04.0013 Data de Julgamento: 09.12.2015, Relator Ministro: Luiz Philippe Vieira de Mello Filho, 7ª Turma, Data de Publicação: DEJT 11.12.2015).

Também nesse sentido:

> RECURSO DE REVISTA. CLÁUSULA COLETIVA. EMPREGO DESDOBRADO. INVALIDADE. É inválida a cláusula coletiva que estabelece o denominado "emprego desdobrado", pelo qual o empregado, após o seu horário regular de trabalho, permanece prestando "os mesmos ou outros serviços ao empregador", mas com expressa previsão de que não serão devidas as horas extraordinárias. Não há dúvidas que a referida norma coletiva tem por escopo suprimir direitos trabalhistas decorrentes do elasticimento da jornada. A própria redação da cláusula evidencia a continuidade da prestação regular de trabalho ao dispor que os empregados,

no sistema de emprego desdobrado, poderão exercer as mesmas atividades em proveito do mesmo empregador. O direito às horas extraordinárias, de índole constitucional (art. 7º, XVI), não pode ser suprimido por vontade das partes, ainda que se articule com o art. 7º, XXVI, da Constituição Federal, que reconhece as convenções e acordos coletivos de trabalho, mas não autoriza a supressão de direitos e garantias legal e constitucionalmente assegurados. Recurso de revista não conhecido. MANUTENÇÃO DO PLANO DE SAÚDE. APOSENTADORIA POR INVALIDEZ. O empregado, cujo contrato de trabalho está suspenso em virtude de auxílio-doença ou de aposentadoria por invalidez tem direito à manutenção de plano de saúde ou de assistência médica oferecido pela empresa. Decisão do eg. TRT em conformidade com a Súmula n. 440 desta Corte. Recurso de revista não conhecido. (RR-755-70.2010.5.04.0023, Relator Ministro: Aloysio Corrêa da Veiga, Data de Julgamento: 27.02.2013, 6ª Turma, Data de Publicação: DEJT 01.03.2013)

Pelo que se disse até aqui, percebe-se que, segundo a teoria do emprego desdobrado, permite-se ao trabalhador o exercício, em favor do empregador, de uma atividade *distinta* daquela para a qual foi contratado, em horário diferente de seu expediente normal.

Segundo José Serson, duas são as condições para que se configure o emprego desdobrado: a) que o serviço não seja o mesmo que a pessoa presta, e continua prestando, em razão do contrato de trabalho original; b) que o serviço seja prestado fora das horas do expediente.[105] Complementa o autor afirmando que:

(...) O contrato de trabalho é um só, porém ele se desdobra num pacto acessório que deve ser lançado na carteira de trabalho e no registro do empregado, como adendo; porém: I – não há vinculação entre o importe do salário pelo trabalho regular e a retribuição pelo serviço em desdobramento; se um engenheiro, como no exemplo acima, dá aulas de inglês na escola da empresa, ele ganha o valor da hora-aula, e não o da hora de serviço como engenheiro; II – as horas trabalhadas em desdobramento são independentes do serviço regular, não havendo interferência nos direitos e obrigações correlatos; assim, *não se paga adicional de hora extra porque o serviço acrescido não é continuação da atividade normal*; assim ainda não existe impedimento de mulheres e menores prestarem tais serviços antes ou após o expediente comum. De igual modo, as obrigações decorrentes desses serviços acrescidos não justificam o descumprimento dos deveres oriundos da ocupação principal. Por outro lado, a empresa não se encontra liberta das obrigações trabalhistas na atividade acessória, dela decorrentes, como, por exemplo a equiparação salarial, o salário-doença e os reajustes coletivos sindicais.[106]

O TRT da 2ª Região também já se pronunciou sobre o tema:

HORAS EXTRAS. CONFIGURAÇÃO EMPREGO DESDOBRADO. NÃO CONFIGURAÇÃO. Ocorre o emprego desdobrado quando o trabalhador, além das horas de expediente efetivo, exerce alguma outra atividade diferente daquela de sua profissão, em proveito do empregador. Assim, **para a configuração desta figura, necessário que os serviços não sejam os mesmos que o trabalhador presta em razão do contrato de trabalho original e que sejam prestados fora das horas de expediente. O trabalhador que exerce atividades de serviços gerais no reclamado e que continua a prestar-lhe as mesmas funções, mas em outro ambiente, não perde a característica de empregado comum, exercendo labor extraordinário.** Recurso Ordinário do reclamado não provido. TRT/SP – 00978200600702009 – RO – Ac. 12ªT 20080903791 – Rel. Davi Furtado Meirelles – DOE 17.10.2008. (gn)

No caso citado, o TRT paulista não reconheceu a existência de emprego desdobrado, ante a ausência de seus requisitos, mais especificamente, em razão de o reclamante ter prestado as mesmas funções em ambientes de trabalho distintos. Com isso, foi mantida a característica de empregado comum, gerando o direito à percepção de horas extras.

Contrato psicológico de trabalho

O contrato psicológico de trabalho se refere às expectativas recíprocas do empregado e da organização produtiva, que se estende além do vínculo formal entre eles estabelecido. É um elemento intangível do contrato, manifestado pela ligação psicológica que se forma entre a empresa – aqui entendida como organização produtiva – e o empregado. Em resumo, é o vinculo formado com base em um conjunto de expectativas estabelecidas entre as partes.

A literatura especializada define-o como a *"relação de trocas implícitas que existe entre um funcionário e a organização"* e também como "as crenças relativas aos termos e às condições de um acordo de trocas recíprocas entre um indivíduo e um grupo",

---

(105) SERSON, José; FERNANDES, Anníbal. *Curso de rotinas trabalhistas*. 37. ed. São Paulo: RT, 1997. p. 54.
(106) *Idem. Ibidem.*

de modo que os contratos psicológicos se distinguem dos contratos formais de trabalho e se encontram associados a vários aspectos da vida laboral.[107]

Quando as expectativas se frustram ou deixam de estar em sintonia fina, começam a aparecer diversos tipos de problemas, tais como, baixo desempenho, faltas sem motivo aparente, acomodação e outros sinais. Resgatar as percepções sobre as expectativas e as condições com as quais se estabelece, é o objetivo essencial de observar a dimensão mental e psicológica desse processo. A ruptura do contrato psicológico de trabalho pode ser a fonte da falta de motivação e comprometimento, insatisfação, afastamento do trabalho por problemas psicológicos, comportamentos inadequados, absenteísmo (faltas ou atrasos habituais), rotatividade, entre outros.

Desse modo, é importante que todos conheçam a política da organização em que trabalham. Isso porque a relação de trabalho transcende ao instrumento contratual formalizado. O contrato psicológico vai além do contrato formal. Nesse prumo, pode-se afirmar que o contrato de trabalho é, para além da sua qualificação legal, um elo psicológico e emocional entre o empregado e a organização a qual se vincula.

A partir dessa harmonia e reciprocidade surge a sensação de pertencimento do empregado, fazendo com que esse realmente se sinta parte da organização para, em conjunto com ela, prosseguir objetivos e interesses comuns.

Portanto, a admissão do empregado ou trabalhador em uma organização estabelece um vínculo não só de emprego, como também de expectativas econômicas e socioemocionais. Dessa forma, é efetivado o contrato psicológico, que se estabelece quando as expectativas individuais e organizacionais se influenciam mutuamente. Daí a sua importância, na medida em que o nível de expectativa apresentada pela organização interfere na percepção que o indivíduo possa ter no andamento da sua realidade de trabalho.[108]

O contrato psicológico é um fenômeno psicossocial que envolve uma relação na qual se instalam vínculos não formais. Ao contrário do contrato formal de trabalho, onde todas as cláusulas podem ser lidas e ficam bem fixadas pelas partes envolvidas, o contrato psicológico se constitui de percepções e crenças individuais diante das tarefas, atividades ou aspectos das relações de trabalho, tanto do empregado quanto do empregador. Por não ser algo exposto e esclarecido, permanecendo no domínio mental, pode ser "quebrado" com facilidade, o que acarreta prejuízos para a empresa e pessoas envolvidas.

Conforme pesquisas, o que os colaboradores mais desejam no ambiente de trabalho são: reconhecimento, bom salário, plano de carreira para ascensão profissional e um excelente ambiente social. Já os empregadores esperam: dedicação, comprometimento, responsabilidade, excelente desempenho e dinamismo. Encontrar a sintonia entre as expectativas e crenças individuais de cada parte é fator crucial para manter relações saudáveis e um ambiente de trabalho que proporcione satisfação, comprometimento e uma boa saúde mental para todas as pessoas.[109]

CONTRATO DE TRABALHO INTERMITENTE

O contrato individual de trabalho poderá ser acordado tácita ou expressamente, verbalmente ou por escrito, por prazo determinado ou indeterminado, ou para prestação de trabalho *intermitente* (art. 443, *caput*, da CLT, com redação dada pela Lei n. 13.467/2017 – Reforma Trabalhista).

A figura é conhecida no direito italiano como *lavoro intermittente* ou *lavoro a chiamata*, ou seja, a chamado. Na Alemanha, por *Arbeit Auf Abruf*. Na experiência do *common law*, é conhecido como *common law just in time contract* ou *zero-hour contracts*.[110]

---

(107) RIOS, Mino Correia; GONDIM, Sônia Maria Guedes. *Contrato psicológico de trabalho e a produção acadêmica no Brasil*. In: Revista Psicologia, Organizações e Trabalho. Vol. 10, n. 1, jun., Florianópolis, 2010.
(108) MIGLIORINI, Mariceia Aparecida. *A dimensão do contrato psicológico como acordo das expectativas do indivíduo nas relações de trabalho na organização*. Tese de Doutorado em Engenharia da Produção. UFSC, Florianópolis. Disponível em: <http://repositorio.ufsc.br/handle/123456789/101931>. Acesso em: 18 nov. 2018.
(109) *Idem*.
(110) Para melhor estudo das nuances desse tipo de contrato no direito comparado consultar: FERNANDES, Paulo Roberto. *A figura do contrato de trabalho intermitente do PL n. 6.787/2016 (Reforma Trabalhista) à luz do direito comparado*. Disponível em: <http://ostrabalhistas.com.br/figura-do-contrato-de-trabalho-intermitente-do-pl-no-6-7872016-

Segundo o § 3º do art. 443, da CLT, considera-se como intermitente o contrato de trabalho no qual a prestação de serviços, com subordinação, não é contínua, ocorrendo com alternância de períodos de prestação de serviços e de inatividade, determinados em horas, dias ou meses, independentemente do tipo de atividade do empregado e do empregador, exceto para os aeronautas, regidos por legislação própria.

O contrato de trabalho intermitente deve ser celebrado por escrito e deve conter especificamente o valor da hora de trabalho, que não pode ser inferior ao valor horário do salário mínimo ou àquele devido aos demais empregados do estabelecimento que exerçam a mesma função em contrato intermitente ou não. (art. 452-A da CLT, incluído pela Lei n. 13.467, de 2017)

No tocante à forma de convocação, o § 1º do citado dispositivo estipula que o empregador convocará, por qualquer meio de comunicação eficaz, para a prestação de serviços, informando qual será a jornada, com, pelo menos, três dias corridos de antecedência. E, recebida a convocação, o empregado terá o prazo de um dia útil para responder ao chamado, presumindo-se, no silêncio, a recusa (§ 2º).

A recusa da oferta não descaracteriza a subordinação para fins do contrato de trabalho intermitente (§ 3º). E, nos termos do § 4º, aceita a oferta para o comparecimento ao trabalho, a parte que descumprir, sem justo motivo, pagará à outra parte, no prazo de trinta dias, multa de 50% (cinquenta por cento) da remuneração que seria devida, permitida a compensação em igual prazo.

O período de inatividade não será considerado tempo à disposição do empregador, podendo o trabalhador prestar serviços a outros contratantes. (§ 5º)

De acordo com o § 6º, ao final de cada período de prestação de serviço, o empregado receberá o pagamento imediato das seguintes parcelas: remuneração; férias proporcionais com acréscimo de um terço; décimo terceiro salário proporcional; repouso semanal remunerado: e adicionais legais.

O recibo de pagamento deverá conter a discriminação dos valores pagos relativos a cada uma das parcelas referidas no § 6º deste artigo. (§ 7º)

O recolhimento da contribuição previdenciária e o depósito do Fundo de Garantia do Tempo de Serviço serão efetuados pelo empregador na forma da lei, com base nos valores pagos no período mensal e fornecerá ao empregado comprovante do cumprimento dessas obrigações. (§ 8º)

E, por fim, nos termos do § 9º, a cada doze meses, o empregado adquire direito a usufruir, nos doze meses subsequentes, um mês de férias, período no qual não poderá ser convocado para prestar serviços pelo mesmo empregador.

Ver *contratos zero hora

Ver *zero-hour contracts

CORE OBLIGATIONS

Core é palavra inglesa que, em português, significa "coração". Coração é o principal órgão do corpo humano. É o órgão vital. Nesse sentido, as *core obligations* são as obrigações vitais ao direito do trabalho.

Em 1998, a OIT editou a "*Declaração sobre princípios e direitos fundamentais do trabalho*". Essa declaração veicula os quatro princípios e direitos fundamentais do trabalho segundo a Organização Internacional do Trabalho, representados em oito Convenções. Esses princípios são chamados de *core obligations*.

Isso porque, ainda que não ratificadas as Convenções, o Estado-membro, pelo simples fato de pertencer à Organização, tem o dever de observar referidos princípios. Nesse sentido, por meio da aludida Declaração, a Conferência Internacional do Trabalho:

> Declara que todos os Membros, **ainda que não tenham ratificado as convenções aludidas, têm um compromisso derivado do fato de pertencer à Organização** de respeitar, promover e tornar realidade, de boa-fé e de conformidade com a Constituição, os princípios relativos aos direitos fundamentais que são objeto dessas convenções, isto é:
>
> a) a liberdade sindical e o reconhecimento efetivo do direito de negociação coletiva;

reforma-trabalhista-luz-do-direito-comparado/>. Acesso em: 19 nov. 2018.

b) a eliminação de todas as formas de trabalho forçado ou obrigatório;

c) a abolição efetiva do trabalho infantil; e

d) a eliminação da discriminação em matéria de emprego e ocupação. (gn)

As 8 convenções fundamentais, cada qual com seu respectivo objeto de tutela, são: 29 e 105 (trabalho forçado ou obrigatório), 87 e 98 (liberdade sindical), 138 e 182 (trabalho infantil), 100 e 111 (discriminação).

Para a OIT, esses direitos são o mínimo sem o qual não se pode falar em uma relação de trabalho digna. É o nível essencial de direitos abaixo do qual não se concebe a dignidade humana.

É curioso notar que a OIT não inclui entre as *core obligations* o respeito ao meio ambiente do trabalho, representado por, dentre outras, a Convenção n. 155, sobre a segurança e saúde dos trabalhadores e o meio ambiente de trabalho.

Corretor de moda

A dinâmica das relações sociais e, especialmente do mercado de trabalho, tem levado ao surgimento de novas profissões, segundo demandas específicas dos consumidores. Esse é exatamente o caso do corretor de moda.

O corretor de moda é o profissional responsável por intermediar a relação entre revendedores e lojistas de confecções que comercializam no atacado roupas, acessórios, calçados e bolsas. O trabalho consiste em encaminhar pessoas interessadas em comprar roupas para revender, até as fabricas presentes em determinada região.

O corretor de moda apresenta as fabricas com os melhores produtos e preços que podem levar a boas margens de lucro. A atuação do corretor auxilia os clientes, dando segurança na negociação. Isso porque o contratante, ao chegar em determinada região, não sabe onde encontrar os melhores lugares para comprar. Ao contratar o corretor de moda, o contratante terá mais segurança e poderá economizar, além de tudo, tempo. Em contrapartida, os corretores de moda, além dos valores recebidos diretamente do contratante, recebem comissões das fábricas que indicam.

A Lei n. 13.695, de 12.7.2018, regulamenta o exercício da profissão de corretor de moda. O corretor de moda terá que comprovar os seguintes requisitos, *cumulativamente*, para o exercício da profissão: *i)* possuir diploma de conclusão do ensino médio; *ii)* possuir diploma de conclusão de curso específico para formação de corretor de moda (art. 2º).

Mas, o exercício da profissão é assegurado às pessoas que, independentemente dos requisitos acima, comprovarem o exercício efetivo como corretor de moda no período de até um ano antes da publicação da Lei, que se deu em 13 de julho de 2018.

CROWDWORK OU CROWDSOURCING

Uma das expressões que mais se relacionam com o chamado Direito do Trabalho 4.0 é *crowdwork*. *Crowd* significa multidão. *Work* significa trabalho. Logo, grosso modo, *crowdwork* designa trabalho em multidão ou trabalho das multidões.

Valerio de Stefano adverte que *"these forms of work can provide a good match of job opportunities and allow flexible working schedules. However, they can also pave the way to a severe commodification of work"*.[111]

Segundo o mesmo autor, apoiado em outras fontes, *crowdwork* é um trabalho que é executado por meio de plataformas *on-line* que colocam em contato um número indefinido de organizações, empresas e indivíduos através da internet, permitindo potencialmente conectar clientes e trabalhadores em uma base global. A natureza das tarefas executadas em plataformas de trabalho coletivo pode variar consideravelmente. Muitas vezes envolve "microtarefas", tais como atividades extremamente parceladas, muitas vezes subalternas e monótonas, que ainda exigem algum tipo de julgamento além da compreensão da inteligência artificial (por exemplo, marcação de fotos, valorização de emoções ou adequação de um *site* ou texto, preenchimento de pesquisas). Em outros casos, trabalhos maiores e mais significativos

---

(111) STEFANO. Valerio de. *The rise of the "just-in-time workforce"*: On-demand work, crowdwork and labour protection in the "gig- economy". Genebra: ILO, 2016. p. 71.

podem ter origem coletiva, como a criação de um logotipo, o desenvolvimento de um *site* ou o projeto inicial de uma campanha de *marketing*.[112]

O *crowdwork* nem sempre é realizado por meio de plataformas digitais. Mas, quase sempre o é. Por meio do *crowdwork*, a prestação de serviço, tradicionalmente realizada por um trabalhador, é descentralizada indefinidamente para um número indeterminado de pessoas.

Há quem diferencie *crowdwork* de *crowdsourcing*, entendida esta como a prática de obter os serviços, ideias ou conteúdo necessários, solicitando contribuições de um grande grupo de pessoas e especialmente da comunidade *on-line*, e não de funcionários ou fornecedores tradicionais.[113]

Por fim, os *crowdworkers*, também chamados de *clickworkers*, são aqueles que trabalham em sistema de *crowdwork*. Fala-se até em *hipermediação* como característica básica do novo modelo de produção, pois um aplicativo faz a mediação de uma multidão de pessoas ao mesmo tempo.

Ver *Economia colaborativa

CYBER ATLETA

A profissão de *cyber* atleta também é decorrente das novas tecnologias. *Cyber* atleta, também chamados de *pro player*, é aquele que pratica o chamado *e-sport*, entendido esse como a atividade de jogar em computadores, contra outras pessoas e pela internet, geralmente por dinheiro e muitas vezes sendo assistido por outras pessoas.

O *e-sport* surge historicamente no início de 1947, nos Estados Unidos e é uma atração que tem movimentado grandes somas de dinheiro. Segundo Georgenor de Sousa Franco Filho, o *cyber* atleta é a pessoa que pratica atividade desportiva (no caso, o *e-sport*), utilizando-se de equipamentos eletrônicos, em equipe ou individualmente, mediante dependência hierárquica de alguma pessoa física ou jurídica.[114]

Portanto, nada impede que uma pessoa seja contratada como empregada para exercer a atividade de *cyber* atleta. A mídia noticia, por exemplo, que profissionais de *e-sports* já ganham tanto dinheiro quanto astros do futebol.[115]

A rotina dos *cybers* atletas inclui treinos que podem durar de 8 a 12 horas por dia. A Associação Brasileira de Clubes de *e-sports* (ABCDE) orienta que jogadores e treinadores do jogo "League of Legends" precisam ter registro na CTPS, a Carteira de Trabalho e Previdência Social, e contratos que respeitem as regras da Lei Pelé.

A profissão de *cyber* atleta ainda não é regulamentada no Brasil. Mas, tramita na Câmara dos Deputados o PL n. 3.450/2015, que objetiva reconhecer o desporto virtual como prática esportiva. Para tanto, pretende acrescentar o inciso V ao artigo 3º da Lei n. 9.615/1998, que "*institui normas gerais sobre desporto*", para reconhecer o desporto virtual como prática esportiva. Pela tramitação do projeto, a situação em 18 de novembro de 2018 era "*aguardando Parecer do Relator na Comissão do Esporte*", qual seja, o Senhor Deputado Mário Negromonte Júnior.

Caso aprovado o PL n. 3.450 de 2015, o artigo 3º da Lei n. 9.615/1998 ficará acrescido do seguinte inciso V: "*Art. 3º. V – Desporto virtual, assim entendido jogos eletrônicos transcorridos individual ou coletivamente, contra a máquina ou em rede, como também a competição entre profissionais e amadores do gênero*".

Eis a justificação do Projeto de Lei:

> Como manifestação social, os jogos eletrônicos já são – há muito – uma realidade na sociedade brasileira e mundial.
>
> Sobre os benefícios dessa prática, alguns já são conhecidos, a exemplo de uma melhora nas capacidades cognitivas – inclusive memória –, já que os jogadores desenvolvem sua capacidade de

---

(112) STEFANO. Valerio de. *The rise of the "just-in-time workforce"*: On-demand work, crowdwork and labour protection in the "gig- economy". Genebra: ILO, 2016. p. 71.
(113) Disponível em: <http://www.merriam-webster.com/dictionary/crowdsourcing>. Acesso em: 19 nov. 2018.
(114) FRANCO FILHO, Georgenor de Sousa. *Cyber atleta*: profissão nova. In: O Liberal, de 28 maio 2017. p. 2.
(115) Disponível em: <https://uolesporte.blogosfera.uol.com.br/2017/10/22/profissionais-de-e-sports-ja-ganham--tanto-dinheiro-quanto-astros-do-futebol/>.

raciocínio e motor à medida em que as dificuldades aumentam.

Além disso, muitos jogos eletrônicos possuem *status* de verdadeiras obras de arte, com investimentos – e retorno – bilionários, guiando a indústria de filmes e de livros em muitos casos.

Universidades de grande renome internacional, como a Universidade Robert Morris, de Chicago (EUA), já tem, em conjunto com seus programas de bolsas para atletas, fornecido bolsas acadêmicas para jogadores profissionais de games eletrônicos.

Campeonatos mundiais de games eletrônicos têm se tornado cada vez mais populares, com premiações milionárias, contratos com emissoras de televisão para transmissão desses eventos, patrocínios de diversas empresas e uma atração cada vez maior para a população envolvida com jogos eletrônicos, especialmente a juventude.

O Brasil, no entanto, não tem acompanhado esse movimento social. A Legislação – e atuação estatal – em terras brasileiras tem ignorado esse fenômeno, deixando escapar a possibilidade de geração de receitas, alimentar práticas sociais benéficas e – importante – prevenir a utilização em excesso, e perniciosa, desse tipo de tecnologia.

O campo tem ganhado tamanho destaque que levou o brasileiro Pedro Afonso Rezende, de 19 anos, a entrar no seleto grupo de canais com mais de 1 bilhão de visualizações no Youtube, alcançando uma renda anual de mais de 1 milhão de reais, tudo através do canal "Rezende Evil" onde faz postagens sobre games.

Por fim, há que se ressaltar que "desporto" não necessariamente implica em "atividade física", como se vê no que se refere ao Xadrez.

A proposição em tela, portanto, é o início dessa discussão em torno da relevância das práticas do desporto virtual em nossa sociedade.

A esse Projeto também foi apensado o PL n. 7.747/2017, de autoria da Deputada Mariana Carvalho, que "*institui o esporte virtual*" e visa acrescentar dispositivo ao artigo 3º da Lei n. 9.615, de 24 de março de 1998, que institui normas gerais sobre desporto, também com o objetivo de reconhecer o desporto virtual como modalidade esportiva.

Caso aprovado, o artigo 3º da Lei n. 9.615, de 24 de março de 1998, que institui as normas gerais sobre desporto, passará a vigorar acrescido de um § 3º, com a seguinte redação: "*Art. 3º [...] § 3º – Aplicam-se, também, a este artigo, o desporto virtual, assim entendido como jogos eletrônicos transcorridos individual ou coletivamente, contra a máquina ou em rede, bem como a competição entre profissionais e amadores do gênero*".

A justificativa é a seguinte:

> Trata-se de projeto de lei que visa incluir a modalidade de esporte virtual como atividade desportiva, com o objetivo de estabelecer diretrizes e enquadrar políticas públicas para o esporte junto à legislação.
>
> As origens do esporte eletrônico estão, possivelmente, na Ásia e Europa. Os jogos do gênero de estratégia em tempo real cresceram nesses locais, além de levarem ainda popularidade aos jogadores profissionais que surgiram na onda. Na Coreia do Sul, por exemplo, o *eSport* é uma modalidade competitiva reconhecida oficialmente desde o ano 2000.
>
> No ano de 2022, as Olimpíadas que serão realizadas na Ásia, terão a modalidade de esporte virtual elencada junto às demais, tornando-se necessário o Brasil dar incentivo maior e necessário a este novo e grande esporte.
>
> As competições de eSports serão disputadas como esportes de demonstração em 2018 antes de se tornar uma modalidade oficial nos Jogos de 2022.
>
> Como todo esporte tradicional, os esportes eletrônicos também possuem times e jogadores oficiais. É necessário e normal que uma equipe de eSport seja patrocinada por uma grande marca relacionada com games, por exemplo, além de existirem jogadores que possuem suas próprias marcas, fama e, claro, uma legião de fãs.

Dessa forma, importante a adoção de uma legislação específica para determinar as diretrizes contratuais e dar maior segurança aos profissionais e atletas do ramo do esporte virtual.

Ademais, a política também visa coibir precarização dos torneios e condições de trabalho para os jogadores. Inicialmente considerada dura demais, merece o reconhecimento devida e assim, estabelecer ajustes necessários junto à legislação para viabilizar a construção de uma segurança jurídica aos jogadores e contratos derivados a este esporte.

Por essas razões, peço o apoio dos nobres parlamentares para aprovação da presente proposta.

Portanto, não há dúvidas de que, presentes os requisitos do art. 3º da CLT, restará configurado o vínculo empregatício entre o *cyber* atleta e seu empregador. Contudo, espera-se que a profissão seja regulamentada, para trazer segurança jurídica aos partícipes dessa moderna relação.

– D –

DANO MORAL COLETIVO OU DANO EXTRAPATRIMONIAL COLETIVO

O dano moral coletivo é a lesão na esfera moral de uma comunidade, ou seja, a violação de valores coletivos, atingidos injustificadamente do ponto de vista jurídico. Por isso, o dano moral coletivo é aquele que transcende a órbita da individualidade, violando bens de natureza extrapatrimonial de uma determinada comunidade.

A doutrina conceitua o dano moral coletivo como aquele correspondente à lesão a interesses ou direitos de natureza transindividual, titularizados pela coletividade, considerada em seu todo ou em qualquer de suas expressões (grupos, classes ou categorias de pessoas), em decorrência da violação inescusável do ordenamento jurídico.[116]

Carlos Alberto Bittar Filho, citado por Xisto Tiago de Medeiros Neto, afirma que o dano moral coletivo corresponde à "injusta lesão da esfera moral de uma dada comunidade", constituindo-se na "violação antijurídica de um determinado círculo de valores coletivos".[117]

Enfim, nas palavras do C. Tribunal Superior do Trabalho, é a modalidade de dano injusto de natureza extrapatrimonial e transcendente a situações individuais e que é amparado pela teoria da responsabilidade civil, em seu momento evolutivo mais avançado.[118]

Como exemplos de condutas que podem causar danos morais coletivos, pode-se mencionar aquelas que agridem o meio ambiente, os direitos do consumidor, os direitos trabalhistas, o patrimônio histórico e artístico, a honra de determinada comunidade, dentre outras.

O dano moral coletivo é categoria autônoma de dano que não se identifica com os tradicionais atributos da pessoa humana (dor, sofrimento ou abalo psíquico), mas com a violação injusta e intolerável de valores fundamentais titularizados pela coletividade (grupos, classes ou categorias de pessoas). Nesse ponto, bom dizer que a lesão a um bem difuso ou coletivo corresponde a um dano *não patrimonial*.

Se, por um lado, o dano moral coletivo não está relacionado a atributos da pessoa humana e se configura *in re ipsa*, dispensando a demonstração de prejuízos concretos ou de efetivo abalo moral, de outro, somente ficará caracterizado se ocorrer uma lesão a valores fundamentais da sociedade e se essa vulneração ocorrer de forma injusta e intolerável. Exige-se, para caracterização do dano moral coletivo, uma lesão intolerável de valores fundamentais da sociedade.[119]

Portanto, para o SJT, apesar de dispensar a demonstração de prejuízos concretos ou de efetivo abalo moral, o dano moral coletivo somente é configurado nas hipóteses em que há lesão injusta e intolerável de valores fundamentais da sociedade, não bastando a mera infringência a disposições de lei ou contrato.

Em seu voto, a Ministra Nancy Andrighi destacou que a condenação em danos morais coletivos visa ressarcir, punir e inibir a injusta e inaceitável lesão aos valores primordiais de uma coletividade. Logo, tem a função de: a) proporcionar uma reparação indireta à lesão de um direito extrapatrimonial da coletividade; b) sancionar o ofensor; e c) inibir condutas ofensivas a esses direitos transindividuais.

Tal dano ocorre, segundo ela, quando a conduta *"agride, de modo totalmente injusto e intolerável, o ordenamento jurídico e os valores éticos fundamentais da sociedade em si considerada, a provocar repulsa e indignação na consciência coletiva"*.

A ministra ainda afirmou que *"a integridade psicofísica da coletividade vincula-se a seus valores fundamentais, que refletem, no horizonte social, o largo alcance da dignidade de seus membros e o*

---

(116) MEDEIROS NETO, Xisto Tiago de. *Dano moral coletivo*. 4. ed. São Paulo: LTr, 2014. p. 172.
(117) Idem. Ibidem.
(118) TST – RR-1850-92.2010.5.03.0111, Data de Julgamento: 23.09.2015, Relator Ministro: Luiz Philippe Vieira de Mello Filho, 7ª Turma, Data de Publicação: DEJT 23.10.2015.
(119) STJ – REsp 1502967/RS, Rel. Ministra Nancy Andrighi, 3ª Turma, julgado em 07.08.2018, DJe 14.08.2018.

padrão ético dos indivíduos que a compõem, que têm natureza extrapatrimonial, pois seu valor econômico não é mensurável".

Com efeito, não só os indivíduos são titulares de um interesse juridicamente tutelado. Existem direitos cujo sujeito é uma coletividade difusa, indeterminada, que não goza de personalidade jurídica e cuja pretensão só pode ser satisfeita quando deduzida em juízo por representantes adequados.[120]

A propósito, é pacífico na jurisprudência a legitimidade ativa do Ministério Público se o interesse individual homogêneo possuir relevância social e transcender a esfera de interesses dos efetivos titulares da relação jurídica, tendo reflexos práticos em uma universalidade de potenciais, outros indivíduos (consumidores, trabalhadores etc.) que, de forma sistemática e reiterada, sejam afetados pela prática apontada como abusiva.

Quanto aos efeitos e a eficácia da sentença proferida em ação coletiva, eles não estão circunscritos aos limites geográficos da competência do órgão prolator, abrangendo, portanto, todo o território nacional, dentro dos limites objetivos e subjetivos do que foi decidido.[121]

DANO AO PROJETO DE VIDA OU DANO EXISTENCIAL OU HEDONIC DAMAGES

É o prejuízo às relações sociais ou à vida de relações e que causa ruína do projeto de vida do trabalhador, provocando uma alteração prejudicial nos seus hábitos de vida, suprimindo do seu horizonte sonhos e planos. Se demonstrada concretamente essa situação, tem-se como comprovados, *in re ipsa*, a dor e o dano à sua personalidade.

Logo, o dano existencial não pode ser reconhecido à míngua de prova específica do efetivo prejuízo pessoal, social ou familiar. Nessa situação, é inviável a presunção de que o dano existencial tenha efetivamente acontecido, quando há ausência de provas nos autos.

Ao defender a diferença e autonomia entre dano moral e dano existencial, a doutrina afirma que *"o dano existencial diferencia-se do dano moral propriamente dito, porque esse é essencialmente um sentir, enquanto aquele é um não mais poder fazer, um dever de agir de outra forma, um relacionar-se diversamente, em que ocorre uma limitação do desenvolvimento normal da vida da pessoa"*.[122]

Ainda, afirma que *"o dano existencial não é propriamente a alteração negativa do ânimo (o moral), mas uma sequência de relações alterada, um "fazer" ou um "dever fazer" diferente, ou até mesmo o "não poder fazer". O dano existencial implica "outro modo de reportar-se ao mundo exterior""*[123].

No direito inglês, fala-se em *loss of amenities of life*, também conhecido como *loss of enjoyment of life* ou *hedonic damages*. Essas são as designações dadas às consequências não econômicas da destruição ou diminuição, permanente ou temporária, de uma faculdade que priva a pessoa lesada de participar de atividades normais e apreciar a vida por completo. A Suprema Corte australiana aplicou o conceito no caso *Teubner v. Humble* (1963).[124]

Pode-se exemplificar que sofre dano existencial, por exemplo, um empregado que ficou estéril em decorrência de um acidente de trabalho, sendo capaz de se manter empregado, mas não mais capaz de ter filhos ou até mesmo, a depender do caso, manter relações sexuais. Nesse caso, o empregado sofre dano moral – em razão da dor psíquica – e dano existencial, pois teve subtraído de seu projeto de vida a possibilidade de constituir uma família, ou seja, ocorreu uma renúncia involuntária às suas

---

(120) STJ – REsp 636.021-RJ, Rel. originária Min. Nancy Andrighi, Rel. para acórdão Min. Sidnei Beneti (art. 52, IV, b, do RISTJ), julgado em 2.10.2008.
(121) Os efeitos e a eficácia da sentença proferida em ação civil pública não estão circunscritos a lindes geográficos, mas aos limites objetivos e subjetivos da lide, levando-se em conta, para tanto, sempre a extensão do dano e a qualidade dos interesses metaindividuais postos em juízo (REsp 1.243.887/PR, Rel. o Ministro Luis Felipe Salomão, Corte Especial, julgado em 19.10.2011, DJe 12.12.2011).
(122) SOARES, Flaviana Rampazzo. *Responsabilidade civil por dano existencial*. Porto Alegre: Livraria do Advogado, 2009. p. 46.
(123) *Idem. Ibidem.*
(124) Disponível em: <http://www.austlii.edu.au/cgi-bin/sinodisp/au/cases/cth/HCA/1963/11.html>. Acesso em: 21.11.2018.

atividades cotidianas, em comprometimento ao seu desenvolvimento pessoal.

No direito do trabalho, tem sido muito comum o pedido de dano existencial em caso de prestação de horas extras habituais. O C. Tribunal Superior do Trabalho tem entendido que *"não se pode admitir que, comprovada a prestação de horas extraordinárias, extraia-se daí automaticamente a consequência de que as relações sociais do trabalhador foram rompidas ou que seu projeto de vida foi suprimido do seu horizonte"*.[125]

Assim, a realização de horas extraordinárias habituais, por si só, não enseja o pagamento de indenização, devendo ser provado o prejuízo sofrido em razão da jornada em excesso.

DANO ESPIRITUAL OU DANO AO PROJETO DE PÓS VIDA (PROJECT AFTER LIFE)

No Caso *Comunidade Mayagna Awas Tingni vs. Nicaragua*, a Corte Interamericana de Direitos Humanos – CIDH, diante da possibilidade de o Estado conceder a exploração de madeira a uma empresa privada nas terras indígenas, suscitou o caráter espiritual do vínculo existente entre a comunidade indígena e a terra por ela ocupada, garantindo uma releitura do direito de propriedade.

Segundo a Corte, a relação entre o indígena e a terra não é apenas uma questão de posse e produção, mas também um elemento espiritual de que devem gozar plenamente, para preservar seu legado cultural e transmiti-lo às futuras gerações.

Essa ideia de direito à propriedade ancestral – que marca também a ideia de indigenato – foi frisada ainda no caso *Comunidade Indígena Yakye Axa vs. Paraguai*, no qual se foi além para adotar uma concepção lata do direito à vida, que englobaria a adoção de medidas positivas que possibilitassem o pleno gozo de uma vida digna e salvaguardassem a identidade cultural do grupo.

Por sua vez, no *Caso da Comunidade Moiwana vs. Suriname*, referente ao genocídio de 39 membros em uma operação militar, a CIDH entendeu que a concepção ampla do direito à vida engloba também a proteção aos mortos. Como o crime, mesmo após anos, não teria sido verdadeiramente elucidado, com a punição de seus agentes, entendeu-se ter havido violação à Convenção, e, para tanto, a Corte considerou ter havido uma violação moral profunda, já que, com base na cultura dessa comunidade, o espírito do morto não pode descansar enquanto não lhe for feita justiça, sendo isto dever de seus familiares.

Justo por isso, a CIDH considerou como vítimas, no caso, não só os sobreviventes, mas também a família dos mortos. Também por isso a Corte frisou que não tinha competência para analisar o genocídio em si – já que ocorrido anteriormente ao reconhecimento da competência da Corte pelo Suriname –, mas que teria para analisar o resultado do processo judicial a respeito do tema.

A Corte reconheceu, ainda, violação ao direito de residência e de propriedade, já que, por conta do ataque à Comunidade, muitos de seus membros foram obrigados a sair de suas terras, pois, pela tradição, a ela não podem voltar enquanto não tiver sido feita justiça.

No *Caso da Comunidade Moiwana vs. Suriname* foi abordada a figura do **direito a um projeto de pós vida** (*right to Project After Life*), que tem em conta os vivos em suas relações com os mortos. O juiz Antônio Augusto Cançado Trindade propôs mais uma categoria de dano, o "dano espiritual", como uma forma agravada de dano moral que tem uma implicação direta no "interior" do ser humano, suas crenças no destino da humanidade e suas relações com os mortos. No caso, o juiz afirmou que o Direito Internacional não pode permanecer indiferente ante as manifestações espirituais do gênero humano, tais como as realizadas pela Comunidade Moiwana.

A observação tem relação direta ao nexo que as comunidades tradicionais possuem com suas terras ancestrais, o qual vai além da questão de posse e propriedade, por possuir um elemento espiritual da qual devem gozar plenamente, a fim de ser transmitido às gerações futuras. O dano espiritual também

---

(125) TST – RR-1507-65.2014.5.09.0022 Data de Julgamento: 02.05.2018, Relator Ministro: Luiz Philippe Vieira de Mello Filho, 7ª Turma, Data de Publicação: DEJT 04.05.2018.

não é suscetível de indenização material, devendo ser compensado de outras formas.

Aponta-se, como características dos danos espirituais: a) a coletividade do dano, ou seja, são danos coletivos; b) envolvem um choque entre culturas distintas, provocando um choque em relação a uma delas; c) geram sofrimento em relação a todos os membros de uma comunidade, sendo esse aspecto coletivo o que o diferencia do dano moral. Seria, assim, um dano moral coletivamente considerado; d) atingem o estilo de vida, as crenças ou a dignidade de uma mesma comunidade, sendo de tal forma relevantes que, se prosseguem no tempo, podem até mesmo extinguir aquela coletividade; e) são danos imateriais.

No Brasil, a expressão ganhou notoriedade a partir do caso Legacy, no qual a companhia aérea Gol pagou uma indenização de 4 milhões de reais a uma tribo indígena que teve parte de suas terras atingida por destroços do jato Legacy, que se chocou com um Boeing de propriedade da companhia. A indenização visou compensar os danos causados ao patrimônio cultural imaterial indígena.

Em decorrência da queda da aeronave nas terras indígenas, a área se tornou imprópria para o uso tradicional da comunidade, por razões culturais e espirituais, sendo a partir desse evento considerada sagrada e restrita à circulação, pois se tornou uma casa dos espíritos, um *Mekaron Nhyrunkwa*, cuja interdição tem caráter eterno.

Vale registrar que a Declaração das Nações Unidas sobre os direitos dos povos indígenas, adotada pelo Brasil, *prevê a reparação aos danos espirituais* através de mecanismos eficazes (art. 11[126]) e o direito de manifestação, prática, desenvolvimento e ensino de suas tradições, costumes e cerimônias espirituais e religiosas; bem como de manutenção e proteção de seus lugares religiosos e culturais, com acesso privativo a estes (art. 12).

O acordo firmado entre os Kayapó e a Gol buscou, portanto, reparar os danos espirituais sofridos, ante a violação ao patrimônio cultural imaterial indígena.

DANO EXISTENCIAL

Ver supra *dano ao projeto de vida*

DANO PELA PERDA DO TEMPO LIVRE

Ver *Teoria do desvio produtivo*

DANOS PUNITIVOS OU PUNITIVE DAMAGES OU DANOS EXEMPLARES OU INDENIZAÇÃO PUNITIVA OU TEORIA DO VALOR DO DESESTÍMULO

Inicialmente, é preciso dizer que punitiva é a indenização e não os danos. Mas, a doutrina costuma utilizar a expressão danos punitivos para se referir à indenização ou montante, com caráter/função de pena, fixada em valor além do que é devido para reparar prejuízo causado e que objetiva desestimular o ofensor a reincidir na prática que provocou o dano.

Em linhas gerais, os *punitive damages* ou indenização punitiva, visam punir o agente ofensor, aplicando-lhe uma indenização superior ao valor do dano, como forma de evitar que a ação danosa seja repetida pelo agente ou por qualquer outro indivíduo. Ou seja, a indenização passa a não mais se limitar à *compensação* dos danos, mas sim em *punir*. Trata-se,

---

(126) Art. 11, item 2. Os Estados proporcionarão reparação por meio de mecanismos eficazes, que poderão incluir a restituição, estabelecidos conjuntamente com os povos indígenas, em relação aos bens culturais, intelectuais, religiosos e **espirituais** de que tenham sido privados sem o seu consentimento livre, prévio e informado, ou em violação às suas leis, tradições e costumes. (gn)

assim, de indenização fixada em adição à indenização compensatória.

Na doutrina brasileira há muita discussão a respeito da possibilidade de adoção do *punitive damages* pelo ordenamento jurídico pátrio. Segundo o Ministro do STJ, Raul Araúno Filho, para alguns doutrinadores, a aplicação da *Teoria do Valor do Desestímulo*, como também é chamada, afronta o art. 5º, V e X, da Constituição Federal, que autoriza apenas a indenização dos danos moral e material, na exata medida da lesão sofrida, não permitindo a indenização punitiva ou exemplar, a qual enseja enriquecimento indevido da vítima, pelo acréscimo da indenização, que proporciona ao ofendido a percepção de valor vultoso que ultrapassa a normal compensação do dano experimentado.[127]

Sérgio Cavalieri Filho entende que a reparação punitiva do dano moral deve ser adotada se presentes os seguintes requisitos: *i)* quando o comportamento do ofensor se revelar particularmente reprovável – dolo ou culpa grave –; e, ainda, *ii)* nos casos em que, independentemente de culpa, o agente obtiver lucro com o ato ilícito ou incorrer em reiteração da conduta ilícita.[128]

A indenização punitiva tem como função informar que dentro da indenização está a intenção punitiva ao causador do dano, de modo que ninguém queira se expor a receber idêntica sanção.

O SJT – Superior Tribunal de Justiça já entendeu que o caráter punitivo da indenização não é compatível com o ordenamento jurídico brasileiro.[129] Contudo, muitos entendem aplicável no ordenamento jurídico brasileiro o *Punitive Damages*, ou *Teoria do Valor do Desestímulo*, quando se tratar de conduta dolosa ou praticada com culpa grave, mostrando-se o comportamento do agente especialmente reprovável, com as adaptações necessárias à observância dos princípios e regras constitucionais e legais aplicáveis, inclusive da premissa da vedação ao enriquecimento sem causa.[130]

DANOS SOCIAIS[131]

Segundo Antônio Junqueira de Azevedo, danos sociais:

> [...] são lesões à sociedade, no seu nível de vida, tanto por rebaixamento de seu patrimônio moral – principalmente a respeito da segurança – quanto por diminuição na qualidade de vida. Os danos sociais são causa, pois, de indenização punitiva por dolo ou culpa grave, especialmente, repetimos, se atos que reduzem as condições coletivas de segurança, e de indenização dissuasória, se atos em geral da pessoa jurídica, que trazem uma diminuição do índice de qualidade de vida da população.

O dano social é, portanto, uma nova espécie de dano reparável, que não se confunde com os danos materiais, morais e estéticos, e que decorre de comportamentos socialmente reprováveis, que diminuem o nível social de tranquilidade. De igual forma, dano social não é sinônimo de dano moral coletivo.

Alguns exemplos dados por Junqueira de Azevedo: o pedestre que joga papel no chão, o passageiro que atende ao celular no avião, o pai que solta balão com seu filho. Tais condutas socialmente reprováveis podem gerar danos como o entupimento de bueiros em dias de chuva, problemas de comunicação do avião causando um acidente aéreo, o incêndio de casas ou de florestas por conta da queda do balão etc.

A indenização por danos sociais tem caráter punitivo. Diante da prática dessas condutas socialmente reprováveis, o juiz deverá condenar o agente a pagar uma indenização de caráter punitivo, dissuasório ou didático, a título de dano social.

O valor da indenização é destinado à coletividade (e não à "vítima" imediata). Conforme explica Flávio

---

(127) ARAÚJO FILHO, Raul. *Punitive damages e sua aplicabilidade no Brasil*. In: *Doutrina*: edição comemorativa, 25 anos. Brasília: Superior Tribunal de Justiça, 2014. p. 337.
(128) CAVALIERI FILHO, Sergio. *Programa de responsabilidade civil*. 9. ed. São Paulo: Atlas, 2010. p. 99.
(129) REsp 1.354.536-SE, Rel. Min. Luis Felipe Salomão, julgado em 26.3.2014.
(130) ARAÚJO FILHO, Raul. *Punitive damages e sua aplicabilidade no Brasil*. In: *Doutrina*: edição comemorativa, 25 anos. Brasília: Superior Tribunal de Justiça, 2014. p. 345.
(131) CAVALCANTE, Márcio André Lopes. *Noções gerais sobre os chamados danos sociais*. Explicações ao verbete extraídas do *site* Dizer o Direito. Disponível em: <https://www.dizerodireito.com.br/2015/01/nocoes-gerais-sobre-os-chamados-danos.html>. Acesso em: 22 nov. 2018.

Tartuce, os danos sociais são difusos e a sua indenização deve ser destinada não para a vítima, mas sim para um fundo de proteção ao consumidor, ao meio ambiente etc., ou mesmo para uma instituição de caridade, a critério do juiz.

Os danos sociais representam a aplicação da função social da responsabilidade civil. Ricardo Pereira cita alguns casos práticos. Um deles é a decisão do TRT-2ª Região (processo 2007-2288), que condenou o Sindicato dos Metroviários de São Paulo e a Cia do Metrô a pagarem 450 cestas básicas a entidades beneficentes por terem realizado uma greve abusiva que causou prejuízo à coletividade.

Outro exemplo foi o caso de uma fraude ocorrida em um sistema de loterias, no Rio Grande do Sul, chamado de "Toto Bola". Ficou constatado que a loteria seria fraudulenta, retirando do consumidor as chances de vencer. Nesse episódio, o TJ/RS, no Recurso Cível 71001281054, DJ 18/07/2007, determinou indenização a título de dano social para o Fundo de Proteção aos Consumidores. Veja a ementa do julgado:

> (...) 1. Não há que se falar em perda de uma chance, diante da remota possibilidade de ganho em um sistema de loterias. Danos materiais consistentes apenas no valor das cartelas comprovadamente adquiridas, sem reais chances de êxito.
>
> 2. Ausência de danos morais puros, que se caracterizam pela presença da dor física ou sofrimento moral, situações de angústia, forte estresse, grave desconforto, exposição à situação de vexame, vulnerabilidade ou outra ofensa a direitos da personalidade.
>
> 3. Presença de fraude, porém, que não pode passar em branco. Além de possíveis respostas na esfera do direito penal e administrativo, o direito civil também pode contribuir para orientar os atores sociais no sentido de evitar determinadas condutas, mediante a punição econômica de quem age em desacordo com padrões mínimos exigidos pela ética das relações sociais e econômicas. Trata-se da função punitiva e dissuasória que a responsabilidade civil pode, excepcionalmente, assumir, ao lado de sua clássica função reparatória/compensatória. "O Direito deve ser mais esperto do que o torto", frustrando as indevidas expectativas de lucro ilícito, à custa dos consumidores de boa-fé.
>
> 4. Considerando, porém, que os danos verificados são mais sociais do que propriamente individuais, não é razoável que haja uma apropriação particular de tais valores, evitando-se a disfunção alhures denominada de *overcompensantion*. Nesse caso, cabível a destinação do numerário para o Fundo de Defesa de Direitos Difusos, criado pela Lei n. 7.347/85, e aplicável também aos danos coletivos de consumo, nos termos do art. 100, parágrafo único, do CDC. Tratando-se de dano social ocorrido no âmbito do Estado do Rio Grande do Sul, a condenação deverá reverter para o fundo gaúcho de defesa do consumidor. (...)
>
> (TJRS – Recurso Cível 71001281054 – Primeira Turma Recursal Cível, Turmas Recursais – Rel. Des. Ricardo Torres Hermann – j. 12.07.2007).

Na V Jornada de Direito Civil do CJF/STJ foi aprovado um enunciado reconhecendo a existência dos danos sociais:

> Enunciado 455: A expressão "dano" no art. 944 abrange não só os danos individuais, materiais ou imateriais, mas também os danos sociais, difusos, coletivos e individuais homogêneos a serem reclamados pelos legitimados para propor ações coletivas.

Discute-se se em uma ação individual por danos morais, o juiz ou Tribunal pode, de ofício, condenar o autor do ilícito a indenizar a coletividade por danos sociais. O STJ entende que não.

Para que haja condenação por dano social, é indispensável que haja pedido expresso, sob pena de violar os princípios da demanda, da inércia e, fundamentalmente, da adstrição/congruência, o qual exige a correlação entre o pedido e o provimento judicial a ser exarado pelo Poder Judiciário.

No caso concreto enfrentando pelo SJT, em uma ação individual houve condenação do réu ao pagamento de indenização por danos sociais em favor de terceiro estranho à lide, sem que houvesse pedido nesse sentido ou sem que essa questão fosse levada a juízo por qualquer das partes.

O STJ entendeu que a decisão condenatória extrapolou os limites objetivos e subjetivos da demanda, uma vez que conferiu provimento jurisdicional diverso daquele requerido na petição inicial, beneficiando terceiro alheio à relação jurídica processual posta em juízo[132].

Mesmo se o autor tivesse pedido a condenação por danos sociais não seria possível seu deferimento, pois esbarraria na ausência de legitimidade para postulá-lo.

Isso porque, na visão do STJ, a condenação por danos sociais somente pode ocorrer em demandas coletivas e, portanto, apenas os legitimados para a propositura de ações coletivas poderiam pleitear danos sociais. Em suma, não é possível discutir danos sociais em ação individual.

DARWINISMO NORMATIVO

A expressão foi cunhada pelo jurista francês Alain Supiot. Segundo ele, *"darwinismo normativo"* pode ser entendido como uma seleção natural de regras para satisfazer interesses do capitalismo e, desta forma, fortalecer a desconstrução de direitos sociais e do trabalho. Desse modo, o fenômeno do *"darwinismo normativo"* determina a sobrevivência, apenas, das normas mais adequadas aos interesses e exigências dos investidores internacionais. Em outras palavras, o mercado de um determinado local, para sobreviver, deve fazer com que suas normas se adaptem às exigências mercadológicas.

É o uso do direito como estratégia adaptativa. Converte-se o direito em produto ou mercadoria, ou seja, um mercado de produtos legislativos. O autor destaca especialmente que *"a fim de ajudar os consumidores do direito a fazerem sua escolha no mercado de normas"*, o Banco Mundial publica anualmente uma avaliação dos direitos nacionais que tem por referência sua eficiência econômica em parte consagrada aos "entraves" que o direito do trabalho representa em cada país.

Alain Supiot, a propósito, publicou um artigo intitulado *"O direito do trabalho ao desbarato no mercado das normas"*, pelo qual se passa a ideia de que o conceito de mercado total é utilizado para realçar a hipótese de que a livre concorrência que se deveria fundar sobre o direito é ela agora que funda o próprio direito. Daqui resulta um darwinismo normativo que o autor equaciona, sugerindo a existência de um mercado de produtos legislativos, o qual está a conduzir à eliminação progressiva dos sistemas normativos menos aptos para satisfazer as necessidades financeiras dos investidores, e, nessa medida, a conduzir à eliminação do direito do trabalho.

Em Portugal, João Leal Amado observa que a concorrência entre trabalhadores à escala universal, a competitividade das empresas, as deslocalizações, dentre outros fenômenos têm concorrido para o surgimento do designado *"mercado dos produtos legislativos"*.

Na mesma linha das ideias de Supiot, Leal Amado sublinha que a mercantilização dos ordenamentos jurídico-laborais nacionais coloca-os em concorrência sob a égide dos mercados financeiros que impulsionam a desregulamentação das legislações laborais concebidas agora como fatores de competitividade. Segundo ele, o isomorfismo entre o princípio do mercado e os princípios orientadores da legislação laboral conduz assim *"ao triunfo das leis do mercado"* e à consagração do mercado das leis.

Neste sentido, arremata citando Alain Supiot, para quem a globalização capitalista representou tanto o *triunfo das leis do mercado* como a consagração do *mercado das leis*. E, algo ironicamente, a crise dos mercados financeiros só parece ter vindo acentuar esta tendência para o "darwinismo normativo" em matéria laboral.

DÉPEÇAGE

Dépeçage é palavra de origem francesa que significa fracionamento, despedaçamento ou desmembramento de algo. No direito, a expressão designa as leis de diferentes ordenamentos jurídicos podem ser aplicadas ao mesmo caso ou situação.

No direito do trabalho, o *dépeçage* consiste na possibilidade de fracionamento do contrato internacional de trabalho, para fins de determinação da lei de regência, aplicando-se isoladamente a norma de cada país em que

---

(132) STJ. 2ª Seção. Rcl 12.062-GO, Rel. Ministro Raul Araújo, julgado em 12.11.2014 (recurso repetitivo) (Info 552).

prestado o serviço. Seria um *lex loci executionis* pleno, isolando-se cada um dos períodos e locais trabalhados.[133]

Desse modo, poderia uma determinada parte do contrato submeter-se à legislação de um país e outra à lei de um outro Estado.

O *dépeçage* está consagrado na Convenção de Roma de 1980 (art. 3, item 1[134] e na Convenção do México de 1994 (artigo 7º [135], mas não são aplicáveis ao Brasil. A primeira por ser restrita à Europa e a segunda por não ter sido ratificada.

De todo modo, alerta Boucinhas que a falta de lei expressa admitindo esta possibilidade, não constitui obstáculo à adoção desta prática no Brasil. Em se tratando de cláusulas não referentes à questões de ordem pública, é plenamente possível a fixação desaregra apenas por norma contratual.[136]

DESLABORIZAÇÃO

Por deslaborização ou fuga do direito do trabalho entende-se a transformação de potenciais relações de trabalho em relações de serviço autônomo, ou seja, sem a tutela da legislação trabalhista clássica.[137]

Atualmente, é importante dizer, que se assiste a um fenômeno de fuga do direito do trabalho, tanto por parte das empresas, como por parte dos trabalhadores que, simbolicamente, preferem se dizer autônomos, em razão da carga simbólica que essa palavra representa e da falsa sensação de liberdade que passa. Portanto, atualmente – e, já a algum tempo – , há uma deslaborização de relações do trabalho clássicas, ou seja, um fenômeno de "deslaborização" do vínculo contratual empregatício.

DESCANSO HEBDOMADÁRIO

Na antiguidade, o hebdomadário era aquele que, nos mosteiros e nos cabidos dos cônegos, possuía um ofício litúrgico por semana, como, por exemplo, celebrar a missa comunitária, fazer as leituras canônicas etc.

Atualmente, o adjetivo *hebdomadário* se refere a algo relativo a semana, ou seja, semanal ou que se renova a cada semana.

No direito do trabalho, o descanso semanal remunerado é comumente chamado na doutrina de *descanso hebdomadário*.

DESLOCALIZAÇÃO

Chama-se deslocalização o fenômeno que ocorre quando uma empresa situada em determinado país resolve transferir-se total ou parcialmente para outro, geralmente buscando saída para barreiras comerciais e/ou para redução de custos (transportes mais fáceis, salários menores, redução de carga tributária, concessão de subsídios, encargos sociais mais reduzidos etc.). É a deslocalização internacional. Geralmente, são os países chamados emergentes os principais receptores dos deslocalizados.[138]

---

(133) BOUCINHAS FILHO, Jorge Cavalcanti. *Fracionamento do contrato de trabalho e* split salary: Novas figuras contratuais surgidas em decorrência da globalização. Disponível em: <www.ambitojuridico.com.br>. Acesso em: 21.11.2018.
(134) Artigo 3. Item 1. O contrato de trabalho rege-se pela lei escolhida pelas Partes. Esta escolha deve ser expressa ou resultar de modo inequívoco das disposições do contrato ou das circunstâncias da causa. Mediante esta escolha, as Partes podem designar a lei aplicável à totalidade ou apenas a uma parte do contrato [...].
(135) Artigo 7. O contrato rege-se pelo direito escolhido pelas partes. O acordo das partes sobre esta escolha deve ser expresso ou, em caso de inexistência de acordo expresso, depreender-se de forma evidente da conduta das partes e das cláusulas contratuais, consideradas em seu conjunto. Essa escolha poderá referir-se à totalidade ou a uma parte do mesmo.
(136) BOUCINHAS FILHO, Jorge Cavalcanti. *Fracionamento do contrato de trabalho e* split salary: Novas figuras contratuais surgidas em decorrência da globalização. Disponível em: <www.ambitojuridico.com.br>. Acesso em: 21.11.2018.
(137) LEITE, Jorge. *Direito do Trabalho na crise*. Temas de Direito do Trabalho. Coimbra, 1990. p. 41.
(138) FRANCO FILHO, Georgenor de Sousa. *Deslocalização internacional e interna*. In: Revista do Tribunal Regional do Trabalho da 8ª Região, Belém, v. 91, 2013. p. 39-47.

Pode ocorrer também a deslocalização *interna*. Embora a legislação trabalhista heterônoma seja a mesma em todo o território nacional, é cediço que a legislação autônoma, oriunda de acordos e convenções coletivas de trabalho, muitas vezes estabelecem condições de trabalho diferentes a depender da região do país.

Pode acontecer que, com a deslocalização interna ou internacional, ocorra, também, a relocalização dos antigos empregados. Basta que a empresa deslocalizada negocie coletivamente com os trabalhadores da nova localidade e, em seguida, transfira empregados antigos para a nova localidade.

Direito do trabalho líquido ou derretimento do direito do trabalho

O sociólogo Zygmunt Bauman cunhou o termo *modernidade líquida* para descrever a sociedade pós-moderna, caracterizada pelo individualismo, a fluidez e a efemeridade das relações. Segundo o pensador, nós vivemos em tempos líquidos, nos quais nada foi feito para durar.

Afirma o pensador que a modernidade imediata é "líquida" e "veloz", mais dinâmica que a modernidade "sólida" que suplantou. A modernidade líquida seria *"um mundo repleto de sinais confusos, propenso a mudar com rapidez e de forma imprevisível"*.[139]

Escolheu a metáfora do "líquido" ou da fluidez como o principal aspecto do estado dessas mudanças. Um líquido sofre constante mudança e não conserva sua forma por muito tempo, assim como a sociedade atual. As formas de vida contemporânea, segundo o sociólogo polonês, se assemelham pela vulnerabilidade e fluidez, incapazes de manter a mesma identidade por muito tempo, o que reforça um estado temporário e frágil das relações sociais.

Em entrevista ao jornal argentino Clarín, Bauman declarou: *"escolhi chamar de 'modernidade líquida' a crescente convicção de que a mudança é a única coisa permanente e a incerteza a única certeza"*[140]. Bauman entende a **crise como sendo um tempo em que o velho já se foi, mas o novo ainda não tem forma.**

Transpondo a ideia para o direito do trabalho, pode-se dizer que este também vive sua era de liquidez, de precariedade – no sentido de efemeridade e duração dos contratos –, de fluidez e rotatividade. Ao contrário do direito do trabalho clássico, o direito do trabalho pós-moderno passa a prever contratos de trabalhos efêmeros, marcados pela nota da temporalidade e flexibilidade.

O direito do trabalho, já faz um tempo, tem passado por um processo de *fusão*, ou seja, passagem de seu estado sólido para o estado líquido. Há um derretimento do direito do trabalho clássico. É justamente isso que faz a flexibilização. Isso quando não ocorre o processo de *sublimação do direito do trabalho*, que é a passagem direta do estado sólido (regulamentação clássica) para o estado gasoso (desregulamentação). Nesse último caso, há verdadeira desregulamentação ou desaparecimento da norma. Pode-se falar ainda em *vaporização do direito do trabalho*, que é a passagem do estado líquido (norma flexível) para o estado gasoso (desregulamentação).

Ao escrever sobre o direito do trabalho líquido, Jorge Pinheiro Castelo afirma que ele se pauta em *"menores regras e, acima de tudo, um mercado de trabalho flexível, ou seja, um direito do trabalho líquido é descompromissado, normatizado para garantir a desregulamentação e os contratos de curto prazo, precários, temporários, intermitentes e terceirizados"*[141]. E, prossegue: *"a flexibilidade e a volatilidade são os* slogans *da pós-modernidade líquida, do capitalismo líquido e do direito do trabalho líquido. A flexibilidade e a volatilidade anunciam empregos e contratos sem segurança, sem compromissos ou benefícios, oferecem apenas contratos a prazo fixo ou renováveis. Esse é o Direito do Trabalho Líquido da Pós-Modernidade Líquida, do Capitalismo Líquido e da empresa camaleônica. Na falta de segurança de longo prazo, a 'satisfação instantânea' aparenta ser uma estratégia razoável"*.[142]

---

(139) BAUMAN, Zygmunt. *Modernidade líquida*. Rio de Janeiro: Zahar, 2001.
(140) Disponível em: <https://www.clarin.com/filosofia/zygmunt-bauman-certeza-incertidumbre_0_SJEv1YunDml.html>. Acesso em: 22.11.2018.
(141) CASTELO, Jorge Pinheiro. *O direito do trabalho líquido*: o negociado sobre o legislado, a terceirização e o contrato de curto prazo na sociedade da modernidade líquida. São Paulo: LTr, 2017. p. 54.
(142) *Idem. Ibidem.*

DISGORGEMENT[143]

Imagine duas situações: a) um desses periódicos de "fofocas" ofende a honra ou a vida privada de uma celebridade; b) uma empresa utiliza uma marca famosa em sua publicidade sem pedir a autorização da titular da propriedade imaterial. No plano do direito positivo, pelo olhar da responsabilidade civil, a resposta será a condenação do infrator pelos danos patrimoniais e extrapatrimoniais sofridos pela vítima. Vale dizer, o teto da reparação será o prejuízo experimentado pelo ofendido em sua órbita econômica e existencial, conforme preconiza o artigo 944 do Código Civil. Mais do que isso, haveria locupletamento indevido da vítima. Contudo, nos dois casos o ofensor obteve ganhos financeiros que extrapolaram sobremaneira o valor dos danos experimentados pelo autor da demanda. Portanto, a técnica ressarcitória é capaz de reequilibrar o patrimônio da vítima sem, contudo, exercer qualquer função de desestímulo perante o réu, que lucrou 100 ilicitamente e pagará 20, ao final de um longo processo.

Ultimamente, a *common law* vem trabalhando intensamente questões como essa, valendo-se do remédio dos *restitutionary damages*. Ou seja, tal qual no Brasil, enquanto os *compensatory damages* abrangem os já conhecidos *pecuniary damages* e *non-pecuniary damages*, tendo como recorte o cotejo entre a situação pessoal da vítima antes e depois do fato danoso (*teoria da diferença*, art. 402 CC); o remédio restituitório é viabilizado pela técnica do *disgorgement*, oferecendo uma *overcompensation*, pois haverá a devolução de todos os valores efetivamente obtidos pelo autor do delito em razão do desfrute antijurídico de situações jurídicas alheias.

Percebam, não estou aqui discutindo as funções da responsabilidade civil, pois tanto o ressarcimento de prejuízos como o *disgorgement* possuem a mesma finalidade de contenção de danos. O que avulta nessa discussão são as formas de efetivação da tutela reparatória. No Brasil, ela é prestada de duas formas: reparação em espécie (*in natura*) ou o ressarcimento equivalente ao valor pecuniário da lesão, sem que se leve em consideração em que medida a alteração econômica beneficiou o lesante (art. 948, CC). A seu turno, a restituição de lucros ilícitos será uma terceira forma da reparação de danos – restaurando o equilíbrio patrimonial rompido pela lesão de uma forma mais efetiva que o ressarcimento – em hipóteses como as que veiculei no primeiro parágrafo desse texto. Em síntese, o que muda é a tutela de direito material, pois, ao observar a passagem da riqueza de uma esfera patrimonial para outra, o *disgorgement* é mais adequado para atender ao objetivo de materialização de uma reparação integral, somado a uma óbvia eficácia preventiva de novos ilícitos, desencorajando a prática ou a reiteração de tais infrações, seja por parte do agente, como de outros *players* do mercado. Há também aqui uma questão de racionalidade econômica: o custo-benefício do esquema de ressarcimento estimula esse tipo de comportamento oportunista.

É certo que, quando surge um problema de restituição do lucro obtido pelo autor da violação de um direito alheio, do ponto de vista metodológico, a solução não estaria no interno do sistema da responsabilidade extracontratual, mas no modelo jurídico do enriquecimento sem causa. Contudo, tal como ocorre na *common law*, pode-se remeter à escolha do legislador uma alteração da fisionomia sistemática da responsabilidade civil, já que a ação de enriquecimento sem causa é subsidiária no ordenamento civil. Só assim, haverá uma justificativa legítima para que a vítima receba um *plus* ao mero ressarcimento dos danos.

Portanto, se o que se quer no nosso sistema jurídico é conceder uma função preventiva à responsabilidade civil, existem dois caminhos. Pelo viés da contenção de comportamentos, há de se aplicar os *punitive damages* (com função punitiva e preventiva). Porém, se o objetivo for a contenção de danos já consumados, a sanção reparatória poderá exercitar essa finalidade inibitória de novos ilícitos nos casos em que se aparte da técnica ressarcitória e se aproprie da via restituitória, superando o objetivo de mera neutralização de danos para avançar nos lucros ilícitos, exercitando o papel de desestímulo de condutas antijurídicas, sem que para isso recorra à tão criticada função punitiva da responsabilidade civil.

Se o leitor teve a curiosidade de procurar no dicionário o significado do verbo *disgorge*, terá certa repulsa com o equivalente no vernáculo. Mas é isso mesmo, o ofensor irá vomitar, expelir os lucros obtidos indevidamente.

---

(143) Comentários ao verbete extraídos de: ROSENVALD, Nelson. *Direito civil em movimento*: desafios contemporâneos. Salvador: JusPodivm, 2017. p. 218-219.

DISPENSA COLETIVA E DISPENSA PLÚRIMA

O art. 477-A da CLT, incluído pela Reforma Trabalhista, estabelece que "*as dispensas imotivadas individuais, plúrimas ou coletivas equiparam-se para todos os fins [...]*". Se se equiparam, é porque não possuem a mesma natureza, apenas houve uma equiparação formal pela via legislativa, a fim de dispensar a necessidade de autorização prévia de entidade sindical ou de celebração de convenção coletiva ou acordo coletivo de trabalho para a efetivação da dispensa.

Antes da reforma trabalhista, a jurisprudência do TST entendia, a partir do *leading case* da Embraer (TST-RODC-30900-12.2009.5.15.0000), que a dispensa coletiva, por ser uma questão grupal, massiva, comunitária, inerente aos poderes da negociação coletiva trabalhista, exige, pela Constituição da República, em seu art. 8º, III e VI, a necessária participação do Sindicato.

Argumentava-se que não há proibição de despedida coletiva, principalmente em casos em que não há mais condições de trabalho na empresa. No entanto, devem ser observados os princípios previstos na Constituição Federal, da dignidade da pessoa humana, do valor social do trabalho e da função social da empresa, previstos nos artigos 1º, III e IV, e 170, *caput* e III, da CF; da democracia na relação trabalho capital e da negociação coletiva para solução dos conflitos coletivos, (arts. 7º, XXVI, 8º, III e VI, e 10 e 11 da CF), bem como as Convenções Internacionais da OIT, ratificadas pelo Brasil, nas Recomendações 98, ns. 135 e 154, e, finalmente, o princípio do direito à informação previsto na Recomendação n. 163, da OIT, e no artigo 5º, XIV, da CF.[144]

Fato é que são coisas distintas. A legislação trabalhista não traz o conceito de dispensa coletiva, tampouco de dispensa plúrima. Mas, doutrina e jurisprudência já se manifestaram a respeito, na tentativa de traçar algumas diferenças entre elas.

A dispensa coletiva se caracteriza quando há a despedida de empregados de uma mesma empresa, de uma única vez ou em curto lapso temporal, tendo como motivo justificador uma única causa, seja ela de natureza econômica, tecnológica ou estrutural da empresa. O critério numérico – nominal ou percentual – é irrelevante, pois, como se verá, pode haver a dispensa plúrima em número maior que a dispensa coletiva. Na dispensa coletiva não pode haver a substituição dos empregados despedidos.

Por sua vez, a dispensa plúrima se dá quando ocorre, ao mesmo tempo, uma série de despedidas singulares, por motivo relativo à conduta individualizada de cada um dos empregados dispensados. Nesse caso, nada impede que haja a contratação de substitutos.

Mas, como dito, fica superado, portanto, o entendimento da Seção de Dissídios Coletivos do TST, pelo qual a exigência de prévia negociação coletiva para a dispensa em massa é requisito essencial à eficácia do ato empresarial (TST-SDC, Processo n. 309/2009-000-15-00.4, rel. Min. Mauricio Godinho Delgado, j. 10.08.2009).

DESREGULAMENTAÇÃO

A flexibilização é entendida como forma de amenizar o rigor ou a rigidez de certas normas jurídicas de Direito do Trabalho. Já a *desregulamentação* se refere ao fenômeno de suprimir determinadas normas jurídicas, principalmente estatais, pertinentes à regulação das relações de trabalho, passando os próprios atores sociais a estabelecer a regra aplicável. Nesse sentido, fala-se em desregulamentação negociada do Direito do Trabalho.[145]

Ver *Flexibilização

---

(144) TST-RODC-2004700-91.2009.5.02.0000 Data de Julgamento: 14.11.2011, Relatora Ministra: Kátia Magalhães Arruda, Seção Especializada em Dissídios Coletivos, Data de Publicação: DEJT 16.12.2011.
(145) GARCIA, Gustavo Filipe Barbosa. *Curso de direito do trabalho*. 8. ed. São Paulo: Método, 2014. p. 108.

DESVIO DO NEXO CRONOLÓGICO E DESVIO DO NEXO TOPOGRÁFICO

Segundo o art. 21, inciso IV, alínea "d", da Lei n. 8.213/91, que disciplina os Planos de Benefícios da Previdência Social, equiparam-se ao acidente do trabalho, para efeitos desta Lei, o acidente sofrido pelo segurado ainda que fora do local e horário de trabalho, no percurso da residência para o local de trabalho ou deste para aquela, qualquer que seja o meio de locomoção, inclusive veículo de propriedade do segurado.

Para que seja configurado o acidente equiparado, é preciso que se observe se o tempo de deslocamento foi o usual (nexo cronológico) e se o trajeto foi o habitual (nexo topográfico). Ou seja, se o tempo do deslocamento fugir do usual (desvio do nexo cronológico) ou se o trajeto habitual (desvio do nexo topográfico) for alterado substancialmente, por caminhos que não costuma percorrer, resta descaracterizada a relação de causalidade do acidente com o trabalho.

DEVER DE ACOMODAÇÃO OU ADAPTAÇÃO RAZOÁVEL

Dever de acomodação ou adaptação razoável é uma obrigação imposta ao empregador para por fim a qualquer situação de discriminação baseada em deficiência, religião, idade ou qualquer outro motivo. Assim, empregadores devem achar uma solução para propiciar aos empregados o exercício integral de seus direitos.

Como exemplos, pode-se mencionar o dever de adaptação da estação de trabalho para as limitações funcionais do empregado; garantia de *day off* nos feriados religiosos; garantia de ferramentas de ensino adequadas para alunos desabilitados ou com comportamentos desordenados; modificação do menu para pessoas com dietas restritivas, dentre outras situações.

Mas, não há obrigação de acomodar nos casos de "*undue hardship*", ou seja, nos casos de dificuldade indevida, como por exemplo quando o custo é muito alto para uma empresa absorver; quando a acomodação interfere substancialmente no funcionamento adequado da organização ou, ainda, quando prejudica significativamente a segurança alheia ou infringe os direitos dos outros.

DIAMANTE ÉTICO

A expressão é do jurista Joaquín Herrera Flores que, na tentativa de explicar os direitos humanos, faz uma metáfora com a figura geométrica de um diamante. Segundo o autor, a partir da figura de um diamante pode-se afirmar a indiscutível interdependência entre os múltiplos componentes que definem os direitos humanos no mundo contemporâneo. Com o diamante ético, o autor lança uma aposta: os direitos humanos vistos em sua real complexidade constituem o marco para construir uma ética que tenha como horizonte a consecução das condições para que "todas e todos" (indivíduos, culturas e formas de vida) possam levar à prática sua concepção da dignidade humana.[146]

Flávia Piovesan, ao prefaciar a obra do citado autor, explica que é na composição de um "diamante ético" multifacetado que os direitos humanos são revisitados como marco pedagógico e de ação. Na voz das distintas e diversas lutas pela dignidade humana, com a força catalisadora de reunir múltiplos componentes, os direitos humanos surgem como tema plural, híbrido e impuro, sob as marcas de práticas interculturais.

Segundo ela, a partir do diamante ético se repudia o universalismo abstrato, que tem no mínimo ético um ponto de partida e não de chegada. Emerge, assim, o universalismo pluralista e não etnocêntrico, de contrastes, de mesclas, de entrecruzamentos.

---

(146) FLORES, Joaquín Herrera. *A (re)invenção dos direitos humanos*. Florianópolis: Fundação Boiteux, 2009.

DIREITO À DESCONEXÃO

Em termos gerais pode-se dizer que o direito à desconexão é um direito ao não trabalho. É o direito ao ócio. Mas, não só. É o direito ao não trabalho somado à prerrogativa de se desconectar do trabalho, principalmente no contexto de novas tecnologias, ou seja, de desligar-se do trabalho sem possibilidade de ser molestado com preocupações e responsabilidades laborais.

Para Christiana D'arc Damasceno Oliveira, o direito à desconexão consiste na prerrogativa titularizada pelo trabalhador de não sofrer ingerências, de não ser solicitado ou contatado por seu empregador durante períodos destinados ao repouso diário, semanal ou anual, por meio das tecnologias existentes, tais como: *black-berry, palm, pager*, fax, celular, computador e *laptop*.[147]

DIREITO À MENTIRA

Debate-se em doutrina se o empregado, na fase pré-contratual da relação de trabalho, possui o direito à mentira quando perguntado sobre dados sensíveis que não guardam relação alguma com as funções a serem desempenhadas.

João Leal Amado defende que, em nome da preservação da reserva da vida privada e da prevenção de práticas discriminatórias, deve-se reconhecer ao candidato a emprego um direito à mentira, se e quando confrontado com semelhantes questões ilegítimas. Ele assim leciona:

> Com efeito, só por uma indesculpável ingenuidade se ignorará que o silêncio, nestes casos, comprometerá irremediavelmente as hipóteses de emprego do candidato. O empregador pergunta, o candidato cala, o emprego esfuma-se... Julga-se, pois, que, neste tipo de casos, o único meio susceptível de preservar a possibilidade de acesso ao emprego e de prevenir práticas discriminatórias consiste em o trabalhador não se calar, antes dando ao empregador a resposta que ache que este pretende ouvir (e assim, eventualmente, mentindo). Prática contrária à boa-fé? Comportamento doloso do candidato? Penso que não. A boa-fé não manda responder com verdade a quem coloca questões ilegítimas e impertinentes. E o dolo na negociação não revelará em sede anulatória, pois incide sobre aspectos que o próprio ordenamento jurídico considera não poderem relevar na decisão de contratar ou não.[148]

Fato é que o candidato ao emprego deve informar o empregador sobre aspectos relevantes para a prestação da atividade laboral. Em outros termos, se o empregador formular questões sensíveis acerca de aspectos irrelevantes ao emprego, poderá o empregado não prestar essas informações e, inclusive, reagir ativamente por meio da mentira.

A propósito, o art. 8º do Estatuto dos Trabalhadores da Alemanha proíbe ao empregador, para efeitos de contratação, assim como no desenvolvimento da relação de trabalho, fazer indagações, também por meio de terceiros, sobre as opiniões políticas, religiosas ou sindicais do trabalhador, bem como sobre fatos não relevantes à valoração de uma aptidão profissional.

Assim, em determinadas situações o trabalhador não tem o dever de informar o empregador dados sensíveis, tais como sua opção sexual, sua religião ou orientação política, por exemplo. Isso porque não pode o empregador, legitimamente, exigir e esperar receber do trabalhador, no decurso das negociações de um contrato de trabalho, dados que não possuam pertinência com a futura função a ser desempenhada pelo empregado. Portanto, se o empregador colocar perguntas ilegítimas ao trabalhador, como pode este mentir, como forma de exercício do *direito de resistência*.

---

(147) OLIVEIRA, Christiana D'arc Damasceno. *Direito à desconexão do trabalhador*: repercussões no atual contexto trabalhista. In: Revista LTr, v. 74, São Paulo: LTr, 2010. p. 1180-1188.
(148) AMADO, João Leal. *Contrato de trabalho*: noções básicas. Coimbra: Coimbra Editora, 2015. p. 144.

DIREITO À OCUPAÇÃO EFETIVA

Consta do feixe de direitos e deveres do contrato de trabalho a obrigação do empregador em não dar lugar à existência de uma situação de inatividade por parte do trabalhador. É o contrário de ócio forçado ou da inação. Assim, além dos salários, o empregador deve efetivamente fornecer o trabalho efetivo.

A propósito, configura ato ilícito e abuso de poder por parte do empregador, a privação do trabalhador à ocupação efetiva, pois isso caracteriza o chamado contrato de inação.

DIREITO AO ESQUECIMENTO

É direito fundamental de qualquer indivíduo o "direito ao esquecimento", também chamado de "direito de ser deixado em paz", alcunhado no direito norte-americano de *"the right to be let alone"* ou *"right to be forgotten"*.

Conceitualmente, o direito ao esquecimento é o direito que possui um indivíduo de não permitir que um fato, ainda que verídico, ocorrido em determinado momento de sua vida, seja exposto ao público em geral, causando-lhe sofrimento ou transtornos.[149]

A propósito, na VI Jornada de Direito Civil do CJF/STJ, foi aprovado o Enunciado n. 531, defendendo a existência do direito ao esquecimento como uma expressão da dignidade da pessoa humana, cujo teor é o seguinte: *"A tutela da dignidade da pessoa humana na sociedade da informação inclui o direito ao esquecimento"*.

Segundo o STF, o direito ao esquecimento, a despeito de inúmeras vozes contrárias, também encontra respaldo na seara penal, enquadrando-se como *direito fundamental implícito*, corolário da vedação à adoção de pena de caráter perpétuo e dos princípios da dignidade da pessoa humana, da igualdade, da proporcionalidade e da razoabilidade (HC n. 110.191/RJ, DJe 6.5.13 e HC n. 118.977/DF).

Mas, o direito ao esquecimento deve ser conciliado com o direito à informação. A jurisprudência entende que se ainda existe um interesse público atual na divulgação daquela informação, deve ela prevalecer. São os casos que envolvam fatos de grande relevância histórica.

O conceito também se aplica ao direito do trabalho quando, por exemplo, se preocupa com as anotações desabonadoras na CTPS do empregado, justamente porque a anotação teria natureza permanente, insuscetível de superação com o decurso do tempo, praticamente impossibilitando a reinserção do trabalhador no mercado de trabalho e ofendendo o núcleo essencial do direito fundamental ao esquecimento.[150]

Sobre o tema, André Araújo Molina e Flávio da Costa Higa concluem, em relação ao direito ao esquecimento nas relações de trabalho, *"que é legítima e afinada com o sistema jurídico brasileiro a admissão de que a empregadora tem o direito de buscar informações sobre fatos – atuais, verdadeiros e contextualizados ao objeto do contrato – em relação ao trabalhador, na medida em que o direito ao esquecimento deste deve ser ponderado com o direito de informação da sociedade, em geral, e da empregadora, em específico, sem que um direito fundamental prevaleça sobre o outro, apriorística e abstratamente"*.[151]

DIREITO DO TRABALHO DE EXCEÇÃO OU DIREITO DO TRABALHO DE CRISE

Em regra, o direito do trabalho, fruto do chamado Estado-Providência, é um direito promocional e social, que preza pela melhoria das condições de pactuação da força de trabalho e pela distribuição de renda.

---

(149) CAVALCANTE, Márcio André Lopes. *Direito ao esquecimento*. Disponível em: <https://www.dizerodireito.com.br/ 2013/11/direito-ao-esquecimento.html>. Acesso em: 22.11.2018.
(150) MOLINA, André Araújo; HIGA, Flávio da Costa. *Direito ao esquecimento nas relações de trabalho*. In: Revista de Direito do Trabalho. vol. 195, nov. 2018, p. 63-109.
(151) *Idem. Ibidem*.

Em sentido oposto, o direito do trabalho de exceção – expressão cunhada por António Casimiro Ferreira, em sua obra Sociedade da Austeridade e direito do trabalho de exceção – é aquele direito do trabalho capturado pelas regras do mercado, flexibilizado para atender aos anseios do capital.

João Leal Amado bem sintetiza o direito do trabalho de exceção ou de crise, ao afirmar que *"o Direito do Trabalho passa a ser concebido, sobretudo, como um instrumento ao serviço da promoção do emprego e do investimento, como variável da política económica, mostrando-se dominado — quando não obcecado — por considerações de eficiência (produtividade da mão de obra, competitividade das empresas etc.). O Direito do Trabalho atravessa, desde então, uma profunda crise de identidade, com a sua axiologia própria (centrada em valores como a igualdade, a dignidade, a solidariedade etc.) a ser abertamente questionada. Fala-se, não sem alguma razão, numa autêntica 'colonização economicista' deste ramo do ordenamento jurídico"*.[152]

Ainda segundo o mestre, o *"conflito social entre empregadores e trabalhadores é substituído pelo novo conflito entre* insiders *(os trabalhadores com vínculo por tempo indeterminado e com emprego estável) e* outsiders *(os desempregados e os que apenas dispõem de um emprego precário, como os contratados a prazo e os falsos trabalhadores independentes). Um Direito do Trabalho demasiado rígido e excessivamente garantístico seria, afinal, o grande responsável por esta segmentação e pelo dualismo do mercado de trabalho, criando uma fractura entre os que estão dentro e os que estão fora da «cidadela fortificada" do direito laboral. Vistas as coisas sob este prisma, a defesa dos interesses dos* outsiders *reclamaria a eliminação dos direitos (ou melhor: dos privilégios) dos* insiders. *E o apetite flexibilizador de alguns revela-se, por isso, insaciável — 'sempre mais!': sempre mais mobilidade, sempre mais adaptabilidade, sempre mais desregulamentação, tudo em nome das supostas exigências do sacrossanto e omnipotente 'Mercado', concebido este como a Grundnorm de toda a ordem jurídica"*.[153]

Neste sentido, arremata citando Alain Supiot, para quem a globalização capitalista representou tanto o *triunfo das leis do mercado* como a consagração do *mercado das leis*. E, algo ironicamente, a crise dos mercados financeiros só parece ter vindo acentuar esta tendência para o "darwinismo normativo" em matéria laboral.

Ver *Darwinismo normativo

DIREITOS LABORAIS INESPECÍFICOS

Direitos laborais inespecíficos são direitos fundamentais não especificamente laborais, mas que o indivíduo exerce, enquanto trabalhador, na empresa. Em outros termos, são direitos atribuídos genericamente aos cidadãos – como liberdade de expressão, intimidade etc., por exemplo – exercidos no quadro de uma relação trabalhista. São direitos do cidadão-trabalhador que os exerce enquanto trabalhador-cidadão.[154] Portanto, são direitos laborais inespecíficos em relação aos direitos laborais específicos dos trabalhadores. São, entre outros, os direitos da personalidade, o direito à informação, o direito à presunção de inocência, o direito à ampla defesa e o direito ao contraditório.

Pode-se observar que são aqueles relacionados à própria condição de cidadão do indivíduo e que não podem ser afastados pelo simples fato de encontrarem-se vinculados a um contrato de trabalho.

DIREITO TRANSNACIONAL DO TRABALHO

Antonio Ojeda Avilés defende o surgimento do chamado Direito Transnacional do Trabalho, como ramo autônomo do Direito, a partir da análise de seus interlocutores e da vinculatividade de sua atuação. Trata-se

---

(152) AMADO, João Leal. *O direito do trabalho, a crise e a crise do direito do trabalho*. In: Revista Direito e Desenvolvimento, João Pessoa, v. 4, n. 8, p.163-186, jul./dez. 2013. p. 169.
(153) *Idem. Ibidem.*
(154) ABRANTES, José João. *Contrato de trabalho e direitos fundamentais*. Coimbra: Coimbra Editora, 2005. p. 60.

de uma concepção diferente e nova das normas que regem a vida da comunidade internacional.[155]

Para ele, o surgimento paulatino, a partir da década de 2000, de diversos estudos sobre o chamado Direito Transnacional do Trabalho (DTT) tem despertado considerável curiosidade na comunidade científica, principalmente por parecerem assumir que surge um novo ramo do Direito, confrontado com o Direito do Trabalho Internacional, apesar de, nesses estudos, não parecer haver consenso sobre seu conteúdo e limites.

Para o autor, dois aspectos dão um perfil peculiar ao DTT: os sujeitos intervenientes ou protagonistas e a origem de seu caráter imperativo. Os principais protagonistas do sistema global de trabalho são as empresas multinacionais, incluindo neles, em sentido amplo, as ONG's, associações de todos os tipos e organismos públicos internacionais, ali, onde encontramos conotação transnacional. Em relação à exigibilidade, afirma que ao contrário do Direito Internacional do Trabalho, as normas do DTT possuem exigibilidade e imperatividade.

Para tanto, cita como exemplo a Diretiva 94/45/CE que estabeleceu a obrigatoriedade de criar comitês de empresa europeus nas grandes empresas multinacionais, as quais deveriam informar aos comitês sobre as questões transnacionais que poderiam afetar consideravelmente os interesses dos trabalhadores.[156]

DIREITO DO TRABALHO 4.0

A economia 4.0, fruto da revolução tecnológica, é a que centraliza a atividade econômica em plataformas digitais, códigos e algoritmos de operação controlados por empresas, com uma opacidade que dificulta a ação de controle.

Ela se desenvolve também no âmbito da chamada *internet das coisas (Internet of Things – IoT)*, ou seja, por meio de uma rede de objetivos físicos que estão todos interconectados e que transmitem dados entre si e com a rede, tais como veículos, *smartphones*, *smart TVs*, geladeiras etc.

Nessa lógica, o Direito do Trabalho 4.0 é justamente o conjunto de normas trabalhistas em tempos de economia 4.0, ou seja, é o direito que regula as relações trabalhistas nesse contexto de pós-modernidade.

Um dos grandes desafios desse direito do trabalho 4.0 é regular de forma equilibrada as relações de trabalho que se dão através das novas tecnologias (a economia compartilhada ou *"gig economy"* or *"crowdwork"*) nas quais figuram, de um lado, a empresa de aplicativos e, de outro, o infoempregado.

DIREITO DE ARENA

O direito de arena consiste na prerrogativa exclusiva, atribuída às entidades de prática desportiva, de negociar, autorizar ou proibir a captação, a fixação, a emissão, a transmissão, a retransmissão ou a reprodução de imagens, por qualquer meio ou processo, de espetáculo desportivo de que participem (art. 42 da Lei n. 9.615/98, a chamada Lei Pelé).

A Lei n. 12.395 de 2011 modificou a natureza jurídica do direito de arena, que deixou de ser uma verba trabalhista para assumir, por expressa manifestação legal, uma feição de vantagem civil.

Com efeito, nos termos do art. 42, § 1º, da Lei Pelé, salvo convenção coletiva de trabalho em contrário, 5% (cinco por cento) da receita proveniente da exploração de direitos desportivos audiovisuais serão repassados aos sindicatos de atletas profissionais, e estes distribuirão, em partes iguais, aos atletas profissionais participantes do espetáculo, como parcela de natureza civil. O árbitro e os técnicos não recebem direito de arena.

---

(155) AVILÉS, Antonio Ojeda. *Derecho transnacional del trabajo*. Valencia: Tirant lo Blanch, 2013. p. 21.
(156) *Idem. Ibidem.*

DIREITO DE IMAGEM

O contrato de licença de uso de imagem é de natureza civil, ou seja, não trabalhista, sendo, por isso, conexo ao contrato de emprego. Os contratos de direito de uso de imagem levam em conta os atributos pessoais e as características individuais do trabalhador.

Esse direito ao uso da imagem do atleta pode ser por ele cedido ou explorado, mediante ajuste contratual de natureza civil e com fixação de direitos, deveres e condições inconfundíveis com o contrato especial de trabalho desportivo. (Art. 87-A, da Lei n. 9.615/98).

Existe significativa diferença entre o direito de arena e o direito de imagem, principalmente em razão da titularidade, pois o direito de arena pertence à entidade de prática desportiva e é outorgado *coletivamente* aos atletas profissionais pela participação nos espetáculos. Por outro lado, o direito de imagem pertence ao empregado, mas é cedido ou explorado, mediante ajuste contratual *personalíssimo*, que visa aos atributos individuais do trabalhador, não sendo mera decorrência do serviço prestado, mas fruto daquilo que ele consegue expressar fora do evento esportivo. Logo, o direito de arena *decorre da execução natural do contrato* de trabalho e o direito de uso de imagem *não decorre da execução do contrato*.[157]

DISCRIMINAÇÃO ESTRUTURAL OU SISTÊMICA

É aquela que sujeita grupos historicamente vulneráveis a práticas disseminadas de negação de direitos ou tratamento discriminatório.

No Brasil a discriminação sistêmica foi detectada no chamado "racismo institucional", que consiste em um conjunto de normas, práticas e comportamentos discriminatórios cotidianos adotados por organizações públicas ou privadas que, movidos por estereótipos e preconceitos, impõe a membros de grupos raciais ou étnicos discriminados situação de desvantagem no acesso a benefícios gerados pelo Estado e por demais instituições e organizações. O racismo institucional é constatado na manutenção das diferenças entre escolaridade, média salarial, acesso à saúde, aprisionamento etc., entre brancos e afrodescendentes no Brasil.[158]

DISCRIMINAÇÃO POR PRECONCEITO IMPLÍCITO (IMPLICIT BIAS)

Um viés (ou discriminação) implícito, também chamado de estereótipo implícito ou cognição social implícita, é a atribuição inconsciente de qualidades particulares a um membro de um determinado grupo social. Estereótipos implícitos são influenciados pela experiência e baseiam-se em associações aprendidas entre várias qualidades e categorias sociais, incluindo raça ou gênero.

O viés implícito refere-se às atitudes ou estereótipos que afetam nossa compreensão, ações e decisões de maneira inconsciente. Esses vieses, que abrangem avaliações favoráveis e desfavoráveis, são ativados involuntariamente e sem a consciência ou o controle intencional de um indivíduo. Residindo profundamente no subconsciente, esses vieses são diferentes dos vieses conhecidos que os indivíduos podem escolher ocultar para os propósitos de correção social e/ou política. Em vez disso, preconceitos implícitos não são acessíveis através da introspecção.

George Marmelstein, em brilhante estudo sobre o tema, afirma que em grande parte, as práticas discriminatórias mais ou menos veladas podem ser derivadas de preconceitos implícitos que podem existir na mente de pessoas que absorveram valores igualitários em seu nível consciente, mas não conseguiram apagar de seu inconsciente todas as falsas categorizações a respeito de determinados grupos estigmatizados. Em verdade, afirma ele, todos nós, independentemente de nossas crenças, valores,

---

(157) MARTINEZ, Luciano. *Curso de direito do trabalho*. 7. ed. São Paulo: Saraiva, 2016.
(158) TAVARES, André Ramos. *Curso de direitos humanos*. São Paulo: Saraiva, 2004.

desejos de sermos justos, igualitários, imparciais e objetivos podemos estar condicionados a fazer, em determinadas circunstâncias, associações implícitas que podem afetar nossas decisões e levar a comportamentos discriminatórios contra determinadas pessoas, seja para prejudicar grupos estigmatizados, seja para favorecer nosso próprio grupo, isso porque os julgamentos que realizamos se baseiam, muitas vezes, em associações implícitas que existem em nossas mentes e são automaticamente acionadas mesmo que não tenhamos consciência disso.[159]

Para exemplificar o tema, George Marmelstein diz que associamos o preço do vinho à sua qualidade. Por isso, uma mera etiqueta indicando o preço pode colocar nosso cérebro em estado de alerta, para criar expectativas positivas ou negativas, conforme o caso. Identificaremos com mais facilidade as qualidades positivas de um vinho de 200 reais e deixaremos de perceber alguns defeitos que não são esperados em um vinho tão caro. Por outro lado, se o vinho custar 20 reais, serão os defeitos que se destacarão e eventuais qualidades não serão percebidas. Nosso cérebro preencherá as lacunas informativas com os esquemas mentais embutidos em nossas mentes, tendendo a confirmar as expectativas previamente criadas.

Da mesma forma, segundo o autor, a cor da pele, ou o gênero, ou características étnicas ou orientação sexual, funcionam como essas etiquetas ou esquemas mentais automáticos e são capazes de afetar nossos julgamentos, mesmo que não tenhamos consciência disso. As categorizações e os estigmas de grupo, socialmente construídos ao longo de séculos de dominação branca, heterossexual e masculina, fazem parte dos esquemas mentais de grande parte da população mundial, mesmo que, no nível da consciência, muitos abominem o preconceito.

O autor menciona ainda outros testes menos abstratos, como por exemplo um que foi desenvolvido para medir o preconceito implícito de policiais, conhecido como *Police Office Dilemma*. Neste teste, os policiais devem encarar um jogo virtual em que algumas situações dramáticas são simuladas e, em um curto espaço de tempo, devem decidir se atiram ou não em alguns suspeitos que ameaçam a sua vida ou a de outras pessoas. As situações são bem semelhantes entre si, mas, em algumas cenas, o suspeito é branco e, em outras, é negro. O jogo mede o tempo de reação do jogador para verificar sua capacidade de distinguir situações em que deve atirar ou não. Sem surpresa, o jogo demonstra que as pessoas têm mais facilidade de atirar quando o suspeito é negro, inclusive ao ponto de cometer erros de avaliação, como atirar em uma pessoa negra que está segurando um celular e não uma arma, por exemplo. No mesmo cenário, quando o suspeito é branco, poucas pessoas cometem o mesmo erro.

DISCRIMINAÇÃO INDIRETA OU DISCRIMINAÇÃO POR IMPACTO ADVERSO

Discriminar é tratar iguais de maneira desigual com base em motivos desqualificantes, de modo que somente a existência de algum motivo razoável para o tratamento desigual pode descaracterizar a discriminação. Doutrinariamente se diz que o ato discriminatório traz consigo uma distinção ilegítima que promove diferenças entre duas pessoas ou entre dois grupos, o que contraria o princípio da isonomia, de envergadura constitucional (art. 5º, I, CR/88) e internacional (art. 1, da DUDH).

A discriminação pode se dar de várias formas, inclusive de maneira indireta, entendida esta como a situação na qual uma conduta, aparentemente neutra, provoca uma discriminação a uma pessoa ou grupo, ou seja, a mera conduta leva à discriminação.

A discriminação indireta, a propósito, encontra previsão normativa na Convenção n. 111 da OIT, sobre discriminação em matéria de emprego e profissão (ratificada pelo Decreto n. 62.150/68), e uma das Convenções Fundamentais da OIT – "*core obligation*". Segundo a norma internacional referida, o termo discriminação compreende toda distinção, exclusão ou preferência fundada motivo desqualificante, que tenha por efeito destruir ou alterar a igualdade de oportunidade ou de tratamento em matéria de emprego ou profissão.

Discriminação indireta é, assim, aquela que decorre da existência de norma aparentemente neutra, mas geradora de discriminação quando aplicada. Em sentido mais abrangente, é a discriminação que decorre de

---

(159) MARMELSTEIN, George. *Discriminação por preconceito implícito*. Disponível em: <https://direitosfundamentais.net/category/preconceito-implicito/>. Acesso em: 22.11.2018.

uma medida pública ou privada que se pretende neutra, mas que, na prática, desfavorece um grupo vulnerável.

É criação do direito norte-americano, baseada na teoria do impacto desproporcional (*disparate impact doctrine*) ou impacto adverso. É também conhecida como discriminação por impacto adverso. Para outros, esta é apenas uma modalidade de discriminação indireta.

Manifesta-se em processos organizacionais que se anunciam imparciais, mas que permitem a influência de subjetividade, a exemplo de processos seletivos que parecem oferecer oportunidades iguais aos candidatos, mas acabam por permitir a escolha de certos tipos de pessoas em detrimento de outros pertencentes a grupos estigmatizados.

Para que se caracterize a discriminação indireta é prescindível o elemento volitivo, ou seja, não é preciso que haja dolo, manifestado na intenção de discriminar.

Distingue-se da discriminação direta, que é explícita e pode ser verificada de forma objetiva, a partir da análise do conteúdo do ato discriminatório. A discriminação indireta, por sua vez, se dá através de medidas legislativas, administrativas ou empresariais, cujo conteúdo, pressupondo uma situação preexistente de desigualdade, acentua ou mantém tal quadro de injustiça, ao passo que o efeito discriminatório da aplicação da medida prejudica de maneira desproporcional determinados grupos ou pessoas.

Também se distingue da discriminação *oculta*. Esta última caracteriza-se pela intencionalidade (não encontrada na discriminação indireta). A discriminação oculta é disfarçada pelo emprego de instrumentos aparentemente neutros, ocultando real intenção efetivamente discriminatória.

A discriminação indireta é difícil de ser detectada, pois feita de forma implícita e sem a necessidade do elemento volitivo. Por isso, Otávio Brito defende que sua verificação se faça a partir da disparidade estatística. Assim, havendo um distanciamento entre determinados grupos, seja no tocante a salário, seja no tocante a oportunidade, no tocante a admissão, no tocante a ascensão funcional, haverá, no mínimo, uma presunção de que aquele grupo está sendo discriminado.[160]

Possui previsão na Convenção n. 111 da OIT quando seu texto aborda o "efeito" discriminatório, de forma genérica, incluindo também efeitos de medidas indiretas. A teoria do impacto desproporcional (*disparate impact doctrine*) ou impacto adverso defende que, por violação do princípio constitucional da igualdade material, é inválida toda e qualquer prática empresarial, política governamental ou semigovernamental, de cunho legislativo ou administrativo, cuja aplicação resulte efeitos nocivos de incidência especialmente desproporcional sobre certas categorias de pessoas, ainda que não tenha tal finalidade quando da sua concepção, que é justamente a discriminação indireta.

DISCRIMINAÇÃO INVERSA OU INVERTIDA

É aquela que busca prejudicar grupos favorecidos historicamente, como, por exemplo, pessoas brancas.

DISCRIMINAÇÃO MÚLTIPLA

Consiste em qualquer preferência, distinção, exclusão ou restrição, baseada, concomitantemente, em dois ou mais fatores de diferenciação injustificada.

Por exemplo, uma mulher negra deficiente deixa de ser contratada com base nesses três elementos que, segundo o agente, são desqualificadores.

DISCRIMINAÇÃO OCULTA

É a discriminação intencional, porém, velada. Ela se caracteriza pela intencionalidade (não encontrada na discriminação indireta). A discriminação oculta, outrossim, é disfarçada pelo emprego de instrumentos aparentemente neutros, ocultando real intenção efetivamente discriminatória.

---

(160) LOPES, Otávio Brito. *Minorias, discriminação no trabalho e ação afirmativa judicial*. Disponível em: <http://www.tst.jus.br/documents/1295387/1313830/Minorias,%20discrimina%C3%A7%C3%A3o+no+trabalho+e+a%C3%A7%C3%A3o+afirmativa+judicial>. Acesso em 14.11.2018.

DISCRIMINAÇÃO POR RETALIAÇÃO FAMILIAR OU POR ASSOCIAÇÃO FAMILIAR

É a discriminação baseada no *status* ou situação familiar do empregado.

A Comissão de Direitos Humanos de Ontário, no Canadá, definiu uma conexão entre direitos humanos e relações familiares do empregado, num relatório intitulado *"The cost of caring: report on the consultation on discrimination on the basis of family status and the policy and guidelines on discrimination because of family status"* que, em tradução livre, significa *"o custo de cuidar: relatório na consulta sobre discriminação com base no estatuto/estado familiar e a política e diretrizes sobre discriminação por causa do estatuto/estado familiar"*.

Nessa consulta, a Comissão concluiu que empregados que possuíam pessoas na família que precisavam de cuidados especiais, tais como deficientes, crianças, enfermos etc. estavam frequentemente em desvantagem significativa no acesso ao emprego. No relatório, afirmou-se que com as mudanças nas estruturas familiares, como o envelhecimento da população, o movimento das mulheres para a força de trabalho remunerada e o aumento do número de famílias monoparentais, os cuidadores familiares encontram-se sob crescente pressão. E, que os ambientes empresariais demoraram a adaptar-se às realidades variáveis da família.

Segundo um dos Comissários, foram frequentes as queixas *"sobre as pressões competitivas no dia a dia das pessoas em todos os lugares – problemas de equilíbrio entre vida profissional e pessoal. Estamos vendo uma necessidade crescente entre os funcionários por acomodações no local de trabalho. É por isso que a Comissão está apresentando uma nova estrutura de políticas para ajudar os locais de trabalho a cumprir suas responsabilidades e reconhecer o* status *familiar como uma questão de direitos humanos"*.

Atualmente, segundo ele, o Código proíbe a discriminação por causa do *status* da família, mas sua aplicação é limitada a situações em que o indivíduo que sofre discriminação está em um relacionamento pai-filho. Esta definição não protege, por exemplo, um indivíduo que esteja cuidando de um irmão ou irmã que vive com deficiência ou de uma tia ou avô idosa.

No Brasil, é muito frequente a situação de empregados que precisam muitas vezes se atrasar para o trabalho porque possuem filhos ou outros parentes que exigem cuidados especiais, tais como idosos ou pessoas com deficiência. Ao invés de dispensar o trabalhador, o que se propõe é que os empregadores possam tomar medidas positivas para remover as barreiras aos empregados-cuidadores, inclusive promovendo adaptações razoáveis, tais como a implantação de esquemas alternativos de trabalho (teletrabalho, por exemplo). Foi nesse sentido o relatório final da Comissão de Ontário:

> Workplaces have been slow to adapt to the changing realities of the family, and this, together with the intensification of work and the shift to contingent, part-time and temporary work, has created significant stress in the relationship between families and the workplace. Unnecessary inflexibility and outdated assumptions create employment barriers for caregivers. Employers can take positive steps to remove barriers to caregivers, including improving access to alternative work arrangements, ensuring that part-time employees are treated fairly, re-examining policies related to hours of work and leaves of absence, and developing accommodation policies and procedures. [158]

Nesses casos, parece razoável que o empregador promova as adaptações razoáveis, sob pena de configurar dispensa discriminatória.

DISCRIMINAÇÃO POSITIVA OU BENIGNA

Ações afirmativas ou discriminações positivas podem ser entendidas como políticas públicas e privadas voltadas à concretização do princípio constitucional da igualdade, em sua dimensão substancial

---

(161) *The cost of caring*: report on the consultation on discrimination on the basis of family *status*. Disponível em: <http://www.ohrc.on.ca/sites/default/files/attachments/The_cost_of_caring%3A_Report_on_the_consultation_on_discrimination_on_the_basis_of_family_*status*.pdf>. Acesso em: 24.11.2018.

material e à neutralização dos efeitos da discriminação racial, de gênero, de idade, de origem e de compleição física. Em razão das ações afirmativas, a igualdade deixa de ser meramente um princípio jurídico a ser respeitado por todos, e passa a ser um objetivo constitucional a ser alcançado pelo Estado e pela sociedade.

Trata-se, assim, da promoção e concretização efetiva e real da isonomia por meio de condutas positivas cujo propósito é beneficiar, para igualar, grupos em situação de desvantagem prévia ou, até mesmo de exclusão, em virtude de fatores históricos ligados a sua condição racial, étnica, sexual etc.

Como exemplos de ações afirmativas no direito do trabalho destacam-se, principalmente, o sistema de cotas para beneficiários reabilitados ou pessoas portadoras de deficiência, habilitadas (art. 93, da Lei n. 8.213/91, que dispõe sobre os Planos de Benefícios da Previdência Social).

Igualmente, o Decreto n. 3.956, de 8 de outubro de 2001, que promulgou a *Convenção Interamericana para Eliminação de Todas as Formas de Discriminação contra as Pessoas Portadoras de Deficiência*. Ainda, se pode citar o Decreto n. 6.949, de 25 de agosto de 2009, que promulgou a *Convenção Internacional sobre os Direitos das Pessoas com Deficiência e seu Protocolo Facultativo*. Igualmente, a Lei n. 13.146, de 6 de julho de 2015, que instituiu o Estatuto da Pessoa com Deficiência.

Especificamente no âmbito da Organização Internacional do Trabalho, pode-se mencionar o Decreto n. 129, de 22 de maio de 1991, que promulgou a Convenção n. 159 da OIT, sobre Reabilitação Profissional e Emprego de Pessoas Deficientes.

Ainda, importante citar, dentre outros inúmeros exemplos de ações afirmativas no direito do trabalho, a aplicabilidade das ações afirmativas em prol dos *povos indígenas e tribunais*, tal como estabelece a Convenção n. 169 da OIT, ratificada pelo Brasil e introduzida pelo Decreto n. 5.051, de 19 de abril de 2004. O artigo 20 da referida Convenção, ao tratar da "*contratação e condições de emprego*", vaticina que "*1. Os governos deverão adotar, no âmbito da legislação nacional e em cooperação com os povos interessados, medidas especiais para garantir aos trabalhadores pertencentes a esses povos uma proteção eficaz em matéria de contratação e condições de emprego, na medida em que não estejam protegidas eficazmente pela legislação aplicável aos trabalhadores em geral. 2. Os governos deverão **fazer o que estiver ao seu alcance para evitar qualquer discriminação** entre os trabalhadores pertencentes ao povos interessados e os demais trabalhadores, especialmente quanto a: a) acesso ao emprego, inclusive aos empregos qualificados e às medidas de promoção e ascensão; b) remuneração igual por trabalho de igual valor; c) assistência médica e social, segurança e higiene no trabalho, todos os benefícios da seguridade social e demais benefícios derivados do emprego, bem como a habitação; d) direito de associação, direito a se dedicar livremente a todas as atividades sindicais para fins lícitos, e direito a celebrar convênios coletivos com empregadores ou com organizações patronais.*" (gn)

Ver também *ações afirmativas

DISPARATE TREATMENT

Ver *Teoria do impacto desproporcional

DOWNSIZING

Downsizing, que em português significa "achatamento", é a redução da quantidade de postos de trabalho em uma organização, com a consequente dispensa de trabalhadores, geralmente para redução de custos.

DRESS CODE

São políticas ou códigos de vestimenta utilizados por determinadas organizações no intuito de promover um padrão de vestuário entre os seus empregados.

DUMPING SOCIAL

Dumping significa uma redução de preços gerada de forma artificial para que a oferta de bens e serviços seja oferecida por preços mais baixos do que a média do mercado, causando uma concorrência desleal. Para Paulo Henrique Gonçalves Portela, *dumping* "é uma prática desleal de comércio que consiste na venda de produtos por um preço artificialmente muito baixo, de caráter predatório, com o objetivo de prejudicar a concorrência e de dominar o mercado".

Especificamente no contexto social-econômico, entende-se por *dumping* social uma forma de exploração da mão de obra para que, com desrespeito aos direitos básicos do trabalhador, o produto final tenha seu valor reduzido artificialmente e, com isso, fazendo com que o lucro final seja maior, provocando uma concorrência desleal no mercado, em detrimento dos demais que cumprem a legislação trabalhista mínima. Como dito alhures, o *dumping* social não é uma das categorias de práticas comerciais proibidas no âmbito da OMC pelo Acordo *Antidumping*. Proíbe-se apenas o *dumping* puro, mas não o social.

Dumping social é considerado a prática de certos Estados em explorar o trabalhador, desrespeitando padrões trabalhistas mínimos já consagrados, a fim de conseguir competitividade no mercado internacional com um custo final muito mais baixo do que o normal.

DUTY TO MITIGATE THE LOSS

É o dever, oriundo da boa-fé, de mitigar as próprias perdas ou prejuízos. O C. Tribunal Superior do Trabalho já aplicou o instituto em caso de doença do trabalho que se agravou em razão da não comunicação do fato, pelo empregado, ao empregador.

– E –

ECONOMIA COLABORATIVA OU ECONOMIA DE COMPARTILHAMENTO OU GIG ECONOMY

Economia do compartilhamento é um conceito que vem se disseminando de uma forma indiscriminada, muitas vezes sem o devido cuidado mais acadêmico. Para esse novo mundo da produção existem várias designações, tais como, *sharing economy, on-demand economy, circular economy, collaborative economy, Peer-to-Peer (P2P) economy, net economy, reputation economy, trust economy, hyspter economy*.[162]

Geralmente, a *gig economy* inclui duas principais formas de trabalho: a) o *crowdwork* ou trabalho por multidões; e, b) o *work on-demand via apps (platform economy)*.[163]

Assim, na *gig economy*, duas formas de trabalho podem ser diferenciadas. A primeira, por uma plataforma que medeia "serviços físicos", como serviços domésticos, transporte de passageiros etc., que inevitavelmente precisam ser realizados localmente. Esses serviços físicos são chamados de "trabalho sob demanda via apps". O segundo, é um "serviço virtual" que é transmitido via internet e pode ser realizado em qualquer lugar do mundo por várias pessoas, em colaboração, como tarefas de contabilidade ou tradução. Eis aqui o "*crowdwork*".

Ver *Crowdwork

Ver *Trabalho "on demand" via apps

EFEITO CLIQUET OU VEDAÇÃO DO RETROCESSO SOCIAL OU VEDAÇÃO DA EVOLUÇÃO REACIONÁRIA

O princípio da proibição do retrocesso social pode formular-se assim: o núcleo essencial dos direitos sociais já realizado e efetivado através de medidas legislativas ("lei do subsídio de desemprego", "lei do serviço de saúde") deve considerar-se constitucionalmente garantido, sendo inconstitucionais quaisquer medidas estaduais que, sem a criação de outros esquemas alternativos ou compensatórios, se traduzam, na prática, numa "anulação", "revogação" ou "aniquilação" pura a simples desse núcleo essencial. [...] A liberdade de conformação do legislador e inerente auto-reversibilidade têm como limite o núcleo essencial já realizado, sobretudo quando o núcleo essencial se reconduz à garantia do mínimo de existência condigna inerente ao respeito pela dignidade da pessoa humana [...].[164]

Parcela da doutrina defendendo o caráter necessariamente *relativo* do princípio da proibição do retrocesso. É a posição de Ingo Sarlet ao afirmar que "*a atividade legislativa não pode ser reduzida à função de execução pura e simples da Constituição, seja pelo fato de que esta solução radical, caso tida como aceitável, acabaria por conduzir a uma espécie de transmutação das normas infraconstitucionais em*

---

(162) CHAVES JÚNIOR, José Eduardo de Resende. *O direito do trabalho e as plataformas eletrônicas*. In: MELO, Raimundo Simão de; ROCHA, Cláudio Jannotti da. Constitucionalismo, trabalho, seguridade social e as reformas trabalhista e previdenciária. São Paulo: LTr, 2017. p. 357.
(163) STEFANO. Valerio de. *The rise of the "just-in-time workforce"*: On-demand work, crowdwork and labour protection in the "gig-economy". Genebra: ILO, 2016. p. 71.
(164) CANOTILHO, J. J. Gomes. *Direito constitucional e teoria da Constituição*. 7. ed. Coimbra: Almedina, 2003. p. 339-340. No mesmo sentido, Felipe Derbli: "*A ideia de retrocesso social se traduz numa conduta comissiva do legislador, que, ao editar lei que revoga, total ou parcialmente, legislação anterior, retorna arbitrariamente ao estado originário de ausência de concretização legislativa da norma constitucional definidora de direito social ou reduz o nível dessa concretização a patamar inferior ao compatível com a Carta Magna*". (DERBLI, Felipe. *A aplicabilidade do princípio da proibição do retrocesso social no direito brasileiro*. In: SOUZA NETO, Cláudio Pereira de; SARMENTO, Daniel (Coords.). Direitos Sociais: Fundamentos, Judicialização e Direitos Sociais em Espécie. Rio de Janeiro: Lumen Juris, 2008. p. 367).

Direito Constitucional, além de inviabilizar o próprio desenvolvimento deste".[165]

Por sua vez, Jorge Reis Novais entende que "*a proibição só incide sobre retrocessos que afectem o mínimo social, que afectem o conteúdo essencial dos direitos em causa, que sejam desproporcionais ou desrazoáveis, ou que afectem a proteção da confiança, a igualdade ou a dignidade da pessoa humana*".[166]

ELISÃO TRABALHISTA

Elisão, tanto do ponto de vista semântico, como do econômico, significa suprimir algo. Na esfera fiscal, essa supressão significa, em termos concretos, algo similar à renúncia tributária por parte do governo (ou por meio de interpretação); na esfera trabalhista importa em sonegação bruta de prestação econômica ao empregado. Em outras palavras, na elisão fiscal renuncia-se a receita própria, na elisão trabalhista, a 'renúncia' é de direito alheio, do empregado.[167]

EMPREGADO DE CRISTAL OU TRANSPARENTE

O empregado de cristal é aquele que tem revelado, por parte do empregador, dados sensíveis de sua vida íntima e, até mesmo, de seu patrimônio genético. É aquele empregado sobre quem o empregador sabe tudo ou quase tudo sobre ele.

Dados sensíveis são aqueles que se enquadram em uma categoria especial de informações pessoais e referem-se a informações que, caso conhecidas e em poder de terceiros, podem ensejar a prática de atos discriminatórios e servir de instrumento de pressão, tais como as opiniões políticas, convicções religiosas e filosóficas, vida sexual, passado criminal do empregado.[168]

Por exemplo, um dado sensível é o patrimônio genético humano. Trata-se de um direito da personalidade, integrante da categoria dos direitos fundamentais, devendo ser tutelado, assim como o direito à vida, à liberdade, à imagem, à privacidade, ao nome, dentre outros.

Imperioso exortar que a informação genética do empregado não se confunde com seus dados médicos (coletados nos exames admissionais, periódicos e demissionais), que possuem disciplina legal maleável e de menor proteção, localizando-se em outra esfera da intimidade, mais suscetível ao acesso e utilização, sendo previstos no art. 168 da CLT.[169]Em razão da natureza jurídica do patrimônio genético, exige-se atenção especial na sua tutela, até porque, na atualidade, a ciência médica possibilita a exibição de nossos mais recônditos segredos biológicos.[170]Por isso, a Declaração Internacional sobre os Dados Genéticos Humanos da UNESCO, em seu artigo 4º, exorta que é necessário prestar a devida atenção ao carácter sensível dos dados genéticos

---

(165) SARLET, Ingo Wolfgang. *Notas sobre a assim designada proibição de retrocesso social no constitucionalismo Latino-Americano*. Revista do TST, Brasília, vol. 75, n. 3, jul/set 2009. p. 137.
(166) NOVAIS, Jorge Reis. *Direitos sociais*: Teoria jurídica dos direitos sociais enquanto direitos fundamentais. Coimbra: Coimbra, 2010. p. 245.
(167) CHAVES JÚNIOR, José Eduardo de Resende. *A elisão trabalhista*. Disponível em: <http://ostrabalhistas.com.br/a-elisao-trabalhista/>. Acesso em: 21.11.2018.
(168) REINALDO FILHO, Demócrito. *Proteção das informações do empregado*: a posição da Comissão Europeia. Retirado de: <http://www.ibdi.org.br/site/artigos.php?id=175>. Acesso em 08.06.2018.
(169) Art. 168 da CLT – Será obrigatório exame médico, por conta do empregador, nas condições estabelecidas neste artigo e nas instruções complementares a serem expedidas pelo Ministério do Trabalho: I – na admissão; II – na demissão; III – periodicamente. § 1º O Ministério do Trabalho baixará instruções relativas aos casos em que serão exigíveis exames: a) por ocasião da demissão; b) complementares. § 2º Outros exames complementares poderão ser exigidos, a critério médico, para apuração da capacidade ou aptidão física e mental do empregado para a função que deva exercer. § 3º O Ministério do Trabalho estabelecerá, de acordo com o risco da atividade e o tempo de exposição, a periodicidade dos exames médicos. § 4º O empregador manterá, no estabelecimento, o material necessário à prestação de primeiros socorros médicos, de acordo com o risco da atividade. § 5º O resultado dos exames médicos, inclusive o exame complementar, será comunicado ao trabalhador, observados os preceitos da ética médica.
(170) CASABONA, Carlos María Romeo. *Genética y Derecho*: responsabilidad jurídica y mecanismos de control. Buenos Aires: Astrea, 2003.

humanos e garantir um nível de proteção adequado a esses dados. Assim, referida Declaração afirma que os dados genéticos humanos têm como característica, a sensibilidade.

No contexto da relação de trabalho, esse risco é majorado, face ao grande prejuízo que os empregados podem sofrer se tiverem informações desse tipo em poder do empregador. Somente se admite sua coleta e processamento em alguns casos excepcionais, justificados por lei, em função de requisitos ocupacionais especiais, como adiante se verá. Nesses casos excepcionais, a lei deve prover os limites do processamento, estabelecendo as salvaguardas apropriadas.

Na União Europeia, a Diretiva 95/46/EC aponta os dados genéticos (*genetic testing data*) como categoria especial de dados sensíveis, a exigir regulamentação mais estrita e uma maior proteção que os dados médicos. São os provenientes de testes e exames da estrutura genética de uma pessoa. A proteção especial se justifica porque o risco de invasão à privacidade é muito maior, pois pode atingir não somente a pessoa de quem é coletada a informação, mas outras integrantes de sua família e linha genética. Além disso, como podem revelar suscetibilidades e predisposições a doenças, o risco de preconceito e discriminação individual também aumenta consideravelmente, particularmente no setor de trabalho.

Como dito, o acesso a estas informações dará a conhecer aspectos muito importantes da pessoa a qual se referem e, apesar de serem de grande utilizada para proteger sua saúde e descendência, afetará ao mesmo tempo de forma muito direta sua esfera íntima. Por conseguinte, a difusão incontrolada constituirá um grave perigo. Em primeiro lugar, pelo risco de converter o ser humano em "*cidadão transparente*" ou "*de cristal*", é dizer, de que se conheça absolutamente tudo sobre ele.[171]

Assim, o empregado de cristal é aquele a respeito de quem se pode obter informação sobre aspectos genéticos da sua personalidade, condições de saúde e habilidades potenciais, ou seja, a respeito de quem se pode obter os chamados dados sensíveis, quais sejam, aqueles que afetam a intimidade da pessoa. É imagem de um homem marcado pelo que os seus genes dizem que ele pode ser e não por aquilo que ele livremente escolheu ser. [21]

EMPREGADO "HIPERSUFICIENTE"

Segundo boa parte da doutrina, o art. 444, parágrafo único, da CLT – incluído pela Lei n. 13.467, de 2017), consagrou a figura do empregado "hipersuficiente", assim entendido o empregado que é portador de diploma de nível superior e que perceba salário mensal igual ou superior a duas vezes o limite máximo dos benefícios do Regime Geral de Previdência Social.

A nomenclatura, que já caiu no senso comum, é criticável e carrega consigo um simbolismo que tenta disfarçar a atávica condição de vulnerabilidade presente nesse empregado. Com efeito, em razão da sua própria condição de empregado, está ele em sua natural situação de vulnerabilidade.

Não se nega que existem graus de vulnerabilidade entre determinadas categorias de empregados. Assim, reconhece-se que o empregado do chão de fábrica que sobrevive com um salário mínimo é, de fato, mais vulnerável do que aquele que possui diploma de nível superior e percebe boa remuneração. Mas, tal fato não o habilita a ser chamado de *hipersuficiente*.

Nesse prumo, melhor chamá-lo de *empregado paravulnerável*, ou seja, aquele que, pelo próprio fato de ser empregado, é vulnerável, mas trata-se de vulnerabilidade rarefeita.

EMPREGADO "HIPERVULNERÁVEL"

Assim como no direito do consumidor, a vulnerabilidade é um traço comum de todos os trabalhadores, ricos ou pobres, educados ou ignorantes, crédulos ou espertos, tanto é que o princípio protetivo a todos se aplica indistintamente.

---

(171) CASABONA, Carlos María Romeo. *Genética y derecho*: responsabilidad jurídica y mecanismos de control. Buenos Aires: Astrea, 2003.

Situação que desperta atenção, no entanto, é a dos chamados trabalhadores hipervulneráveis. São aqueles que, para além de sua natural situação de vulnerabilidade – em razão da própria condição de empregado – possuem ainda outras características que, aliadas a essa condição de empregado – vulnerável por natureza –, potencializam essa mesma vulnerabilidade.

O que se tem aqui, portanto, é a figura do empregado hipervulnerável ou de vulnerabilidade potencializada, agravada ou ao quadrado[172]. Não se pode negar que, por sua própria condição, o empregado é figura vulnerável. Só que, entre todos os que são vulneráveis, há outros cuja vulnerabilidade é superior à média.

Como exemplos, pode-se elencar: os trabalhadores idosos[173], as crianças e adolescentes[174], os submetidos a condições análogas à de escravo e a condições degradantes, o trabalhador com deficiência[175], o índio em vias de integração e o não integrado (isolado)[176], o trabalhador arregimentado de um local a outro do território, a mulher em situação de violência doméstica e familiar[177], o trabalhador migrante, dentre outros.

EMPREGADO "PARAVULNERÁVEL"

Ver *empregado hipersuficiente

EMPREGADOS DE TENDÊNCIA E EMPREGADOS NEUTROS

Existem certos tipos de organizações cujo próprio objeto se encontra direta e principalmente ligado ao serviço de atividades políticas, sindicais, confessionais, criativas, educativas, científicas e artísticas ou que têm uma finalidade de informação e manifestação do pensamento. As organizações desse tipo, cujas atividades são indissociáveis de um determinado postulado, seja ele político, cultural ou de crença, são chamadas de organizações de tendência.

No caso específico das organizações de tendências, os próprios objetivos sociais da empresa demandam uma maior influência de aspectos ideológicos no quotidiano da atividade.

---

(172) A ideia de vulnerabilidade, no direito do consumidor, está ligada à debilidade de um dos agentes da relação de mercado. A vulnerabilidade informacional _agravada_ ou _potencializada_ é denominada **hipervulnerabilidade** e está prevista no artigo 39, inciso IV, do CDC, verbis: "**Art. 39.** _É vedado ao fornecedor de produtos ou serviços, dentre outras práticas abusivas: [...]_ **IV** – _prevalecer-se da_ **fraqueza** _ou_ **ignorância** _do consumidor, tendo em vista sua_ **idade**, **saúde**, **conhecimento** _ou_ **condição social**, _para impingir-lhe seus produtos ou serviços;_". Essa ideia de hipervulnerabilidade é perfeitamente aplicável ao direito e processo do trabalho, por aplicação analógica do art. 39, inciso IV, do CDC.
(173) São as pessoas com idade igual ou superior a 60 (sessenta) anos (art. 1º, da Lei n. 10.741 de 1º de outubro de 2003 – Estatuto do Idoso).
(174) Segundo o Estatuto da Criança e do Adolescente, considera-se _criança a pessoa até doze anos de idade incompletos, e adolescente aquela entre doze e dezoito anos de idade_ (art. 2º, da Lei n. 8.069 de 13 de julho de 1990).
(175) Nos termos do art. 2º da Lei n. 13.146 de 6 de julho de 2015 (Estatuto da Pessoa com Deficiência), _"considera-se pessoa com deficiência aquela que tem impedimento de longo prazo de natureza física, mental, intelectual ou sensorial, o qual, em interação com uma ou mais barreiras, pode obstruir sua participação plena e efetiva na sociedade em igualdade de condições com as demais pessoas."_
(176) O art 4º do Estatuto do Índio (Lei n. 6.001 de 19 de dezembro de 1973) estabelece que os índios são considerados: I – _Isolados_: quando vivem em grupos desconhecidos ou de que se possuem poucos e vagos informes através de contatos eventuais com elementos da comunhão nacional; II – _Em vias de integração_ – Quando, em contato intermitente ou permanente com grupos estranhos, conservam menor ou maior parte das condições de sua vida nativa, mas aceitam algumas práticas e modos de existência comuns aos demais setores da comunhão nacional, da qual vão necessitando cada vez mais para o próprio sustento; III – _Integrados_ – Quando incorporados à comunhão nacional e reconhecidos no pleno exercício dos direitos civis, ainda que conservem usos, costumes e tradições característicos da sua cultura. Ainda sobre o trabalho do Índio, vale lembrar que _será nulo o contrato de trabalho ou de locação de serviços realizado com os índios isolados_ (art. 15). Ainda, nos termos do art. 16 do Estatuto do Índio, os contratos de trabalho ou de locação de serviços realizados com indígenas em processo de integração ou habitantes de parques ou colônias agrícolas dependerão de prévia aprovação do órgão de proteção ao índio, obedecendo, quando necessário, a normas próprias. Outrossim, de acordo com a lei, será estimulada a realização de contratos por equipe, ou a domicílio, sob a orientação do órgão competente, de modo a favorecer a continuidade da via comunitária.
(177) Nos termos do art. 9º, § 2º, da Lei n. 13.340, de 7 de agosto de 2006.

Embora se afirme que a organização de tendência pressupõe a adesão do trabalhador à ideologia ou à concepção de mundo do seu empregador, esta afirmação se reserva, exclusivamente, para aquelas prestações intrinsecamente ligadas com a tendência da organização. Trata-se do empregado portador de tendência, ou seja, aquele que desempenha tarefa de alto conteúdo ideológico, pelo que a sua conduta contraria e põe em risco a própria ideologia da instituição.

Excepcionalmente, no caso dos trabalhadores que exercem tarefas de tendência, chamados de portadores de tendência, estes devem respeito à ideologia da organização inclusive em tomadas públicas de sua vida extralaboral, não podendo se posicionar de forma incompatível com a finalidade da organização, para que a imagem da organização não perca a credibilidade. Para tanto, entende-se que é necessário que o empregador tenha informado a este empregado sobre essa condição.

Ver *Organizações de tendência

EMPREGO DESDOBRADO

Ver *contrato de trabalho simultâneo e emprego desdobrado

EMPREGOS VERDES

O termo se refere às profissões que, ao mesmo tempo em que promovem o progresso econômico, contribuem com a restauração da qualidade do meio ambiente. Segundo a Organização Internacional do Trabalho – OIT, em relatório denominado "*Empregos Verdes: trabalho decente em um mundo sustentável e com baixas emissões de carbono*", empregos verdes são aqueles que reduzem o impacto ambiental de empresas e de setores econômicos para níveis que, em última análise, sejam sustentáveis.[178]

O relatório define "empregos verdes" como trabalhos nas áreas agrícola, industrial, dos serviços e da administração que contribuem para a preservação ou restauração da qualidade ambiental.

Os empregos verdes, que podem ser encontrados em uma ampla gama de setores da economia, tais como os de fornecimento de energia, reciclagem, agrícola, construção civil e transportes, ajudam a reduzir o consumo de energia, matérias-primas e água, por meio de estratégias altamente eficazes que descarbonizam a economia e reduzem as emissões de gases de efeito estufa, minimizando ou evitando completamente todas as formas de resíduos e poluição, protegendo e restaurando os ecossistemas e a biodiversidade.

Importante dizer que, segundo o Relatório os empregos verdes devem constituir trabalho decente, definido pela OIT como a promoção de oportunidades para que mulheres e homens possam ter uma atividade decente e produtiva em condições de liberdade, equidade, segurança e dignidade humana. O trabalho decente satisfaz as aspirações das pessoas em suas vidas profissionais – por oportunidades e renda; direitos, participação e reconhecimento; estabilidade familiar e desenvolvimento pessoal; justiça e igualdade de gênero. Em última análise, essas diferentes dimensões do trabalho decente constituem a base para que a paz seja efetivamente estabelecida em comunidades e na sociedade. O trabalho decente é essencial nos esforços voltados à redução da pobreza e é um meio de se alcançar um desenvolvimento sustentável equitativo e inclusivo.[179]

Portanto, em resumo, empregos verdes são os que se radicam em postos de trabalho decente que contribuem direta ou indiretamente para a redução das emissões de carbono ou para a melhoria/conservação da qualidade ambiental.

Segundo a OIT, o Brasil já tem 2,6 milhões de empregos verdes e a transição para uma economia que leve a menores emissões de gases de efeito estufa

---

(178) OIT. *Empregos Verdes*: trabalho decente em um mundo sustentável e com baixas emissões de carbono. 2008. Disponível em: <www.unep.org/labour_environment/features/greenjobs.asp>. Acesso em: 22.11.2018.
(179) Disponível em: <http://www.ilo.org/global/About_the_ILO/Mainpillars/WhatisDecentWork/index.htm>. Acesso em: 23.11.2018.

pode aumentar a criação desses postos de trabalho, segundo o relatório Empregos Verdes no Brasil.

Empresa contratante ou simplesmente, contratante[180]

Contratante é a pessoa física ou jurídica que celebra contrato com empresa de prestação de serviços relacionados a quaisquer de suas atividades, inclusive sua atividade principal, conforme art. 5º-A, da Lei n. 6.019/74.

Ao dispor sobre as relações de trabalho na empresa de prestação de serviços a terceiros, a Lei n. 6.019/74 utiliza-se das expressões "contratante", de um lado e, de outro, "empresa prestadora de serviços". Assim o faz com o nítido intuito de deixar claro que, ao se utilizar dessas expressões, não está a se referir ao contrato de prestação de trabalho temporário. Para esse, o legislador se vale das expressões "empresa de trabalho temporário" e "empresa tomadora de serviços".

Logo, é preciso atenção para nova nomenclatura utilizada pela Lei. No trabalho temporário, a "empresa de trabalho temporário – ETT" se relaciona com "empresa tomadora de serviços". Por outro lado, na terceirização geral, a figura é a da "empresa de prestação de serviços", que se vincula com a chamada "contratante".

Impende observar também que, ao contrário do que ocorre no trabalho temporário, no qual a **pessoa física não pode contratar empresa de trabalho temporário**, pois **é vedada a contratação de trabalho temporário por pessoa física**, na prestação de serviços a terceiros a contratante pode ser pessoa física ou jurídica. É o que se extrai do *caput* do art. 5º-A, da Lei n. 6.019/74.

EMPRESA PRESTADORA DE SERVIÇOS[181]

De acordo com a redação dada pela Lei n. 13.429/17, a *empresa de prestação de serviços – EPS* é a pessoa jurídica de direito privado que objetiva prestar à contratante (pessoa natural ou jurídica), serviços determinados e específicos. Aqui a Lei introduziu significativa novidade, pois traz figura nova. A EPS só será utilizada quando se tratar de terceirização perene, ou seja, sem ser a produzida pelo trabalho temporário. Na hipótese de trabalho temporário, a empresa prestadora de serviços é denominada de ETT – Empresa de Trabalho Temporário.

Com a Reforma Trabalhista, não mais se fala em serviços *determinados* e *específicos*, expressões de sibilino alcance. Passou-se a considerar prestação de serviços a terceiros a transferência feita pela contratante da execução de quaisquer de suas atividades, inclusive sua atividade principal, à pessoa jurídica de direito privado prestadora de serviços que possua capacidade econômica compatível com a sua execução.

Portanto, a partir da Lei n. 13.467/2017 pode-se conceituar a *empresa de prestação de serviços – EPS* como a pessoa jurídica de direito privado que objetiva prestar à contratante (pessoa natural ou jurídica), quaisquer serviços ligados às suas atividades, inclusive sua atividade principal, desde que tenha capacidade econômica compatível para a execução do objeto contratual.

Assim como na ETT, a EPS, necessariamente, deve ser pessoa jurídica. Com isso, não é dado a pessoa natural figurar como empresa prestadora de serviços. Ao mencionar a expressão "pessoa jurídica" a Lei ainda traz outra consequência, qual seja, a de evitar que sociedades não personificadas (tais como, sociedade em comum – art. 986 e seguintes, do Código Civil – e sociedade em conta de participação – art. 991 e seguintes, do Código Civil) atuem na qualidade de empresa prestadora de serviços.

Com isso, conclui-se que a empresa prestadora de serviços deve ser, necessariamente, sociedade empresarial, excluindo-se a possibilidade de uma fundação, associação ou sociedade simples se ativar como empresa prestadora de serviços.

---

(180) Explicação ao verbete extraída de: MIZIARA, Raphael; PINHEIRO, Iuri Pereira. *A regulamentação da terceirização e o novo regime do trabalho temporário*: comentários analíticos à Lei n. 6.019/74. São Paulo: LTr, 2018.

(181) Explicação ao verbete extraída de: MIZIARA, Raphael; PINHEIRO, Iuri Pereira. *A regulamentação da terceirização e o novo regime do trabalho temporário*: comentários analíticos à Lei n. 6.019/74. São Paulo: LTr, 2018.

EMPRESA TOMADORA DE SERVIÇOS OU EMPRESA-CLIENTE [182]

A empresa tomadora de serviços, também chamada de *empresa-cliente*, é a pessoa jurídica ou entidade a ela equiparada, que celebra contrato de prestação de trabalho temporário com a empresa definida no art. 4º da Lei n. 6.019/74, qual seja, a empresa de trabalho temporário.

No regime anterior, a Lei não definia "empresa tomadora de serviço", de modo que nesse conceito se enquadrava qualquer um que organizasse atividade econômica de circulação ou produção de bens e serviços (art. 966 do Código Civil).

Como não havia a definição legal de empresa tomadora de serviço, o Decreto n. 73.841, de 13 de março de 1974, que regulamentava a Lei n. 6.019, de 3 de janeiro de 1974 se encarregou de tal mister.

Assim, em seu artigo 14, admitia expressamente que empresa tomadora de serviço ou cliente, fosse a pessoa física ou jurídica que, em virtude de necessidade transitória de substituição de seu pessoal regular e permanente ou de acréscimo extraordinário de tarefas, contrate locação de mão de obra com empresa de trabalho temporário.

No entanto, diante da nova redação do artigo 5º da Lei n. 6.019/74, não há como sustentar a prevalência do art. 14 do Decreto n. 73.841/74. Com efeito, empresa de trabalho temporário, pela definição legal, é a pessoa *jurídica* ou *entidade a ela equiparada*. O uso da palavra "entidade" elimina qualquer possibilidade interpretativa no sentido de se admitir a figura da pessoa natural ou física como tomadora de serviços. Em verdade, como entidade equiparada pode-se mencionar as figuras despersonalizadas, tais como condomínios e massa falida, dentre muitas outras.

Outro argumento que impede o entendimento pela admissão da pessoa física como tomadora de serviços reside no fato de que quando a lei quis admitir a pessoa física como beneficiária da terceirização ela expressamente o fez, como no artigo 5º-A, da Lei n. 6.019/74 que, expressamente, menciona pessoa "física".

Logo, como já dito anteriormente, pessoa física não pode contratar empresa de trabalho temporário, ou seja, é vedada a contratação de trabalho temporário por pessoa natural. Tal modalidade de terceirização é admitida somente para as "tomadoras de serviços" que, como asseverado, são pessoas jurídicas ou entidades a ela equiparadas.

Por fim, quanto a este tópico, é possível, como decorrência lógica da possibilidade de a empresa de trabalho temporário ser rural, que a empresa tomadora de serviços também seja rural.

EMPRESA DE TRABALHO TEMPORÁRIO – ETT [183]

Empresa de Trabalho Temporário – ETT pode ser compreendida como a pessoa jurídica (urbana ou rural), registrada no Ministério do Trabalho, cuja atividade consiste em colocar trabalhadores à disposição de outras empresas, ditas tomadoras, em caráter temporário (art. 4º da Lei n. 6.019/74, com a nova redação da pela Lei n. 13.429/2017) e para atender à necessidade de substituição transitória de pessoal permanente ou à demanda complementar de serviços.

EMPRESAS OU EMPREGADORES OU ORGANIZAÇÕES DE TENDÊNCIA

Existem certos tipos de organizações cujo próprio objeto se encontra direta e principalmente ligado ao serviço de atividades políticas, sindicais, confessionais, criativas, educativas, científicas e artísticas ou que têm uma finalidade de informação e manifestação do pensamento. As organizações desse tipo, cujas atividades são indissociáveis de um determinado postulado, seja ele político, cultural

---

(182) Explicação ao verbete extraída de: MIZIARA, Raphael; PINHEIRO, Iuri Pereira. *A regulamentação da terceirização e o novo regime do trabalho temporário*: comentários analíticos à Lei n. 6.019/74. São Paulo: LTr, 2018.
(183) Explicação ao verbete extraída de: MIZIARA, Raphael; PINHEIRO, Iuri Pereira. *A regulamentação da terceirização e o novo regime do trabalho temporário*: comentários analíticos à Lei n. 6.019/74. São Paulo: LTr, 2018.

ou de crença, são chamadas de organizações de tendência.

A figura da organização de tendência faz com que o debate sobre os direitos inespecíficos dos trabalhadores seja visto com uma lupa diferente, pois, nessas empresas é justificável, em certa medida, uma relativização, por exemplo, do controle sobre a vida extralaboral do empregado, sobre sua liberdade de expressão e religião, dentre outros direitos.

Ver *empregados de tendência

ENGENHARIA SOCIAL DE ROSCOE POUND

Termo surgiu no início do século XX. A criação é atribuída ao jurista e educador norte americano Roscoe Pound (1870-1964). De acordo com Pound, um legislador age como um engenheiro social, tentando resolver os problemas da sociedade, usando as leis como uma ferramenta. Esse pensamento ficou conhecido como teoria da conceitualização da lei como engenharia social.

O Direito é um instrumento de civilização. Cabe-lhe servir à melhoria da ordem social e econômica e isso requer do jurista um trabalho consciente e criador. Por esse motivo Roscoe Pound diz que "*a ciência do direito é uma ciência da engenharia social que tem de haver-se com a parte desse campo, suscetível de se realizar por meio da regulação das relações humanas através da ação da sociedade politicamente organizada*".[184]

ESTADO DA TÉCNICA[185]

Muito tem se questionado sobre o que seria o estado da técnica. Pois bem, a Diretiva Europeia 2006/42, conhecida como Diretiva Máquinas, em seu considerando de numero 14 cita:

> (14) Os requisitos essenciais de saúde e de segurança deverão ser cumpridos a fim de garantir a segurança da máquina, devendo ser aplicados com discernimento, por forma a ter em conta o estado da técnica na data de fabricação, bem como exigências de caráter técnico e econômico.

Além disso, o Anexo I — Requisitos essenciais de saúde e de segurança relativos à concepção e fabricação de máquinas — da Diretiva Máquinas, no item 3 de seus Princípios Gerais, dispõe:

> (3) Os requisitos essenciais de saúde e de segurança enunciados no presente anexo são obrigatórios. No entanto, tendo em conta o estado da técnica, pode não ser possível atingir os objetivos por eles fixados. Nesse caso, a concepção e fabricação da máquina devem, tanto quanto possível, buscar estes objetivos.

Ou seja, a Diretiva Europeia não define o conceito de estado da técnica, mas deixa claro que este leva em conta tanto aspectos técnicos quanto aspectos econômicos, de forma que para corresponder ao estado da técnica, as soluções técnicas adotadas devem empregar os meios técnicos mais eficazes disponíveis no momento a um custo razoável, considerando o custo total da máquina em questão e a redução de riscos necessária.

Não se espera que os fabricantes de máquinas utilizem soluções que ainda estão em fase de investigação ou meios técnicos que ainda não se encontram no mercado. Por outro lado, estes devem estar atentos ao progresso técnico e adotar as soluções técnicas mais eficazes adequadas à máquina em questão, quando estas estiverem disponíveis a um custo razoável.

Da leitura dos itens destacados acima em conjunto com a Diretiva e seu guia de aplicação, tem-se ainda que em alguns casos pode não ser possível satisfazer plenamente os requisitos essenciais de segurança e saúde, dado o atual estado da técnica. Nestes casos, o fabricante da máquina deverá se esforçar para cumprir na maior medida possível os objetivos expostos nos requisitos essenciais de segurança e saúde.

---

(184) *Apud* HERKENHOFF, João Batista. *Como aplicar o direito*. 9. ed. Rio de Janeiro: Forense, 2004. p. 35.
(185) Extraído da Nota Técnica DSST/SIT n. 48/20016.

Portanto, o estado da técnica é dinâmico e evolui quando se dispõe de meios mais eficazes ou quando seu custo relativo diminui. Assim, uma solução técnica que satisfaça os requisitos essenciais de segurança e saúde em um dado momento pode deixar de ser apropriada no futuro se o estado da técnica evoluir.

Por esta razão, a redação da NR-12 procura estar em permanente atualização e alinhada com os conceitos internacionais em segurança de máquinas, por meio da instância legalmente instituída para tal, a CNTT — Comissão Nacional Tripartite Temática da NR-12, levando sempre em conta as características nacionais.

ESTADO DE COISAS INCONSTITUCIONAL[186]

O conceito de Estado de Coisas Inconstitucional foi desenvolvido pela Corte Constitucional colombiana no contexto de violações sistemáticas de direitos fundamentais e possui um propósito de permitir o desenvolvimento de soluções estruturais para situações de graves e contínuas inconstitucionalidades praticadas contra populações vulneráveis em face de falhas ou omissões do poder público.

O termo foi utilizado no Brasil no julgamento da ADPF n. 347, que tratava da situação carcerária no Brasil. Disse o STF que *"presente quadro de violação massiva e persistente de direitos fundamentais, decorrente de falhas estruturais e falência de políticas públicas e cuja modificação depende de medidas abrangentes de natureza normativa, administrativa e orçamentária, deve o sistema penitenciário nacional ser caraterizado como "estado de coisas inconstitucional""* (ADPF 347 MC, rel. min. Marco Aurélio, j. 9.9.2015, P, DJE de 19.2.2016).

Ao declarar o Estado de Coisas Inconstitucional, o Judiciário reconhece a existência de uma violação massiva, generalizada e estrutural dos direitos fundamentais contra um grupo de pessoas vulneráveis e conclama que todos os órgãos responsáveis adotem medidas eficazes para solucionar o problema. Nesse sentido, o ECI é uma forma de dizer que a situação está tão caótica e fora de controle que é necessário que todos os envolvidos assumam um compromisso real de resolver o problema de forma planejada e efetiva.

George Marmelstein registra que a própria Corte Constitucional colombiana, na decisão T 025/2004, sistematizou seis fatores que costumam ser levados em conta para estabelecer que uma determinada situação fática constitui um estado de coisas inconstitucional:

(1) violação massiva e generalizada de vários direitos constitucionais, capaz de afetar um número significativo de pessoas; (2) a prolongada omissão das autoridades no cumprimento de suas obrigações para garantir os direitos; (3) a adoção de práticas inconstitucionais a gerar, por exemplo, a necessidade de sempre ter que se buscar a tutela judicial para a obtenção do direito; (4) a não adoção de medidas legislativas, administrativas e orçamentárias necessárias para evitar a violação de direitos; (5) a existência de um problema social cuja solução depende da intervenção de várias entidades, da adoção de um conjunto complexo e coordenado de ações e da disponibilização de recursos adicionais consideráveis; (6) a possibilidade de um congestionamento do sistema judicial, caso ocorra uma procura massiva pela proteção jurídica.[187]

Uma relevante ação em que houve a mobilização do conceito do Estado de Coisas Inconstitucional, e isso interessa ao direito do trabalho brasileiro, é a busca de um diálogo institucional visando superar uma massiva e sistemática violação de direitos de um grupo vulnerável, foi no caso T 025/2004, em que se discutia a situação dos migrantes internos ("*desplazados*"), ou seja, das pessoas que foram obrigadas a abandonar seu local de origem por razões da violência provocada pelos conflitos armados e buscaram refúgio em outra localidade dentro do mesmo país.

Esse caso foi um dos casos mais emblemáticos da história da Corte Constitucional colombiana e inaugurou, de fato, uma nova fase no processo de superação do Estado de Coisas Inconstitucional, estabelecendo aquilo que pode ser designado por *ativismo dialógico*, em que a principal função da corte é a de coordenar um processo de mudança institucional através da emissão de ordens de "desbloqueio" que

---

(186) Explicações ao verbete extraídas de: MARMELSTEIN, George. *O estado de coisas inconstitucional – ECI*: apenas uma nova onda do verão constitucional? Disponível em: <https://direitosfundamentais.net/2015/10/02/o-estado-de-coisas-inconstitucional-eci-apenas-uma-nova-onda-do-verao-constitucional/>. Acesso em: 22.11.2018.
(187) *Idem*.

costumam emperrar a burocracia estatal e de um processo de monitoramento contínuo sobre as medidas adotadas pelo poder público (Rodriguez Gravito e Rodriguez Franco, 2010).

Assim, ao invés de proferir decisões contendo ordens detalhadas sobre como os órgãos devem agir, a Corte criou mecanismos de desobstrução ou desbloqueio dos canais de deliberação, buscou a coordenação do planejamento e da execução das políticas públicas, desenvolveu espaços de deliberação participativa e estabeleceu incentivos e prazos para avançar na proteção dos direitos. Além disso, a Corte manteve a sua jurisdição sobre o caso para impulsionar o cumprimento de suas ordens, tendo proferido 84 decisões e realizado 14 audiências públicas entre 2004 e 2010, já na fase de execução do julgado, mantendo um diálogo permanente com os órgãos envolvidos.

Segundo George Marmelstein, esse processo de diálogo institucional é o que se pode extrair de mais valioso do modelo colombiano. A declaração do Estado de Coisas Inconstitucional é, antes de mais nada, uma forma de chamar atenção para o problema de fundo, de reforçar o papel de cada um dos poderes e de exigir a realização de ações concretas para a solução do problema. Entendida nestes termos, o ECI não implica, necessariamente, uma usurpação judicial dos poderes administrativos ou legislativos. Pelo contrário. A ideia é fazer com que os responsáveis assumam as rédeas de suas atribuições e adotem as medidas, dentro de sua esfera de competência, para solucionar o problema. Para isso, ao declarar o estado de coisas inconstitucional e identificar uma grave e sistemática violação de direitos provocada por falhas estruturais da atuação estatal, a primeira medida adotada pelo órgão judicial é comunicar as autoridades relevantes o quadro geral da situação. Depois, convoca-se os órgãos diretamente responsáveis para que elaborem um plano de solução, fixando-se um prazo para a apresentação e conclusão desse plano. Nesse processo, também são indicados órgãos de monitoramento e fiscalização que devem relatar ao Judiciário as medidas que estariam sendo adotadas.

– F –

FACTUM PRINCIPIS

O *factum principis*, previsto no art. 486 da CLT, é o ato da Administração Pública de natureza administrativa ou legislativa que gera a completa impossibilidade de execução do contrato de trabalho, considerado pela doutrina como espécie do gênero força maior (art. 501 da CLT).

Comumente, exige-se como requisitos para a ocorrência do fato do príncipe que o evento seja inevitável; que haja nexo de causalidade entre o ato administrativo/legislativo e a paralisação do trabalho; que impossibilite absolutamente a continuação do negócio; e, por fim, que o empregador não concorra para a sua ocorrência.

Inicialmente, observa-se que não haverá *factum principis* se o ato da autoridade não impedir absolutamente a continuidade do trabalho, apenas tornando-a mais difícil ou onerosa, como se deu no caso. Ora, a causa de cessação do contrato supõe impossibilidade absoluta de continuação do trabalho.

Imagine-se a hipótese de um contrato de prestação de serviços de empresa de coleta de lixo urbano que foi rescindido unilateralmente pelo Município, alegando interesse público, já que o serviço passaria a ser prestado por servidores concursados. Como a atividade em questão era a única desenvolvida pela empresa, o encerramento de contrato levou à dispensa de todos os empregados, com inadimplemento das verbas rescisórias. Em ação de ex-empregado, a reclamada alega *factum principis* na contestação, buscando eximir-se de suas obrigações trabalhistas. Nesse caso, indaga-se se há ou não fato do príncipe.

Forçoso reconhecer que a decisão do empresário de constituir-se exclusivamente para exploração da terceirização de funções próprias dos entes públicos implica na assunção dos riscos integrais pela supressão da atividade. Ademais, no caso vertente, a empresa pode exercer sua atividade econômica – limpeza – perante outros tomadores.

Outrossim, impossível vislumbrar *factum principis* quando o empregador concorre para a paralisação do trabalho, agindo de modo ilícito, irregular ou simplesmente culposo. Isso porque, sendo o *factum principis* espécie de força maior, a constatação de culpa ou de mera imprevidência do prejudicado exclui as razões que justificam sua invocação. É o que ocorre no exemplo dado.

Na espécie, o contrato de prestação de serviços tem por objeto coleta de lixo urbano, caracterizado como serviço público e, portanto, incluído na atividade-fim do Município. Com efeito, o empregador contribuiu para o evento ao se dedicar inteiramente a prática vedada pelo ordenamento jurídico (terceirização ilícita – Súmula 331 do TST). Tal circunstância, como dito, reforça a previsibilidade do evento, pois é razoável a expectativa de que a Administração Pública adéque sua conduta, no exercício do seu poder de autotutela.

Nesse ponto, é pertinente citar que, no caso da vedação dos bingos por meio da MP 168/04, a posição majoritária da doutrina e jurisprudência se firmou pela inexistência de *factum principis*, pois a autorização para a prática do jogo de azar era precária e de constitucionalidade duvidosa desde o início. No caso da terceirização ilícita, há expressa vedação na Súmula 331 do TST, de teor público e notório, justificando com maior facilidade a não configuração do fato do príncipe.

Tratando-se de contrato administrativo, a situação se enquadra ainda na hipótese do art. 78, XII da Lei n. 8.666/93, já que presentes razões de interesse público. A rescisão do contrato com tal fundamento tem previsão legal, circunstância que afasta a natureza de força maior. Trata-se de risco comum na atividade daqueles que contratam com a Administração Pública, integrando-se ao próprio risco do empreendimento.

Acresça-se que o Estado somente assume a responsabilidade quando o fato do príncipe é ato fundado em conveniência e oportunidade. Tal o que se passa, por exemplo, quando a lei proíbe a exploração de determinada atividade, antes permitida, suprime empresa pública ou extingue cartório. É o que se verifica ainda na hipótese de encerramento de atividade em virtude de desapropriação do local em que funcionava a empresa. Nesses casos, doutrina e jurisprudência admitem a ocorrência do fato do príncipe.

Por fim, ainda que seja possível alegar que a prestadora de serviços tem direito à reparação pelos prejuízos causados pela rescisão antes do termo final do contrato, tal relação de cunho administrativo é estranha ao contrato de trabalho e não afasta a responsabilidade do empregador pelo pagamento das verbas rescisórias.

Ademais, ainda que se vislumbre a ocorrência do fato do príncipe – o que não é o caso – a obrigação do Poder Público abrange unicamente os valores diretamente resultantes da rescisão do contrato de trabalho, vale dizer, as indenizações previstas nos arts. 478, 479 ou 497, quando aplicáveis; a indenização de 40% do FGTS e, conforme parcela da jurisprudência, o aviso prévio indenizado. As demais parcelas rescisórias são de responsabilidade do próprio empregador, porque relacionadas a fatos geradores anteriores à própria ruptura do vínculo.

Na hipótese exemplificada, portanto, não se configura *factum principis*, diante de sua previsibilidade, possibilidade de continuação da atividade e da contribuição do empregador para o evento, ainda que indireta.

FISSURED WORK PLACE

Ao tratar dos efeitos deletérios advindos da terceirização, o professor de Economia da Universidade de Harvard, David Weil, em sua obra *"The Fissured Workplace"*, menciona o "lugar de trabalho fissurado".[188]

Diz o autor que a terceirização dá origem ao que ele chama de "local de trabalho fissurado ou dividido" (*fissured workplace* ou *splitting-off*). Para ele, as grandes corporações têm se esquivado de seu papel como empregadores diretos por meio da terceirização de trabalho para as pequenas empresas que, por sua vez, competem ferozmente entre si. O resultado é inevitável: diminuição de salários, erosão de benefícios, péssimas condições de saúde e segurança inadequadas, e cada vez maior desigualdade de renda.

Prosseguindo, afirma que, apesar de abrir mão do controle direto dos subcontratados, fornecedores e franquias, as grandes empresas descobriram como manter os padrões de qualidade e proteger a reputação da marca. Elas produzem produtos e serviços de marca sem o custo de manutenção de uma força de trabalho cara. Mas do ponto de vista dos trabalhadores, esta estratégia lucrativa significou a estagnação dos salários e benefícios e um padrão de vida mais baixo.

Com uma visão precisa, David Weil afirma que hoje a empresa cujo logotipo está na camisa de trabalho do empregado ou crachá de identificação pode não ser a da empresa que recruta, contrata, administra, disciplina e às vezes até paga. Esta fratura da relação básica empregador-empregado está reformulando vidas e indústrias. Por fim, argumenta persuasivamente que o alargamento da desigualdade de renda tem menos a ver com as inovações tecnológicas e mais a ver com inovações organizacionais.

Em consequência da sistemática imposta, a terceirização fragmenta em cada empresa os trabalhadores, opondo efetivos e terceirizados, estes se sentindo – não sem alguma razão – inferiores àqueles, e ameaçando veladamente seu lugar. Desse modo é possível *reunir sem unir*.[189]

FLEXIBILIZAÇÃO MEDIANTE PACTOS

Os pactos sociais são acordos macroeconômicos tripartites — entre governo, trabalhadores e empregadores — ou bilaterais — entre trabalhadores e empregadores —, também denominados entendimentos, acordos nacionais ou concertação social.[190]

---

(188) WEIL, David. *The fissured workplace:* Why work became so bad for so many and what can be done to improve it. Boston: Harvard University Press, 2017.
(189) VIANA, Marco Túlio; DELGADO, Gabriela Neves; AMORIM, Helder Santos. *Terceirização – aspectos gerais:* A última decisão do STF e a Súmula 331 do TST. Novos Enfoques. Rev. TST, Brasília, vol. 77, n. 1, jan/mar 2011. p. 54.
(190) NASCIMENTO, Amauri Mascaro. *Compêndio de direito sindical*. 8. ed. São Paulo: LTr, 2015. p. 444-445.

Assim, a flexibilização por pactos é aquela levada a efeito por um sistema com a participação do governo, dos trabalhadores e dos empregadores. Trata-se da chamada *concertação social*, em que há o acordo firmado entre os parceiros sociais, de forma democrática e não somente em relação a condições de trabalho, mas também quanto a condições econômicas em geral.[191]

FLEXISSEGURANÇA

A flexisegurança ou *"flexiseguridad"* ou *"flexicurity"* ou "flexissegurança" está prevista na Diretiva n. 21 da União Europeia, que tem como objetivo nuclear promover a flexibilidade combinada com segurança. Em outros termos, pretende acomodar entre si duas figuras antagônicas, que são a flexibilidade do mercado de trabalho e a segurança dos trabalhadores contra o desemprego.

Segundo João Leal Amado, a flexigurança surge, pois, como um concentrado de flexibilidade e de segurança — flexibilidade na relação laboral, no emprego; segurança no mercado de trabalho, no desemprego —, em que a tradicional proteção do emprego/estabilidade do posto de trabalho é sacrificada em prol da ideia de uma mobilidade protegida/segura durante a vida ativa.[192]

Como se lê no ponto 5 da referida Definição de princípios, *"a flexigurança interna (no interior da mesma empresa) e externa (entre empresas) são igualmente importantes e devem ser ambas promovidas. Um grau suficiente de flexibilidade contratual deve ser acompanhado de segurança nas transições entre empregos"*. Ou seja, em lugar de tutelar o emprego, promove-se a empregabilidade do trabalhador. Numa sociedade "pós-moderna" dinâmica e altamente volátil, marcada pelo risco, pela incerteza e pela instabilidade, tanto o emprego como o desemprego são, por definição, situações transitórias, devendo a aposta residir no *empowerment* dos indivíduos, em ordem a que estes, sem ansiedades existenciais, possam dar resposta aos desafios emergentes. Quanto à flexigurança, o cerne do problema consiste em determinar a dosagem certa de cada um dos elementos que compõem o respectivo conceito, em efetuar um adequado *trade-off* entre flexibilidade e segurança.[193]

FORO SINDICAL

Segundo Alfredo J. Ruprecht, a defesa que é feita para que as associações profissionais de trabalhadores possam cumprir satisfatoriamente a missão que lhes foi confiada é conhecida como "foro sindical" e consiste na garantia do livre direito de associação, impedindo que o empregador faça represálias contra seus trabalhadores, propiciando, assim, o amplo desenvolvimento da atividade sindical.[194]

A concepção de "foro sindical", segundo Oscar Ermida Uriarte, se limitava inicialmente à proteção do dirigente sindical contra a despedida e, posteriormente, se ampliou até chegar à proteção de todo e qualquer trabalhador, em virtude de qualquer atitude sua protegida pela liberdade sindical.[195]

Na verdade, quanto ao campo de atuação ou alcance do foro sindical, o correto é entender que se trata de garantias tanto para os indivíduos ou membros que integram o sindicato, como para o próprio sindicato como pessoa jurídica.[196]

---

(191) MARTINS, Sérgio Pinto. *Flexibilização das condições de trabalho*. 5. ed. São Paulo: Atlas, 2015. p. 119.
(192) AMADO, João Leal. *O direito do trabalho, a crise e a crise do direito do trabalho*. In: Revista Direito e Desenvolvimento, João Pessoa, v. 4, n. 8, p.163-186, jul./dez. 2013. p. 168.
(193) *Idem. Ibidem.*
(194) RUPRECHT, Alfredo J. *Relações coletivas de trabalho*. Tradução Edilson Alkmin Cunha. São Paulo: LTr, 1995. p. 223.
(195) URIARTE, Oscar Ermida. *A proteção contra os atos antissindicais*. Tradução Irany Ferrari. São Paulo: LTr, 1989. p. 9-10.
(196) RUPRECHT, Alfredo J. *Relações coletivas de trabalho*. Tradução Edilson Alkmin Cunha. São Paulo: LTr, 1995. p. 223.

No ordenamento jurídico brasileiro, o "foro sindical" é expressamente reconhecido e assegurado nos seguintes casos elencados por Cláudio Couce Menezes:[197]

– No art. 8º, VIII, da CR/88[198] e no § 3º do art. 543 da CLT[199], no tocante aos dirigentes sindicais;

– Nos arts. 10, II, "a", do Ato das Disposições Constitucionais Transitórias e 165 da CLT quanto aos dirigentes de comissões internas de prevenção de acidentes;

– Na estabilidade provisória do representante dos empregados nas empresas com mais de duzentos empregados (art. 11 da CR/88 c/c art. 510-D, § 3º, da CLT) e na Convenção n. 135 da OIT[200], sobre a Proteção de Representantes de Trabalhadores, ratificada pelo Brasil em 1991;

– No direito de afixar, no interior das empresas, publicações relativas à matéria sindical (art. 614, § 2º, da CLT) e no PN n. 104 do TST[201];

– No art. 543 da CLT e no PN n. 83 do TST[202] sobre a frequência livre dos dirigentes às assembleias devidamente convocadas.

Em relação às normas estatais que prescrevem garantias para o desempenho das atividades sindicais no âmbito do Poder Público, em virtude da diversidade de regimes – cada ente componente da federação tem o seu –, não há uniformidade de tratamento, podendo ser pensadas nas mais variadas garantias, segundo a lei de cada entidade da federação.

FREE RIDERS OU CARONEIROS

Empregados que optam por não se sindicalizar e pagar contribuições sindicais, mas que mesmo assim se beneficiam, de qualquer forma, dos frutos de negociações coletivas encabeçadas por sindicatos, são chamados de "caroneiros" ou *free riders*, justamente por obterem gratuitamente os serviços dos sindicatos, financiados por seus colegas.

Vale ponderar que, no Brasil, a Constituição de 1988 não veda a cláusula *agency shop*, ou seja, aquela por meio da qual se permite a cobrança de contribuição aos não filiados, desde que tenham sido abrangidos pela negociação. Portanto, a cobrança do não associado abrangido pela negociação coletiva não viola a liberdade sindical negativa, pois não resulta em necessária filiação ao sindicato.[203]

---

(197) MENEZES, Cláudio Armando Couce de. *Proteção contra condutas antissindicais*. In: Rev. TST, Brasília, vol. 71, n. 2, maio/ago 2005. p. 44.
(198) Art. 8º, VIII, da CR/88: "*é vedada a dispensa do empregado sindicalizado a partir do registro da candidatura a cargo de direção ou representação sindical e, se eleito, ainda que suplente, até um ano após o final do mandato, salvo se cometer falta grave nos termos da lei*".
(199) Art. 543, § 3º, da CLT: "*Fica vedada a dispensa do empregado sindicalizado ou associado, a partir do momento do registro de sua candidatura a cargo de direção ou representação de entidade sindical ou de associação profissional, até 1 (um) ano após o final do seu mandato, caso seja eleito inclusive como suplente, salvo se cometer falta grave devidamente apurada nos termos desta Consolidação*".
(200) Art. 1º da Convenção n. 135 da OIT – "*Os representantes dos trabalhadores na empresa devem ser beneficiados com uma proteção eficiente contra quaisquer medidas que poderiam vir a prejudicá-los, inclusive o licenciamento, e que seriam motivadas por sua qualidade ou suas atividades como representantes dos trabalhadores, sua filiação sindical, ou participação em atividades sindicais, conquanto ajam de acordo com as leis, convenções coletivas ou outros arranjos convencionais vigorando*". E, art. 2º, item 1 – "*Facilidades devem ser concedidas, na empresa, aos representantes dos trabalhadores, de modo a possibilitar-se o cumprimento rápido e eficiente de suas funções*".
(201) Precedente Normativo n. 104 da SDC do TST – "*QUADRO DE AVISOS. Defere-se a afixação, na empresa, de quadro de avisos do sindicato, para comunicados de interesse dos empregados, vedados os de conteúdo político-partidário ou ofensivo*".
(202) Precedente Normativo n. 83 da SDC do TST – "*DIRIGENTES SINDICAIS. FREQUÊNCIA LIVRE. Assegura-se a frequência livre dos dirigentes sindicais para participarem de assembleias e reuniões sindicais devidamente convocadas e comprovadas, sem ônus para o empregador*".
(203) Nesse sentido, Nota Técnica n. 02, de 26 de outubro de 2018, do Ministério Público do Trabalho. Também nesse sentido, o Comitê de Liberdade Sindical da Organização Internacional do Trabalho – OIT admite a dedução de quotas sindicais dos não associados que se beneficiam da contratação coletiva (Liberdade sindical: Recopilação de Decisões do Comitê de Liberdade Sindical do Conselho de Administração da OIT – Organização Internacional do Trabalho. Brasília: OIT, 1ª ed. 197, §§ 325-326-327).

FRINGE BENEFITS

No mundo corporativo, é bastante comum que as empresas concedam aos seus empregados – normalmente executivos/altos empregados – uma série de benefícios indiretos, também chamados de *"fringe benefits"*.

Segundo Luciano Martinez, a expressão descreve o conjunto de vantagens e compensações, normalmente extrassalariais, que são oferecidas aos empregados como uma forma de estimulá-los a melhor realizar os seus serviços.[204]

Para melhor identificar o instituto, o mesmo autor se vale das lições de Max Gehringer que muito bem precisou a origem etimológica da expressão e ofereceu a ela os contornos que normalmente lhe caracterizam:

> "Fringe benefits *veio do francês "frange", que deu origem ao português "franja" e ao inglês "fringe". As três palavras têm o mesmo sentido: ornamento lateral, em forma de tiras ou fios, que dá o acabamento a um vestido ou a uma toalha. Em linguagem corporativa,* fringe benefits *é a parte do pacote de remuneração que complementa o salário e os benefícios previstos por lei, como carro, celular ou pagamento de cursos. É o enfeite que torna o conjunto mais atraente."*

Assim, o oferecimento, pelo empregador, de benefícios além do salário, tais como veículos, auxílio-combustível, vale-refeição, aparelhos celulares, planos de saúde, planos de previdência social, reembolso de despesas médicas, bolsas de estudo, cursos de idiomas etc., tornam o posto de trabalho mais atrativo ao empregado.

Com efeito, os benefícios indiretos certamente tornam o emprego mais atraente e têm funcionado bem como diferencial para atrair e reter os chamados altos empregados.

Acerca da natureza jurídica dos *fringe benefits*, o art. 458 da CLT, primeira parte, estabelece que além do pagamento em dinheiro, compreende-se no salário, para todos os efeitos legais, a alimentação, habitação, vestuário ou outras prestações *"in natura"* que a empresa, por força do contrato ou do costume, fornecer habitualmente ao empregado.

A partir da norma acima, infere-se que o conjunto de benefícios fornecidos ao empregado **assume feição salarial**, na modalidade **salário-utilidade**, eis que, em princípio, fornecido em razão da prestação dos serviços e não para o trabalho.

Oportuno esclarecer que determinadas parcelas não possuem natureza salarial por força de lei. Como exemplo, o plano de saúde, que é uma espécie de *fringe benefits* (benefício acessório), não possui natureza salarial.

Por fim, vale observar que os *fringe benefits* não se confundem com as chamadas verbas de representação. Estas são verbas destinadas para despesas do empregado com a boa apresentação perante os clientes do empregador (jantares, bons carros, visitas a locais turísticos etc.). A jurisprudência majoritária tem entendido que a verba de representação não tem natureza salarial, sob o argumento de que a parcela se destina a ressarcir o empregado destes gastos que o serviço lhe exigiu e se de fato corresponder ao exato valor gasto.

FUNÇÃO CONCORRENCIAL OU ANTIDUMPING DO DIREITO DO TRABALHO[205]

Todo direito é teleológico, finalístico, na proporção em que incorpora e realiza um conjunto de valores socialmente considerados relevantes. O ramo juslaboral destaca-se exatamente por levar a certo clímax esse caráter teleológico que caracteriza o fenômeno do Direito, pois incorpora um valor finalístico essencial, que é a melhoria das condições de pactuação da força de trabalho.[206] Como já disse Alain Supiot, o

---

(204) MARTINEZ, Luciano. *Curso de direito do trabalho*. 6. ed. São Paulo: Saraiva, 2015. p. 466.
(205) Para um estudo aprofundado sobre o tema, consultar LUCENA FILHO, Humberto Lima de. *A função concorrencial do direito do trabalho*. São Paulo: LTr, 2017. A obra é fruto da tese de doutorado do autor.
(206) DELGADO, Mauricio Godinho. *Curso de direito do trabalho*. 16. ed. São Paulo: LTr, 2017. p. 55.

direito do trabalho *civiliza* – no sentido de evitar a barbárie – a pactuação da força de trabalho.

A partir dessa ideia e objetivo centrais, pode-se identificar certas funções secundárias no direito do trabalho, dentre os quais está a função concorrencial ou *antidumping*, no sentido de que o direito do trabalho visa combater práticas desleais de comércio por parte das empresas que, com o solapamento de direitos mínimos trabalhistas, coloquem produtos e serviços no mercado abaixo do preço médio, concorrendo de forma desigual no mercado.

Em razão de seu caráter tuitivo, o direito do trabalho estabelece padrões mínimos de direitos, no afã de promover a melhoria da condição social da classe trabalhadora. Mas não é só o trabalhador o destinatário de suas normas. Este ramo do direito protege a própria economia de mercado, por intermédio da chamada função concorrencial ou função *antidumping*, que visa ao combate de práticas desleais de comércio que, com o solapamento de direitos mínimos trabalhistas, coloquem produtos e serviços no mercado abaixo do preço médio, com intuito predatório.

No plano internacional, os países desenvolvidos afirmam ser injusta a competição entre produtos produzidos em países desenvolvidos e aqueles importados de nações que não asseguram garantias laborais mínimas. Por outro lado, os países em desenvolvimento defendem que os diferentes padrões trabalhistas são fontes legítimas de vantagens ou desvantagens competitivas, sendo que a ideia por trás da busca de padrões trabalhistas consiste em protecionismo disfarçado da parte dos países desenvolvidos.

Nesse embate, tem prevalecido a vontade dos Estados em desenvolvimento, de modo que a OMC, atualmente, não cuida de questões sociais, sendo esse assunto de atribuição da OIT. Para cumprir seu desiderato, a OIT tentou implementar a chamada "cláusula social", inserta em tratados de comércio internacional que objetiva assegurar sanções comerciais aos países que não respeitarem padrões trabalhistas mínimos na produção de bens destinados à exportação. A medida não vingou e não é adotada pela OMC até o presente. A adoção dessa cláusula permitiria à OMC impor restrições comerciais aos países que pratiquem o *dumping* social.

Por sua vez, o "selo social" busca identificar, por parte dos consumidores, mercadorias produzidas de acordo com padrões mínimos da legislação internacional trabalhista. No caso de o selo não ser aprovado, a mercadoria poderia até mesmo ser recusada pelas alfândegas. Contudo, como a OIT não tem poderes coercitivos sobre seus membros, a medida também não se concretizou.

Em conclusão, percebe-se que a função concorrencial no plano internacional está longe de alcançar um patamar desejável. Isso pelo fato de que a OMC entende que não possuir competência para tratar de questões laborais. Atualmente, a OMC só pune casos de *dumping* econômico puro, mas não de *dumping* social. Por sua vez, a OIT não é dotada de mecanismos coercitivos que forcem seus países membros a adotarem padrões mínimos trabalhistas em termos de comércio internacional.

FUNDO DE TRABALHO

Fundo de trabalho é o patrimônio imaterial que o trabalhador conquistou ao demonstrar sua elevada respeitabilidade, reputação e qualidade técnica no mercado laboral. É o seu histórico de vida profissional que carrega consigo e que tem projeção externa perante terceiros, correspondendo, por isso, a um valor agregado. A expressão é uma metáfora e foi importante do direito empresarial quando se refere ao fundo de comércio empresarial.

– G –

GARANTIA DE INDENIDADE

Segundo o Ministro do TST, Augusto César Leite de Carvalho, a garantia de indenidade nasceu na Espanha e se difundiu por toda a Europa, a permitir que o empregado ajuíze ação trabalhista sem o temor de ser despedido, como represália.

Por garantia de indenidade pode-se entender a proteção destinada ao empregado que reputa ineficaz ou nulos atos empresariais lesivos ao exercício direitos fundamentais por parte dos trabalhadores. Em sentido lato, a expressão garantia de indenidade designa a proibição de represália por parte do empregador ante o exercício de qualquer direito pelo empregado e não somente o de ação judicial. Por outro lado, em sentido estrito, a garantia de indenidade corresponde ao direito à tutela judicial efetiva.[207]

O TST já enfrentou o tema:

DISPENSA RETALIATÓRIA – DISCRIMINAÇÃO EM RAZÃO DO AJUIZAMENTO DE RECLAMATÓRIA TRABALHISTA – ABUSO DE DIREITO – REINTEGRAÇÃO. Demonstrado o caráter retaliatório da dispensa promovida pela Empresa, em face do ajuizamento de ação trabalhista por parte do Empregado, ao ameaçar demitir os empregados que não desistissem das reclamatórias ajuizadas, há agravamento da situação de fato no processo em curso, justificando o pleito de preservação do emprego. A dispensa, nessa hipótese, apresenta-se discriminatória e, se não reconhecido esse caráter à despedida, a Justiça do Trabalho passa a ser apenas a justiça dos desempregados, ante o temor de ingresso em juízo durante a relação empregatícia. Garantir ao trabalhador o acesso direto à Justiça, independentemente da atuação do Sindicato ou do Ministério Público, decorre do texto constitucional (CF, art. 5º, XXXV), e da Declaração Universal dos Direitos Humanos de 1948 (arts. VIII e X), sendo vedada a discriminação no emprego (Convenções 111 e 117 da OIT) e assegurada ao trabalhador a indenidade frente a eventuais retaliações do empregador (cfr. Augusto César Leite de Carvalho, Direito Fundamental de Ação Trabalhista, *in Revista Trabalhista: Direito e Processo*, Anamatra – Forense, ano 1, v.1, n. 1 – jan/mar 2002 – Rio). Diante de tal quadro, o pleito reintegratório merece agasalho. Recurso de embargos conhecido e provido. (TST-E-RR-7633000-19.2003.5.14.0900; Relator: Ives Gandra Martins Filho; Data de Publicação: 13.04.2012).

Logo, em razão da garantia de indenidade, não subsiste o direito potestativo de resilição contratual do empregador quando esse direito é exercido com o fito exclusivo de punição ou retaliação àqueles empregados que tão somente exerceram o direito fundamental de acesso ao Judiciário.

GIG ECONOMY OU SHARING ECONOMY

Ver *economia colaborativa

---

(207) CARVALHO, Augusto César Leite de. *Garantia de indenidade no Brasil*. São Paulo: LTr, 2013. p. 113-114.

GLASS CEILING

Glasss ceiling ou teto de vidro descreve as restrições que inibem, principalmente as mulheres, pessoas negras ou minorias, de acender nas carreiras profissionais, sem que elas sejam discriminadas ativamente pelos empregadores. É como se fosse um limite invisível para o progresso profissional.

Em cartilha produzida pelo Ministério Público do Trabalho, afirma-se que o fenômeno do teto de vidro registra a forte discriminação que as mulheres sofrem em relação a oportunidades iguais no trabalho. O modelo do teto de vidro traz a tona as barreiras invisíveis enfrentadas pelas mulheres advindas da cultura ou de preconceitos inconscientes (viés inconsciente). Embora as mulheres possam ter a mesma formação ou disponibilidade dos homens para se dedicar ao trabalho, a carreira delas é cercada por preconceitos, como a difícil tarefa de conciliar a vida familiar e a profissional ou cercada da atribuição de qualidades profissionais vinculadas a características socialmente construídas em torno da mulher (fragilidade, instabilidade, insegurança, entre outras). Em comparação com os colegas homens, as mulheres têm carreiras mais tardias e passam mais dificuldades para alcançar postos de destaque na empresa.[208]

Wagson Lindolfo José Filho afirma que o conceito surgiu como metáfora do preconceito e da discriminação contra a mulher, em que se verificou a existência de uma quantidade menor de mulheres em cargos de maior remuneração e tomada de decisões, quando comparada ao número de homens ocupantes de tais postos de trabalho. Em vez de ser capaz de alcançar o mesmo sucesso que seus pares, aquelas que encontram tetos de vidro são interrompidas por obstáculos invisíveis que as impedem a ascensão funcional.[209]

Segundo ele, o "teto de vidro" refere-se a uma barreira invisível, resultante de uma série complexa de estruturas em organizações opressoras, que impede alguém de alcançar ainda mais sucesso. Tais entraves sociais são comumente observados no meio ambiente de trabalho, principalmente em localidades que possuem empregados dotados de fatores estigmatizantes, em contexto de alguém de idade avançada, deficiência, sexo e etnia.[210]

GREVE VIRTUAL

É o movimento levado a efeito pelos trabalhadores de aplicativos *on demand* por meio do qual todos eles, de forma concertada, resolvem ficar *off-line* do sistema, paralisando assim toda a atividade do aplicativo.

Em sua primeira greve, os motoristas brasileiros do Uber não cruzaram os braços: ficaram *off-line*. Sem trabalhadores conectados ou *on-line*, o aplicativo simplesmente perde a funcionalidade e a empresa enfrenta prejuízos.

Geralmente, essa greve é organizada pelas redes sociais e costuma ter boa adesão, sem se correr o risco de ser dissipada por forças policiais, como geralmente ocorriam nas grandes greves do passado.

GUELTAS

As gueltas são formas de pagamento indireto – pelos fornecedores do empregador – para estimular as vendas ou a produção. Pode ser paga em valor fixo ou percentual. É o caso de laboratório farmacêutico que concede valores ao vendedor ou balconista da farmácia para incentivá-lo a dar preferência nas vendas dos produtos desse laboratório ou da empresa de cartão de crédito ao bancário. Se

---

(208) O ABC da violência contra a mulher. Cartilha elaborada por uma comissão constituída pelos integrantes do Grupo de Trabalho de Gênero (GT-Gênero) da Coordenadoria Nacional de Promoção da Igualdade e Combate à Discriminação no Trabalho – COORDIGUALDADE e de membros da Câmara de Coordenação e Revisão, ambos do Ministério Público do Trabalho.
(209) JOSÉ FILHO, Wagson Lindolfo. *Glass ceiling*. Disponível em: <http://www.magistradotrabalhista.com.br/2015/01/glass-ceiling.html>. Acesso em: 02 nov. 2018.
(210) *Idem*.

pagas com *habitualidade*, compõem a remuneração para todos os fins.

Tem natureza jurídica de gorjeta. Logo, as gueltas compõem a remuneração do reclamante e possuem a mesma natureza integrativa atribuída às gorjetas, mas não servem de base de cálculo do aviso prévio, adicional noturno, horas extraordinárias e repouso semanal remunerado.[211]

A exemplo das gorjetas ofertadas por clientes, as "bonificações" pagas por laboratórios, a título de "incentivo" pelo desempenho nas vendas, *decorrem diretamente do contrato* de trabalho. Aludida parcela integra a remuneração da empregada para todos os efeitos legais, por analogia da Súmula n. 354 do TST e do artigo 457, § 3º, da CLT.

O fundamento para a incidência dos reflexos é que o empregador promove a oportunidade de ganho ao empregado, mas, por outro lado, é beneficiado pela redução por pressões salariais por parte dos empregados.

Nesse sentido já se posicionou o C. TST, ao decidir que "*o empregador atacadista igualmente se beneficia diretamente com o incremento nas vendas de produtos de determinado fornecedor. As bonificações percebidas por seus empregados, conquanto efetuadas por terceiros, repercutem diretamente no lucro do empreendimento e constituem verdadeiro atrativo à admissão de novos empregados*".[212]

---

[211] TST-RR-82900-29.2009.5.01.0048, Relator Ministro: Luiz Philippe Vieira de Mello Filho, Data de Julgamento: 06.05.2015, 7ª Turma, Data de Publicação: DEJT 29.05.2015.
[212] TST-E-RR-224400-06.2007.5.02.0055, Relator Ministro: João Oreste Dalazen, Data de Julgamento: 08.05.2014, Subseção I Especializada em Dissídios Individuais, Data de Publicação: DEJT 30.05.2014.

– H –

HIRING BÔNUS OU BÔNUS DE CONTRATAÇÃO

O *hiring bonus* ou *sign on bonus* é um incentivo pecuniário que pode ser compreendido como os valores pagos a alguns executivos a título de luvas ou bônus de atração, no intuito de estimulá-lo a firmar ou renovar o contrato de trabalho, em reconhecimento das suas habilidades profissionais.

A legislação trabalhista brasileira — exceção feita à Lei 9.615/98, art. 31, § 1º, a qual versa sobre atletas profissionais e do art. 6º, II, da Lei n. 8.650/93, que trata do técnico profissional de futebol — não prevê ou disciplina diretamente tal instituto.

Na esfera jurídica do trabalho dos atletas, "luvas" é uma parcela de incentivo ao atleta para a sua anuência ao pacto contratual, normalmente delineada de maneira minuciosa, quitada de uma só vez no ato da assinatura ou diluídas e pagas habitualmente durante o período firmado em contrato laboral desportivo.[213]

A doutrina sustenta que as luvas desportivas importam em reconhecimento de um "*fundo de trabalho*", isto é, do valor do trabalho desportivo já apresentado pelo atleta que será contratado, estabelecendo um paralelo com o "fundo de comércio", que é o valor do ponto adquirido pelo locatário.

Adverte Rafael Teixeira Ramos que a doutrina majoritária entende que se as luvas forem quitadas de uma só vez no ato da assinatura contratual, em um só montante, perde a sua habitualidade, descaracterizando a natureza salarial, consubstanciando-se em parcela de natureza retributiva, mas não salarial.[214]

Nesses casos, por se tratar de parcela paga em fase pré-contratual e em uma única vez, havia divergência na jurisprudência acerca dos *reflexos* desse pagamento. Algumas turmas do TST entendiam que os valores recebidos sob esse título teriam repercussão sobre todas as parcelas de natureza salarial, como férias e 13º salário referentes ao ano em que se efetivou o pagamento das "luvas". Outras entendiam que, por ser pago na fase pré-contratual e uma única vez, o bônus não deveria repercutir sobre as demais parcelas.

Mas, na jurisprudência prevalece o entendimento de que o bônus concedido ao empregado na data da sua contratação, com o objetivo de atraí-lo a integrar o quadro funcional da empresa, *ainda que quitada em parcela única*, possui natureza salarial, sobretudo porque não visa ao ressarcimento, compensação ou reparação de qualquer espécie.[215]

Em decisão mais recente, a Subseção I Especializada em Dissídios Individuais (SDI-1) do Tribunal Superior do Trabalho uniformizou a jurisprudência para decidir quanto ao alcance das repercussões. Firmou-se o entendimento de que, apesar da natureza salarial, por se tratar de parcela paga uma única vez, os reflexos devem ser limitados, aplicando-se analogicamente a Súmula 253 do TST[216], que trata da gratificação semestral, bem como a indenização do FGTS.[217]

Portanto, o bônus de contratação repercute somente sobre o depósito do FGTS no mês em que for paga e, inclusive, na indenização de 40% no momento da rescisão, considerando o disposto no art. 18, § 1º, da Lei n. 8.036/1990[218], bem como, pelo seu duodécimo, na indenização por antiguidade e na gratificação natalina (décimo terceiro salário). Não repercute no cálculo das horas extras, das férias e do aviso prévio, ainda que indenizados.

Ver também *luvas*

---

(213) RAMOS, Rafael Teixeira. *Luvas e bichos no contrato de trabalho do atleta*. Disponível em: <http://ostrabalhistas.com.br/luvas-e-bichos-do-contrato-de-trabalho-do-atleta/#_ftnref3>. Acesso em: 06 nov. 2018.
(214) *Idem. Ibidem.*
(215) ARR-109900-53.2008.5.04.0404, Data de Julgamento: 02.08.2017, Relator Ministro: Walmir Oliveira da Costa, 1ª Turma, Data de Publicação: DEJT 04.08.2017.
(216) Súmula n. 253 do TST. GRATIFICAÇÃO SEMESTRAL. REPERCUSSÕES. A gratificação semestral não repercute no cálculo das horas extras, das férias e do aviso prévio, ainda que indenizados. Repercute, contudo, pelo seu duodécimo na indenização por antiguidade e na gratificação natalina.
(217) TST-E-ED-ARR-723-08.2013.5.04.0008, SBDI-1, Rel. Caputo Bastos, julgamento 29.11.2018.
(218) Art. 18, § 1º, da Lei n. 8.036/90. Na hipótese de despedida pelo empregador sem justa causa, depositará este, na conta vinculada do trabalhador no FGTS, importância igual a quarenta por cento do montante de todos os depósitos realizados na conta vinculada durante a vigência do contrato de trabalho, atualizados monetariamente e acrescidos dos respectivos juros.

– I –

IL TERZO CONTRATTO

Foi a doutrina italiana, por meio de Roberto Pardolesi,[219] que cunhou o termo *terzo contratto*. A expressão foi utilizada no prefácio do livro de Giuseppe Colangelo. Segundo seu criador, passou-se a observar que a contratação entre duas empresas, quando uma delas é dependente economicamente da outra, reflete uma categoria de contrato que não se identifica com o contrato clássico (primeiro contrato), aquele caracterizado pela presença de partes igualmente informadas e com livre capacidade de escolha. Essa contratação também não se identifica com o contrato de consumo (segundo contrato), que é marcado pela presumida vulnerabilidade de uma das partes em razão essencialmente da deficiência de informação. Cuida-se de uma realidade diversa — um terceiro contrato (*il terzo contratto*) —, para a qual o regime dualista apontado não oferece resposta adequada. É um novo personagem que surge no horizonte e que deve ser visto muito proximamente, como parte da fenomenologia e disciplina atual dos contratos entre empresas.[220]

Garbi lembra que mesmo quando não invocada a nova figura, a doutrina reconhece a existência de um vazio na hipótese de um contrato entre empresários. Ernesto Capobianco justifica esse vazio pelo fato de que, diante de uma relação contratual entre empresas, sujeitos profissionalmente organizados e melhores árbitros dos próprios interesses, não haveria de se imaginar necessária a intromissão judicial para decidir sobre a justiça do contrato.[221]

A figura interessa ao direito do trabalho, mormente em tempos de pejotização.

INCLUSION RIDER *OU* EQUITY RIDER

Em seu discurso de premiação do Oscar, no 90º *Academy Awards*, em razão de sua atuação em *Three Billboards Outside Ebbing, Missouri*, a atriz Frances McDormand encerrou sua fala com a seguinte frase: "Eu tenho duas palavras para deixar com vocês esta noite, senhoras e senhores: *inclusion rider*".

A *inclusion rider* ou *equity rider* é uma cláusula adicional de inclusão, geralmente prevista em contratos de atores ou produtores cinematográficos, para promover um certo nível de diversidade dentre o pessoal de produção. Por exemplo, o autor ou produtor (*rider*) pode solicitar, como condição para que o contrato seja efetivado, que uma determinada proporção de atores e/ou demais envolvidos no filme sejam pertencentes a determinado grupo historicamente discriminado no mercado de trabalho, tais como mulheres, deficientes ou membros da comunidade LGBT+. O *rider* se vale de seu poder de negociação para estabelecer tais condições.

Em outros termos, a cláusula adicional de inclusão objetiva estabelecer requisitos de diversidade entre o estúdio e os atores ou atrizes principais, sobre as outras posições da equipe, tais como atores coadjuvantes, câmeras e todo o restante da equipe. Exige-se diversidade no elenco e na equipe, mediante metas de inclusão de pessoas historicamente discriminadas, principalmente no tocante ao gênero e à cor.

Trata-se de típica forma de discriminação inversa ou positiva para promover a igualdade material no tocante ao acesso ao emprego. A ideia é que atores renomados possam exigir que tanto o elenco, quanto

---

(219) Na página eletrônica da *LUISS – Università Guido Carli* pode ser encontrado o *link* para "Una postilla sul Terzo Contratto", de Roberto Pardolesi ou diretamente em: <http://www.law-economics.net/workingpapers/L&E-LAB-FIN-07-2008.pdf>. Acesso em: 22 nov. 2018.
(220) GARBI, Carlos Alberto. *Il Terzo Contratto*: Surge uma nova categoria de contratos empresariais? In: Revista Consultor Jurídico, 30 de julho de 2018. Disponível em: <https://www.conjur.com.br/2018-jul-30/direito-civil-atual-il-terzo-contratto-categoria-contratos-empresariais#sdfootnote1sym>. Acesso em: 22 nov. 2018.
(221) *Idem*.

o restante da equipe seja composta com respeito à diversidade. O compromisso do estúdio com o grande artista reside em discriminar os membros de um grupo majoritário em favor de membros de grupos historicamente prejudicados no mercado de trabalho.

A discussão sobre a cláusula adicional de inclusão veio à tona em razão da proporção que ganhou o discurso da atriz Frances McDormand, mas fato é que a cláusula pode ser transportada para fora de Hollywood. Basta imaginar um contrato firmado entre uma empresa e um alto executivo por meio do qual esse impõe, como condição para contratação, a presença de uma cláusula de inclusão, para trazer a bordo da organização pessoas representativas de comunidades historicamente discriminadas.

Nelson Rosenvald também lembra que a *inclusion rider* não é a primeira iniciativa no campo da discriminação inversa no amplo setor do lazer/entretenimento nos EUA. Explica o autor que em 2002, na grande liga de futebol americano da NFL, diante do baixíssimo número de contratações de técnicos vindos de grupos minoritários (a liga iniciou a temporada de 2003 com apenas 2 técnicos negros), criou-se uma política pela qual toda equipe teria que entrevistar ao menos um candidato minoritário para os cargos de técnico e gerente, sob pena de altas multas. Nesses 15 anos, a "*Rooney rule*" (homenagem ao patriarca da equipe Pittsburgh Steelers, Dan Rooney) produziu várias estórias de sucesso, destacando o ideal de inclusão como um valor inato ao esporte.[222] O mesmo autor leciona, ao falar da função social do contrato, que este não é um átomo, mas um fato social oponível a toda a coletividade, o que implica na transcendência dos deveres anexos de proteção e cooperação para além do domínio do *res inter alios acta*. Fala-se, então, em eficácia transubjetiva dos contratos para acrescer ao rol dos terceiros ofensores e ofendidos, os terceiros beneficiários (mediatamente) mediante a promoção de direitos fundamentais.[223]

De todo modo, cumpre observar que na *Rooney rule* exigiu-se não a contratação compulsória, mas apenas a entrevista. É que obrigar a contratação de determinadas minorias pode gerar o efeito inverso, por também violar a isonomia. É preciso encontrar a medida certa entre promover a igualdade substancial sem provocar outra desigualdade.

No caso da "*inclusion rider*" se tornar um padrão autorregulatório na indústria cinematográfica, existem duas maneiras de compelir a indústria cinematográfica a seguir a orientação de não discriminação: a primeira, mais branda, é o princípio do "*comply or disclose*", ou seja, aqueles que se recusem a seguir as boas práticas devem divulgar publicamente esse fato, o que por si só já gera um desvalor social da conduta. A segunda maneira de induzir adesão generalizada é ainda mais persuasiva: "*comply or explain*". Isto é, não apenas haverá necessidade de informar a coletividade, como de explicar detalhadamente ao público as razões pelas quais houve rejeição a um relevante instrumento de combate a uma discriminação sistêmica, o que acaba gerando reações negativas de consumidores, concorrentes, imprensa e da sociedade em geral.[224]

Na linha da *Rooney rule*, o melhor modo de promover a diversidade no ambiente contratual não é fixando cotas fixas para determinados grupos, mas sim que o empregador se comprometa em usar esforços de boa-fé para entrevistar e contratar candidatos que sejam qualificados para o cargo em questão e, em caso de não contratação, que fundamente e explique as razões.

No entanto, em nenhum caso, o empregador poderá ser obrigado a contratar qualquer pessoa simplesmente porque ela se enquadra em determinada categoria, pois isso, ao fim e ao cabo, acabaria por violar a isonomia. É importante lembrar que "inclusão" inclui não apenas cor e gênero, mas também idade, deficiência, nacionalidade, religião, orientação sexual, dentre outras. É preciso que se encontre um equilíbrio. De todo modo, a iniciativa é bastante louvável e precisa ser mais estudada e praticada no Brasil.

Trata-se de importante instrumento, não só para o *show businness*, mas também para outras indústrias, no afã de se criar locais de trabalho que realmente reflitam a diversidade da sociedade. Se grandes atores e atrizes, executivos e executivas, atletas e outras personalidades gostam de praticar boas ações, eis aí um bom caminho.

---

(222) ROSENVALD, Nelson. *Inclusion rider*: Hollywood e a função social do contrato. Disponível em: <https://www.nelsonrosenvald.info/single-post/2018/03/13/inclusion-rider---hollywood-e-a-funcao-social-do-contrato>. Acesso em: 16 nov. 2018.
(223) *Idem*.
(224) *Idem*.

INCENTIVE SHARE UNITS *OU* TARGET SHARE UNITS *OU* PHANTOM SHARES *OU* AÇÕES ESPELHO

A figura das *incentive share units* (unidades monetárias de incentivo), igualmente chamadas de *phantom shares* (ações fantasmas), foi gestada pela criatividade mercantil da famosa instituição financeira *Credit Suisse*. As *incentive share units*, também chamadas no mundo corporativo de *target share units* ou, simplesmente "ISU", são parcelas de natureza não trabalhista conexas ao contrato de emprego. Ou seja, decorrem do contrato de trabalho, mas possuem natureza eminentemente mercantil, neste ponto se assemelhando às *stock options*. Na verdade, as *phantom shares* são espécies do gênero *stock options* e, em razão de seu caráter eminentemente mercantil, não gozam dos princípios de proteção salarial.

As "ISU" são verbas de incentivo que buscam encorajar o empregado na busca de melhores resultados, já que os valores recebidos, a título de bônus de pagamento, sofrerão variações de acordo com o melhor ou pior desempenho da empresa. Em outros termos, é um mecanismo de estímulo concedido pelo empregador ao empregado que permite o ganho deste último na valorização futura da empresa.

Assim, embora a concessão das ações de incentivo seja oriunda do contrato de trabalho, o Empregado não possui garantia de obtenção de um valor determinado, tendo em vista as variações do mercado acionário, o que revela a natureza mercantil da vantagem.

As ações fantasmas ou *phantom shares* envolvem a concessão de uma cota virtual de ações resgatáveis após o período de carência, desde que atendidas as condições previstas em regulamento. Por esse sistema, o direito de resgatar as ações somente se materializa em direito subjetivo após o final do prazo de carência fixado pelo plano. Esse período de carência é conhecido como "*vesting*". Logo, se o empregado se demitir antes de decorrido determinado período de carência (ou "*vesting*") poderá perder o direito ao resgate.

Sobre as "ISU" vale observar que, no direito comparado, a Suprema Corte suíça já definiu critérios objetivos para identificação da natureza jurídica da parcela. Trata-se do critério da "*very high remuneration*".

Segundo a mais alta Corte suíça, se o empregado recebe, a título de "ISU", um valor muito alto – maior que cinco vezes a remuneração média do cargo –, este valor é legítima verba de incentivo e, portanto, com nítida natureza comercial. Por outro lado, se os valores recebidos a título de incentivo não ultrapassarem cinco vezes o valor da remuneração média do cargo, entende-se que se tratam de salário disfarçado e, portanto, deverão receber a proteção legal da intangibilidade.[225]

Assim, em regra, não há a correlação estabelecida entre a prestação dos serviços e o ganho no resgate das ações, pois estão envolvidos fatores alheios à empresa, relacionados à valorização das ações no mercado. No entanto, válido o critério adotado pela Suprema Corte suíça como fator indicado ao intérprete na sempre tormentosa identificação da natureza jurídica das parcelas oriundas do contrato de trabalho.

A propósito do tema, o C. Tribunal Superior do Trabalho entende que "*é lícita a cláusula que prevê a perda de "ações fantasmas" (unidades monetárias de incentivo) pelo empregado que pedir demissão antes de decorrido o prazo de carência ("vesting") fixado pelo regulamento. Não há falar em sujeição à vontade unilateral do empregador, mas na mera expectativa de direito ao resgate das ações de incentivo no curso do prazo de carência.*" (ARR-2843-80.2011.5.02.0030, Relatora Ministra: Maria Cristina Irigoyen Peduzzi, Data de Julgamento: 18.11.2015, 8ª Turma, Data de Publicação: DEJT 20.11.2015).

No caso julgado, a 8ª Turma do TST considerou lícita cláusula que previa a perda de "ações fantasmas" (ações de incentivo) pelo empregado que se demitisse antes de decorrido o prazo de carência de três anos fixado pelo regulamento do Banco de Investimentos Credit Suisse (Brasil) S.A.

O TST entendeu que o plano de ações é mera liberalidade a favor do empregado, cuja aquisição foi condicionada à sua permanência na empresa pelo período de carência. Entendeu ainda que, no que tange ao elemento volitivo, a concessão da vantagem não está sujeita ao puro arbítrio do empregador, mas depende das vontades intercaladas das partes.

---

(225) KAUFMANN, Roland. JAGGI, Vibeke. Swiss Supreme Court defines "very high remuneration" and sets a framework for manager's remuneration. Disponível em: <http://www.froriep.com/uploads/tx_news/NL_Employment_EN_29_09_15def.pdf?utmsource=Mondaq&utm_medium=syndication&utm_campaing=View-Original>. Acesso em: 25 jul. 2018.

Igualmente, no caso concreto julgado, o Empregado manifestou a vontade de romper o vínculo empregatício antes do encerramento do prazo de carência, quando havia mera expectativa de direito.

Ver *ações espelho

Ver *ações fantasma

Ver *phantom shares

Ver *target share units

Ver *vesting

Indústria 4.0

Ver *Direito do trabalho 4.0

INFERNO DA SEVERIDADE

O inferno de severidade ou *"enfer de severité"* é uma teoria elaborada pelo ilustre doutrinador francês Geneviève Viney, que propõe limitar exageradas indenizações e levar o devedor à ruína econômica ou ao inferno da severidade.

No Brasil, o Ministro do STJ, Paulo de Tarso Sanseverino, em obra doutrinária, afirma que a obrigação de indenizar, em hipóteses limítrofes, não pode significar um inferno de severidade:

> Estabelece-se no parágrafo único do art. 944 do CC a possibilidade de redução equitativa das indenizações em geral, quando houver excessiva desproporção entre a gravidade da culpa e a extensão do dano.
>
> A aplicação irrestrita do princípio da reparação plena do dano pode representar, em algumas situações, para o causador do evento danoso, conforme a aguda crítica de Geneviève Viney, um autêntico inferno de severidade (*enfer de severité*). Se, na perspectiva da vítima, as vantagens da consagração irrestrita do princípio são evidentes, na do agente causador do dano, a sua adoção plena e absoluta pode constituir um exagero, conduzindo à sua ruína econômica em função de um ato descuidado praticado em um momento infeliz de sua vida.
>
> [...]
>
> O fundamento da redução é a equidade, que, embora seja uma noção um tanto quanto incerta e equívoca em relação à noção de justiça, pode ser caracterizada, em linhas gerais, consoante a lição de François Gèny, como um instrumento de adaptação da ideia de justiça aos fatos, a consideração das circunstâncias individuais, tendo em conta as ideias gerais, modelando-as em conformidade com os elementos concretos. Em outras palavras, pode ser também considerada, na dicção de Francisco dos Santos Amaral Neto, como um critério orientador da regra adequada à solução de um problema concreto, corrigindo eventualmente um texto legal excessivamente rigoroso ou limitado, ou integrando-o, se incompleto. Tércio Sampaio Ferraz Jr. explica que a equidade não se opõe à ideia de justiça, mas a completa, a torna plena.
>
> [...]
>
> Assim, a equidade, na sua concepção aristotélica, acolhida pelo direito brasileiro na norma de redução em questão [art. 944, parágrafo único, Código Civil], não é fundamento para se afastar o direito positivo e se fazer livremente a justiça do caso concreto. Ela aparece, na realidade, como um corretivo da justiça comutativa geral, tendo por finalidade permitir ao juiz, atendendo às particularidades do caso em julgamento, atenuar a rigidez da norma abstrata e dar uma solução concreta mais equitativa.[226]

INFOPROLETARIADO OU CYBERPROLETARIADO

O infoproletário é o trabalhador em ambientes virtuais. Segundo Ricardo Antunes e Ruy Braga, em obra intitulada *"Infoproletários: degradação real do trabalho virtual"*, as relações de trabalho entre

---

(226) SANSEVERINO, Paulo de Tarso Vieira. *Princípio da reparação integral.* São Paulo: Saraiva, 2010. p. 84.

aplicativos e a multidão de trabalhadores, por eles designada de de infoproletariado, evidenciam a associação oculta entre o uso de novas tecnologias e a imposição de condições de trabalho do século XIX em um dos setores considerados como mais dinâmicos da economia moderna, o informacional.

Os sociólogos, em sua obra, fazem um recorte preferencial pelos operadores de *telemarketing* e trabalhadores de *call center*, representantes da atual precarização do trabalho. Segundo os autores, a tecnologia não aliviou a deterioração do trabalho, apenas a transformou.[227]

INSOURCING

É o oposto ou movimento contrário ao de *outsourcing*. Enquanto no *outsourcing* se promove a terceirização dos serviços, no *insourcing* a empresa desfaz a terceirização, trazendo para dentro da sua organização parte do processo produtivo antes terceirizado.

INTERNALIZAÇÃO DAS EXTERNALIDADES NEGATIVAS

Há uma externalidade quando a produção de uma empresa afeta o processo produtivo ou um padrão de vida de outras empresas ou pessoas, na ausência de uma relação entre elas. A partir desse conceito, pode-se afirmar que quando o bem-estar da sociedade ou de terceiros são afetados negativamente, está-se diante de uma externalidade negativa. Por outro lado, quando são afetados positivamente, fala-se em externalidades positivas.

O tema interessa ao direito ambiental do trabalho, especificamente no que toca ao princípio do poluidor-pagador, que é justamente a norma que fundamenta a internalização das externalidades negativas.

As externalidades negativas decorrem do custo social gerado pela ausência de preço de mercado de bens e de serviços ambientais que não são contabilizados no processo produtivo de atividades econômicas. Assim, para assegurar o equilíbrio ecológico que garante a vida com qualidade e ainda minimizar os impactos negativos no meio ambiente produzidos pelas atividades econômicas, a economia elaborou a ideia de "*internalização das externalidades*", a qual fica limitada a obrigação do empreendedor em minimizar o impacto ambiental decorrente de sua atividade.[228]

Portanto, a obrigação de internalizar as externalidades negativas traduz-se em uma ideia contrária àquela de privatização de lucros e socialização de perdas (ou privatização do bônus e socialização do ônus), no sentido de se obrigar o poluidor a internalizar os custos sociais externos (externalidades negativas) que acompanham o processo de produção. Desse modo, o custo resultante da poluição será por ele assumido no custo da produção, o que o incentivará a agir para diminuir, eliminar ou neutralizar o dano ambiental.

---

(227) ANTUNES, Ricardo e BRAGA, Ruy (orgs). *Infoproletários: degradação real do trabalho virtual*. São Paulo: Boitempo Editorial, 2009.
(228) GERENT, Juliana. *Internalização das externalidades negativas ambientais*: uma breve análise da relação jurídico-econômica. In: Revista de Direito Ambiental. São Paulo, ano 11, n. 44, out./dez. 2006. p. 40-63.

– J –

JOB CRAFTING

O *job crafting* é uma ferramenta de organização empresarial por meio da qual se institui uma série de ações proativas por parte do empregado que busca alterar o trabalho, buscando adequá-lo aos valores e interesses do indivíduo.

O conceito de *job crafting* foi introduzido por Amy Wrzesniewski e Jane E. Dutton. Ao tratar do tema as autoras assim resumem sua proposta:

> Propomos que os empregados elaborem seus trabalhos alterando os limites cognitivos, de tarefa e/ou relacionais para moldar as interações e os relacionamentos com os outros no trabalho. Essas configurações de tarefas e relações alteradas mudam o *design* e o ambiente social do trabalho, o que, por sua vez, altera os significados e a identidade do trabalho. Oferecemos um modelo de trabalho que especifica (1) as motivações individuais que desencadeiam essa atividade, (2) como as oportunidades de trabalho e como as orientações de trabalho individuais determinam as formas de trabalho empregadas e (3) seus prováveis efeitos individuais e organizacionais.[229]

Logo, o *job crafting* se consubstancia num processo com mudanças físicas e cognitivas, iniciadas pelos indivíduos para alterar a tarefa ou as relações envolvidas em seu trabalho.

Muitas vezes as tarefas e a modelagem da forma como as coisas devem ser feitas dentro de uma determinada organização são rígidas e fixadas de cima para baixo, ou seja, predeterminadas pelo alto escalão. E, tudo isso configura e molda o significado e a identidade do trabalho. Na perspectiva do *job crafting*, os ajustes são realizados proativamente de baixo para cima, em contraposição ao redesenho clássico do trabalho que enfatiza as ações de gestores ("de cima para baixo") para modificar as tarefas e as relações de trabalho dos subordinados. O *job crafting* é a antítese do *job description*. Em outros termos, fazer *job crafting* é agir de forma diferente ao que está descrito nas atividades.

Job crafting, em tradução, significa *trabalho artesanal*. Guardadas as devidas proporções, é isso que que se propõe. É como se os empregados, sozinhos e de forma proativa redimensionassem a modelagem institucional do ambiente organizacional, de forma artesanal.

Desse modo, o *job crafting* vai possibilitar a captura das diferentes ações informais dos trabalhadores, para moldar e redefinir seus trabalhos, alterando limites e fronteiras, de forma a alinhá-los a seus interesses e valores. Isso gerará um sentimento de maior pertencimento ao empregado, pois a reconfiguração das funções por ele desempenhadas vão deixá-las mais significativas e alinhadas com seus propósitos.

Segundo as autoras, o *job crafting* funda-se em três pilares, que podem ser assim resumidos: 1) Construção da tarefa ou *task crafting*, que consiste na alteração ou a remodelagem das atividades e tarefas do dia a dia. Por exemplo, uma diretora operacional que passa a ser responsável pela produção de eventos por acreditar ser organizada e boa em negociações; 2) Construção das relações ou *relation crafting*, que é a alteração da natureza ou da extensão das interações com as pessoas (como e para quem o trabalho é executado). É o caso de um diretor administrativo, por exemplo, poder fazer mentorias com jovens associados como forma de se conectar com a próxima geração; e, por fim, 3) Construção cognitiva ou *cognitive crafting*, entendida

---

[229] No original: *We propose that employees craft their jobs by changing cognitive, task, and/or relational boundaries to shape interactions and relationships with others at work. These altered task and relational configurations change the design and social environment of the job, which, in turn, alters work meanings and work identity. We offer a model of job crafting that specifies (1) the individual motivations that spark this activity, (2) how opportunities to job craft and how individual work orientations determine the forms job crafting takes, and (3) its likely individual and organizational effects.* (WRZESNIEWSKI, Amy; DUTTON, Jane E. Crafting a Job: Revisioning Employees as Active Crafters of Their Work. In: Academy of Management Review. vol. 26, n. 2. Disponível em: <https://journals.aom.org/doi/10.5465/amr.2001.4378011>. Acesso em: 21 nov. 2018.

como a mudança de como o indivíduo enxerga seu trabalho e como percebe seu impacto. O diretor de uma ONG, por exemplo, pode ver seu trabalho apenas como uma busca de contribuições e doações ou como alguém que está buscando ajuda para causar impacto e melhorar a vida de muitas pessoas.[230]

JOB SHARING

Job sharing é expressão que significa posto de trabalho compartilhado. Por meio do *job sharing* (*to share* significa compartilhar) duas ou mais pessoas são contratadas para ocupar o mesmo posto de trabalho, flexibilizando-se, assim, a *pessoalidade* que é inerente ao contrato de trabalho.

O direito norte-americano conceitua o *job sharing* como "*a flexible work option in which two or possibly more employees share a single job. For example, one person may work in a certain position Monday and Tuesday, and a second person may occupy that same position Thursday and Friday*". Ainda, "*an alternative work schedule in which two employees voluntarily share the responsibilities of one full time job, and receive salary and benefits on pro-rata basis. Job sharing creates regular part time (half days, alternative days, alternative weeks etc.) where there was one full time position, and thus avoids a total loss of employment in a layoff*".[231]

Por meio dessa espécie de contrato, na Itália, por exemplo, em que há a regulamentação da figura, os trabalhadores que dividem o posto de trabalho são solidariamente responsáveis por cumprir as obrigações inerentes ao contrato, de modo que se um não prestar o serviço, o outro deve cumprir a integralidade da obrigação.[232]

JOINT EMPLOYMENT *OU TEORIA DO VÍNCULO EMPREGATÍCIO COMPARTILHADO*

A teoria ou doutrina do *joint employment*, também chamada de teoria do *vínculo de emprego compartilhado*, é fruto da jurisprudência norte-mericana. Firmada inicialmente no caso *Rutherford Food Corp. v. McComb, 331 U.S. 722*(1947), ganhou notoriedade no seu mais famoso caso sobre o tema, que é o *NLRB v. Browning-Ferris Industries of Pa., 691 F.2d 1117, 1122 (3rd Cir. 1982)*, por meio do qual a *National Labor Relations Board (NLRB)* definiu como *joint employer* a empresa que retém para si controle suficiente dos termos e condições de emprego dos empregados que são empregados de outro empregador.

Em outros termos, o trabalhador desempenha uma função que beneficia simultaneamente duas ou mais empresas e, apesar de ser empregado formalmente apenas de uma delas, recebe ordens da(s) outra(s), que exerce(m) primordialmente o controle e dirige a execução dos trabalhos.

A teoria pode ser aplicada tanto para as situações de grupo econômico, como para os casos de terceirização, na qual a tomadora dos serviços exerce controle suficiente sobre a forma de execução do trabalho dos terceirizados.

A propósito, o art. 4º-A, § 1º, da Lei n. 6.019/74, incluído pela Lei n. 13.429/2017, prevê que "*A empresa prestadora de serviços contrata, remunera e **dirige** o trabalho realizado por seus trabalhadores, ou subcontrata outras empresas para realização desses serviços*". Ou seja, pela Lei, quem deve dirigir o trabalho é a prestadora dos serviços e não a tomadora, sob pena de configuração do *joint employment*.

No ano de 2002, o NLRB declarou que, para estabelecer o *status* de empregador conjunto ou compartilhado, o controle sobre questões de emprego deve ser direto e imediato, em decisão firmada no caso *Airborne Express, 338 NLRB 597 (2002)*.

Contudo, em agosto de 2015, o NLRB passou a entender configurado o *joint employment*, com base não apenas no exercício do controle real (direto) sobre os termos e condições de emprego dos trabalhadores,

---

(230) Idem.
(231) Disponível em: <https://definitions.uslegal.com/j/job-sharing/>. Acesso em: 21 nov. 2018.
(232) MARTINS, Sérgio Pinto. *Flexibilização das condições de trabalho*. 5. ed. São Paulo: Atlas, 2015. p. 118.

mas também no controle *indireto* (também chamado de autoridade reservada), ou seja, mesmo que não os supervisione ativamente.[233]

Mais recentemente, em setembro de 2018, alguns membros do NLRB, na tentativa de superar o entendimento do *controle indireto* firmado em 2015, propuseram uma nova regra para caracterização do *joint employment* que, segundo seus artífices, fomentarão "previsibilidade e consistência". A regra, chamada de "*The Standard for Determining Joint-Employer Status*", prevê que só haverá a caracterização de *joint employment* se as empresas compartilharem ou codificarem os termos e condições essenciais de emprego dos funcionários, como contratação, demissão, disciplina, supervisão e direção, de modo que um putativo empregador conjunto deve possuir e realmente exercer controle *direto* e *imediato* substancial sobre os termos e condições essenciais de emprego dos empregados de uma maneira que não seja limitada e rotineira.[234]

Não se sabe se a proposta será acolhida e, até a data de fechamento da presente edição, o entendimento do NLRB era o de que bastava o controle indireto.

No Brasil, o Tribunal Regional do Trabalho da 3ª Região já aplicou a teoria do vínculo empregatício compartilhado em caso envolvendo terceirização de serviços em conglomerado bancário.

No julgamento, o Desembargador José Eduardo de Resende Chaves Júnior fundamenta que "*o trabalhador que exerce habitualmente função inserida nas atividades principais do tomador final de seus serviços e, nessa condição, sujeito a supervisão, direção ou regramento operacionais estabelecidos pela res productiva, para além das ordens executivas emanadas do empregador putativo, tem direito, em face do princípio da norma mais favorável, ao status jurídico do vínculo empregatício compartilhado entre as empresas que se beneficiam conjuntamente de seu trabalho, independentemente da declaração de ilicitude ou não da terceirização*".[235]

Ainda segundo a fundamentação extraída do acórdão, "*a nova organização produtiva irradia-se por meio de um processo aparentemente paradoxal, de concomitante expansão e fragmentação, ou seja, com incorporação de campos econômicos adjacentes, mas com incremento da especialização operativa. Tal prática induz, na esfera do direito, uma forma especial de contrato-realidade, de maneira a suscitar a vinculação jurídica empregatícia compartilhada, que congloba o* status *jurídico mais benéfico ao trabalhador. A doutrina do* joint employment *constitui-se como um concerto jurídico que, a par de garantir o exercício da livre-iniciativa, a flexibilidade de gestão e o foco empresarial nas atividades mais estratégicas, não se descura dos preceitos constitucionais de proteção ao trabalho humano e de progressividade social*".[236]

Como dito acima, de acordo com a Lei n. 6.019/74, mais especificamente seu art. 4º-A, § 1º, é a empresa prestadora de serviços quem exerce o poder diretivo sobre o empregado. Logo, à Contratante não se faculta exercer poder de organização, de vigilância ou disciplinar sobre o empregado, sob pena de caracterização do *joint employment*, conforme doutrina e jurisprudência norte-americana. Caso este descumpra qualquer norma ou direcionamento da Contratante, a mesma deverá reportar o fato à empresa prestadora de serviços para que esta tome as providências cabíveis, pois somente em relação a ela se fala em "*status subjectionis*" da figura obreira.

A contrario sensu, pode-se afirmar que, em caso de eventual ingerência da Contratante na esfera jurídica do empregado, a Lei será violada e, portanto, avultará o estado de subordinação entre Contratante e empregado, o que não se admite, sob pena de configuração do vínculo empregatício diretamente com esta e responsabilidade solidária entre as beneficiárias da força de trabalho.

Uma vez que a Lei reformada (Lei n. 13.467/2017) admitiu a terceirização em atividade-fim, fica abstruso compreender, no plano fático, a aplicação desse artigo, pois, dificilmente, em termos práticos, poderá

---

(233) BLOCK, Sharon. *Joint employer NPRM*: Hy-Brand returns. Disponível em: <https://onlabor.org/joint-employer-nprm-hy-brand-returns/>. Acesso em: 21.11.2018. O caso foi: Browning-Ferris Industries of California, Inc., d/b/a BFI Newby Island Recyclery, and FPR-II, LLC, d/b/a Leadpoint Business Services, and Sanitary Truck Drivers and Helpers Local 350, International Brotherhood of Teamsters, Petitioner. Case 32–RC–109684. Como consequência, um sindicato que representa esses trabalhadores pode negociar diretamente com a empresa tomadora, e não apenas com sua empregadora formal.
(234) A proposta, ainda não aprovada até a data de fechamento desta edição, está disponível em: <https://s3.amazonaws.com/public-inspection.federalregister.gov/2018-19930.pdf>. Acesso em: 21.11.2018.
(235) TRT-3 – RO-0010176-41.2016.5.03.0043; Relator: José Eduardo de Resende Chaves Júnior; Julgado em 26 de março de 2018.
(236) *Idem*.

a Contratante terceirizar atividade-fim e não exercer poder de direção sobre o empregado da empresa prestadora de serviços.

Essa também é a opinião de Paulo Sergio João que admite a terceirização em atividade-fim *"desde que não submeta o empregado da empresa prestadora de serviços à condição de subordinado pessoalmente ao tomador"*[237]. No entanto, não explica o autor como seria possível a terceirização de atividade-fim sem que o empregado esteja minimamente subordinado à Contratante.

Nesse aspecto, mantém-se íntegro o item III, da Súmula 331, do C. Tribunal Superior do Trabalho, ao dispor que *"não forma vínculo de emprego com o tomador a contratação de serviços de vigilância (Lei n. 7.102, de 20.06.1983) e de conservação e limpeza, bem como a de serviços especializados ligados à atividade-meio do tomador, **desde que inexistente** a pessoalidade e **a subordinação direta**"*.[238]

JORNADA MÓVEL VARIÁVEL

Na jornada móvel e variável de trabalho o empregado é remunerado de acordo com a quantidade de horas efetivamente trabalhadas, segundo o arbítrio e as necessidades do empregador.

Em caso enfrentado pelo Tribunal Superior do Trabalho, em período anterior à Lei n. 13.467/2017 – Reforma Trabalhista, o Ministério Público do Trabalho da 9ª Região pleiteou a declaração de inviabilidade da prática de jornada móvel e variável exercida pelos empregados da rede de franquias *McDonald's*.

Os argumentos utilizados pelo MPT foram os seguintes: *a)* afirma que, sendo a jornada móvel e variável, o trabalhador fica sujeito ao arbítrio do empregador, sem poder programar a sua vida profissional, familiar e social, porque este não tem certeza do seu horário de trabalho e da remuneração mensal; *b)* em razão dessa maleabilidade da jornada, o risco da atividade econômica é transferida aos trabalhadores, que suportarão o ônus dos períodos de baixa produtividade, razão pela qual a modalidade de fixação do tempo de trabalho é ilegal.

Portanto, a controvérsia cinge-se à análise da licitude de cláusula de contratos individuais de trabalho, realizados entre os empregados da reclamada e suas franqueadas, que estabelecem **jornada laboral semanal móvel e variável não superior ao limite de 44 horas e inferior ao mínimo de 8 horas, <u>com o pagamento apenas das horas efetivamente trabalhadas.</u>**

Aqui, convém observar que, no julgamento em questão, *foi declarada a perda de objeto do recurso da reclamada no que tange à obrigação de não contratar empregados mediante a adoção da chamada "jornada móvel variável"*, em virtude de acordo de abrangência nacional firmado em outro processo. Sendo assim, como afirmado no próprio acórdão, o recurso foi analisado apenas à luz da determinação oriunda da 8ª Turma desta Corte no sentido de que fosse *"garantindo, pelo menos, o pagamento do salário mínimo da categoria profissional, de acordo com a Convenção Coletiva do Trabalho, <u>independentemente do número de horas trabalhadas</u>"*.

Logo, o que a SDI-1 do TST analisou no presente caso foi o acerto ou não da decisão da 8ª Turma do TST que determinou *o pagamento do salário mínimo da categoria profissional, de acordo com a Convenção Coletiva do Trabalho, <u>independentemente do número de horas trabalhadas.</u>* Como se verá adiante, a decisão da 8ª Turma foi reformada pela SDI-1.

Em primeiro grau, o Juízo de origem julgou improcedentes os pedidos formulados pelo Ministério Público na Ação Civil Pública por entender que:

a. a jornada móvel e variável ajustada entre o réu e parcela considerável de seus empregados, prevendo jornada semanal que pode variar entre 8 e 44 horas, não desrespeita a norma constitucional, tampouco a legislação infraconstitucional.

b. o art. 7º, XIII, da Constituição Federal e o art. 58 da CLT estabelecem apenas a jornada máxima

---

(237) JOÃO, Paulo Sérgio. *O que muda com o projeto de lei sobre trabalho temporário e terceirização*. In: Revista Consultor Jurídico. Disponível em: <http://www.conjur.com.br/2017-mar-24/reflexoes-trabalhistas-muda-pl-trabalho-temporario-terceirizacao>

(238) MIZIARA, Raphael; PINHEIRO, Iuri Pereira. *A regulamentação da terceirização e o novo regime do trabalho temporário*: comentários analíticos à Lei n. 6.019/74. São Paulo: LTr, 2018.

diária e semanal a ser observada, não prevendo, em momento algum, uma jornada mínima a ser contratada, tampouco estabelecem que tal jornada deva ser fixa e invariável.

c. a modalidade de contratação adotada pelo réu não significa deixar o trabalhador à disposição do empregador durante as 44 horas semanais, visto que o relatório de fiscalização do Ministério do Trabalho, anexado aos autos, demonstrou que a escala de trabalho dos empregados do réu é afixada no estabelecimento ao final de cada mês, com horários a serem observados no mês seguinte, dando conhecimento aos trabalhadores com a antecedência dos horários em que trabalharam a cada mês. Ademais, os trabalhadores tomam conhecimento, com a antecedência necessária, dos horários em que trabalharão a cada mês, o que rechaça a alegação do MPT de que estariam à disposição do empregador durante 44 horas semanais. Assim, a publicidade das escalas de jornada com antecedência prévia faz com que os empregados do réu somente permaneçam à disposição durante o tempo de efetivo labor, podendo dispor do restante de seu tempo de maneira que melhor aprouver.

d. a variação salarial decorrente da variação de jornada não encontra qualquer impeditivo legal, ainda mais porque **o valor do salário-hora é fixo e os trabalhadores sempre tiveram a garantia de receber a remuneração correspondente à jornada mínima, não havendo que se falar que os trabalhadores assumiram o ônus do negócio.**

Insatisfeito com a decisão de 1º grau, o MPT recorreu ao Tribunal Regional, que, em resumo, assim entendeu que jornada móvel e variável, na forma como adotada, encontra amparo no ordenamento jurídico pátrio, sob os seguintes fundamentos:

1º. Respeita os limites diários e semanal de jornada (8 e 44 horas), atendendo assim os preceitos constitucionais (art. 7º, XIII) e legislação infraconstitucional (art. 58 da CLT).

2º. A utilização de jornadas variáveis para empregados horistas é prática admitida pela jurisprudência e doutrina, tanto que o § 1º do artigo 142 da CLT assim prevê, admitindo o pagamento do salário por hora, com jornadas variáveis. A jornada variável vem ainda prevista no art. 229 da CLT, que trata da jornada de trabalho dos empregados nos serviços de telefonia, telegrafia submarina e subfluvial, radiotelegrafia e radiotelefonia.

3º. A legislação trabalhista estabelece apenas a jornada máxima diária e semanal a ser observada, não prevendo qualquer limitação quanto a jornada mínima a ser contratada. A fixação de um limite máximo para a jornada tem sentido como proteção à integridade do trabalhador. Abaixo do patamar legal não há limites mínimos de jornada.

Neste sentido, em abono à jornada móvel e variável, cabe destacar os ensinamentos de Sérgio Pinto Martins (2004, p. 504-505):

O horário móvel não contraria o inciso XIII do art. 7º da Lei maior. A lei não veda a jornada móvel e variável. As convenções coletivas, de modo geral, não proíbem a jornada móvel e variável. Logo, o que não é proibido é permitido (...). A jornada de trabalho móvel e variável é decorrente da produção da empresa, sendo, portanto, lícita, pois não contraria determinação da Constituição ou da legislação trabalhista. Dessa forma, a cláusula contratual é plenamente válida, não havendo que se falar em nulidade, de forma a ser aplicado o art. 9º da CLT.

4º. A legislação trabalhista não estabelece que a jornada deve ser fixa e invariável.

5º. Sequer se vislumbra redução salarial que infrinja o inciso VI do art. 7º da Constituição Federal.

Um ponto importante destacado no acórdão é o fato de que restou comprovado que os empregados sujeitos à jornada móvel e variável são **horistas, recebendo a remuneração de acordo com as horas trabalhadas. O salário-hora não foi reduzido** pelo réu, dando cumprimento, assim, ao mandamento constitucional do inciso VI do art. 7º, ou seja, os trabalhadores sempre tiveram a garantia de receber a remuneração correspondente à jornada mínima.

6º. A forma de contratação adotada pelo réu não significa que o lapso temporal em que o empregado está sem prestar serviços importe em tempo à disposição do empregador.

Nesse ponto, restou comprovado que durante o período em que não estavam a prestar serviços, os empregados não se encontravam no local de trabalho, aguardando ou executando ordens. Podiam, assim, dedicar-se a outras atividades ou ao descanso.

No caso, conforme se inferiu, muito importante destacar que é inconteste o fato de empregados estarem sujeitos à jornada móvel e variável são horistas e recebem a remuneração de acordo com as horas trabalhadas. Consta no acórdão da Turma que a jornada *"pode ser de oito horas diárias, bem como de apenas duas horas diárias"* e, ainda, que *"o salário-ho-*

ra não foi reduzido pelo réu e que os trabalhadores sempre tiveram a garantia de receber a remuneração correspondente à jornada mínima".

O TST não enfrentou a validade da jornada móvel e variável, já que essa questão restou prejudicada. No entanto, como se viu, existem fortes argumentos a favor da validade da jornada, sendo que se afigura razoável o entendimento pelo qual a jornada móvel e variável é válida, desde que haja o preenchimento de certos pressupostos, quais sejam, aviso prévio ao empregado quanto aos horários futuros – publicidade da escala (*schedule*) de trabalho – e garantia do valor do salário mínimo hora.

Nos embargos, o TST enfrentou se é lícita ou não a determinação judicial que obriga a empresa a pagar ao menos o salário mínimo para os que exerçam jornada variável.

Inicialmente, o TST verificou que a situação examinada não envolvia empregados cuja remuneração é fixada por produção, matéria versada especificamente na Lei n. 8.716/93 (dispõe sobre a garantia do salário mínimo e dá outras providências), que, em seu artigo 1º, estabelece que *"aos trabalhadores que perceberem remuneração variável, fixada por comissão, peça, tarefa ou outras modalidades, será garantido um salário mensal nunca inferior ao salário mínimo".*

No caso, o acórdão dá conta de que, conforme estabelecido contratualmente, **a remuneração foi fixada por horas de trabalho** – salário por unidade de tempo –, sendo incontroverso que **houve pagamento de salário mínimo proporcional à duração do trabalho.**

Tal possibilidade, inclusive, é abonada pela Orientação Jurisprudencial n. 358 da SDI-1 do TST:

SALÁRIO MÍNIMO E PISO SALARIAL PROPORCIONAL À JORNADA REDUZIDA. POSSIBILIDADE. Havendo contratação para cumprimento de jornada reduzida, inferior à previsão constitucional de oito horas diárias ou quarenta e quatro semanais, é lícito o pagamento do piso salarial ou do salário mínimo proporcional ao tempo trabalhado.

A hipótese versada na mencionada Orientação Jurisprudencial é exatamente a tratada nos presentes autos, em que a 8ª Turma do TST, contrariando os seus termos, deu provimento ao recurso de revista do Ministério Público do Trabalho da 9ª Região para julgar procedente a ação civil pública de forma a determinar que a reclamada garanta, *"pelo menos, o pagamento do salário mínimo da categoria profissional, de acordo com a Convenção Coletiva do Trabalho, independentemente do número de horas trabalhadas".*

A toda vista, a decisão turmária violou o entendimento consagrado na OJ n. 358 do TST. Ora, no caso, os empregados estavam sujeitos à jornada móvel e variável e eram horistas e, por isso, recebiam a remuneração de acordo com as horas trabalhadas, observado o salário mínimo hora. Nada mais.

Mais uma vez, importante ressaltar que a situação examinada não envolvia empregados cuja remuneração é fixada por produção, matéria versada especificamente na Lei n. 8.716/93.

Portanto, sendo a remuneração fixada por horas de trabalho, aliado ao fato de que houve pagamento de salário mínimo proporcional à duração do trabalho, não há que se falar em ilegalidade.

Outrossim, observou-se que os precedentes que levaram à edição da Orientação Jurisprudencial n. 358 da SBDI-1 buscaram afastar a afronta ao artigo 7º, IV, da Constituição Federal – em razão do contido no inciso XIII do mesmo dispositivo – nas hipóteses em que a empresa tenha fixado salário inferior ao mínimo legal ou ao piso salarial em razão do estabelecimento de jornada inferior à prevista no artigo 7º, IV, da Constituição Federal.

Por fim, entendeu o TST que, se se considera lícito o pagamento de salário proporcional à jornada de trabalho, ainda que inferior ao mínimo legal e/ou convencional, não há amparo jurídico à pretensão do Ministério Público de ver remunerados de forma idêntica os trabalhadores sujeitos a jornadas de duas, quatro, seis e oito horas diárias, sob pena de contrariedade ao referido verbete e de ofensa ao princípio da isonomia insculpido no artigo 5º, *caput*, da Constituição Federal, já que empregados sujeitos ao mesmo tipo de trabalho em jornadas distintas estariam recebendo a mesma contraprestação salarial.

Assim, a SBDI-I, por maioria, conheceu dos embargos por contrariedade à Orientação Jurisprudencial n. 358 da SBDI-I, vencidos os Ministros Augusto César Leite de Carvalho, Márcio Eurico Vitral Amaro, José Roberto Freire Pimenta, Hugo Carlos Scheuermann e Cláudio Mascarenhas Brandão.

No mérito, a Subseção deu provimento ao recurso para *excluir da condenação a determinação para que a reclamada garanta "o pagamento do salário mínimo da categoria profissional, de acordo com a Convenção Coletiva do Trabalho, independentemente do número de horas trabalhadas",* julgando-se improcedente a presente ação no particular.

– K –

KAPOVAZ

Trata-se de um típico exemplo de flexibilização trabalhista pela maleabilidade do tempo de trabalho. O *Kapovaz* é uma espécie de trabalho a tempo parcial, que surgiu nas práticas laborais no setor comercial alemão e que lá encontra regulamentação legal.

Segundo Daniel Chen, "*Kapovaz*" é a abreviação da expressão alemã "*Kapazitatsorientierte variable arbeitszeit*" que, em tradução livre, significa *duração variável do trabalho conforme a capacidade produtiva*.[239] Por meio dessa figura, o empregado atende ao chamado da empresa para o trabalho de acordo com as necessidades produtivas dessa última.

É o correspondente, na legislação brasileira, do trabalho intermitente. No entanto, na Alemanha, a regulamentação é mais benéfica ao trabalhador, pois impõe um número mínimo de horas mensal de trabalho, por exemplo.

O termo "kapovaz" é muitas vezes utilizado como sinônimo do *Arbeit Auf Abruf* que é justamente o trabalho a pedido do direito alemão.

KAROSHI

O termo é utilizado pelos nipônicos para definir a morte súbita por excesso de trabalho. É a morte por exaustão em decorrência do trabalho. Não se trata de óbito decorrente de alguma específica ou determinada atividade, mas ocasionado por uma reação fisiológica do organismo humano quando este é exposto, durante um longo período, a jornadas excessivas, aliadas, em alguns casos, à busca pelo cumprimento de metas cada vez maiores.

---

(239) CHEN, Daniel. *Regime jurídico brasileiro de duração do trabalho na relação de emprego*. Dissertação de mestrado apresentada ao Departamento de Direito do Trabalho e Seguridade Social da Universidade de São Paulo – USP, 2008. p. 49.

– L –

LABEL SINDICAL

Ver *Selo sindical

LATERALIDADE

A lateralidade consiste na substituição de empregado comissionado ausente por outro comissionado que executa atividades similares, ou que detém conhecimentos e/ou aptidões suficientes, cumulando trabalho sem nada receber pelo acréscimo de serviço.

Na prática, a empresa passa a não mais pagar as substituições decorrentes de afastamento temporário de seus funcionários, passando a existir a figura do lateral, que é o empregado ocupante de função comissionada similar que responde por suas atribuições regulares e pelas atribuições do funcionário que precisou se ausentar do serviço, sem receber qualquer valor pelo acúmulo de funções.

Em caso enfrentando no TRT da 14ª Região, o magistrado Vicente Angelo entendeu que além do prejuízo financeiro individual, a *Lateralidade* causa, a longo prazo, um prejuízo financeiro coletivo, pois precarizando as condições de emprego o réu obtém vantagem indevida perante a concorrência, *dumping social*, ou seja, com base na precarização da relação de emprego o réu pratica concorrência desleal no mercado.[240]

LAY OFF

De acordo com Sérgio Pinto Martins, *lay-off* significa a suspensão temporária do trabalho. É ficar o trabalhador em disponibilidade por certo tempo, até a recuperação da empresa. Seria uma espécie de licença remunerada do trabalhador, que fica em casa e não é dispensado. A empresa não faz a dispensa, pois precisa de trabalhadores qualificados. Pode determinar que o empregado faça curso de qualificação profissional. Segundo o autor, nos Estados Unidos, o *lay-off* é feito por meio de negociação coletiva, segundo critérios de idade, estado civil e tempo de serviço. Pode haver redução de salário e suspensão de encargos sociais.[241]

No entanto, é preciso advertir que a expressão *lay-off* era originalmente utilizada para se referir a uma interrupção temporária do trabalho e, usualmente, remunerada em patamares mais baixos. Mas, na atualidade, tem também sido utilizada para designar o corte permanente dos postos de trabalho.

LEI DO PAVILHÃO

A lei do pavilhão ou da bandeira (Convenção de Havana ratificada através do Decreto n. 18.871/1929 – Código de Bustamante) dispõe que as relações de trabalho da tripulação de navios regem-se pelas leis do local da matrícula da embarcação.

---

(240) Processo n. 0011075-94.2014.5.14.0401.
(241) MARTINS, Sérgio Pinto. *Flexibilização das condições de trabalho*. 5. ed. São Paulo: Atlas, 2015.

Ver *Bandeira de favor ou bandeiras de conveniências ou Pavilhões facilitatórios ou Pavilhões de conveniência.

LEGISLAÇÃO SIMBÓLICA

Segundo Marcelo Neves, quando uma nova legislação constitui apenas uma tentativa de apresentar o Estado como identificado com os valores ou fins por ela formalmente protegidos, sem qualquer novo resultado quanto à concretização normativa, evidentemente estaremos diante de um caso de legislação simbólica.[242]

O autor menciona Kindermann, que propôs um modelo tricotômico para tipologia da legislação simbólica, que pode ser manifestar de três formas: a) confirmar valores sociais; b) demonstrar capacidade de ação do Estado; e, c) adiar a solução de conflitos sociais por meio de compromissos dilatórios.[243]

O primeiro modo de atuação do simbolismo legislativo – confirmar valores sociais – diz que o legislador assume uma posição em relação a determinado conflito social. Posiciona-se de um lado, dando uma vitória legislativa para um determinado grupo social, em detrimento da eficácia normativa da lei. Assim, a lei basicamente diferencia grupos e os respectivos valores e interesses.

Por sua vez, quando tenta demonstrar capacidade de atuação o Estado edita a chamada legislação álibi, por meio da qual se busca aparente solução para problemas da sociedade, mesmo que mascarando a realidade. Cria-se a imagem de um Estado que responde rapidamente aos anseios sociais, o que introduz um sentimento de bem-estar na sociedade. É o exemplo das mudanças na legislação penal como resposta a um crime que ganhou notoriedade na mídia.

Por fim, a legislação simbólica pode se manifestar via adiamento da solução de conflitos sociais através de compromissos dilatórios, por meio da qual transfere a solução de conflitos para um futuro indeterminado.

LESÃO ENORME

A *lesão enorme* ou, simplesmente, *lesão*, é defeito do negócio jurídico previsto no art. 157 do Código Civil, que assim dispõe: *"Ocorre a lesão quando uma pessoa, sob premente necessidade, ou por inexperiência, se obriga a prestação manifestamente desproporcional ao valor da prestação oposta"*.

A lesão, para ser caracterizada, requer a presença de elementos subjetivos e objetivos. O elemento subjetivo é a inferioridade do lesado (sua inexperiência ou premente necessidade) e o objetivo, a desproporção manifesta entre as diferentes prestações do negócio.

LOCKOUT OU LOCAUTE

Em italiano é usada a palavra *serrata* ou a expressão *serrata di ritorsione*. Em espanhol, usa-se *cierre patronal*. Em francês, *fermeture*, mas também se usa *lockout*. Antigamente, na França se falava em greve patronal. Parece que a palavra foi usada pela primeira vez no século XIX, em Hamburgo, depois das festas de 1º de maio.[244]

A única Constituição brasileira que tratou do *lockout* foi a de 1937, proibindo-o, por considerá-lo recurso antissocial, nocivo ao trabalho e ao capital e incompatível com os superiores interesses da produção nacional (art. 139, 2ª parte).

A Constituição do México estabelece o direito a greve e o *lockout* por parte dos empregadores (art. 123,

---

(242) NEVES, Marcelo. *A constitucionalização simbólica*. São Paulo: Martins Fontes, 2013. p. 33.
(243) *Idem. Ibidem.*
(244) ROBORTELLA, Luiz Carlos Amorim. *Lock-out*: aspectos conceituais no direito comparado. In: Revista de Direito Mackenzie. n. 2. Ano 1. São Paulo, 2000.

XVII, a). No direito alemão, o *lockout* deve ser entendido como igualdade de armas entre o capital e o trabalho. A Carta Social europeia o admite indiretamente, ao afirmar que *"o direito dos trabalhadores e empresários a ações coletivas em casos de conflitos de interesses"* (§4º do art. 6º). A OIT, por sua vez, não tem uma convenção ou recomendação sobre o tema.[245]

No Brasil, o art. 17 da Lei n. 7.783/89, que regulamenta a greve, estabelece que o locaute é a paralisação das atividades, por iniciativa do empregador, com o objetivo de frustrar negociação ou dificultar o atendimento de reivindicações dos respectivos empregados.

Do dispositivo legal acima, extrai-se que, para ocorrência do locaute exige-se a concomitância de alguns elementos, quais sejam: *a) elemento objetivo*: a paralisação da empresa (estabelecimento ou setor); *b) elemento subjetivo*: intenção da empresa de paralisar suas atividades com finalidade de exercer pressão sobre os trabalhadores para, em geral, frustrar negociação ou dificultar o atendimento de reivindicações dos respectivos empregados.

Durante o loucaute, o respectivo período de afastamento obreiro será considerado como mera interrupção da prestação de serviços (interrupção contratual) e todas as parcelas contratuais laborativas serão devidas ao empregado no lapso temporal de desenvolvimento do locaute (art. 17, parágrafo único, Lei n. 7.783/89. A prática referida no *caput* assegura aos trabalhadores o direito à percepção dos salários durante o período de paralisação).

Além disso, o locaute constitui falta empresarial, por descumprimento do contrato e da ordem jurídica (art. 483, "d", CLT). Sendo grave a falta, em consonância com as circunstâncias do caso concreto, poderá ensejar a ruptura contratual por justa causa do empregador.

LOOKISM

Lookism significa a construção de um *"standard"* ou padrão de beleza, atração e julgamentos sobre pessoas com base no quão bem ou mal essas pessoas se enquadram no referido padrão. Em outros termos, é uma forma de discriminação com base na aparência ou no visual.

Ela contempla as seguintes formas de discriminação: aschimofobia ou discriminação estética (contra feios), discriminação etária (gerontofobia), discriminação étnico-racial e discriminação cultural.

Importante esclarecer que a "aschimofobia" é uma espécie de discriminação pela aparência ("*lookism*"), pois a discriminação por aparência pode se dar por diversos outros motivos que não seja a feiura, tais como, a cor do cabelo ou da pele, a altura, o uso de adereços como *piercings*, tatuagens, determinado tipo de vestuário ou indumentária etc. Uma pessoa pode ser bonita e, mesmo assim, sofrer discriminação pela aparência por, por exemplo, possuir uma tatuagem no pescoço.

Diversos casos emblemáticos podem ser mencionados para ilustrar a prática da discriminação contra os menos aquinhoados esteticamente. Mas, dois se destacam. O primeiro deles é o da famosa rede de lanchonetes *Hooters*, famosa por manter uma homogeneidade de aparência entre suas garçonetes. Todas do sexo feminino – evidenciando-se, também, uma discriminação em razão do gênero –, altas, magras, com busto avantajado e corpo escultural. Segundo a própria empresa, ela não vende apenas hamburgueres, mas também *sex appeal* feminino. Hooters é inclusve conhecido como um *"breastaurant"* ("*breast*" é palavra inglesa que signfica peito), por ser um estabelecimento que apresenta mulheres seminuas para atender a uma clientela masculina. Como tal, a "Garota Hooters", argumenta a empresa, é uma parte essencial de seus negócios.

A rede de lanchonetes já enfrentou diversas ações por contratar apenas pessoas do sexo feminino.[246] Em um dos casos, a Corte Distrital do Estado de Illinois considerou discriminatória conduta da rede de somente contratar jovens do sexo feminino. A ação foi iniciada por candidatos homens cuja contratação fora vedada. A empresa alegou que vendia *"sex appeal"* feminino e que seus clientes não iam

---

[245] MARTINS, Sérgio Pinto. *Lockout*. In: Jornal Carta Forense. Disponível em: <http://www.cartaforense.com.br/conteudo/colunas/lockout/15749>. Acesso em: 25 nov. 2018.

[246] Ver *Latuga v. Hooters*, Inc., n. 93 C 7709, 94 C6338, 1996 WL 164427, at *1 (N.D. Ill. Mar. 29, 1996). Os detalhes do caso podem ser encontrados em: <https://www.clearinghouse.net/detail.php?id=10692>. Acesso em: 07 ago. 2018.

ao restaurante apenas em razão de seus *hamburgers* mas também por causa das garçonetes. A Corte decidiu que o restaurante poderia vender também "*sex appeal*" masculino, sendo injustificável e discriminatório o critério de seleção, mesmo em razão do objeto da empresa. Para pôr fim ao processo, foi feito um acordo no qual os reclamantes receberam dois milhões de dólares. Além disso, o Hooters concordou em criar três tipos de posições (cargos), quais sejam, *Staff*, *ServiceBartender* e *Host*, que seriam neutros em relação ao gênero.

No Brasil, a prática de vender "*sex appeal*" parece estar se tornando comum. Determinados restaurantes contratam apenas garçons com determinado padrão visual, em manifesta prática de discriminação visual.[247]

Outro caso emblemático é da conhecida marca de roupas *Abercrombie & Fitch*. O próprio CEO da marca, Mike Jeffries, afirmou publicamente que "não produz roupas para pessoas gordas". Mas, a discriminação não era só em relação aos clientes. A empresa já enfrentou vários processos nas quais foi acusada de discriminação visual por só contratar empregados "jovens e sarados". Em uma entrevista em 2006 ao *site* de notícias salon.com, citado pelo órgão de direitos humanos da França, onde a empresa é investigada, Mike Jeffries admitiu que recrutava pessoal atraente por razões de *marketing*. "É por isso que contratamos pessoas de boa aparência em nossas lojas", disse ele na entrevista. "Porque as pessoas de boa aparência atraem outras pessoas de boa aparência, e queremos vender para pessoas de boa aparência", afirmou.[248]

Empresas e lojas cujos funcionários mantêm uma certa hegemonia física ou padrão de estética podem estar praticando o *lookism*. A doutrina defende que quando há certa homogeneidade estética em determinada empresa isso não significa que se está praticando discriminação, mas a ausência de diversidade, representada por um quadro de empregados homogêneo, é um forte indício de discriminação. Nesses casos, como é algo que foge ao normal, mormente em uma sociedade tão diversa e multicultural como a brasileira, deve o ônus da prova ser distribuído dinamicamente, atribuindo-se ao empregador o ônus quanto à ausência de prática discriminatória, devendo provar que não pratica qualquer discriminação no processo seletivo, pois oferece oportunidades iguais a todos os candidatos.[249]

Em relação a pessoas gordas, o C. Tribunal Superior do Trabalho entende lícita a dispensa sem justa causa, desde que se trate de empresa cujo objeto social é justamente vender produtos relacionados a um estilo de vida *fitness*. É o caso da empresa "vigilantes do peso". Segundo o Tribunal Superior do Trabalho, "*afigura-se razoável que, tratando-se a ora reclamada de uma empresa que pretende comercializar produtos e serviços voltados ao emagrecimento, estabeleça determinados padrões a serem observados por seus empregados, pois do contrário estará totalmente esvaziada qualquer mensagem ou discurso propagado pela "orientadora" do segmento. Assim sendo, não se verifica a alegada ilicitude e nulidade da cláusula regulamentar que exigia a manutenção do 'peso ideal' da empregada que se propôs ao exercício das funções inerentes à atividade essencial da empregadora, qual seja, Vigilantes do Peso*" (RR-2462-02.2010.5.02.0000, Data de Julgamento: 27.02.2013, Redator Ministro: Renato de Lacerda Paiva, 2ª Turma, Data de Publicação: DEJT 26.03.2013).

LUDISMO

O Ludismo (1811 – 1817), assim como o Cartismo, foi um movimento operário inglês e de cunho protestante. Mas, ao contrário do Cartismo, que possuía nítido caráter político, o Ludismo caracterizou-se e foi levado a efeito mediante a destruição de alguns tipos de máquinas industriais, com o intuito de buscar melhorias salariais e, principalmente, frear a completa mecanização do ciclo de produção têxtil. Trocando em miúdos, o Ludismo foi um movimento de protesto contra a automação do trabalho, pois

---

(247) A respeito, conferir: <https://delas.ig.com.br/comportamento/2013-07-18/garcons-gatos-nao-estamos-aqui-so-para-servir-mas-para-criar-um-clima.html>. Acesso em: 07 ago. 2018.
(248) *Rede Abercrombie é acusada de discriminação*. Disponível em: <https://economia.estadao.com.br/noticias/geral,rede-abercrombie-e-acusada-de-discriminacao>. Acesso em 07 ago. 2018.
(249) Para maior aprofundamento sobre o tema, consultar: RODRIGUES JÚNIOR, Edson Beas. *Discriminação visual e suas diversas dimensões*: aschimofobia, discriminação etária, discriminação étnico-racial e discriminação cultural. In: Revista LTr, Volume 79, n. 9, set/2015. p. 63.

isso, inevitavelmente, estava gerando a extinção de postos de trabalho.

O movimento recebeu esse nome em razão de seu líder Nedd Ludd. Seus seguidores ficaram conhecidos como *ludders* ou *luddites* (luditas).

O historiador Eric Hobsbawn afirma que o Ludismo, enquanto método de destruição de máquinas, é geralmente considerado como a expressão da hostilidade da classe trabalhadora às novas máquinas da Revolução Industrial, especialmente as que economizam mão de obra.[250]

É bom registrar que o Ludismo não se confunde com a sabotagem. Norberto Bobbio assevera que o ludismo difere da sabotagem em razão dos objetivos buscados. Segundo ele, a palavra sabotagem serve melhor para qualificar os atos de violência operária, mesmo coletivos, que, de qualquer modo, não visam à modificação radical do sistema de produção industrial – que era o objetivo buscado pelo Ludismo –, mas atentam apenas contra a propriedade e o capital.[251]

LUVAS

Na esfera jurídica do trabalho dos atletas, "luvas" é uma parcela de incentivo ao atleta para a sua anuência ao pacto contratual, normalmente delineada de maneira minuciosa, quitada de uma só vez no ato da assinatura ou diluídas e pagas habitualmente durante o período firmado em contrato laboral desportivo.[252]

A doutrina sustenta que as luvas desportivas importam em reconhecimento de um "*fundo de trabalho*", isto é, do valor do trabalho desportivo já apresentado pelo atleta que será contratado, estabelecendo um paralelo com o "fundo de comércio", que é o valor do ponto adquirido pelo locatário.

Segundo Luciano Martinez, as luvas ingressam no plano dos chamados "complementos salariais próprios" porque, uma vez bonificado o "fundo de trabalho" do contratado, desaparecem os motivos que justificariam a manutenção da verba ora analisada. Diz-se "fundo de trabalho" numa alusão comparativa à expressão "fundo de comércio". Por analogia, o "fundo de trabalho" seria o patrimônio imaterial que o trabalhador conquistou ao demonstrar sua elevada respeitabilidade, reputação e qualidade técnica no mercado laboral.[253]

Adverte Rafael Teixeira Ramos que a doutrina majoritária entende que se as luvas forem quitadas de uma só vez no ato da assinatura contratual, em um só montante, perde a sua habitualidade, descaracterizando a natureza salarial, consubstanciando-se em parcela de natureza retributiva, mas não salarial.[254]

Nesses casos, por se tratar de parcela paga em fase pré-contratual e em uma única vez, havia divergência na jurisprudência acerca dos *reflexos* desse pagamento. Algumas turmas do TST entendiam que os valores recebidos sob esse título teriam repercussão sobre todas as parcelas de natureza salarial, como férias e 13º salário referentes ao ano em que se efetivou o pagamento das "luvas". Outras entendiam que, por ser pago na fase pré-contratual e uma única vez, o bônus não deveria repercutir sobre as demais parcelas.

Mas, prevalece na jurisprudência que o bônus ou luvas concedido ao empregado na data da sua contratação, com o objetivo de atraí-lo a integrar o quadro funcional da empresa, *ainda que quitada em parcela única*, possui natureza salarial, sobretudo porque não visa ao ressarcimento, compensação ou reparação de qualquer espécie.[255]

---

(250) HOBSBAWN, Eric. *Os trabalhadores*: estudos sobre a história do operariado. 5. ed. Trad.: Marina Leão Teixeira. São Paulo: Paz e Terra, 2015. p. 24.
(251) BOBBIO, Norberto; MATTEUCI, Nicola; PASQUINO, Gianfranco. *Dicionário de política*. Volume 2. Brasília: UnB, 1991. p. 723.
(252) RAMOS, Rafael Teixeira. *Luvas e bichos no contrato de trabalho do atleta*. Disponível em: < http://ostrabalhistas.com.br/luvas-e-bichos-do-contrato-de-trabalho-do-atleta/#_ftnref3>. Acesso em: 06 nov. 2018.
(253) MARTINEZ, Luciano. *Curso de direito do trabalho*. 6. ed. São Paulo: Saraiva, 2015.
(254) *Idem. Ibidem.*
(255) ARR-109900-53.2008.5.04.0404 Data de Julgamento: 02.08.2017, Relator Ministro: Walmir Oliveira da Costa, 1ª Turma, Data de Publicação: DEJT 04.08.2017.

Em decisão mais recente, a Subseção I Especializada em Dissídios Individuais (SDI-1) do Tribunal Superior do Trabalho uniformizou a jurisprudência para decidir quanto ao alcance das repercussões. Firmou-se o entendimento de que, apesar da natureza salarial, por se tratar de parcela paga uma única vez, os reflexos devem ser limitados, aplicando-se analogicamente a Súmula 253 do TST[256], que trata da gratificação semestral, bem como da indenização do FGTS.[257]

Portanto, repercute somente sobre o depósito do FGTS no mês em que for pago e, inclusive, na indenização de 40% no momento da rescisão, considerando o disposto no art. 18, § 1º, da Lei n. 8.036/1990[258], bem como, pelo seu duodécimo, na indenização por antiguidade e na gratificação natalina (décimo terceiro salário). Não repercute no cálculo das horas extras, das férias e do aviso prévio, ainda que indenizados.

Ver *hiring bonus* ou bônus de contratação

---

(256) Súmula n. 253 do TST. GRATIFICAÇÃO SEMESTRAL. REPERCUSSÕES. A gratificação semestral não repercute no cálculo das horas extras, das férias e do aviso prévio, ainda que indenizados. Repercute, contudo, pelo seu duodécimo na indenização por antiguidade e na gratificação natalina.
(257) TST-E-ED-ARR-723-08.2013.5.04.0008, SBDI-1, Rel. Caputo Bastos, julgamento 29.11.2018.
(258) Art. 18, § 1º, da Lei n. 8.036/90. Na hipótese de despedida pelo empregador sem justa causa, depositará este, na conta vinculada do trabalhador no FGTS, importância igual a quarenta por cento do montante de todos os depósitos realizados na conta vinculada durante a vigência do contrato de trabalho, atualizados monetariamente e acrescidos dos respectivos juros.

– M –

MALA BRANCA E MALA PRETA

A "mala branca" – verba oferecida para estimular a vitória – e a "mala preta" – verba oferecida para estimular a derrota –, são espécies de bichos externos, ou seja, pagos por um clube distinto daquele no qual o atleta é empregado, como forma de tentar influenciar o resultado da partida.

Ver *bichos

MARCHANDAGE

Marchandage é uma expressão francesa cunhada no século XIX para designar situações na qual um trabalhador era contratado por intermédio de um mercador de força de trabalho, cujo negócio consistia em lucrar com o trabalho de terceiros que intermediava/locava.[259]

Mutatis mutantis, no *marchandage* o intermediador atua como se fosse um "cafetão", que lucra com a intermediação de mão de obra ao cobrar do trabalhador o serviço de intermediação. Essa prática foi abolida pela Declaração de Filadélfia (artigo 1º) que reafirmou o princípio de que o trabalho não é uma mercadoria.

É importante esclarecer que no trabalho temporário, por sua vez, a ETT – Empresa de Trabalho Temporário – exerce mediação gratuita em relação a cada empregado para o qual angaria trabalho, remunerada por cada cliente. Não ganha e não pode ganhar com a mediação, mas sim com a prestação de serviços à sua clientela. Ademais, a ETT registra como empregado o trabalhador a ser colocado à disposição das tomadoras ou empresas clientes, o que não ocorre quando se fala em *marchandage*.

MOBBING

Mobbing deriva do verbo "*to mob*", que significa 'tratar mal', cercar, rodear. É uma expressão utilizada no estudo do comportamento de animais e se refere a uma postura antipredatória agressiva, quando a espécie é ameaçada. Já no contexto das relações humanas, *mobbing* corresponde ao assédio moral no trabalho, que se caracteriza pela prática abusiva sistemática e repetida, de constrangimento psicológico, durante certo período de tempo, com a intenção de minar o psicológico da vítima.

MODELO KURZARBEIT

Kurzarbeit é palavra alemã que em português signifca "trabalho curto" e que, no Brasil, serviu de inspiração para o Programa de Proteção ao Emprego – PPE (a partir da Lei n. 13.456, de 26 de junho de 2017) chamado de Programa Seguro-Emprego.

---

(259) Como registram Jean Rivero e Savatier, o próprio *Code du Travail* traz proibição expressa em relação a tal prática que, em seu artigo 30, dispõe "l'exploitation des ouvriers par des sous-entrepreneurs ou marchandage est interdite" (RIVERO, Jean; SAVATIER, Jean. *Droit du travail*. Presses Universitarires de France, 1956. p. 255).

No modelo alemão, o *Kurzarbeit* é uma redução temporária do dia normal de trabalho, motivada pela diminuição do volume de trabalho. A redução de horas de trabalho pode ser parcial ou total (*Kurzarbeit "Null"*, isto é, redução de dia para "zero"), e corresponde a uma redução proporcional no salário. A redução do horário de trabalho afeta as obrigações recíprocas do trabalhador e empreendedor, por isso tem um regime jurídico específico.

De conformidade com o § 169 do Código Social Alemão (Sozialgesetzbuch – SGB) III, trabalhadores afetados têm direito a um subsídio estatal (*Kurzarbeitergeld*) cujas funções são, por um lado, compensar a perda de salários dos trabalhadores com jornada de trabalho reduzida e, por outro, evitam demissões por razões econômicas.

Seu objetivo é estabilizar o emprego em situações de crise da empresa. Quanto ao regime jurídico do *Kurzarbeit*, é necessário distinguir entre o nível do direito ao trabalho e o nível de direito social. A possibilidade de que o empregador reduza o dia de trabalho em seus centros de trabalho é regido pela exigência da legislação trabalhista. Em contraste, se os trabalhadores afetados pelo *Kurzarbeit* receberem o subsídio do Estado, os requisitos são estabelecidos pela legislação social (SGB III).[260]

MOST SIGNIFICANT RELATIONSHIP OU TEORIA DO CENTRO GRAVITACIONAL

O princípio jurídico do Centro da Gravidade (Otto Gierke) foi inicialmente desenvolvido como Teoria da Sede do Fato (Savigny). Tal teoria é essencial porque aponta o direito material a ser aplicado ao problema subjacente ao fato misto, ou seja, aquele que ocoreu em mais de um lugar. Se um fato gera efeitos em vários países ao mesmo tempo, em diversas ordens jurídicas, estaremos diante de um fato misto ou multinacional, e qualquer juiz será competente desde que, no país em que ele se situe, o fato gere efeitos. Ocorre que, apesar de tal fato gerar efeitos em várias ordens jurídicas, Savigny sustenta que ele só tem uma sede jurídica (um único centro de gravidade, "para qual o pêndulo pende"). Isso se dá porque em apenas em um país o fato gera mais efeitos, ainda que isso seja difícil de perceber.

No direito do trabalho isso se aplica frequentemente em relação aos marítimos. O trabalho do marítimo, desenvolvido em navio registrado sob bandeira brasileira, é disciplinado pela legislação brasileira (artigos 248 a 252, da CLT). Todavia, quando um marítimo brasileiro ou um estrangeiro residente no Brasil (art. 5º, *caput*, CF/88) é contratado para laborar, dentro e fora do Brasil, em favor de armadores estrangeiros, sua situação jurídica pode vir a ser regida por dois ou mais ordenamentos jurídicos, o que configuraria hipótese de conflito de leis no espaço.

Em caso já enfrentado pela jurisprudência, foi comprovado que em determinados momentos houve prestação de serviços também em águas nacionais. Assim, pelo fato de a trabalhadora ter sido contratada no Brasil e a prestação de serviço se dar não só em águas internacionais, mas também em águas brasileiras, a juíza determinou a aplicação da CLT. O centro de gravidade é onde acontece a maior irradiação de efeitos e o juiz deste local é mais competente que os outros; ele aplicará o seu direito na sede do fato. E, pela lógica do sistema, em qualquer lugar que se ajuizar a ação, o juiz aplicará o direito da sede do fato.

Nesses casos, a situação jurídica deve ser disciplinada pelo ordenamento jurídico que exerça maior influência sobre a relação jurídica, afastando-se os de menor relevância. Nesta situação, o princípio do centro de gravidade – chamado no direito norte-americano de "*most significant relationship*" –, por ter havido labor em águas territoriais brasileiras, possibilita o afastamento da aplicabilidade das normas de direito internacional privado (Código de Bustamente).

---

(260) FRÖHLICH, Martin. *La reducción de la jornada (Kurzarbeit) y otras medidas del derecho del trabajo frente a la crisis em alemania*. In: Temas laborales. n. 105/2010. p. 49-60.

– N –

NEGOCIAÇÃO COLETIVA ATÍPICA

É a negociação coletiva protagonizada por entidades não sindicais[261], como, por exemplo, por comissão intraempresarial. No Brasil, em regra, a negociação coletiva é monopólio sindical (princípio do monopólio sindical na contratação coletiva ou princípio da interveniência sindical obrigatória) (art. 611, da CLT c/c art. 8º, VI da CR/88).

De todo modo, discute-se se no Brasil é possível a realização de negociação coletiva sem a presença da entidade sindical. O debate precisa ser enfrentado à luz do art. 617 da CLT, que assim estabelece, *verbis*:

> Art. 617. Os empregados de uma ou mais emprêsas que decidirem celebrar Acôrdo Coletivo de Trabalho com as respectivas emprêsas darão ciência de sua resolução, por escrito, ao Sindicato representativo da categoria profissional, que terá o prazo de 8 (oito) dias para assumir a direção dos entendimentos entre os interessados, devendo igual procedimento ser observado pelas emprêsas interessadas com relação ao Sindicato da respectiva categoria econômica.
>
> § 1º Expirado o prazo de 8 (oito) dias sem que o Sindicato tenha se desincumbido do encargo recebido, poderão os interessados dar conhecimento do fato à Federação a que estiver vinculado o Sindicato e, em falta dessa, à correspondente Confederação, para que, no mesmo prazo, assuma a direção dos entendimentos. Esgotado êsse prazo, poderão os interessados prosseguir diretamente na negociação coletiva até final.
>
> § 2º Para o fim de deliberar sôbre o Acôrdo, a entidade sindical convocará assembléia geral dos diretamente interessados, sindicalizados ou não, nos têrmos do art. 612.

A questão central é saber se o dispositivo celetista, ao admitir acordo coletivo diretamente entre grupo de empregados e empregador, foi recepcionado pelo art. 8º, VI da CR/88, que estatui a obrigatoriedade da presença sindical nas negociações.

Para Homero Batista Mateus da Silva é perfeitamente possível, embora em caráter excepcional, a negociação levada a cabo sem a presença da entidade sindical.[262] Por sua vez, a doutrina de Mauricio Godinho Delgado é esclarecedora sobre o tema:

> Em situações excepcionais, em que o sindicato apresente inconsistente recusa a participar da negociação coletiva trabalhista, há decisões compreendendo aplicável a regra excetiva do art. 617, § 1º, da CLT. Em quadro de omissão ou recusa do sindicato no tocante a pactuação de certo Acordo Coletivo de Trabalho, seguido de idêntica conduta omissiva ou denegatória pela respectiva federação ou confederação, este preceito consolidado permite que os interessados prossigam diretamente na negociação coletiva, ate final (§ 1º do art. 617 da CLT). Nessa medida, a regra flexibilizadora contida no preceito consolidado teria sido recebida pela Constituição de 1988.
>
> Naturalmente, que não se trata de denegar a possibilidade de recusa consistente e justificada do sindicato obreiro no tocante a determinada proposta de negociação coletiva em torno de regra tida como objetivamente prejudicial aos trabalhadores envolvidos, quer por se tratar de redução de direitos, quer por se tratar de flexibilização de norma heterônoma do Estado. O que essa ressalva interpretativa dos tribunais acentua é o caráter abusivo da mera recusa desmotivada, ou seja, uma negativa que não se funde em circunstância objetiva razoável e consistente.[263][260]

Portanto, considerando-se que o art. 617, que autoriza a formalização de acordo diretamente entre as partes interessadas, foi recepcionado

---

(261) RAMALHO, Maria do Rosário Palma. *Negociação colectiva atípica*. Coimbra: Almedina, 2009.
(262) SILVA, Homero Batista Mateus da. *Curso de direito do trabalho aplicado*. Volume 7 – direito coletivo do trabalho. 3. ed. São Paulo: RT, 2015. p. 170.
(263) DELGADO, Mauricio Godinho. *Direito coletivo do trabalho*. 6. ed. São Paulo: LTr, 2015. p. 63-64.

pela Constituição de 1988, o TST entende[264] que a negociação coletiva poderá ser realizada sem a presença da entidade sindical desde que observados os seguintes pressupostos: *a)* seja demonstrada a livre manifestação de vontade dos empregados em assembleia; *b)* fique comprovada a efetiva recusa imotivada ou descabida da entidade sindical em consultar a coletividade interessada.

Segundo o TST, o art. 617 da CLT foi recepcionado pela Constituição Federal, mas em caráter excepcional, pois é imprescindível que o sindicato seja instado a participar da negociação coletiva. Ainda, para a mais alta Corte trabalhista, somente a demonstração da inequívoca resistência da cúpula sindical em consultar as bases autoriza os próprios interessados, regularmente convocados, a firmarem diretamente o pacto coletivo com a empresa, na forma da lei.

No caso concreto enfrentado pelo TST, em negociação direta entre o empregador e comissão de empregados acordou-se a fixação de jornada de trabalho em turnos ininterruptos de revezamento de doze horas. O TRT, todavia, com fundamento no art. 8º, VI, da CF, considerou inválido o referido acordo, deixando, porém, de apreciar os requisitos previstos no art. 617 da CLT. Logo, tendo em vista a recepção do dispositivo celetista pela Constituição de 1988, deveria o Regional averiguar se estavam presentes ou não os requisitos do art. 617 da CLT.

Assim, a SBDI-I, por unanimidade, conheceu dos embargos, no tópico, por divergência jurisprudencial, e, no mérito, por maioria, deu-lhes provimento parcial para, diante da recepção do art. 617 da CLT pela Constituição da República de 1988, determinar o retorno dos autos ao TRT de origem a fim de que aprecie o atendimento ou não dos requisitos exigidos no art. 617 da CLT para a validade do acordo coletivo de trabalho firmado sem assistência sindical, máxime no tocante à comprovação cabal ou não de recusa do sindicato da categoria profissional em participar da negociação coletiva.

Ficaram vencidos, nesse caso, os Ministros Luiz Philippe Vieira de Mello Filho, relator, Augusto César Leite de Carvalho, José Roberto Freire Pimenta e Hugo Carlos Scheuermann.

NEXO TÉCNICO EPIDEMIOLÓGICO PREVIDENCIÁRIO

Com a entrada em vigor da Lei n. 11.430/2006, fruto da MP n. 316/2016, foi introduzido no sistema jurídico brasileiro um novo sistema de prova do acidente do trabalho, qual seja, o o Nexo Técnico Epidemiológico – NTEP, previsto no art. 21-A, da Lei n. 8.213/91:

> Art. 21-A. A perícia médica do INSS considerará caracterizada a natureza acidentária da incapacidade quando constatar ocorrência de nexo técnico epidemiológico entre o trabalho e o agravo, decorrente da relação entre a atividade da empresa e a entidade mórbida motivadora da incapacidade elencada na Classificação Internacional de Doenças – CID, em conformidade com o que dispuser o regulamento.

O NTP (Nexo Técnico Previdenciário) resulta do cruzamento do diagnóstico médico enquadrado na CID (Classificação Internacional de Doença) com a ocupação do trabalhador na empresa. Já o NTEP é mais amplo, pois considera inicialmente o NTP (CID – Classificação Internacional de Doenças) e o dimensiona a partir de sua incidência estatística dentro da Classificação Nacional de Atividade Econômica – CNAE. Assim, o novo NTEP – Nexo Técnico Epidemiológico parte da fórmula NTEP = NTP + Evidências Epidemiológicas.[265]

O objetivo do NTEP é fazer uma associação entre as atividades profissionais realizadas no Brasil e as doenças ou acidentes mais comuns a cada uma delas. A Lei permite, assim, o reconhecimento do acidente de trabalho de ofício pela Previdência Social.

Nesse prumo, presume-se a ocorrência de acidente do trabalho, mesmo sem a emissão da CAT — Comunicação de Acidente de Trabalho, quando houver nexo técnico epidemiológico conforme art. 21-A da Lei n. 8.213/1991.

---

(264) TST-E-ED-RR-1134676-43.2003.5.04.0900, SBDI-I, rel. Luiz Philippe Vieira de Mello Filho, red. p/ acórdão Min. João Oreste Dalazen, 19.5.2016. (Informativo TST n. 137).
(265) DALLEGRAVE NETO, José Affonso. *Nexo técnico epidemiológico e seus efeitos sobre a ação trabalhista indenizatória*. In: Rev. Trib. Reg. Trab. 3a Reg., Belo Horizonte, v.46, n.76, jul./dez.2007. p.143-153.

— O —

OFFSHORING E NEARSHORING

Offshoring designa o deslocamento da produção de uma empresa de uma região para outra com o objetivo de reduzir os custos de produção. A transferência da atividade produtiva e respectivos postos de trabalho se dá de regiões com custos de produção significativos para regiões onde o custo de produção é significativamente mais baixo, nomeadamente no que diz respeito à mão de obra e matérias-primas. É a busca pelos chamados paraísos normativos, ou seja, locais onde a legislação do trabalho é precária.

Já o *nearshoring* é a terceirização de serviços, especialmente ligados à área da tecnologia da informação, para empresas em um país próximo, geralmente compartilha fronteira com o país de destino. É o oposto de *farshoring*. O *nearshoring* tem a vantagem de não afetar substancialmente a mudança de horário, as diferenças culturais e a acessibilidade, tudo isso aliado à possibilidade de reduzir custos com pessoal.

Ver *deslocalização

ONSHORING

Onshoring é exatamente o oposto de *offshoring* e se refere à realocação de processos de negócios para um local de baixo custo dentro das fronteiras nacionais (*deslocalização interna*).

Ver *deslocalização

OUTSOURCING

O termo *outsourcing* é de origem inglesa e deriva da junção das palavras "*out*" (fora) e "*source*" ou "*sourcing*" (fonte). Ou seja, está relacionado com a utilização estratégica de fontes externas de mão de obra de uma empresa. Falar em *outsourcing* significa falar em terceirização, caracterizada pela dissociação entre a relação econômica de trabalho da relação juristrabalhista que lhe seria correspondente, já que o trabalhador, mesmo que inserido no processo de produção da empresa tomadora de serviços, não possui vínculos trabalhistas com a mesma, que serão fixados com a entidade intermediadora.[266]

OUTPLACEMENT

Segundo pesquisas, perder o trabalho é uma das experiências mais estressantes pela qual uma pessoa pode passar, de forma semelhante à morte ou divórcio. Pensando nisso, as empresas passaram a pensar em técnicas para tornar mais humana e menos dolorosa a dispensa. Uma forma de "demissão responsável".

O *outplacement* é justamente um processo em que as empresas envolvem especialistas – normalmente organizações de recolocação ou consultores individuais – para oferecer suporte, avaliações pessoais e treinamento a funcionários que perdem vagas para esclarecer suas preferências profissionais e identificar seus pontos fortes. Em outras palavras,

---

[266] DELGADO, Mauricio Godinho. *Curso de direito do trabalho*. 11 ed. São Paulo: LTr, 2012. p. 435.

o *outplacement* é uma solução profissional, elaborada com o objetivo de conduzir com dignidade e respeito os processos de demissão nas companhias. A ideia é oferecer apoio e assistência em um momento de transição, dificuldade e incerteza.

– P –

PAGAMENTO A "PRECIO ALZADO"

O preço "aumentado" é o fixado nos casos em que o prestador de serviços inclui no preço todos os materiais, serviços e equipamentos necessários para realizar a instalação ou preparação do trabalho que lhe foi confiado.

PANÓPTICO NAS RELAÇÕES TRABALHISTAS[267]

Segundo Aline Lemes de Souza e Renato de Almeida Oliveira Muçouçah, com base em Foucault, as formas de poder exercidas na disciplina podem ser exemplificadas através do modelo do panóptico, que foi definido inicialmente por Jeremy Bentham. O panóptico era um edifício em forma de anel, com um pátio no meio no qual havia uma torre central com um vigilante. Esse anel se dividia em pequenas celas que davam tanto para o interior quanto para o exterior, o que permitia que o olhar do vigilante as atravessasse. Essa forma arquitetônica das instituições valia para as escolas, hospitais, prisões, fábricas, hospícios. Um dos seus princípios é permitir a vigilância constante, sem que o vigiado possa ter certeza quanto à efetiva fiscalização em um dado momento, havendo mera expectativa.

Os autores explicam que nas relações de trabalho o monitoramento visa tirar das forças de trabalho o máximo de vantagens e neutralizar seus inconvenientes, como roubos, interrupção de trabalho e agitação, de proteger os materiais e ferramentas e de dominar as forças de trabalho. Em conjunto com essas práticas é realizado um controle sistemático da produção por meio de um acompanhamento rigoroso de tempos e de horários. Todo sistema de vigilância está hoje informatizado, da mesma forma todo o aparato científico e tecnológico. A produção tem sido fortemente beneficiada por este fenômeno que é a robotização, a produtividade e lucratividade.

Para os autores, a torre de Benthan ganhou vida nas relações de trabalho: os recursos tecnológicos contribuem para o comportamento de vigilância. No caso específico de câmeras, muitas vezes se sabe que elas estão lá, mas não se sabe se tem alguém por trás vendo a imagem que é gravada – se é que é gravada.

A partir da consciência de vigilância constante, em ver e ser visto, garante-se a manutenção do poder, a interiorização da culpa e o arrependimento do indivíduo pelos seus atos praticados.

Em suas conclusões, Aline Souza e Renato Muçouçah sugerem que talvez estejamos caminhando para um panoptismo pós-moderno, cibernético, em que o controle sobre o trabalho e o trabalhador se fará com os olhos e cérebros eletrônicos, uma era marcada pelo aparecimento do que Jean-Emmanuel Ray chama "taylorismo assistido por computador" da sociedade pós-industrial, "que se revela mil vezes mais implacável que os antigos controles" e cujos ingredientes são a telesubordinação, a conexão permanente, a teledisponibilidade (inclusive no *home office*) e o controle sobre a própria pessoa do novo trabalhador *high-tech*. Em suma, a fiscalização panóptica leva à superexploração da própria força de trabalho.

PARADIGMA DA ESSENCIALIDADE[268]

Em toda relação privada, na qual um particular se lança para obter algo que é essencial para sua sobrevivência, esse mesmo particular está potencialmente fragilizado, ou seja, em situação de vulnerabilidade.

---

(267) MUÇOUÇAH, Renato de Almeida Oliveira; SOUZA, Aline Lemes de. *O panóptico nas relações de trabalho*. Disponível em: <http://www.estudosdotrabalho.org/texto/gt6/o_panoptico.pdf>.
(268) Comentários elaborados com base na obra de NEGREIROS, Teresa. *Teoria do contrato*: novos paradigmas. 2. ed. Rio de Janeiro: Renovar, 2006.

Em outras palavras, fala-se em paradigma da essencialidade quando o objeto do contrato é item essencial para sobrevivência a uma das partes e vice-versa. No extremo oposto, os contratos que tenham por objetos bens supérfluos regem-se predominantemente pelos princípios do direito contratual clássico, vigorando aqui a regra de mínima intervenção heterônoma.

O paradigma da essencialidade fundamenta, no campo das relações de emprego, o disposto no art. 444 da CLT, *verbis*: "*as relações contratuais de trabalho podem ser objeto de livre estipulação das partes interessadas em tudo quanto não contravenha às disposições de proteção ao trabalho, aos contratos coletivos que lhes sejam aplicáveis e às decisões das autoridades competentes*".

Com efeito, a destinação do bem objeto do contrato é um elemento fundamental na determinação do relativo poder negocial dos contratantes, e por isso deve ser levada em conta na solução do conflito de interesses que eventualmente sobrevenha.

Assim, os contratos que versem sobre a aquisição ou a utilização de bens que, considerando a sua destinação, são tidos como essenciais, estão sujeitos a um regime tutelar, justifica a necessidade de proteção da parte mais vulnerável. De outro lado, os contratos que tenham por objetos bens supérfluos regem-se predominantemente pelos princípios do direito contratual clássico, vigorando aqui a regra de mínima intervenção heterônoma.

PARASSUBORDINAÇÃO

A relação de trabalho parassubordinado foi definida pela primeira vez no Direito italiano pelo art. 2º da Lei n. 741, de 1959, o qual mencionava "relações de colaboração que se concretizem em prestação de obra continuada e coordenada". O Decreto-Legislativo (DL) n. 276, de 2003, conhecido como "Decreto Biagi", em seu art. 61, ao prever a figura do trabalho parassubordinado a projeto, faz referência ao art. 409, §3º, do CPC, mencionando expressamente as "*relações de colaboração coordenada e continuada, prevalentemente pessoal e sem vínculo de subordinação*", mais conhecidas como "*co.co.co.*".[269]

Do ponto de vista comparativo, a figura italiana do parassubordinado tem seu equivalente no "trabalhador autônomo economicamente dependente" do direito espanhol.

A parassubordinação, que não encontra disciplina legal na legislação trabalhista, é representativa de um terceiro gênero entre a subordinação e a autonomia e geralmente o trabalhador parassubordinado possui menos proteção jurídica do que o empregado (subordinado).

No Brasil, de todo modo, enfrenta-se uma espécie de vácuo legislativo e a doutrina se divide. Alguns pregam o alargamento do conceito de subordinação para alcançar também os parassubordinados.[270] Outros, por sua vez, entendem que o parassubordinado não é empregado típico e, portanto, a ele não podem ser estendidos os direitos trabalhistas.[271]

PATTERN BARGAINING

A *barganha de padrões* ou *negociação padronizada* é um processo nas relações de trabalho por meio do qual um sindicato obtém um novo e superior direito de um empregador e, em seguida, usa esse acordo como um precedente para exigir o mesmo direito ou um direito superior de outros empregadores.

A barganha de padrões serve a um objetivo importante: ela nivela o campo de atuação para que as empresas concorram com base na qualidade de seus produtos ou serviços e não no quanto pagam (ou não pagam) seus funcionários.

---

(269) VASCONCELOS, Lorena Porto. *A subordinação no contrato de trabalho*: uma releitura necessária. São Paulo: LTr, 2009.
(270) É o caso, por exemplo, de Lorena Porto Vasconcelos, Mauricio Godinho Delgado, dentre tantos outros juristas brasileiros.
(271) Segundo essa linha de pensamento, os parassupordinados "*merecem uma regulamentação especial, adequada às peculiaridades de certas atividades*" (SILVA, Otávio Pinto e. Subordinação, autonomia e parassubordinação nas Relações de Trabalho. São Paulo: LTr, 2004).

PEJOTIZAÇÃO

Pejotização é um neologismo originado da sigla PJ, que representa a expressão "pessoa jurídica". Por meio do processo de pejotização, o empregador exige que o trabalhador constitua uma pessoa jurídica (empresa individual) para a sua admissão ou permanência no emprego, formalizando-se um contrato de natureza comercial ou civil, com a consequente emissão de notas fiscais pelo trabalhador, não obstante a prestação de serviços revelar-se como típica relação empregatícia.[272]

PERDA DE UMA CHANCE

O TST já decidiu se é cabível a indenização pela perda de uma chance na hipótese em que o OGMO deixa de promover a qualificação do avulso, conforme determina a Lei.[273] A decisão ficou assim ementada:

RECURSO DE REVISTA DO RECLAMANTE – INDENIZAÇÃO PELA PERDA DE UMA CHANCE – PRETERIÇÃO NA ESCALAÇÃO DO TRABALHADOR PORTUÁRIO AVULSO PARA AS FAINAS DE CÉLULA, ROÇADO, CHEFIA E FISCALIZAÇÃO – DISCRIMINAÇÃO ILEGÍTIMA. No acórdão regional, ficou delineado que o reclamante foi preterido injustamente do escalonamento para as fainas de célula, de chefia e de fiscalização, justamente as mais rentáveis. Registrou a Corte de origem que, embora existisse exigência de qualificação especial para a faina de célula, restou evidenciado nos autos que o OGMO **deixou de oportunizar ao reclamante cursos que o habilitassem ao escalonamento em tal atividade, ônus que lhe competia consoante o art. 19, III, da Lei n. 8.630/93.** O julgador regional também reputou ilegítima a restrição do escalonamento para as atividades de chefia e de fiscalização aos membros da diretoria do sindicato, avaliando que tal distinção criaria situação discriminatória entre os trabalhadores. Não obstante, a Corte regional reformou a sentença que deferira ao autor a indenização pela perda de uma chance, ao fundamento que "não há provas concretas nos autos que autorizem a conclusão de que, se delas tivesse participado, teria sido escolhido e efetivamente trabalhado aumentando, assim, sua renda". Ao contrário do que entendeu o Tribunal Regional neste ponto, **é cabível a avaliação do tema pelo prisma da teoria da perda de uma chance (*perte d'une chance*), na qual se visa à responsabilização do agente causador pela perda da possibilidade de se buscar posição mais vantajosa, que muito provavelmente se alcançaria, não fosse o ato ilícito praticado**. Nesse passo, **a perda de uma chance, desde que razoável, é considerada ofensa às expectativas do trabalhador que, ao pretender uma situação mais vantajosa, teve abroquelado seu intento por ato omissivo do Órgão gestor de mão de obra. A chance perdida guarda sempre um grau de incerteza acerca da possível vantagem, ainda que reduzido, dando azo ao pagamento de indenização correspondente à possibilidade de êxito do intento do trabalhador. Portanto, a mera impossibilidade de assegurar que o trabalhador teria adquirido a oportunidade de trabalho, caso a chance não houvesse sido suprimida, não obsta o dever de reparar, que, no caso, deve ficar adstrito à probabilidade de êxito que o obreiro teria**. Recurso de revista conhecido e provido. (RR-836-44.2011.5.09.0411, Relator Ministro: Luiz Philippe Vieira de Mello Filho, Data de Julgamento: 24.08.2016, 7ª Turma, Data de Publicação: DEJT 26.08.2016) (gn)

PHANTOM SHARES OU AÇÕES ESPELHO OU INCENTIVE SHARE UNITS OU TARGET SHARE UNITS

A figura das *incentive share units* (unidades monetárias de incentivo), igualmente chamadas de *phantom shares* (ações fantasmas), foi gestada pela criatividade mercantil da famosa instituição financeira *Credit Suisse*. As *incentive share units*, também chamadas no mundo corporativo de *target share units* ou,

---

[272] SANTOS, Ronaldo Lima dos. *Fraude nas relações de trabalho: morfologia e transcendência*. In: Boletim Científico da ESPMU, n. 28 e n. 29 – jul./dez. 2008.
[273] Atual art. 33, inciso II, da Lei n. 12.815, de 5 de junho de 2013: "Art. 33 – Compete ao órgão de gestão de mão de obra do trabalho portuário avulso: [...] II – promover: a) a formação profissional do trabalhador portuário e do trabalhador portuário avulso, adequando-a aos modernos processos de movimentação de carga e de operação de aparelhos e equipamentos portuários; b) o treinamento multifuncional do trabalhador portuário e do trabalhador portuário avulso; e c) a criação de programas de realocação e de cancelamento do registro, sem ônus para o trabalhador".

simplesmente "ISU", são parcelas de natureza não trabalhista conexas ao contrato de emprego. Ou seja, decorrem do contrato de trabalho, mas possuem natureza eminentemente mercantil, neste ponto se assemelhando às *stock options*. Na verdade, as *phantom shares* são espécies do gênero *stock options* e, em razão de seu caráter eminentemente mercantil, não gozam dos princípios de proteção salarial.

As "ISU" são verbas de incentivo que buscam encorajar o empregado na busca de melhores resultados, já que os valores recebidos, a título de bônus de pagamento, sofrerão variações de acordo com o melhor ou pior desempenho da empresa. Em outros termos, é um mecanismo de estímulo concedido pelo empregador ao empregado que permite o ganho deste último na valorização futura da empresa.

Assim, embora a concessão das ações de incentivo seja oriunda do contrato de trabalho, o Empregado não possui garantia de obtenção de um valor determinado, tendo em vista as variações do mercado acionário, o que revela a natureza mercantil da vantagem.

As ações fantasmas ou *phantom shares* envolvem a concessão de uma cota virtual de ações resgatáveis após o período de carência, desde que atendidas as condições previstas em regulamento. Por esse sistema, o direito de resgatar as ações somente se materializa em direito subjetivo após o final do prazo de carência fixado pelo plano. Esse período de carência é conhecido como "*vesting*". Logo, se o empregado se demitir antes de decorrido determinado período de carência (ou "*vesting*") poderá perder o direito ao resgate.

Sobre as "ISU" vale observar que, no direito comparado, a Suprema Corte Suíça já definiu critérios objetivos para identificação da natureza jurídica da parcela. Trata-se do critério da "*very high remuneration*".

Segundo a mais alta Corte suíça, se o empregado recebe, a título de "ISU", um valor muito alto – maior que cinco vezes a remuneração média do cargo –, este valor é legítima verba de incentivo e, portanto, com nítida natureza comercial. Por outro lado, se os valores recebidos a título de incentivo não ultrapassarem cinco vezes o valor da remuneração média do cargo, entende-se que se tratam de salário disfarçado e, portanto, deverão receber a proteção legal da intangibilidade[274].

Assim, em regra, não há a correlação estabelecida entre a prestação dos serviços e o ganho no resgate das ações, pois estão envolvidos fatores alheios à empresa, relacionados à valorização das ações no mercado. No entanto, válido o critério adotado pela Suprema Corte suíça como fator indicado ao intérprete na sempre tormentosa identificação da natureza jurídica das parcelas oriundas do contrato de trabalho.

A propósito do tema, o C. Tribunal Superior do Trabalho entende que "*é lícita a cláusula que prevê a perda de "ações fantasmas" (unidades monetárias de incentivo) pelo empregado que pedir demissão antes de decorrido o prazo de carência ("vesting") fixado pelo regulamento. Não há falar em sujeição à vontade unilateral do empregador, mas na mera expectativa de direito ao resgate das ações de incentivo no curso do prazo de carência.*" (ARR-2843-80.2011.5.02.0030, Relatora Ministra: Maria Cristina Irigoyen Peduzzi, Data de Julgamento: 18.11.2015, 8ª Turma, Data de Publicação: DEJT 20.11.2015).

No caso julgado, a 8ª Turma do TST considerou lícita cláusula que previa a perda de "ações fantasmas" (ações de incentivo) pelo empregado que se demitisse antes de decorrido o prazo de carência de três anos fixado pelo regulamento do Banco de Investimentos Credit Suisse (Brasil) S.A.

O TST entendeu que o plano de ações é mera liberalidade a favor do empregado, cuja aquisição foi condicionada à sua permanência na empresa pelo período de carência. Entendeu ainda que, no que tange ao elemento volitivo, a concessão da vantagem não está sujeita ao puro arbítrio do empregador, mas depende das vontades intercaladas das partes.

Igualmente, no caso concreto julgado, o Empregado manifestou a vontade de romper o vínculo empregatício antes do encerramento do prazo de carência, quando havia mera expectativa de direito.

Ver *ações espelho

Ver *ações fantasma

Ver *incentive share units

Ver *target share units

Ver *vesting

---

(274) KAUFMANN, Roland. JAGGI, Vibeke. Swiss Supreme Court defines "very high remuneration" and sets a framework for manager's remuneration. Disponível em: <http://www.froriep.com/uploads/tx_news/NL_Employment_EN_29_09_15def.pdf?utm source=Mondaq&utm_medium=syndication&utm_campaing=View-Original>. Acesso em: 25 jul. 2018.

PIQUETE

O piquete é um dos meios pacíficos tendentes a persuadir ou aliciar os trabalhadores a aderirem ao movimento paredista, podendo se dar, por exemplo, por meio de panfletagem, discursos na porta da empresa, uso de carro de som, desde que não impeçam o acesso ao trabalho daqueles que não querem aderir à greve, nem causem ameaça ou dano à propriedade ou à pessoa.

Objetiva, assim, o fortalecimento da paralisação, seja por meio da ampliação da adesão dos trabalhadores, seja para atrair a simpatia da sociedade (mídia, consumidores etc.).

A Lei n. 7.783/89, que dispõe sobre a greve, veda expressamente o piquete não pacífico, ao dispor que "*as manifestações e atos de persuasão utilizados pelos grevistas não poderão impedir o acesso ao trabalho nem causar ameaça ou dano à propriedade ou pessoa*" (art. 6º, § 3º).

Mas, como bem nota Estevão Mallet, "*o acesso a vias públicas para os participantes do piquete não está afastado nem pode ser completamente impedido. Mas não se admite qualquer forma de manifestação, com o bloqueio total, por exemplo, de rodovias ou avenidas vitais para o trânsito na cidade ou para o deslocamento dentro dela*".[275]

PRESENTEÍSMO

Presenteísmo é o fenômeno no qual o trabalhador comparece ao trabalho mesmo diante de adversidades causadas por doenças ou outras intempéries que poderiam justificar sua ausência legal.

No presenteísmo, o empregado geralmente pode faltar ao trabalho, mas mesmo assim prefere comparecer. Já no ausentismo, como já visto, o empregado pode faltar ao trabalho e, de fato, não comparece, pois suas faltas são legalmente justificadas.

Ver também *Absentismo ou absenteísmo e ausentismo*

PRIMARIZAÇÃO OU INSOURCING

A primarização a é retomada de um serviço terceirizado, para ser desenvolvido internamente pela própria empresa. É o inverso da terceirização.

PRINCÍPIO DA ADEQUAÇÃO SETORIAL NEGOCIADA

Não há dúvidas de que autonomia negocial coletiva, fruto do princípio da criatividade jurídica, deve ser prestigiada (art. 7º, inciso XXVI, da CRFB/88). No entanto, há limites ao exercício da criatividade jurídica, mormente no que toca ao respeito às normas cogentes. É a partir dessa premissa, segundo a qual a possibilidade de criação de normas autônomas não é ilimitada, que se coloca o princípio da adequação setorial negociada.

Referido princípio orienta as partes e o intérprete na aferição dos limites e balizas ao princípio da criatividade jurídica. Em verdade, o princípio da adequação setorial negociada surge para responder às seguintes indagações: *sabendo-se que a negociação coletiva não é absoluta, quais são os limites que a norma coletiva observa? Quais os parâmetros para aferir a validade da prevalência do negociado sobre o legislado? Em que medida o negociado prevalece sobre o legislado?*

---

[275] MALLET, Estevão. *Dogmática elementar do direito de greve*. 2. ed. São Paulo: LTr, 2017. p. 72.

Assim, o princípio visa, de forma segura e por meio da apresentação de critérios objetivos, traçar um quadrante bem delineado dentro do qual a autonomia de vontade das partes pode se mover.

Sistematizando as lições de Maurício Godinho Delgado[276], precursor do princípio em comento[277], tem-se que:

– o princípio da criatividade encontra limites. É preciso saber harmonizar as normas coletivas negociadas (normatização autônoma – princípio da criatividade jurídica da negociação coletiva) ao conjunto da normatividade estatal (heterônoma) trabalhista, especialmente as tida como "inderrogáveis".

– esse princípio trata da possibilidade de penetração e harmonização das normas juscoletivas negociadas perante o estuário normativo heterônomo.

– orienta que as normas autônomas podem prevalecer sobre o padrão geral heterônomo, desde que satisfaçam duas condições específicas, não cumuláveis: a) *quando as normas autônomas implementam/concedam direitos superiores ao padrão geral oriundo da normatividade heterônoma estatal*: elevam o padrão das vantagens trabalhistas, tomado em comparação com o padrão básico imperativo, determinado pelas normas heterônomas; e b) *quando as normas autônomas transacionem direitos trabalhistas de indisponibilidade apenas relativa*: apenas aqueles direitos ou vantagens trabalhistas que admitem disposição é que serão objetos da norma coletiva de trabalho. Ex.: art. 7º, XIII e XIV, da CR/88.

Ainda segundo o magistério de Maurício Godinho Delgado, o princípio da adequação setorial negociada delineia os seguintes *limites objetivos* à negociação coletiva:

1. Não prevalece se concretizada mediante *ato estrito de renúncia* (despojamento unilateral sem contrapartida do agente adverso): na negociação coletiva legítima sempre encontramos um *traço sinalagmático*, de modo que, a cada direito, benefício ou vantagem suprimido se contrapõe um direito, benefício ou vantagem ganha, ainda que indiretamente.

2. Não prevalece a adequação setorial negociada se concernente a direitos revestidos de *indisponibilidade absoluta*, os quais não podem ser transacionados nem mesmo por negociação coletiva: são parcelas imantadas por uma tutela de interesse público. Essas parcelas estão dentro daquilo que se chama de "patamar civilizatório mínimo", por que não concebe redução (ex.: assinatura de CTPS, normas de saúde e segurança do trabalho etc.), sob pena de afronta ao princípio da dignidade da pessoa humana.

Assim se dividem as normas de indisponibilidade absoluta: a) normas constitucionais (salvo as exceções previstas no próprio texto constitucional); b) normas de tratados e convenções internacionais vigorantes internamente; c) normas infraconstitucionais que asseguram patamar mínimo de civilidade, tais como normas relacionadas à saúde, segurança e medicina do trabalho.

PRINCÍPIO DA AUTODETERMINAÇÃO INFORMATIVA

O direito à autodeterminação informativa que se traduz, fundamentalmente, na faculdade de o particular determinar e controlar a utilização dos seus dados pessoais.[278]

---

(276) DELGADO, Maurício Godinho. *Curso de direito do trabalho*. 15. ed. São Paulo: LTr, 2016. p. 1465-1467.
(277) Em obra fruto de sua tese de doutorado, a Professora Maria Cecília Máximo Teodoro informa que a primeira referência sobre o princípio da adequação setorial negociada foi realizada pelo Professor Maurício Godinho Delgado, em artigo publicado no Jornal Trabalhista, intitulado "Princípios do direito do trabalho" (TEODORO, Maria Cecília Máximo. *O princípio da adequação setorial negociada no direito do trabalho*. 2. ed. São Paulo: LTr, 2018).
(278) CANOTILHO, J.J. GOMES. *Direito constitucional e teoria da Constituição*. 7. ed. Coimbra: Almedina, 2003. p. 515.

Na jurisprudência, citada por Canotilho, por autodeterminação informativa pode-se entender o direito de subtrair ao conhecimento público fatos e comportamentos reveladores do modo de ser do sujeito na condução da sua vida privada.

Por esse princípio, dá-se a cada pessoa o direito de controlar a informação disponível a seu respeito, impedindo-se que a pessoa se transforme em 'simples objeto de informação'.[279]

Por seu turno, Joaquim Sousa Ribeiro considera que este direito impede que o "eu" seja objeto de apropriação pelos outros, como matéria de comunicação na esfera pública. Nela conjuga-se o direito ao segredo (à intromissão dos outros na esfera privada, com tomada de conhecimento de aspectos a ela referentes) e um direito à reserva (proibição de revelação).[280]

Princípio da continuidade da vontade nacional

Ver *Princípio do ato contrário*

PRINCÍPIO DA COMPENSAÇÃO DA POSIÇÃO DEBITÓRIA COMPLEXA DAS PARTES

O princípio da compensação da posição debitória complexa das partes no contrato de trabalho, cunhado pela jurista portuguesa Maria do Rosário Palma Ramalho, propõe que não só o empregado precisa de proteção, mas também o empregador.

Com efeito, o princípio orienta que a proteção conferida pelo Direito do Trabalho deve ser destinada não somente ao empregado, mas também ao empregador: o objetivo é a proteção daquele em razão da necessidade de compensação de sua inferioridade negocial, mas também ao tomador dos serviços, com o intuito de garantia do cumprimento dos deveres especialmente amplos que lhe incumbem no contrato de trabalho, viabilizando-o.[281]

Ele se desdobra em dois, ou seja, possui uma estrutura bipolar: *a)* princípio da proteção; e, *b)* princípio da salvaguarda dos interesses de gestão. Nas palavras da autora portuguesa, efetivamente, entende-se que o Direito do Trabalho subjaz, como é de tradição, um princípio geral de proteção, mas considera-se que tal desígnio protetivo não é apenas em favor do trabalhador subordinado, mas também em favor do empregador. Este princípio prossegue um duplo objetivo: relativamente ao trabalhador, o objetivo é compensar a sua inferioridade negocial no contrato de trabalho; relativamente ao empregador, o objetivo é assegurar o cumprimento dos deveres amplos que lhe incumbem no contrato de trabalho e, indiretamente, viabilizar o próprio contrato.[282]

Pelo princípio da proteção, atende-se às necessidades de tutela do empregado e do seu patrimônio perante o vínculo laboral. Concretizam o princípio da proteção ao trabalhador princípios como: princípio da segurança no emprego; princípio da suficiência salarial; princípio da conciliação da vida profissional com a vida privada e familiar; princípio da assistência ao trabalhador ou o do *favor laboratoris*.

Por sua vez, o princípio da salvaguarda dos interesses de gestão do empregador assegura as condições necessárias ao cumprimento das suas obrigações contratuais e, indiretamente, viabiliza o contrato de trabalho. Concretizam o princípio da salvaguarda dos interesses de gestão do empregador princípios como: princípio da colaboração na empresa e poderes diretivo e disciplinar.

Com a consagração do princípio da compensação da posição debitória complexa das partes, propõe-se o abandono da visão de um Direito do Trabalho "tutelar" e enfatizando-se o seu caráter compromissório, conforme constata Guilherme Guimarães Feliciano.[283]

---

(279) Gomes Canotilho, J. J. e Moreira. *Constituição da República Portuguesa Anotada*. vol. 1. 4. ed. Coimbra Editora, 551, citado no acórdão do Supremo Tribunal de Justiça de 16 de outubro de 2014, proc. 679/05.7TAEVR.E2.S1, Cons. Helena Moniz.
(280) *Apud* PEREIRA, Alexandre Libório Dias. *O direito à autodeterminação informativa na jurisprudência portuguesa*: breve apontamento. In: Tribuna de Actualidade. Vol. 5, 27-30. Dez./2017.
(281) FREITAS, Cláudio Victor de Castro. *Reforma trabalhista e a relativização da proteção no direito individual*: a emergência do princípio da compensação da posição debitória complexa das partes. Disponível em: < https://www.jota.info/opiniao-e-analise/colunas/reforma-trabalhista/reforma-trabalhista-direito-individual-24052018>. Acesso em: 22 nov. 2018.
(282) RAMALHO, Maria do Rosário Palma. *Tratado de direito do trabalho*. Parte I: dogmática geral. 4. ed. Coimbra: Almedina, 2015. p. 534.
(283)(280) FELICIANO, Guilherme Guimarães. *Dos princípios do direito do trabalho no mundo contemporâneo*. In: Revista do Tribunal Regional do Trabalho da 15ª Região.

PRINCÍPIO DA IRREVERSIBILIDADE DA CATEGORIA

O Código do Trabalho português, em seu artigo 129, alínea "e", consagra o princípio da irreversibilidade da categoria, pelo qual é proibido ao empregador *"mudar o trabalhador para categoria inferior, salvo nos casos previstos neste Código".*

Assim, uma vez atribuída certa categoria ao trabalhador, este não pode ser dela retirado ou despromovido, devendo o empregador determinar-lhe a execução de tarefas inerentes à mesma. A garantia da irreversibilidade da categoria profissional que o Código do Trabalho consagra, obsta, assim, em princípio, à mudança do trabalhador para uma categoria inferior àquela que lhe tenha sido atribuída ou a que tenha sido promovido.

Mas, o art. 119 do mesmo Código excepciona a hipótese ao prever a possibilidade de "mudança para categoria inferior", nos seguintes termos: *"A mudança do trabalhador para categoria inferior àquela para que se encontra contratado pode ter lugar mediante acordo, com fundamento em necessidade premente da empresa ou do trabalhador, devendo ser autorizada pelo serviço com competência inspetiva do ministério responsável pela área laboral no caso de determinar diminuição da retribuição".*

Por fim, vale registrar que se o empregador atribui ao trabalhador o exercício de funções de nível superior ao da sua categoria profissional, em regime de comissão de serviço ou ao abrigo do *ius variandi,* e se o faz sem afrontar o regime jurídico da categoria profissional consagrado no Código do Trabalho, não pode falar-se em promoção. Nestes casos, não há qualquer alteração de fundo ao objeto do contrato, nada obstando a que o trabalhador reassuma as funções inerentes à atividade contratada, sem que tal implique qualquer afronta ao princípio da irreversibilidade.[284]

Nesse sentido, a propósito, dispõe o art. 468, § 1º, da CLT que não se considera alteração unilateral a determinação do empregador para que o respectivo empregado reverta ao cargo efetivo, anteriormente ocupado, deixando o exercício de função de confiança.

PRINCÍPIO DA NOMOGÊNESE DERIVADA

É o princípio da criatividade jurídica ou da jurisdição normativa, pelo qual se confere ao Poder Judiciário trabalhista a possibilidade de criar regras próprias, dentro de seu poder normativo.

Princípio da salvaguarda dos interesses de gestão.

Ver *Princípio da compensação da posição debitória complexa das partes*

PRINCÍPIO DO ATO CONTRÁRIO E DA CONTINUIDADE DA VONTADE NACIONAL

A denúncia de um tratado é justamente o avesso da sua ratificação ou da sua adesão. Uma das questões mais controvertidas com relação a este procedimento é a legitimidade do executivo ou do legislativo na iniciativa de denunciação de um tratado, o que envolve os princípios do ato contrário (cunhado por Pontes de Miranda) e o da continuidade da vontade nacional (defendido por Rezek).

Interpretando o dispositivo constitucional, pelo princípio do ato contrário, se a participação do Congresso Nacional é obrigatória para a ratificação de tratados internacionais, a sua desconstituição também almeja a participação do Congresso Nacional. Se, nos termos da Constituição, a conclusão de um tratado depende de que se conjuguem, por exemplo, a vontade do Presidente e a de dois terços do Senado, há de entender-se que essas mesmas vontades devem estar reunidas para escorar o rompimento do compromisso.[285] Sucintamente, o tratado só pode ser desfeito caso sejam observadas as mesmas condições que o originaram. Logo, se das duas vontades tiverem de

---

(284) Supremo Tribunal de Justiça de Portugal. Processo n. 07S3666, Relator Mário Pereira.
(285) REZEK, José Francisco. *Direito internacional público.* São Paulo: Saraiva, 2002. p. 106.

somar-se para a conclusão do pacto, é preciso vê-las de novo somadas para seu desfazimento.

De outro flanco, Rezek defende o princípio da continuidade da vontade nacional, pelo qual se ambas as vontades (Executivo e Legislativo) são necessárias para que o Estado possa se obrigar originariamente, lançando-se numa relação contratual internacional, reputa-se suficiente a vontade de apenas um daqueles dois poderes para *desobrigá-lo* por meio da denúncia. Isso quer dizer que nenhum tratado pode continuar vigendo *contra a vontade* de um dos poderes. Assim, para Rezek, o ânimo negativo de um dos dois poderes em relação ao tratado há de determinar sua denúncia, visto que significa o desaparecimento de uma das bases em que se apoiava o consentimento do Estado.

Ainda, é bom lembrar que Clóvis Beviláqua emitiu, em 5 de julho de 1926, um parecer no qual recomendou que a entrada/aceitação de um tratado dependeria dos dois poderes (Executivo e Legislativo), já a saída (denúncia) só do executivo (Presidente). Esse parecer foi proferido quando o Brasil deixou a Liga das Nações, consagrando-se como o primeiro país da história a deixar uma organização internacional. Para Clóvis, *"se há no tratado uma cláusula, prevendo e regulando a renúncia, quando o Congresso aprova o tratado, aprova o modo de ser o mesmo denunciado; portanto, pondo em prática essa cláusula, o Poder Executivo apenas exerce um direito que se acha declarado no texto aprovado pelo Congresso. O ato de denúncia é meramente administrativo. A denúncia do tratado é modo de executá-lo [...]"*.

Assim, para Rezek e Beviláqua, a simples vontade do Congresso Nacional é suficiente para provocar a denúncia de um tratado, mesmo quando não coincidente com as intenções do Poder Executivo. Aqui, é preciso reconhecer o claro *desequilíbrio reinante entre os instrumentos de ação do governo e os do Congresso*. Mesmo se a vontade partir do Congresso, a responsabilidade/competência para sua formulação no plano internacinonal será do Executivo. De par com isso, o meio com que o Congresso exteriorize sua vontade não poderá ser um decreto legislativo de "rejeição" do acordo vigente – à falta de previsão de semelhante ato na faixa da competência exclusiva constitucional do Parlamento. Por exclusão, cabe entender que a *lei ordinária* é o instrumento próprio a que o Legislativo determine ao Governo a denúncia de tratados, tal como fez em 1911, por meio da Lei n. 2.416/11, que ditou novas normas a respeito da extradição e *determinou* que o Poder Executivo denunciasse, dentro de certo prazo, todos os tratados extradicionais então vigentes. Se a lei for vetada, caberá ao Congresso derrubar o veto.

Para Mazzuoli, o Congresso pode, por meio de Lei, denunciar tratados internacionais, tendo eventualmente que derrubar o veto. Aqui, o Presidente ao menos *participa* da formação da vontade da nação, sancionando ou vetando. Nesse ponto, concorda com Rezek. Mas, não aceita que possa o Presidente, sozinho, denunciar tratado sem a participação do Congresso. Com isso se respeita o paralelismo que deve existir entre os atos jurídicos de assunção dos compromissos internacionais com aqueles relativos à sua denúncia.[286]

Mas, adverte: *"tanto uma quanto outra tese não vigora no que diz respeito à denúncia de tratados de proteção dos direitos humanos, que, por ingressarem no ordenamento brasileiro com índole e nível de normas constitucionais, petrificam-se como cláusulas eternas no nosso Direito interno, passando a ser infensos à denúncia por parte do Governo (v. art. 5º, §§ 1º, 2º e 3º, da CRFB/88)"*.

Mesmo que a ADI for julgada procedente e a Convenção n. 158 se reestabeleça, é preciso lembrar que no julgamento da medida cautelar na ADI 1480, que questionava a constitucionalidade da Convenção n. 158 da OIT (sobre término da relação de trabalho por iniciativa do empregador), o STF entendeu que as normas da Convenção não eram inconstitucionais, *desde que fossem interpretadas como sendo não autoaplicáveis, pois a sua aplicação direta violaria a reserva de Lei Complementar do art. 7º, I, da CF*:

[...] TRATADO INTERNACIONAL E RESERVA CONSTITUCIONAL DE LEI COMPLEMENTAR. – O primado da Constituição, no sistema jurídico brasileiro, é oponível ao princípio pacta sunt servanda, *inexistindo, por isso mesmo, no direito positivo nacional, o problema da concorrência entre tratados internacionais e a Lei Fundamental da República, cuja suprema autoridade normativa deverá sempre prevalecer sobre os atos de direito internacional público. Os tratados internacionais celebrados pelo Brasil – ou aos quais o Brasil venha a aderir – não podem, em consequência, versar matéria posta sob reserva constitucional de lei complementar. É que, em tal situação, a própria Carta Política subordina o tratamento legislativo de determinado tema ao exclusivo domínio normativo da lei complementar, que não pode ser substituída por qualquer outra espécie normativa infraconstitucional, inclusive pelos atos internacionais já incorporados ao direito positivo interno.* **LEGITIMIDADE CONSTITUCIONAL DA**

---

[286] MAZZUOLI, Valério de Oliveira. *Direito dos tratados*. São Paulo: RT, 2011. p. 309.

CONVENÇÃO N. 158/OIT, DESDE QUE OBSERVADA A INTERPRETAÇÃO CONFORME FIXADA PELO SUPREMO TRIBUNAL FEDERAL. – A Convenção n. 158/OIT, além de depender de necessária e ulterior intermediação legislativa para efeito de sua integral aplicabilidade no plano doméstico, configurando, sob tal aspecto, mera proposta de legislação dirigida ao legislador interno, não consagrou, como única consequência derivada da ruptura abusiva ou arbitrária do contrato de trabalho, o dever de os Estados-Partes, como o Brasil, instituírem, em sua legislação nacional, apenas a garantia da reintegração no emprego. Pelo contrário, a Convenção n. 158/OIT expressamente permite a cada Estado-Parte (Artigo 10), que, em função de seu próprio ordenamento positivo interno, opte pela solução normativa que se revelar mais consentânea e compatível com a legislação e a prática nacionais, adotando, em consequência, sempre com estrita observância do estatuto fundamental de cada País (a Constituição brasileira, no caso), a fórmula da reintegração no emprego e/ou da indenização compensatória. Análise de cada um dos Artigos impugnados da Convenção n. 158/OIT (Artigos 4º a 10). (ADI 1480 MC, Relator(a): Min. CELSO DE MELLO, Tribunal Pleno, julgado em 04/09/1997, DJ 18-05-2001 PP-00435 EMENT VOL-02031-02 PP-00213)

PRINCÍPIO DO CENTRO DE GRAVIDADE

Ver *Most Significant Relationship ou Teoria do Centro Gravitacional

PRINCÍPIO DO NON-REFOULEMENT

É o princípio pelo qual fica vedado o reenvio ou a devolução de um refugiado para um Estado no qual o indivíduo corra risco de sofrer graves violações de direitos humanos. O tema interessa ao Brasil, principalmente em razão da crise migratória envolvendo alguns países da América Latina.

Princípio do risco mínimo regressível

Incumbe ao empregador adotar todos os meios necessários para reduzir os riscos inerentes ao trabalho por meio da efetiva implementação das normas de saúde, higiene e segurança no meio ambiente de trabalho. É exatamente esse o teor do princípio do risco mínimo regressivo, com previsão no art. 7º, XXII, da CF, por meio do qual é direito fundamental dos trabalhadores a redução dos riscos inerentes ao trabalho.

PRINCÍPIO PRO HOMINE

Pelo princípio *pro homine*, havendo conflito entre as disposições internacionais e as de Direito interno, deve-se optar pela norma mais benéfica ou mais favorável ao ser humano sujeito de direitos.

Punitive Damages

Ver *Danos punitivos

– Q –

QUALIFICAÇÕES OCUPACIONAIS DE BOA-FÉ

Ver * *Bona fide ocuppations*

QUARTA REVOLUÇÃO INDUSTRIAL OU INDÚSTRIA 4.0

É a revolução informacional ou tecnológica, marcada pelo aparecimento e desenvolvimento de um conjunto de tecnologias disruptivas como robótica, inteligência artificial, realidade aumentada, *big data* (análise de volumes massivos de dados), nanotecnologia, impressão 3D, biologia sintética e a chamada internet das coisas, onde cada vez mais dispositivos, equipamentos e objetos serão conectados uns aos outros por meio da internet.[287]

A Quarta Revolução Industrial ou Indústria 4.0 não se define por cada uma destas tecnologias isoladamente, mas pela convergência e sinergia entre elas. Está ocorrendo uma conexão entre o mundo digital, o mundo físico, que são as "coisas", e o mundo biológico, que são os seres humanos. Ela se diferencia das revoluções pretéritas em razão de sua velocidade, amplitude e profundidade, bem como em razão da fusão de tecnologias e a interação entre os domínios físicos, digitais e biológicos.[288]

De fato, é assustador pensar na constatação feita por Tom Goodwin, segundo o qual "a Uber, a maior empresa de táxis do mundo, não possui sequer um veículo. O Facebook, o proprietário de mídia popular do mundo, não cria nenhum conteúdo. Alibaba, o varejista mais valioso, não possui estoques. E o Airbnb, o maior provedor de hospedagem do mundo, não possui sequer um imóvel".[289]

QUARTEIRIZAÇÃO

Imagine a seguinte situação: empresa contratante firma múltiplos contratos de terceirização com diversas empresas prestadoras de serviços. Depois, para gerir todos esses contratos, realiza um contrato de prestação de serviços com uma empresa para administrar e realizar a gestão dos diversos vínculos negociais com as prestadoras de serviços.

Nesse caso, em decorrência do uso massivo das terceirizações em sua organização produtiva, fica difícil para a empresa contratante gerir os contratos e controlar a execução dos serviços terceirizados contratados.

Diante disso, em vez de a grande empresa multinacional, por exemplo, montar uma estrutura interna para gerenciar e inspecionar cada contrato terceirizado que firmou, resolve transferir a própria gestão, controle e fiscalização desses contratos de prestação de serviços para uma empresa específica. Essa nova forma de gerenciamento dos serviços é que se denomina "quarteirização" e, definitivamente, não é dessa hipótese que cuida o art. 4º-A, § 1º, parte final, da Lei n. 6.019/74, conquanto esteja também autorizada pela Lei em referência ao permitir a terceirização de qualquer tipo de atividade.

A quarteirização consiste, assim, na delegação da gestão administrativa das relações com os demais prestadores de serviços em determinado projeto a uma terceira empresa especializada, sendo chamada por alguns de *facilities management*.

---

(287) SCHWAB, Klaus. *A Quarta Revolução Industrial*. São Paulo: Edipro, 2016.
(288) *Idem*.
(289) GOODWIN, Tom. *Digital darwinism*: survival of the fittest in the age of business disruption. p. 28-29.

Evidencia-se, por conseguinte, que na quarteirização ocorre a contratação de empresa especializada com o objetivo de gerenciar o fornecimento de serviços por terceiros para a empresa contratante. Não há aqui a *subcontratação* a que se refere o art. 4º-A, § 1º, parte final, da Lei n. 6.019/74 e que caracteriza a "terceirização em cadeia".

Assim como na terceirização em cadeia, os trabalhadores são empregados da empresa que está na ponta da cadeia produtiva. Mas, ao contrário do que lá ocorre, *aqui na quarteirização existe o vínculo contratual entre a empresa contratante e a empresa que está na ponta da cadeia produtiva (EPS final – terceirizada)*. Há, também, vínculo civil de prestação de serviços entre a empresa contratante e a empresa gestora dos contratos, que também é uma EPS.

Pode-se afirmar, portanto, que na quarteirização não há intermediários contratuais entre a empresa contratante e as diversas empresas de terceirização. A intermediação que se dá é única e exclusivamente quanto ao gerenciamento dos contratos.

Logo, na chamada "quarteirização", a empresa contratante se vale de pessoa jurídica de direito privado prestadora de serviços de administração ou gestão para que esta, por sua vez, seja responsável por realizar toda contratação de empresas terceirizadas que prestarão serviços para a contratante originária.

Contudo, cabe ressaltar que essa delegação pode ocorrer, também, para um trabalhador autônomo, embora a subcontratação da quarteirizada geralmente ocorra em face de empresa especializada em gestão de contratos terceirizados.

Desse modo, a quarteirização se revela como uma forma de especialização da administração de contratos terceirizados.

Como exemplo, imagine-se a situação de um *shopping center* que, em ver dez formar múltiplos contratos de limpeza, segurança, alimentação, transporte etc., prefere contratar uma única empresa para administrar os diversos vínculos negociais com as prestadoras de serviços.[290]

No exemplo dado, evidencia-se a figura da "quarteirização", fenômeno caracterizado pela subcontratação, pela empresa prestadora originária, de várias outras empresas prestadoras. A quarteirização é, em última análise, *uma terceirização da gestão da terceirização*.[291]

Logo, é preciso saber diferenciar as figuras. A terceirização em cadeia ocorre quando o tomador contrata uma empresa de prestação de serviços que, por sua vez, subcontrata outra entidade para fornecer pessoal necessário à execução do contrato.[292]

Nessa perspectiva, nota-se, em vista disso, que são formadas duas relações jurídicas distintas, quais sejam: a que se estabelece entre a empresa contratante e a empresa gerenciadora (quarteirizadora) e as relações que se estabelecem entre a empresa contratante e as diversas terceirizadas. Na quarteirização típica, todavia, a empresa gestora *não contrata com as diversas terceirizadas*, ao contrário do que se dá na terceirização em cadeia.

Na quarteirização, consequentemente, a empresa gerenciadora atua por delegação da empresa contratante na logística das relações com as diversas prestadoras de serviços, configurando, em última análise, em uma *terceirização da gestão das diversas terceirizações*.[293]

Na "quarteirização", insista-se, a empresa contratante, depois de firmar uma série de contratos de terceirização com diversas fornecedoras (vigilância, limpeza, suporte de informática, alimentação etc., contrata uma empresa de prestação de serviços para que esta, por sua vez, gerencie ela própria todos os serviços terceirizados e faça, ela mesmo, a administração de todos esses contratos em benefício da empresa contratante originária.

Também nesse sentido, embora se referindo à Administração Pública, Jessé Torres, para quem:

> A "quarteirização" é estágio seguinte ao da terceirização, constituindo-se na contratação, pela Administração, de um terceiro privado, especializado em gerenciar pessoas físicas ou jurídicas, os "quarteirizados", que o terceiro contratará para a execução de determinados serviços ou o fornecimento de certos bens necessários ao serviço público. Em síntese: a função da empresa gerenciadora é administrar a

---

(290) O exemplo é do catedrático Luciano Martinez.
(291) Idem. ibidem.
(292) TRT-5 – 0026900-65.2008.5.05.0134, 1ª Turma, Data de Publicação: DJ 18.02.2011.
(293) MARTINEZ, Luciano. *A terceirização na era Temer*. In: Revista Magister de direito do trabalho. Ano XIII, n. 77. p. 8.

execução do objeto cuja execução contratará a outrem.⁽²⁹⁴⁾

Nesses casos de típica quarteirização, a empresa gestora dos contratos não possuiria qualquer responsabilidade trabalhista, uma vez que sequer se beneficia da força de trabalho dos diversos empregados das diversas prestadoras de serviços que firmaram contrato diretamente com a empresa contratante.

Contudo, a Lei n. 13.467/2017 – Reforma trabalhista – reformulou o instituto do grupo econômico para fins trabalhistas, passando a admitir o seu reconhecimento quando evidenciado o interesse integrado, a comunhão de interesses e atuação conjunta, não constando mais da literalidade celetista a necessidade de haver uma empresa controladora, consoante a novel redação do art. 2º, parágrafos 2º e 3º, da CLT.

Em outras palavras, o legislador reformador positivou o grupo econômico horizontal ou por coordenação, o que já era defendido por parcela considerável da doutrina, mas repelido pela SBDI-1 do C.TST.

Diante da ampliação legal do grupo econômico, pode-se cogitar a responsabilidade solidária da empresa gestora dos contratos, haja vista que os contratos de prestação de serviços são essenciais para manutenção da vida empresarial da empresa contratante.

A bem da verdade, se uma empresa necessita terceirizar diversos serviços, a gestão desses contratos é essencial à sua própria sobrevivência, de modo que a relação entre esta e a empresa gestora equivale a uma atuação integrada e essencial para a contratante.

Assim, patente a comunhão de interesses e, por corolário, a existência de um grupo econômico por coordenação, o que atrai a **responsabilidade solidária** nos precisos termos do art. 2º, § 2º, da CLT.

Ver *Terceirização em cadeia*

QUÍMICA DA INTRUSÃO

A Organização Internacional do Trabalho denomina de *química da intrusão* o expediente levado a efeito pelo empregador que combina atos de constante vigilância em relação à pessoa do empregado, por meio da invasão de privacidade de dados, invasão crescente da intimidade física e de maior vigilância de pessoal.⁽²⁹⁵⁾

---

(294) SACRAMENTO, Júlia Thiebaut. *A quarteirização na Administração Pública*: conceito, características e vantagens. Conteúdo Jurídico, Brasília, 2016. Disponível em: <http://www.conteudojuridico.com.br/?artigos&ver=2.56558&seo=1>. Acesso em: 12 set. 2017.
(295) *Cuidado*: um ojo electrónico lo vigila! Trabajo. Revista da OIT, n. 10, 1994. p. 24.

– R –

RACKETEERING

É a extorsão sindical. Comum nos Estados Unidos. Dá-se quando um sindicato constrange a empresa a celebrar um acordo, em troca de "quota de proteção". Casos de extorsão envolvendo sindicatos foram populares. Eles envolviam um grupo do crime organizado que usava sindicatos para extorquir uma empresa ou usar um sindicato para controlar os trabalhadores. A sociedade criminosa mafiosa ítalo-americana chamada *Cosa Nostra* é famosa por sua eficiência no controle dos sindicatos durante o século passado.

RATTENING

Rattening, do inglês "*to ratten*", significa "*privar de ferramentas os trabalhadores, com o objetivo de que as tarefas não sejam desenvolvidas normalmente*".[296]

Assim, nada mais é do que a prática de sabotar máquinas ou ferramentas como parte de uma disputa industrial. Pode ser também a mera supressão dos instrumentos de trabalho.

REGIME SDF

O regime SDF consiste na prestação de serviço apenas aos sábados, domingos, feriados e dias de ponto facultativo, em jornadas de 12 horas.

O Regime de Trabalho SDF, em razão de suas particularidades, não pode ser considerado como de tempo parcial (artigo 58-A da CLT), que tem como traços distintivos dos demais contratos, por exemplo, a jornada de no máximo 25h semanais, a proibição de horas extras e o direito a férias proporcionais não superiores a 18 dias.

As principais características do regime SDF são jornada de trabalho de 12 horas diárias em sábados, domingos e feriados; possibilidade de prestação de horas extras; compensação de descansos semanais remunerados com folgas durante a semana, sem pagamento de horas em dobro ou horas extras a 100%; e férias anuais de 14, dez ou seis dias, dependendo do número de faltas ao serviço.[297]

RELAÇÃO DE TRABALHO EM CURVA

Define-se o trabalho temporário como aquele prestado por uma pessoa física (trabalhador temporário) em favor de empresa (tomadora de serviços) para atender à necessidade de substituição transitória de pessoal permanente *ou* que precisa incrementar a força laboral em virtude de demanda complementar de serviços.[298]

---

(296) RUPRECHT, Alfredo J. *Relações coletivas de trabalho*. São Paulo: LTr: São Paulo, 1995. p. 860.
(297) TST-AIRR-1352-53.2013.5.09.0004 Data de Julgamento: 15.06.2016, Relatora Ministra: Kátia Magalhães Arruda, 6ª Turma, Data de Publicação: DEJT 24.06.2016.
(298) MIZIARA, Raphael; PINHEIRO, Iuri Pereira. *A regulamentação da terceirização e o novo regime do trabalho temporário*: comentários analíticos à Lei n. 6.019/74. São Paulo: LTr, 2018.

Extrai-se da conceituação acima que o contrato de trabalho temporário pressupõe a presença de três sujeitos: a empresa tomadora de serviços, a fornecedora (ETT) e o trabalhador.

Em razão dessa arquitetura contratual, muito se fala em relação triangular de trabalho. Não obstante, conforme adverte Pontes de Miranda, citado por Martins Catharino[299], a expressão não é de todo apropriada, posto que não existe relação contratual entre aquele que trabalha e aquele que recebe o trabalho (tomadora).

Nessa lógica, existem apenas duas relações jurídicas contratualmente geradas, envolvendo três sujeitos, de modo que a figura geométrica que melhor representa a situação jurídica é uma curva e não um triângulo, já que o trabalhador não estaria preso a um dos vértices, mas apenas ao vértice da sua real empregadora (ETT). Nesse prumo, a doutrina clássica menciona que o trabalho temporário dá origem a uma relação jurídico-trabalhista *em curva*.

RESPONSABILIDADE CONTRIBUTIVA

Reconhece-se a responsabilidade contributiva do provedor de internet, no cenário de violação de propriedade intelectual, nas hipóteses em que há intencional induzimento ou encorajamento para que terceiros cometam diretamente ato ilícito.[300]

Estará configurada a responsabilidade contributiva do provedor de internet se restar comprovado que, de forma intencional, induziu ou encorajou terceiros a cometerem ato ilícito utilizando a estrutura da rede oferecida. Como exemplo, pode-se mencionar o caso no qual a Justiça norte-americana condenou a rede social Napster, que permitia a troca de músicas entre os seus usuários por entender que estava presente a responsabilidade contributiva da empresa já que ela sabia e incentivava essa troca de músicas mesmo tendo consciência que em sua esmagadora maioria se tratavam de obras protegidas por direitos autorais e que não poderiam ser comercializadas livremente.[301]

RESPONSABILIDADE EM TERCEIRO GRAU

Em caso de condenação subsidiária do tomador de serviços, deve-se antes se cogitar na desconsideração da personalidade jurídica da devedora principal, de modo a atingir primeiro o patrimônio dos sócios dessa empresa. É justamente isso que se entende por responsabilidade em terceiro grau.

Assim, no caso de não ser encontrado nenhum bem do primeiro reclamado, resta ainda ser decretada a desconsideração da sua personalidade jurídica e executados os seus sócios. Somente depois disso, caso não seja obtido êxito na cobrança, a execução deverá voltar-se contra o responsável subsidiário.

A jurisprudência trabalhista não aceita, em sua maioria, a responsabilidade em terceiro grau. Nesse sentido, reiteradamente vem decidindo o Colendo Tribunal Superior do Trabalho, para quem, ao tratar do tema responsabilidade subsidiária e benefício de ordem em relação aos sócios da empregadora, decidiu que não prospera a alegação de que necessário o esgotamento de todos os meios executórios próprios em face da devedora principal e de seus sócios, antes que a condenada subsidiariamente seja acionada. Afirmou que a jurisprudência da Corte é no sentido de que, restando infrutífera a execução contra o devedor principal, basta que o devedor subsidiário tenha participado da relação processual e que seu nome conste do título executivo judicial (Súmula 331, IV, do TST), para que haja o direcionamento da execução contra si, não havendo falar em benefício

---

(299) CATHARINO, José Martins. *Trabalho temporário*. Rio de Janeiro: Edições Trabalhistas, 1984. p. 29.
(300) REsp 1.512.647-MG, Rel. Min. Luis Felipe Salomão, julgado em 13.5.2015, DJe 5.8.2015.
(301) CAVALCANTE, Márcio André Lopes. *Responsabilidade civil dos administradores de rede social por violação de direito autoral causada por seus usuários*. Disponível em: <https://www.dizerodireito.com.br/2015/09/responsabilidade-civil-dos.html>. Acesso em: 23 nov. 2018.

de ordem em relação aos sócios da empresa devedora principal.[302]

Esse também é o entendimento aprovado durante a Jornada Nacional sobre Execução na Justiça do Trabalho, cujo Enunciado n. 7 contém a seguinte redação:

EXECUÇÃO. DEVEDOR SUBSIDIÁRIO. AUSÊNCIA DE BENS PENHORÁVEIS DO DEVEDOR PRINCIPAL. INSTAURAÇÃO DE OFÍCIO. A falta de indicação de bens penhoráveis do devedor principal e o esgotamento, sem êxito, das providências de ofício nesse sentido, autorizam a imediata instauração da execução contra o devedor subsidiariamente corresponsável, sem prejuízo da simultânea desconsideração da personalidade jurídica do devedor principal, prevalecendo entre as duas alternativas a que conferir maior efetividade à execução.

RESPONSABILIDADE VICÁRIA

Vicário é expressão utilizada para adjetivar aquilo ou aquele que substitui outra coisa ou pessoa.

A responsabilidade vicária foi introduzida na Inglaterra no século XVIII e exportada para os Estados Unidos, que adotaram o sistema inglês da *common law*. Em regra, a responsabilidade civil é baseada em um fato pessoal e culposo do agente. Todavia, a responsabilidade vicária atribui obrigação de indenizar ao empregador por um ilícito cometido por seu empregado, dentro do escopo da atividade por aquele promovida. Na teoria americana da *agency*, a chave para a compreensão da responsabilidade vicária é o potencial controle do empregador sobre os atos do empregado. Essa responsabilidade independe de um ato culposo pelo empregador (responsabilidade objetiva), mas requer no mínimo uma negligência ou imprudência por parte do empregado. Ou seja, o responsável não violou deveres perante o ofendido, mas será responsabilizado por uma atribuição legal de compensar danos por ilícitos alheios. Tradicionalmente, o empregador não respondia por atos dolosos praticados pelos empregados, pois naturalmente tais atos escapariam de seu poder de controle, mas recentes precedentes estendem a responsabilidade vicária a casos de agressão sexual nas relações de trabalho, pois a relativa proximidade entre vítima e agressor era um dado propiciado pela relação de emprego.[303]

Contudo, o STJ não aplicou a responsabilidade vicária nesse contexto estrito e clássico. Fez-se uso em sentido amplo, da responsabilidade subsidiária (*secondary liability*), que se manifesta quando alguém indiretamente contribui para facilitar ou induzir outrem a praticar um ilícito. Nos Estados Unidos essa imputação de obrigação de indenizar foi legalizada em marcas e patentes e tem sido ampliada jurisprudencialmente na tutela de direitos autorais. A teoria da responsabilidade subsidiária alargou o espectro da responsabilidade vicária, para abranger as empresas, mesmo quando não sejam empregadores e lucrarem com a atividade ilícita alheia, apesar de deterem toda a aptidão para evitar a prática do comportamento antijurídico. Ilustrativamente, seria o caso da empresa que explora atividade de *buffet* e arrendamento de salão de festas, mas nada faz quando músicas são reproduzidas no evento sem que os titulares de direitos autorais sejam remunerados.[304]

Segundo o STJ, no direito comparado, a responsabilidade civil de provedores de internet por violações de direitos autorais praticadas por terceiros tem sido reconhecida a partir da ideia de responsabilidade contributiva e de responsabilidade vicária, somada à constatação de que a utilização de obra protegida não consubstancia o chamado *fair use*. Nesse contexto, reconhece-se a responsabilidade *contributiva* do provedor de internet, no cenário de violação de propriedade intelectual, nas hipóteses em que há intencional induzimento ou encorajamento para que terceiros cometam diretamente ato ilícito. A responsabilidade *vicária*, por sua vez, tem lugar nos casos em que há lucratividade com ilícitos praticados por outrem, e o beneficiado se nega a exercer o poder de controle ou de limitação dos danos quando poderia fazê-lo.[305]

Desse modo, a responsabilidade *vicária* está configurada quando fica provado que o provedor de

---

(302) TST-AIRR-478-69.2011.5.03.0048. 1ª Turma, Rel. Ministro Hugo Carlos Scheuermann. Data de publicação: 08.11.2013.
(303) ROSENVALD, Nelson. Responsabilidade vicária e responsabilidade contributive. Disponível em: <https://www.nelsonrosenvald.info/single-post/2015/12/08/Responsabilidade-vicária-e-responsabilidade-contributiva>. Acesso em: 22 nov. 2018.
(304) *Idem.*
(305) REsp 1.512.647-MG, Rel. Min. Luis Felipe Salomão, julgado em 13.5.2015, DJe 5.8.2015.

internet aufere lucros, ainda que indiretos, com os ilícitos praticados, razão pela qual se nega a exercer o poder de controle ou de limitação dos danos, quando poderia fazê-lo.[306]

O exemplo é o do *site* Napster. A Justiça norte-americana entendeu que os responsáveis pela rede poderiam controlar os compartilhamentos que eram feitos entre os usuários cancelando as contas dos usuários infratores e filtrando os arquivos em seu próprio sistema. Além disso, ficou demonstrado que o Napster obtinha retorno financeiro com a ilegalidade cometida pelos usuários, uma vez que estes eram atraídos exatamente pela facilidade na obtenção gratuita de obras protegidas por *copyright*, ao passo que, para o Napster havia a possibilidade de anúncios e propagandas patrocinadas dirigidas aos integrantes da rede.[307]

---

(306) CAVALCANTE, Márcio André Lopes. *Responsabilidade civil dos administradores de rede social por violação de direito autoral causada por seus usuários*. Disponível em: <https://www.dizerodireito.com.br/2015/09/responsabilidade-civil-dos.html>. Acesso em: 23 nov. 2018.

(304) *Idem.*

– S –

SABOTAGEM

Sabotagem deriva da palavra francesa *saboter*, que significa "caminhar ruidosamente" que, por sua vez, deriva de *sabot*, um calçado com sola de madeira, ou seja, um tamanco.

Uma das primeiras aparições da palavra *sabot* pode ser encontrada no "*Dictionnaire du Bas-Langage ou manières de parler usitées parmi le peuple*" (Dicionariário de baixa língua ou maneiras comuns de falar entre as pessoas) do linguista Charles-Louis D'Hautel, editado em 1808.[308]

Há referências também no dicionário do francês Émile Littré (1801-1881), no seu dicionário da língua francesa, editado em 1873 (*cf.* LITTRÉ, Émile (1873–1874). *Dictionnaire de la langue française*. Hachette. p. 1790).[309]

Mas foi no final do século XIX que a palavra passou a ser mais utilizada. Em 1897, Émile Pouget, um famoso sindicalista anarquista, escreveu no *Le Père Peinard*, um jornal hebdomadário de cunho anarquista, o texto "*Ação para sabotar um emprego*" e, em 1911, escreveu o livro "A Sabotagem", que começa com as seguintes palavras:

> *Le mot 'sabotage' n'était, il y a encore une quinzaine d'années qu'un terme argotique, signifiant non l'acte de fabriquer des sabots, mais celui, imagé et expressif, de travail exécuté 'comme à coups de sabots'. Depuis, il s'est métamorphosé en une formule de combat social et c'est au Congrès Confédéral de Toulouse, en 1897, qu'il a reçu le baptême syndical.* (POUGET, Émile. *Le Sabotage*. 1911, p. 3).[310]

Historicamente, nas disputas trabalhistas no começo do século passado, na tentativa de paralisar a engrenagem das máquinas, os trabalhadores jogavam seus *sabots* nas máquinas para danificar as engrenagens. Em razão disso, a prática de danificar os meios de produção, de propriedade do empregador, consistente em lançar os *sabots* no maquinário, ficou conhecida como sabotagem.

Logo, atualmente, a expressão é utilizada para designar a prática dos empregados de destruir ou danificar as máquinas dos empregadores. No mesmo sentido, Amauri Mascaro Nascimento leciona que a sabotagem ficou sendo o nome atribuído ao ato pelo qual os operários, com a utilização de tamancos, deliberadamente inutilizavam as máquinas com que trabalhavam, como protesto contra o empregador.[311]

SALÁRIO EMOCIONAL

É o conjunto de retribuições não monetárias que o trabalhador recebe, para atender com precisão às suas necessidades pessoais, familiares e profissionais. Trata-se, assim, de um conjunto de fatores que afetam o emocional dos empregados, motivando-o e fazendo com que eles queiram permanecer em uma empresa.

O salário emocional é composto por elementos intrínsecos ou intangíveis e extrínsecos ou tangíveis.

---

[308] Charles-Louis D'Hautel, *Dictionnaire du Bas-Langage ou manières de parler usitées parmi le peuple*. t. II, D'Hautel et Schoell, 1808. Disponível em: <https://gallica.bnf.fr/ark:/12148/bpt6k5406698m?rk=42918;4>. Acesso em: 25 nov. 2018.
[309] As páginas originais do dicionário podem ser consultadas em: <https://gallica.bnf.fr/ark:/12148/bpt6k54066991/f401>. Acesso em: 25 nov. 2018.
[310] Em tradução: A palavra sabotagem era, quinze anos atrás, apenas uma gíria, significando não o ato de fazer cascos, mas a expressão expressiva e imaginativa do trabalho feito com 'tiros de cascos'. Desde então, ele se transformou em uma fórmula de combate social e foi no Congresso Confederal de Toulouse, em 1897, que recebeu o batismo sindical. A página original está disponível em <https://gallica.bnf.fr/ark:/12148/bpt6k245539/f4.image>. Acesso em: 25 nov. 2018.
[311] NASCIMENTO, Amauri Mascaro. *Compêndio de direito sindical*. 8. ed. São Paulo: LTr, 2015. p. 506-508.

Os elementos intrínsecos são todos os elementos que são percebidos de maneira subjetiva pelo empregado como uma recompensa, como, por exemplo, a satisfação em trabalhar, o reconhecimento do trabalho, a sensação de bem-estar ao trabalhar etc.

Por sua vez, os elementos extrínsecos são aqueles perceptíveis de forma objetiva pelo empregado, tais como novas fórmulas de equilíbrio entre a vida familiar e profissional, folgas inesperadas, redução da jornada etc.

O salário emocional permite o desenvolvimento de um estado de predisposição do trabalhador para sua empresa e seu trabalho, o que implica uma melhoria no ambiente de trabalho. Ele não pode ser quantificado, tampouco é intercambiável com dinheiro, mas, ao revés, são aspectos além dos monetários que visam aumentar o valor da pessoa como ser humano e como trabalhador. Por exemplo, a facilidade horária de entrar e sair do trabalho para organizar a vida pessoal ou até mesmo facilitar as áreas de descanso para aumentar a criatividade. Ainda, pode-se citar a figura do *bleisure* como uma forma de salário emocional.[312]

Dentro do salário emocional podem também ser acomodados benefícios que são, em princípio, quantificáveis em valor econômico, embora não possam ser trocados por seu custo e, portanto, os trabalhadores só podem se beneficiar de sua utilidade. Trata-se, por exemplo, de alguns benefícios, como descontos em academias.

SALÁRIO MÍNIMO DE INSERÇÃO E RENDA DE SOLIDARIEDADE ATIVA

O Salário Mínimo de Inserção, também chamado de Renda Mínima de Inserção (RMI) é uma das medidas utilizadas pela França para promover o Estado do bem-estar social. O objetivo do Rendimento Mínimo de Integração ou de Inserção (RMI), criado em 1988, é garantir um nível mínimo de recursos e facilitar a integração ou reintegração de pessoas de baixa renda. Trata-se de valor pago mensalmente a determinadas pessoas, mediante a comprovação de que cumprem certos requisitos, tais como frequência em cursos de capacitação.

Em 2009, a RMI foi totalmente substituída pela Renda de Solidariedade Ativa ou *Active Solidarity Income* (RSA), que permite que seus beneficiários obtenham um rendimento mínimo ou renda adicional.

Um importante requisito para recebimento da parcela era a celebração de um contrato de inserção, por meio do qual o beneficiário se comprometia em, por exemplo, participar de cursos de capacitação.

Em 2018, o valor mensal de assistência para uma única pessoa sem recursos era de 550,93 euros por mês, ou 826,40 euros para um casal sem filhos ou 1.156,96 euros para um casal com dois filhos.[313]

Selo sindical ou *label* sindical[314]

Label é uma palavra de origem inglesa que significa selo, estampilha, etiqueta, rótulo ou marca. Aplicada no contexto sindical, o *label* deve ser entendido como um selo de qualidade que os sindicatos atribuem aos produtos que tenham sido elaborados por empregadores que respeitam os direitos sociais dos seus contratados. Já num sentido mais restrito, entretanto, o *label* é compreendido como o selo aposto exclusivamente sobre os produtos que tenham sido fabricados por operários filiados à entidade sindical.

Diante dessas variáveis, pode-se concluir que o *label* atribuído unicamente em favor de quem fabrica produtos mediante trabalhadores filiados (ou que contrata um percentual mínimo destes) é considerado, em última análise, como o resultado de uma "cláusula de segurança sindical" e que, nesses moldes, ele estaria, sim, proibido nos ordenamentos jurídicos que aclamam a liberdade sindical individual negativa. Isso porque o oferecimento do selo – especialmente se ele for reputado valioso pelos consumidores – estimulará, por via oblíqua, a contratação preferencial de trabalhadores filiados em detrimento daqueles que não queiram se filiar às entidades sindicais.

---

(312) Como explicado supra, *Bleisure* é um neologismo fruto da junção entre as palavras *business* (trabalho, negócio) e *leisure* (lazer) e consiste na combinação entre a viagem a trabalho e o lazer, depois do término das obrigações profissionais. Em outras palavras, concede-se ao empregado alguns dias de folga após o cumprimento dos compromissos profissionais.
(313) Informações obtidas no *site* do Ministério da Solidariedade e da Saúde da França. Disponível em: < https://solidarites-sante.gouv.fr/affaires-sociales/lutte-contre-l-exclusion/droits-et-aides/le-revenu-de-solidarite-active-rsa/>. Acesso em: 25 nov. 18.
(314) MARTINEZ, Luciano. *Condutas antissindicais*. São Paulo: Saraiva, 2013.

Por outro lado, nenhuma censura jurídica poderá ser atribuída ao *label* sindical que se possa apor sobre os produtos dos empresários que, simplesmente, em caráter genérico, respeitem direitos sociais, independentemente de esses direitos satisfazerem associados ou não associados da entidade sindical.

SELO SOCIAL

Foi uma forma sugerida por Michael Hansenne, diretor geral da OIT de 1989 a 1997, para identificar, por parte dos consumidores, mercadorias produzidas de acordo com padrões mínimos da legislação internacional trabalhista.

No caso de o selo não ser aprovado, a mercadoria poderia até mesmo ser recusada pelas alfândegas. Contudo, como a OIT não tem poderes coercitivos sobre seus membros, a medida não se concretizou.

SEMANA ESPANHOLA

É uma forma de compensação de jornada, mediante a qual o empregado trabalha 40 horas em uma semana e 48 horas na seguinte, sempre de modo alternado. Dessa forma, ao invés de trabalhar todos os sábados por meio período, isto é, por 04 horas, o empregado cumpre jornada de 8 horas nesse dia e sempre folga no próximo.

SEMANA FRANCESA

É o tipo de ajuste que concede o repouso semanal remunerado a um empregado somente após o sétimo dia consecutivo de trabalho. O sistema 7x2 e 7x3, ou seja, sete dias consecutivos de trabalho, com alternância de dois ou três dias seguidos de folgas, é conhecido como semana francesa.

No Brasil, prevalece o entendimento de que a norma coletiva não tem poder para estabelecer escala nesses termos, tendo em vista que se trata de questão de ordem pública, com respeito à higidez física e mental do empregado.

Síndrome de *Burnout*

Ver *Burnout

SEMANA INGLESA

A semana inglesa se refere a jornada de trabalho de oito horas de segunda à sexta-feira e de quatros horas pela manhã do sábado, havendo, portanto, o descanso no sábado a tarde e no domingo, totalizando 44 horas semanais.

SISTEMA DE BACKLOG

"*Log*" é uma palavra inglesa que em português significa "registro". Por sua vez, a palavra "*back*", dentre vários outros significados possíveis, pode ser entendida como advérbio de tempo relacionado ao "passado", dando ideia de "anteriormente" ou, ainda, "em retorno".

No inglês, o léxico informa que *backlog* significa "*an accumulation of something, especially uncompleted work or matters that need to be dealt with*" ou "*a large number of things that you should have done before and must do now*".[315] Em tradução livre, dá a

---

(315) In: *Cambridge dictionary*. Disponível em: <https://dictionary.cambridge.org>. Acesso em: 30 jul. 2018.

ideia de um *log* (registro histórico) de acumulação de trabalho num determinado intervalo de tempo.

Contudo, no mundo corporativo brasileiro, especialmente no âmbito das práticas comerciais gestadas na conhecida empresa de Computadores DELL, a expressão ganhou uma dimensão diferente daquela de acúmulo de trabalho, consistindo o *backlog*, em verdade, em um sistema ou critério utilizado para pagamento de comissões. Como se verá, são comissões relacionadas a "registro de pedidos ocorridos no passado", daí o uso da expressão na prática empresarial brasileira.

Como o Direito do Trabalho muitas vezes absorve em seu interior as práticas comerciais cotidianas, o *backlog* aqui também é considerado um sistema ou critério utilizado para pagamento de comissões. Segundo a sistemática do *backlog*, as vendas efetivadas e registradas (*log*) em um mês somente são faturadas no mês seguinte e, por consequência, apenas nesse último incluídas para fins de comissões e alcance de metas. Em outras palavras, pela adoção do *backlog*, valores relativos a produtos vendidos em um período são faturados em outro, de modo que os valores em *backlog* de um mês passam a integrar o valor das vendas do mês seguinte e assim sucessivamente.

Perícias contábeis realizadas em processos judiciais comumente concluem que *backlog* é a denominação que empresas utilizam para vendas que apenas se concretizam quando faturada a mercadoria. Trocando em miúdos, pela sistemática do *backlog* os pedidos já foram realizados, mas ainda não faturados, pois ainda o serão no mês subsequente. Assim, é a prática consistente na contabilização posterior de vendas anteriores não faturadas no momento da efetivação do negócio, razão pela qual o pagamento das comissões se efetiva somente após o faturamento da mercadoria.

Questiona-se a licitude de tal procedimento. É bastante controvertida a validade da prática ou sistema do *backlog*, principalmente no âmbito jurisprudencial. O C. Tribunal Superior do Trabalho, até o fechamento da presente edição, não possuía decisões enfrentando do mérito da questão. No entanto, a matéria é farta no âmbito do Tribunal Regional do Trabalho da 4ª Região, no qual a jurisprudência ainda está longe de ser pacificada.

A análise da legalidade da prática passa, inicial e necessariamente, pela compreensão do disposto no art. 466, *caput*, da CLT, segundo o qual o pagamento de comissões e percentagens é exigível depois de *ultimada* a transação a que se referem, entendendo-se por *ultimação* a finalização do ajuste entre vendedor e comprador. Em outros termos, considera-se *ultimada* a transação "*quando aceita pelo comprador nos termos em que lhe foi proposta*", conforme lições doutrinárias acolhidas pela jurisprudência (nessa linha: TST-RR-161-77.2013.5.04.0661, Relator Ministro Mauricio Godinho Delgado, 3ª Turma, DEJT 23.09.2016).

Para uma primeira vertente de pensamento "*é ilícito o cálculo das parcelas variáveis mediante a utilização do sistema de* backlog*, em que as vendas realizadas mas não faturadas no mês são incluídas apenas no mês seguinte*" (TRT 4ª Região/RS – 2ª Turma – RO 94402.2011.5.04.0021, data de julgamento 26.01.2017), ao argumento de que o procedimento adotado **reduz as vendas a serem consideradas para o atingimento das metas mensais** do empregado, mostrando-se prejudicial ao trabalhador. Ademais, o faturamento posterior das vendas efetuadas não depende do trabalhador, mas sim da organização e planejamento da empresa, não podendo prejudicá-lo, tendo em vista que é o empregador quem assume os riscos da atividade econômica (artigo 2º da CLT) (TRT da 4ª Região, 6ª Turma, 0020117-41.2013.5.04.0221 RO, em 11.12.2015, Juiz Convocado Roberto Antonio Carvalho Zonta).

Por outro lado, a segunda linha interpretativa advoga a tese pela qual "*é legal o sistema* backlog*, em que o pagamento das comissões se efetiva somente após o faturamento da mercadoria*" (TRT da 4ª Região, 7ª Turma, 0020932-67.2015.5.04.0221 RO, em 07.07.2017, Desembargador Emilio Papaleo Zin), ao fundamento de que o sistema pode desfavorecer o empregado em um mês, mas também favorecer no subsequente, sendo que o *backlog*, em tese, poderia contribuir para o atingimento da meta no mês seguinte. Argumenta que a comissão não paga no mês da venda – e que não contribui para o atingimento da meta –, se reverte em comissão no mês subsequente, contribuindo então para as cotas desse mês, razão pela qual, havendo variações positivas e negativas nas cotas mensais, não há que se falar em prejuízo. Portanto, para essa vertente jurisprudencial, somente se houver provas concretas de prejuízo, ônus que incumbe ao empregado, é que deverá ser considerada ilegal o sistema.

Parece-me que prática, por si só, é ilícita. Como já dito, as comissões podem ser exigidas depois de *ultimada* a transação (art. 466 da CLT) e, considera-se *ultimada* a transação com o ajuste final entre comprador e vendedor, ou seja, o processo de venda se encerra com o processamento do pedido feito pelo vendedor, e não quando da expedição da nota fiscal e/ou encaminhamento do produto ao cliente (faturamento). O sistema do *backlog* transgride, assim, o art. 466 da CLT, ao virtualizar o processo de *ultimação* para data posterior, ou seja, como se ela tivesse ocorrido *em mês diverso da tratativa entre o vendedor e o cliente*, violando, assim também, o princípio da primazia da realidade. Do ponto de vista do empregado, a espera pela *ultimação* da transação é lícita, pois prevista em lei. O mesmo não se pode dizer na espera pelo *faturamento*, que deve ser atribuído ao risco da atividade.

A ilicitude se envidencia mais ainda caso o empregado demonstre prejuízos ao cumprimento de metas. É certo que as vendas podem ser levadas em conta no mês seguinte e poderão ajudar nas metas correspondentes, mas pode acontecer do empregador, em relação ao mês vindouro, alterar os critérios e metas estabelecidas em relação ao mês anterior, quando as vendas poderiam ter efetivamente alavancado as metas. Logo, mesmo que a venda seja considerada no mês seguinte, poderá, hipoteticamente, não ser suficiente para alcançar os objetivos daquele mês.

Nessa ordem de ideias, muito embora as vendas possam ser consideradas quando do faturamento, resultando em majoração de resultados no mês seguinte, pode ser que as cotas e demais critérios de cálculo do comissionamento variável sejam alterados (majorados). Nesse caso, é evidente o prejuízo ao empregado, por não ter seu comissionamento calculado conforme os critérios vigentes na data da venda, sendo, ao invés disso, postergados para período subsequente, mediante situação (faturamento) sobre a qual ela não tinha qualquer ingerência.

A propósito, assim caminha boa parte da jurisprudência do TRT da 4ª Região, que reiteradamente tem entendido *"no aspecto, por abusiva a prática, uma vez que, ainda que seja possibilitado ao empregado alcançar a comissão somente quando ultimada a transação correspondente, essa deve ser calculada conforme os parâmetros vigentes na data em que efetuada a venda, e não por critérios instituídos posteriormente (data do faturamento)"*. Nesse sentido: (TRT da 4ª Região, 2ª Turma, 0000547-18.2011.5.04.0002 RO, em 16.04.2015, Relator: Desembargador Alexandre Corrêa da Cruz. Participaram do julgamento: Desembargadora Tânia Rosa Maciel de Oliveira, Desembargador Marcelo José Ferlin D Ambroso).

Em síntese, nesse procedimento unilateral a empresa poderá, em algumas ocasiões (quando da majoração dos critérios de cálculo do atingimento das cotas no mês seguinte), acarretar prejuízos ao empregado, fazendo com que ele não tenha ciência prévia da forma de cálculo de suas comissões quando da realização das vendas, prática inviável de ser autorizada, por violar o dever de informação e boa-fé, manifestada no direito do empregado de perceber pelo trabalho já realizado em conformidade com os critérios vigentes na data em que efetuado, e não por critérios futuros e desconhecidos.

Assim, é manifesto o prejuízo advindo ao empregado, mormente quando a empresa adota um sistema de remuneração variável que envolve não apenas o pagamento das comissões propriamente ditas, mas também bonificações em torno da produção, *targets*, aceleradores, entre outros, prejudicando notadamente o atingimento de metas, com a consequente redução em seus ganhos. Nesse sentido: *"DELL COMPUTADORES DO BRASIL LTDA. BACKLOG. DIFERENÇAS DE COMISSÕES. A sistemática produtiva de 'backlog', observada pela ré para efeito de pagamento de comissões, somente computando as vendas quando do efetivo faturamento do produto, **quando já alterados os critérios e metas estabelecidas**, viola o dever de informação e de boa-fé contratual, impedindo o trabalhador de ter conhecimento prévio dos critérios e metas sobre os quais suas vendas serão comissionadas. Diferenças de comissões devidas pela desconsideração do sistema de 'backlog'."*(TRT da 4ª Região, 2ª Turma, 0000684-22.2011.5.04.0221, em 03.07.2014, Relator Desembargador Marcelo José Ferlin D. Ambroso. Participaram do julgamento: Desembargador Alexandre Corrêa da Cruz, Desembargadora Tânia Regina Silva Reckziegel, Desembargador Marcelo José Ferlin D. Ambroso) (gn).

Logo, a adoção da sistemática ou do procedimento denominado *backlog*, pelo qual se posterga a inclusão de vendas, muitas vezes em face de procedimentos administrativos da empresa e, inclusive, por aguardar a entrega da mercadoria ao cliente, é ilícita por violar o art. 466 da CLT, bem como o princípio da primazia da realidade e, mais ainda, por causar prejuízo ao empregado, quando considerado que a remuneração variável dependia do atingimento de metas.

Vale, ainda, uma observação final. Mesmo para os que consideram, em princípio, lícita a adoção da sistemática do *backlog*, nada impede que, diante do caso concreto, seja demonstrado o prejuízo pelo empregado, como em casos nos quais as comissões das vendas que ficam em *backlog* são pagas somente após o faturamento do produto, de modo que a venda não seja computada na meta estabelecida para o mês, sendo transferida para período posterior, com regramento diferente e mais gravoso para o atingimento de metas.

Nesse caso, na linha do que já afirmado acima, é abusiva a prática, uma vez que, ainda que lhe seja possibilitado alcançar a comissão somente quando ultimada a transação correspondente, essa deve ser calculada conforme os parâmetros vigentes na data em que efetuada a venda, e não por critérios instituídos posteriormente (data do faturamento).

Portanto, se somente se computa a venda, para efeito de comissionamento, quando do efetivo faturamento, o que pode ocorrer no mês subsequente, quando as metas e percentuais vigentes para o cálculo já poderiam ter sido alterados, *surge o direito às diferenças salariais*, muitas vezes demonstradas por perícia contábil. De todo modo, se houver variações positivas e negativas proporcionais, não serão devidas diferenças salariais por comissão, apenas juros e correções em razão do pagamento da comissão fora do prazo legal, se for o caso, pois tanto a Lei n. 3.207/57, como o art. 466 da CLT, permitem que o pagamento das comissões seja ajustado em período superior a um mês.

SOCIALIZAÇÃO

Segundo o art. 981 do Código Civil, *"celebram contrato de sociedade as pessoas que reciprocamente se obrigam a contribuir, com bens ou serviços, para o exercício de atividade econômica e a partilha, entre si, dos resultados"*.

Uma das principais diferenças entre o contrato de trabalho e o contrato de sociedade é o elemento subjetivo *affectio societatis*, ou seja, o espírito de comunhão e a identidade de interesses entre os sócios, que se configura pelo compartilhamento dos lucros e perdas. Por outro lado, o elemento subordinação é inerente à relação de emprego, pois exsurge diretamente do poder diretivo do empregador, não se verificando no contrato de sociedade.[316]

Entretanto, dentro da análise da linha evolutiva da fraude, paralelamente ao processo de "pejotização", vem ganhando cada vez mais foro a denominada "socialização" dos trabalhadores, isto é, a contratação dos trabalhadores como sócios da própria empresa empregadora, não obstante o suposto sócio realizar materialmente suas atividades com todas as características da relação de emprego. Por meio da socialização, o trabalhador é materialmente inserido na estrutura orgânica da empresa com todos os requisitos da relação de emprego e formalmente inserido no contrato social do empreendimento na condição de sócio minoritário.[317]

Já decidiu a jurisprudência que não pode ser considerado sócio, mas autêntico empregado, aquele que detém participação mínima no capital da sociedade, especialmente quando não restou demonstrado nos autos qualquer tipo de gestão na atividade empresarial, revelando, ainda, os autos, o labor como empregado antes e após o período consignado no contrato social.[318]

Portanto, a socialização de empregados é uma espécie de fraude nas relações de trabalho, por meio da qual ocorre a transformação de trabalhadores em sócios.

SPLIT SALARY

Em relação ao empregado transferido para o exterior, o art. 5º da Lei n. 7.064/82 prevê que, *verbis*:

> Art. 5º O salário-base do contrato será obrigatoriamente *estipulado* em moeda nacional, mas a remuneração devida durante a transferência do empregado, computado o adicional de que trata o artigo anterior, poderá, no todo ou em parte, ser paga no exterior, em moeda estrangeira. (gn)

---

(316) SANTOS, Ronaldo Lima dos. *Fraude nas relações de trabalho. morfologia e transcendência*. In: Boletim Científico da ESPMU, n. 28 e n. 29 – jul./dez. 2008.
(317) *Idem*.
(318) TRT 3ª Região, Recurso Ordinário, Processo n. 211.2007.001.03.00-7, 1ª Turma, rel. juíza Maria Laura Franco Lima de Faria, DJMG de 20.6.2008.

§ 1º Por opção escrita do empregado, a parcela da remuneração a ser paga em moeda nacional poderá ser depositada em conta bancária.

§ 2º É assegurada ao empregado, enquanto estiver prestando serviços no exterior, a conversão e remessa dos correspondentes valores para o local de trabalho, observado o disposto em regulamento.

Extrai-se do *caput* do dispositivo que a **estipulação**, ou seja, a **convenção** do salário-base deve se dar, obrigatoriamente, em moeda nacional, mas o *pagamento* poderá, **no todo** ou **em parte**, **ser paga no exterior**, *em moeda estrangeira*.

Consagra-se aqui a figura do *split salary* ou salário repartido, pois a metade do pagamento poderá se dar no território nacional e em moeda corrente e, a outra metade, no exterior, em moeda estrangeira (da localidade na qual o trabalho é prestado).

STALKING

A palavra *stalking* deriva da tradução do verbo "*to stalk*", que pode ser entendido como ficar à espreita, vigiar, espiar. O *stalking* pode ocorrer por intermédio da internet, caracterizando-se o que se chama de *cyberstalking*. Na forma virtual acontece com o envio de mensagens eletrônicas, recados, convites insistentes ou ofensas e perseguição nas redes sociais, na busca incessante de manter-se próximo à vítima.

No direito do trabalho, é bastante comum em situações de assédio sexual, na qual o ofensor (*stalker*) produz um assédio persecutório. Cuidar-se-ia, enfim, de uma obsessão, que se repete ao longo de variável tempo, causando dano ao "*stalkeado*", pois produz uma perturbação espiritual na pessoa, atingindo seu sentimento de segurança – seja pessoal, seja em face de pessoas com as quais se relaciona.

STOCK OPTIONS

O artigo 168, parágrafo terceiro, da Lei n. 6.404/76 (Lei das Sociedades Anônimas) prevê a possibilidade de o empregador pôr à disposição do empregado programa que conceda o direito à compra de ações: "*§ 3º O estatuto pode prever que a companhia, dentro do limite de capital autorizado, e de acordo com plano aprovado pela assembleia-geral, outorgue opção de compra de ações a seus administradores ou empregados, ou a pessoas naturais que prestem serviços à companhia ou à sociedade sob seu controle.*"

Na lição da doutrina, a lei estabelece um plano de participação nas ações da empresa, ou seja, a empresa pode outorgar ao seu empregado o direito de compra por valores históricos. Por exemplo, depois de cinco anos no emprego o empregado ganha o direito de comprar um lote de mil ações pelo valor do dia da assinatura do plano. Nesse caso, as ações ficam estocadas (*stock*), reservadas, garantindo-se a esses empregados o direito de compra-lás por valores históricos depois de um período de expectativa.[319]

Trata-se de mera possibilidade da compra e venda dos papéis, que decorre do contrato de trabalho. Não há garantia de lucro para o empregado, em decorrência das variações do mercado acionário, sendo que o empregado assume o risco de, no momento do pagamento, receber papéis desvalorizados.

Pode ser estipulado que, na extinção do contrato por pedido de demissão, o empregado perderá o direito de compra. Se for despedido sem justa causa antes de cumprido o prazo, manterá consigo o direito de aquisição das ações estocadas pelo valor histórico, na forma ajustada.

Cuida-se, pois, de vantagem eminentemente mercantil, ou seja, sem natureza salarial.

STRAINING

É a gestão por estresse, também conhecida como assédio moral organizacional. O assédio moral organizacional ou *straining* é uma técnica gerencial por meio da qual os empregados são levados ao limite de sua produtividade, em virtude de ameaças, que vão desde a humilhação e ridicularização em público até

---

(319) MARTINEZ, Luciano. *Curso de direito do trabalho*. 6. ed. São Paulo: Saraiva, 2015.

a demissão. O *straining* é um assédio consideravelmente mais grave que o assédio moral interpessoal (tradicional), por se tratar de uma prática institucionalizada pela empresa no sentido de incrementar seus lucros às custas da dignidade humana dos trabalhadores.[320]

Ver *Assédio moral organizacional

SUBORDINAÇÃO AGONAL

No debate sobre a natureza jurídica do contrato do atleta, uma vertente doutrinária afirma que este se trata de contrato inominado, designado "contrato desportivo", em razão da sua atipicidade e do fato de envolver apenas uma subordinação agonal, diversa da subordinação típica do contrato de trabalho. A subordinação agonal é "*própria e genuína, pertencente aos certames e sem a qual não seria possível sua realização*". É a subordinação às regras do esporte praticado, à qual se submete o atleta apenas de forma eventual, enquanto envolvido no certame.

Alice Monteiro registra, porém, que a tese que encontrou maiores adeptos se baseia no fato de que o desporto profissional é trabalho, logo, a relação do desportista com a instituição é a de emprego, gerada por um contrato de trabalho especial.

Segundo Jorge Lila Bernardo, com base em Alice Barros, a subordinação agonal é aquela vinculada apenas às regras do jogo, que não se confunde com a subordinação jurídica, esta última necessária à configuração do vínculo empregatício.

No caso do árbitro de futebol, por exemplo, o fato de o trabalhador se submeter às ordens, instruções e fiscalização da Federação, assim como à possibilidade de ser escalado por esta para os jogos não significa, por si só, a existência de vínculo empregatício com a Federação, pois configura mera subordinação agonal.

Além disso, o próprio art. 88, parágrafo único da Lei n. 9.615/98 exclui o vínculo de emprego aos árbitros e seus auxiliares. É nesse sentido o posicionamento do TST, conforme ementa a seguir:

> RECURSO DE REVISTA – VÍNCULO DE EMPREGO – ÁRBITRO DE FUTEBOL – NÃO-CARACTERIZAÇÃO. É sabido que a atividade desempenhada pelo árbitro de futebol, em face da própria natureza do serviço, adquire cunho, eminentemente, autônomo, por não exercer a federação qualquer direção, controle ou aplicação de penas disciplinares na execução do trabalho, tão-somente o administra. O árbitro, no campo de futebol, é autoridade máxima no comando da partida de futebol, não recebendo ordens superiores da entidade desportiva, apenas devendo observar e fazer cumprir as regras do jogo, daí a conclusão pelo exercício da atividade com autonomia plena. Nesse contexto, torna-se inviável a constatação dos elementos fático-jurídicos caracterizadores da relação de emprego, sobretudo a subordinação jurídica, o que diferencia a figura do trabalhador autônomo do empregado. Recurso de revista conhecido e provido. Processo: RR-118340-84.1997.5.02.0014 Data de Julgamento: 24.09.2008, Relator Ministro: Luiz Philippe Vieira de Mello Filho, 1ª Turma, Data de Publicação: DEJT 06.10.2008.

SUBORDINAÇÃO ALGORÍTMICA OU VIRTUAL

É a subordinação mediante o controle por meio de aplicativos, na modalidade chamada algorítmica, por comandos ou por programação. Nela, ainda que inexista o direcionamento de comandos diretos e expressos partidos de um superior hierárquico (subordinação clássica), a consolidação do controle via aplicativo revela um direcionamento ainda mais intenso.[321]

---

(320) Tribunal Regional do Trabalho da 16ª Região – RO-00772-2008-016-16-00-5, Relator: José Evandro de Souza, Data de Julgamento: 13.04.2011, Data de Publicação: 26.04.2011. Disponível em: <http://www.trt16.gov.br/site/conteudo/jurisprudencia/inteiroTeor.php?seqProcesso=84676&embargo=>. Acesso em 21 nov. 2018.
(321) Carelli, Rodrigo. *O caso Uber e o controle por programação*: de carona para o século XIX. In: LEME, A.C.P, RODRIGUES, B.A., CHAVES JÚNIOR, J.R. (Coord.). *Tecnologias disruptivas e a exploração do trabalho humano*. São Paulo: LTr, 2016.

Há uma gestão algorítmica de dados coletados pelos aplicativos. Inversamente, os trabalhadores têm pouco acesso às informações sobre o sistema, seu contato com a empresa é bastante limitado.[322]

SUBORDINAÇÃO ECLESIÁSTICA

Subordinação eclesiástica ou divina é aquela decorrente do exercício da atividade pela pessoa que o faz por razões vocacionais, não podendo ser enquadrado como empregado.

Entende-se que não pode ser enquadrado como empregado aquele que divulga sua fé, já que não se trata tecnicamente de um trabalho, mas de uma missão vocacional, uma profissão de fé, decorrente de uma convicção íntima, que leva o indivíduo a atendê-la. No caso não haveria uma subordinação, apenas convergência de vontades e comunhão de fé com os superiores e paroquianos com objetivo comum de difundir, pelo culto e pela igreja, pregação, o ideário da igreja.

Por conseguinte, o trabalho exercido pelos ministros ordenados ou fiéis consagrados mediante votos, para as Dioceses ou Institutos religiosos e equiparados, não gera, por si só, vínculo empregatício, a menos que seja provado o desvirtuamento da instituição eclesiástica.

Aduz-se que as tarefas de índole apostólica, pastoral, litúrgica, catequética, assistencial, de promoção humana e semelhantes poderão ser realizadas a título voluntário, observado o disposto na legislação trabalhista brasileira.

O TST já enfrentou o tema, em decisão eu ficou assim ementada: "RECURSO DE REVISTA – VÍNCULO DE EMPREGO – PASTOR DE IGREJA – NATUREZA VOCACIONAL E RELIGIOSA DAS ATIVIDADES DESENVOLVIDAS – NÃO CARACTERIZAÇÃO. A relação de emprego é configurada quando presente a pessoalidade, a não eventualidade, a dependência em relação ao tomador de serviços e a percepção de salário, conforme determina o art. 3º da CLT. Ocorre que, na afinidade constituída pela fé, não obstante a presunção comum de que há total dissociação dos valores e necessidades terrenas, não se divisa prestação de serviços necessariamente voluntária/gratuita, esporádica ou sem organização estrutural, sendo factível a ocorrência dos pressupostos do liame celetista nesta relação. Por estas razões, muito além da simples aferição dos requisitos para o vínculo empregatício, deve-se averiguar *in casu*, a constituição das instituições eclesiásticas, a sua relação com o Estado, bem como a concreta natureza e a finalidade das atividades prestadas pela instituição religiosa. Inexistente, dessarte, no caso *sub judice*, elementos suficientes a descaracterizar o cunho religioso da relação estabelecida entre o autor e a igreja-reclamada. Isso porque, apesar da similaridade à relação empregatícia, o vínculo formado entre as partes é destinado à assistência espiritual e à propagação da fé, em proveito, não da pessoa jurídica eclesiástica, mas, sim, da comunidade atendida pelo templo religioso. Recurso de revista conhecido e provido." (TST-RR-10003120125010432, Relator: Luiz Philippe Vieira de Mello Filho, Data de Julgamento: 09.03.2016, 7ª Turma, Data de Publicação: DEJT 18.03.2016).

SUBORDINAÇÃO ESTRUTURAL

Para Mauricio Godinho Delgado, a subordinação estrutural é a que se manifesta pela inserção do trabalhador na dinâmica do tomador de seus serviços, independentemente de receber (ou não) suas ordens diretas, mas, acolhendo, estruturalmente, sua dinâmica de organização e funcionamento. O trabalhador se harmoniza à organização, dinâmica e cultura do empreendimento que lhe capta os serviços.[323]

---

(322) MURADAS, Daniela Reis; CORASSA, Eugênio Delmaestro. *Aplicativos de transporte e plataforma de controle: o mito da tecnologia disruptiva do emprego e a subordinação por algoritmos*. In: LEME, A.C.P, RODRIGUES, B.A., CHAVES JÚNIOR, J.R. (Coord.). *Tecnologias disruptivas e a exploração do trabalho humano*. São Paulo: LTr, 2016. p. 157.
(323) DELGADO, Mauricio Godinho. *Curso de direito do trabalho*. 4. ed. São Paulo: LTr, 2005.

SUBORDINAÇÃO INTEGRATIVA

A subordinação, em sua dimensão integrativa, faz-se presente quando a prestação de trabalho integra as atividades exercidas pelo empregador e o trabalhador não possui uma organização empresarial própria, não assume riscos de ganhos ou de perdas e não é proprietário dos frutos de seu trabalho, que pertencem, originalmente, à organização produtiva alheia para a qual presta a sua atividade.[324]

Como se nota, é um conceito que conjuga a noção de subordinação objetiva com os critérios que excluem a autonomia. Portanto, na análise de algum caso concreto, para a correta análise da existência ou não da relação de emprego, deve o intérprete percorrer o seguinte caminho: primeiro, verifica-se se o trabalhador se insere nos fins do empreendimento, ou seja, na dinâmica do negócio (subordinação objetiva). Presente a subordinação objetiva, passa-se então à verificação das diversas formas de "*ajenidad*" ou alienação. Se qualquer uma delas estiver ausente, o indivíduo não é empregado, mas sim, autônomo. Dito de outro modo, só haverá relação de emprego se, na relação fática, o empregado estiver alheio aos riscos, aos meios de produção, ao mercado e aos frutos do trabalho.

SUBORDINAÇÃO OBJETIVA

Pode a subordinação ser do tipo objetivo, em face da realização, pelo trabalhador, dos objetivos sociais da empresa. Ou seja, é subordinado aquele cuja atividade se integra nos fins ou objetivos da empresa. Há, assim, a correspondência, a harmonização, dos serviços prestados pelo empregado aos objetivos perseguidos pelo tomador, aos fins do empreendimento.

A crítica é que o conceito é muito amplo e permite a abrangência de trabalhadores verdadeiramente autônomos.

SUBORDINAÇÃO POTENCIAL

O conceito é de Danilo Gonçalves Gaspar[325]. Segundo ser artífice a noção de subordinação potencial perpassa, portanto, pela potencialidade do poder diretivo destacada no item anterior. Assim, podendo o poder diretivo gravitar de um grau mínimo a um grau máximo, a sua existência é real, sendo, entretanto, o seu exercício potencial.

Pode-se afirmar que há subordinação potencial quando o trabalhador, sem possuir o controle dos fatores de produção e, portanto, o domínio da atividade econômica, presta serviços por conta alheia, ficando sujeito, potencialmente, à direção do tomador dos serviços, recebendo ou não ordens diretas deste, em razão de sua inserção na dinâmica organizacional do tomador.

A nota de destaque, portanto, do conceito potencial de subordinação jurídica se encontra no fato de que, a partir deste conceito, será subordinado tanto o trabalhador que sofra o exercício direto e intenso do poder diretivo do tomador de serviços (ordens diretas), como o trabalhador que, em que pese inserido na organização empresarial, possui maior liberdade na execução de sua atividade, até porque, como visto, isto é resultado de uma nova lógica empresarial inaugurada com o processo de reestruturação produtiva.

SUBORDINAÇÃO RETICULAR

A denominação subordinação reticular deriva do fenômeno da empresa-rede. Dá-se a chamada subordinação reticular quando, não obstante o laborista tenha um controle relativo sobre suas funções, de

---

(324) PORTO, Lorena Vasconcelos. *Por uma releitura do conceito de subordinação*: a subordinação integrativa. In: PORTO, Lorena Vasconcelos; ROCHA, Cláudio Jannotti da. Trabalho: diálogos e críticas. São Paulo: LTr, 2018. p. 63.
(325) GASPAR, Danilo Gonçalves. *Subordinação pontencial*. São Paulo: LTr, 2016.

forma supostamente autônoma, não detém a mesma autonomia com relação ao aspecto econômico da atividade empresarial. Na dúvida entre o trabalho dito "autônomo-dependente" e o empregado clássico, a boa regra de hermenêutica aconselha a não reduzir o potencial expansivo e protetivo do direito do trabalho. Nestas condições, com a existência simultânea dos demais elementos caracterizadores da relação de emprego, a saber, onerosidade, pessoalidade e habitualidade, deve-se reconhecer o vínculo empregatício, com a consequente descaracterização de outras formas de relação de trabalho.

A partir de um conceito de subordinação estrutural-reticular, os autores buscam reconhecer a condição de empregados dos trabalhadores "que ingressam na estrutura da empresa ou da rede de empresas, ainda que suas contratações estejam amparadas por contratos de trabalho autônomos.[326]

SUBORDINAÇÃO VIRTUAL

Ver *subordinação algorítmica

SWEATING SYSTEM

Existe o *sweating system*, também conhecido como Sistema de Suor, cunhada na 1ª metade do séc. XIX, para descrever um sistema caracterizado pela confusão, pela coexistência entre o local de trabalho e o de habitação, que aliado a um pagamento por produção, redunda em jornadas exaustivas de superexploração.

Ele se baseia na extensão irregular e subterrânea da planta industrial, com vistas a manter trabalhadores que são vítimas de tráfico de seres humanos, num mesmo espaço de trabalho e moradia, laborando por quase nada, em jornadas extremas e condições subumanas", afirmam os procuradores na ação.

SWEAT SHOPS

Sweatshop (ou fábrica de suor) é um termo pejorativo para um local de trabalho que tem condições de trabalho muito pobres e socialmente inaceitáveis.

---

(326) CHAVES JÚNIOR, José Eduardo de Resende; MENDES, Marcus Menezes Barberino. *Subordinação estrutural--reticular*: uma perspectiva sobre a segurança jurídica. In: Revista do Tribunal Regional do Trabalho da 3ª Região. Belo Horizonte, LTr, vol. 46, n. 76, p. 197-218, jul./dez. 2007. p. 213.

– T –

TARGET SHARE UNITS *OU* INCENTIVE SHARE UNITS *OU* PHANTOM SHARES *OU AÇÕES ESPELHO*

A figura das *incentive share units* (unidades monetárias de incentivo), igualmente chamadas de *phantom shares* (ações fantasmas), foi gestada pela criatividade mercantil da famosa instituição financeira *Credit Suisse*. As *incentive share units*, também chamadas no mundo corporativo de *target share units* ou, simplesmente "ISU", são parcelas de natureza não trabalhista conexas ao contrato de emprego. Ou seja, decorrem do contrato de trabalho, mas possuem natureza eminentemente mercantil, neste ponto se assemelhando às *stock options*. Na verdade, as *phantom shares* são espécies do gênero *stock options* e, em razão de seu caráter eminentemente mercantil, não gozam dos princípios de proteção salarial.

As "ISU" são verbas de incentivo que buscam encorajar o empregado na busca de melhores resultados, já que os valores recebidos, a título de bônus de pagamento, sofrerão variações de acordo com o melhor ou pior desempenho da empresa. Em outros termos, é um mecanismo de estímulo concedido pelo empregador ao empregado que permite o ganho deste último na valorização futura da empresa.

Assim, embora a concessão das ações de incentivo seja oriunda do contrato de trabalho, o Empregado não possui garantia de obtenção de um valor determinado, tendo em vista as variações do mercado acionário, o que revela a natureza mercantil da vantagem.

As ações fantasmas ou *phantom shares* envolvem a concessão de uma cota virtual de ações resgatáveis após o período de carência, desde que atendidas as condições previstas em regulamento. Por esse sistema, o direito de resgatar as ações somente se materializa em direito subjetivo após o final do prazo de carência fixado pelo plano. Esse período de carência é conhecido como "*vesting*". Logo, se o empregado se demitir antes de decorrido determinado período de carência (ou "*vesting*") poderá perder o direito ao resgate.

Sobre as "ISU" vale observar que, no direito comparado, a Suprema Corte Suíça já definiu critérios objetivos para identificação da natureza jurídica da parcela. Trata-se do critério da "*very high remuneration*".

Segundo a mais alta Corte suíça, se o empregado recebe, a título de "ISU", um valor muito alto – maior que cinco vezes a remuneração média do cargo –, este valor é legítima verba de incentivo e, portanto, com nítida natureza comercial. Por outro lado, se os valores recebidos a título de incentivo não ultrapassarem cinco vezes o valor da remuneração média do cargo, entende-se que se tratam de salário disfarçado e, portanto, deverão receber a proteção legal da intangibilidade[327].

Assim, em regra, não há a correlação estabelecida entre a prestação dos serviços e o ganho no resgate das ações, pois estão envolvidos fatores alheios à empresa, relacionados à valorização das ações no mercado. No entanto, válido o critério adotado pela Suprema Corte suíça como fator indicado ao intérprete na sempre tormentosa identificação da natureza jurídica das parcelas oriundas do contrato de trabalho.

A propósito do tema, o C. Tribunal Superior do Trabalho entende que "*é lícita a cláusula que prevê a perda de "ações fantasmas" (unidades monetárias de incentivo) pelo empregado que pedir demissão antes de decorrido o prazo de carência ("vesting") fixado pelo regulamento. Não há falar em sujeição à vontade unilateral do empregador, mas na mera expectativa de direito ao resgate das ações de incentivo no curso do prazo de carência.*" (ARR-2843-80.2011.5.02.0030, Relatora Ministra: Maria Cristina Irigoyen Peduzzi, Data de Julgamento: 18.11.2015, 8ª Turma, Data de Publicação: DEJT 20.11.2015).

No caso julgado, a 8ª Turma do TST considerou lícita cláusula que previa a perda de "ações fantasmas"

---

(327) KAUFMANN, Roland; JAGGI, Vibeke. Swiss Supreme Court defines "very high remuneration" and sets a framework for manager's remuneration. Disponível em: <http://www.froriep.com/uploads/tx_news/NL_Employment_EN_29_09_15def.pdf?utmsource=Mondaq&utm_medium=syndication&utm_campaing=View-Original>. Acesso em: 25 jul. 2018.

(ações de incentivo) pelo empregado que se demitesse antes de decorrido o prazo de carência de três anos fixado pelo regulamento do Banco de Investimentos Credit Suisse (Brasil) S.A.

O TST entendeu que o plano de ações é mera liberalidade a favor do empregado, cuja aquisição foi condicionada à sua permanência na empresa pelo período de carência. Entendeu ainda que, no que tange ao elemento volitivo, a concessão da vantagem não está sujeita ao puro arbítrio do empregador, mas depende das vontades intercaladas das partes.

Igualmente, no caso concreto julgado, o Empregado manifestou a vontade de romper o vínculo empregatício antes do encerramento do prazo de carência, quando havia mera expectativa de direito.

Ver *ações espelho

Ver *ações fantasma

Ver *phantom shares

Ver *incentive share units

Ver *vesting

TELETRABALHO

A Lei n. 13.467 de 2017 traz o conceito de teletrabalho no *caput* do art. 75-B. Segundo a novel legislação, considera-se teletrabalho a prestação de serviços preponderantemente fora das dependências do empregador, com a utilização de tecnologias de informação e de comunicação que, por sua natureza, não se constituam como trabalho externo (art. 75-B, da CLT).

Do dispositivo legal extraem-se pelo menos dois elementos caracterizadores do teletrabalho sem os quais fica afastado o enquadramento legal da situação fática, quais sejam, *(i)* que a prestação de serviços ocorra *preponderantemente* fora das dependências do empregador; e *(ii)* que a utilização das tecnologias de informação e de comunicação não constitua a relação como trabalho externo.

Com efeito, a Lei faz distinção entre o trabalhador externo e o teletrabalhador. Ambos são trabalhadores à distância[328], mas, o externo, como o próprio nome indica, é o que trabalha externamente e geralmente não possui um local fixo para exercer suas atividades. Como exemplo pode-se mencionar o vendedor externo, o motorista, o trocador, os ajudantes de viagem, dentre outros.[329]

Por sua vez, o teletrabalhador geralmente possui um local fixo para exercer suas atividades. Pode ser, por exemplo, uma cafeteria, uma *lan house*, seu próprio domicílio, dentre outros locais. Assim, exercem suas atividades, na maior parte do tempo – *preponderantemente* –, fora das dependências do empregador, mas sem a necessidade de se locomover para o exercício de suas atribuições, como ocorre com os trabalhadores externos.

O que importa é que o tempo preponderante (na maior parte do tempo) de trabalho ocorra fora das dependências do empregador. Se isso não ocorrer, restará descaracterizado o regime de teletrabalho, com a inclusão do trabalhador no capítulo de duração do trabalho.

Igualmente, existem também diferenças entre o teletrabalho e o trabalho a domicílio, entendido como "*o executado na habitação do empregado ou em oficina de família, por conta de empregador que o remunere*" (art. 83 da CLT).

Como se vê, ambos são trabalho à distância e nisso se assemelham, mas, existe uma peculiaridade que os diferencia. Especificamente quanto ao teletrabalho, o

---

(328) Na OIT, o tema teletrabalho, admitido como espécie do gênero "trabalho à distância", é normatizado pela Convenção 177, de 1996 (não ratificada pelo Brasil), sobre trabalho a domicílio e pela Recomendação 184. Em linhas gerais, segundo Túlio de Oliveira Massoni, as diretrizes desta Convenção são as seguintes: "- *a expressão 'trabalho a domicílio' significa o trabalho realizado no próprio domicílio do trabalhador, ou em outro local, em troca de remuneração, com o fim de elaborar produto ou serviço conforme especificações do empregador, independentemente de quem proporcione os equipamentos e materiais utilizados para a prestação (art. 1º); – deve haver igualdade de tratamento com os outros empregados com respeito à remuneração, aos direitos previdenciários, idade mínima de admissão e proteção à maternidade (art. 4º); – quando for permitida a terceirização no trabalho a domicílio as responsabilidades dos tomadores de serviços e intermediadores serão fixadas conforme a legislação e jurisprudência nacionais do país (art. 8º)*" (MASSONI, Túlio de Oliveira. Aplicação das leis trabalhistas no teletrabalho. Revista Consultor Jurídico, 1 de setembro de 2011, 11h36. Acesso em: 16 jul. 2017).
(329) MELO, Geraldo Magela. *O teletrabalho na nova CLT*. Disponível em: < https://www.anamatra.org.br/artigos/25552-o-teletrabalho-na-nova-clt>.

labor é feito com a utilização de meios tecnológicos e eletrônicos.[330]

Vale registrar que o comparecimento às dependências do empregador para a realização de atividades específicas que exijam a presença do empregado no estabelecimento não descaracteriza o regime de teletrabalho, conforme previsto no parágrafo único do art. 75-B.

Fato é que a presença esporádica do empregado no estabelecimento empresarial para reuniões, *meetings* ou qualquer outra atividade específica, o que é absolutamente comum, não é fator que enseja a descaracterização do teletrabalho.

Interessante notar que a previsão da Reforma se assemelha muito com a definição de teletrabalho do Código do Trabalho Português, segundo o qual considera-se teletrabalho a prestação laboral realizada com subordinação jurídica, *habitualmente* fora da empresa e através do recurso a tecnologias de informação e de comunicação (art. 165).

Portanto, pode-se afirmar que, no Brasil, o teletrabalho possui as seguintes características: *a)* prestação de serviços preponderantemente (mais da metade do tempo) fora das dependências do empregador; *b)* utilização de tecnologias de informação e de comunicação; *c)* exercício de suas atribuições deve se dar sem necessidade de constante locomoção, sob pena de configurar-se como trabalhador externo.

TEORIA DA ÁRVORE DE CAUSAS OU MULTICAUSALIDADE FATORIAL

Na aferição do acidente de trabalho, deve-se avaliar os aspectos multifacetários da vida do trabalhador no contexto empresarial. Isto é, avalia-se diversas causas que podem ter contribuído para a infortunística, tais como a medicina e segurança do trabalho, ergonomia etc.

Sob a ótica da árvore de causas, diferentemente do método tradicional – em que as causas do acidente são consideradas somente pela análise das causas imediatas, consistentes nos atos inseguros (decorrentes da ação humana) e pelas condições inseguras (fatores ambientais) –, pela teoria da árvore de causas, devem ser levados em consideração todos os elementos relacionados ao acidente do trabalho. Variáveis como pessoas, tarefas, meio ambiente e materiais devem ser analisadas como partes interdependentes, de modo a fornecer um encadeamento lógico sobre o acidente do trabalho, sendo analisadas desde as causas mais remotas até as mais próximas relacionadas com o infortúnio.[331]

TEORIA DA FALHA SEGURA OU FAIL-SAFE DOCTRINE E DA FALHA PERIGOSA[332]

Falha segura ("*fail-safe*") é um princípio de segurança aplicado em diversas áreas da engenharia, consistindo em uma característica de um dispositivo ou sistema em que, no evento de um tipo específico de falha, o faz responder de maneira que não cause dano, ou ao menos o mínimo dano, a outros dispositivos ou pessoas.

Em um sistema que atenda a esse princípio não significa que a falha seja impossível ou improvável, mas sim que seu desenho previne ou mitiga consequências inseguras da falha do sistema. Isto é, se e quando um sistema que atende ao princípio da falha segura falhar, ele permanecerá seguro ou pelo menos no mesmo nível de segurança de quando está operando normalmente.

Assim, a teoria da falha segura estabelece a obrigação de o empregador municiar o ambiente de trabalho de proteção coletiva em grau tal que evite até mesmo o acidente doloso pelo empregado, ampliando a caracterização do nexo causal nos casos de infortunística laboral.

A NR-12 do Ministério do Trabalho, que dispõe sobre segurança no trabalho em máquinas e equipa-

---

(330) GARCIA, Gustavo Filipe Barbosa. *Teletrabalho carece de legislação para garantir o direito à desconexão.* Revista Consultor Jurídico, 15 de junho de 2016.
(331) TRT da 16ª Região – RO-02115-2009-013-16-00-4, Rel. Luiz Cosmo da Silva Júnior, publ. 16.12.2011.
(332) Comentários extraídos da Nota Técnica DSST/SIT n. 48/2016.

mentos, dispõe em item 12.5 que "*na aplicação desta Norma e de seus anexos, devem-se considerar as características das máquinas e equipamentos, do processo, a apreciação de riscos e o estado da técnica*". (Alterado pela Portaria MTPS n. 509, de 29 de abril de 2016).

O termo "falha segura" não mais consta da norma acima transcrita, pois, segundo o Ministério do Trabalho, a manutenção do termo falha segura na NR-12 poderia causar conflitos técnicos e barreiras comerciais, o que certamente não é desejável. Mas, segundo o Ministério, os termos "falha segura" e "falha *perigosa*", aparentemente antagônicos, são, na prática, maneiras distintas de se atingir o mesmo objetivo: máquinas e equipamentos seguros para o trabalhador.[333]

Essa retirada da nomenclatura se deu em razão da publicação das normas ISO 13849-1 (*Safety of machinety — Safety-related parts of control systems*), a partir da qual passou-se a trabalhar com o conceito de *falha perigosa*, definido como qualquer mau funcionamento na máquina ou no seu fornecimento de energia que eleve o risco, ou como uma falha que tem o potencial de levar as partes de sistemas de controle relacionadas à segurança (*SRP/CS – Safety-related parts of control systems*) a um estado perigoso ou de falha de função.

Desse modo, a habilidade das partes de sistemas de controle relacionadas à segurança de realizar uma função de segurança sob condições previsíveis está alocada em cinco níveis, chamados níveis de performance (*Performance Level* – PL), definidos em termos de probabilidades de falha perigosa por hora.

A probabilidade de falha perigosa da função de segurança depende de diversos fatores, incluindo estruturas de *hardware* e *software*, a extensão dos mecanismos de detecção de falhas, ou cobertura de diagnóstico (*DC – diagnostic coverage*), confiabilidade dos componentes, ou tempo médio para falha perigosa (*MTTFd – mean time to a dangerous failure*), falhas de causa comum (*CCF – common cause failure*), características do processo, estresse operacional, condições ambientais e procedimentos de operação.

Uma vez que são possíveis muitos tipos e falhas, quando utilizado o princípio da falha segura é recomendável que se especifique a que falhas um dispositivo ou sistema deve ser resistente. Entretanto, considerando que a NR-12 estabelece princípios gerais de cumprimento obrigatório, não cabendo a ela detalhar aspectos construtivos de cada tipo existente de máquina ou equipamento que ofereça risco aos trabalhadores, bem como o possível conflito entre a NR-12 e as normas técnicas vigentes ou em fase de elaboração/tradução, houve-se por bem a retirada do termo em questão da norma.

Ressalta-se que apesar de o Brasil ainda seguir o disposto na norma ABNT NBR 14153 (Segurança de máquinas — Partes de sistemas de comando relacionadas à segurança — Princípios gerais para projeto), aplicável indistintamente a máquinas novas ou usadas, a norma ISO 13849 já está vigente na Europa, nos Estados Unidos e em outros países, sendo que a manutenção do termo falha segura na NR-12 poderia causar conflitos técnicos e barreiras comerciais, o que certamente não é desejável. A retirada do termo falha segura da NR-12, porém, não causa prejuízos, vez que a norma ISO 13849 (*performance level*), atualmente, em fase de tradução pela ABNT, engloba a metodologia ora vigente, prevista na norma ABNT NBR 14153, baseada em categorias de segurança (arquitetura do sistema).

De todo modo, certo é que uma eventual falha é inerente à condição humana (teoria da falha segura), tendo o empregador o dever de ordenar as suas atividades de modo a reduzir os riscos inerentes à execução dos serviços (princípio do risco mínimo regressivo e princípio da retenção do risco na fonte). Este modelo mental baseia-se numa análise ampla de causas, considerando as barreiras de defesa que impedem a detecção do erro potencial.

Ver também *Teoria do queijo suíço*

TEORIA DA TORNEIRA DAS TUTELAS

A teoria da torneira das tutelas ou *rubinetto dele tutele,* do direito italiano, revisita o significado do elemento contratual "subordinação" para redimensionar o seu espectro de atuação do Direito do Trabalho. Em outros termos, a depender do grau de subordinação, a extensão de direitos trabalhistas fundamentais a certas relações de trabalho não empregatícias será menor ou maior (trabalhadores eventuais, autônomos hipossuficientes).

---

(333) *Idem.*

Os adeptos dessa teoria se dividem em duas linhas ou correntes, a pluralista e a monista. Considerando, metaforicamente, que a subordinação seria a "torneira das tutelas", a vertente monista propõe a sua maior abertura, para que o fluxo das garantias escorra também sobre outras atividades atualmente excluídas, ao passo que a vertente pluralista propõe criar outras "torneiras paralelas, eventualmente de menor intensidade".[334]

A linha pluralista defende o estabelecimento de tutelas na forma de 'círculos concêntricos', que propiciariam, na célebre definição de Alain Supiot, "uma moderação de tutelas ao longo de um *continuum* que vai da subordinação até a autonomia".[335]

Há uma torneira para o empregado e daí decorre toda a aplicação do direito do trabalho. Há uma outra torneira para o trabalhador da zona cinzenta (o parassubordinado), a quem não se aplica o direito do trabalho, mas apenas alguns dispositivos dos direitos sociais, tais como proteção previdenciária, proteção securitária. Pinçam-se alguns elementos e aplica-se outro direito, que não é o direito do trabalho. Daí a ideia de pluralidade, ou seja, de torneiras paralelas. A crítica que se faz é que ela mantém o parassubordinado dentro da autonomia e fora da proteção juslaboral.

Por sua vez, a vertente monista propugna maior abertura da torneira para abranger todos os trabalhadores dependentes socioeconomicamente (sem organização própria de meios), como os atuais parassubordinados. A expressão "sem organização própria de meios" não significa, como bem assevera Lorena Porto, que o trabalhador não possa ser o proprietário dos instrumentos de trabalho ou de parte deles (como, por exemplo, um computador, no teletrabalho). O que ele não pode é figurar como organizador dos meios de produção, pois que a sua atividade está integrada em uma organização produtiva alheia.[336]

Não se fala aqui na construção de torneiras paralelas, mas em uma abertura maior da torneira, no sentido de que esse mesmo direito do trabalho se aplique tanto ao trabalhador empregado quanto ao trabalhador da zona cinzenta. Um mesmo direito do trabalho, mas com diferente intensidade.

TEORIA DO DESVIO PRODUTIVO

Sustenta que é indenizável o dano pela perda do tempo livre ou tempo útil. O SJT – Superior Tribunal de Justiça reconhece aplicação da Teoria do Desvio Produtivo do Consumidor. A teoria do Desvio Produtivo do Consumidor, sustentada por Marcos Dessaune, defende que todo tempo desperdiçado pelo consumidor para a solução de problemas gerados por maus fornecedores constitui dano indenizável.

Em outros termos, a Teoria sustenta que o consumidor, ao desperdiçar o seu tempo vital e se desviar das suas atividades existenciais para tentar resolver problemas de consumo, sofre necessariamente um dano extrapatrimonial de natureza existencial, que é indenizável *in re ipsa*.

A Teoria conclui que está equivocada a jurisprudência que sustenta que a *via crucis* percorrida pelo consumidor, ao enfrentar problemas de consumo criados pelos próprios fornecedores, representa "mero dissabor ou aborrecimento". Afinal, nos eventos danosos de desvio produtivo, os bens ou interesses jurídicos lesados são o tempo vital e as atividades existenciais do consumidor (trabalho, estudo, descanso, lazer, convívio social etc.), e não a sua integridade psicofísica.[337]

Nada impede a aplicação da teoria no campo do direito do trabalho, quando, por exemplo, o empregado se vê num labirinto *kafkiano* tentando dar entrada em algum benefício previdenciário negado em razão de documentação insuficiente por parte da empresa.

Ver **Dano pela perda do tempo livre*

---

(334) PORTO, Lorena Vasconcelos. *Por uma releitura do conceito de subordinação*: a subordinação integrativa. In: PORTO, Lorena Vasconcelos; ROCHA, Cláudio Jannotti da. Trabalho: diálogos e críticas. São Paulo: LTr, 2018. p. 60.
(335) *Idem. Ibidem.*
(336) *Idem.* p. 61.
(337) DESSAUNE, Marcos. *Desvio produtivo do consumidor*: o prejuízo do tempo desperdiçado. São Paulo: RT, 2011. p. 47-48.

TEORIA DO DOMÍNIO DA POSIÇÃO (COMMAND RESPONSABILITY) OU PRINCÍPIO DO COMANDO OU DA RESPONSABILIDADE SUPERIOR

Tem aplicação no direito penal internacional e sustenta a condenação de um indivíduo por crimes perpetrados por seus subordinados. Está previsto no art. 28 do Estatuto de Roma pelo qual a simples posição hierarquicamente superior do Chefe do Estado em relação a seus subordinados já é suficiente para ensejar sua autoria, dispensando-se a necessidade de se provar o elemento subjetivo do agente. Não se confunde com a teoria do domínio do fato, na qual é necessário demonstrar o elemento subjetivo dos agentes.

O Tribunal Penal Internacional utilizou no caso *Prosecutor v. Jean Pierre Bemba* (ex vice-Presidente da República do Congo).

No direito do trabalho, a teoria pode ser usada para sustentar a responsabilidade do empregador nos casos de assédio sexual e/ou moral.

TEORIA DO IMPACTO DESPROPORCIONAL

Discriminar é tratar iguais de maneira desigual com base em motivos desqualificantes, de modo que somente a existência de algum motivo razoável para o tratamento desigual pode descaracterizar a discriminação. Doutrinariamente se diz que o ato discriminatório traz consigo uma distinção ilegítima que promove diferenças entre duas pessoas ou entre dois grupos, o que contraria o princípio da isonomia, de envergadura constitucional (art. 5º, I, CR/88) e internacional (art. 1, da DUDH).

A discriminação pode se dar de várias formas, inclusive de maneira indireta, entendida esta como a situação na qual uma conduta, aparentemente neutra, provoca uma discriminação a uma pessoa ou grupo, ou seja, a mera conduta leva à discriminação.

A discriminação indireta, a propósito, encontra previsão normativa na Convenção n. 111 da OIT, sobre discriminação em matéria de emprego e profissão (ratificada pelo Decreto n. 62.150/68), e uma das Convenções Fundamentais da OIT – "*core obligation*". Segundo a norma internacional referida, o termo discriminação compreende toda distinção, exclusão ou preferência fundada em motivo desqualificante, que tenha por efeito destruir ou alterar a igualdade de oportunidade ou de tratamento em matéria de emprego ou profissão.

A menção específica a "propósito" e a "efeito" no conceito geral de discriminação significa que, mediante tais termos, a discriminação abrange não só práticas intencionais e conscientes (discriminação direta), mas também realidades permanentes e medidas aparentemente neutras, mas efetivamente discriminatórias (discriminação indireta). Com efeito, determinadas condutas, embora aparentemente neutras, provocam um impacto adverso desproporcional a um determinado grupo de pessoas.

A teoria do impacto desproporcional visa combater essa discriminação indireta e consiste na ideia de que toda e qualquer prática empresarial ou política governamental, de cunho legislativo ou administrativo, ainda que não provida de intenção discriminatória no momento de sua concepção, deve ser condenada por violação do princípio constitucional da igualdade material se, em consequência de sua aplicação, resultarem efeitos nocivos de incidência especialmente desproporcional sobre certas categorias de pessoas, como a propósito mencionado pelo C. STF na ADI n. 4424.

Como exemplo na seara juslaboral, pode-se mencionar o famoso precedente norte-americano oriundo do caso "*Griggs v. Duke Power Co.*". Neste, várias pessoas negras questionavam uma prática adotada pela empresa Duke Power Co., que condicionava a promoção dos seus funcionários a "testes de inteligência". Os autores alegavam que aquela medida não era necessária para o bom desempenho das funções dos empregados, possuindo um impacto negativo desproporcional sobre os trabalhadores negros, já que estes, em sua imensa maioria, haviam estudado em escolas segregadas, em que o nível de ensino era muito inferior, o que os impedia de concorrer em igualdade de condições naqueles testes com empregados brancos.

Surge, nesse contexto, a denominada Teoria do Impacto Desproporcional (*disparate impact doctrine*), por força da qual o exame de constitucionalidade de uma lei ou conduta, no que tange à isonomia, não deve cingir-se ao seu teor (à mera redação) ou aspecto formal, devendo-se aferir ainda se a sua incidência no suporte fático não resvala em discriminações. Ou seja, a compatibilidade de uma lei com o princípio da igualdade pode ser aquilatada em abstrato (discriminações diretas), mas também quanto aos seus efeitos práticos (discriminações indiretas).

Portanto, não é necessário comprovar-se qualquer motivação discriminatória para a censura judicial de uma medida aparentemente neutra, que, todavia, tem impacto diferenciado sobre indivíduos ou grupos. A própria Convenção 111 da OIT contempla a discriminação indireta quando faz referência a distinções, exclusões, restrições ou preferências que tenham o propósito *ou efeito* de anular ou prejudicar o reconhecimento, gozo ou exercício em pé de igualdade, de direitos. É dizer, não precisa ser intencional, basta a causa, o efeito, para que se configure a discriminação indireta. São medidas aparentemente neutras, mas efetivamente discriminatórias.[338]

No julgamento da ADI n. 1946-5/DF, sobre o salário-maternidade, o STF se valeu da Teoria em questão. Segundo a Suprema Corte, a depender das circunstâncias, a inserção da mulher no mercado de trabalho poderá ser dificultada em razão dos encargos trabalhistas só devidos quando a contratada for mulher. Assim, a pretexto de proteger a mulher, no caso concreto, a lei pode prejudicá-la, ou seja, discriminá-la indiretamente.

Na ADPF n. 291, o STF enfrenou a recepção ou não do crime militar de pederastia, tipificado no art. 235 do Código Penal Militar[339]. O STF entendeu que a norma foi recepcionada, mas que as expressões alusivas à homossexualidade não o foram. O Ministro Luís Roberto Barroso, como um argumento contrário à recepção do crime de pederastia, utilizou a teoria em sua fundamentação: "*Torna-se, assim, evidente que o dispositivo, embora em tese aplicável indistintamente a atos libidinosos homo ou heterossexuais, é, na prática, empregado de forma discriminatória, produzindo maior impacto sobre militares gays. Esta é, portanto, uma típica hipótese de discriminação indireta, relacionada à teoria do impacto desproporcional (disparate impact), originária da jurisprudência norte-americana. Tal teoria reconhece que normas pretensamente neutras podem gerar efeitos práticos sistematicamente prejudiciais a um determinado grupo, sendo manifestamente incompatíveis com o princípio da igualdade*".

TEORIA DO QUEIJO SUÍÇO

Todo sistema – dentre os quais se inclui o ambiente de trabalho – deve possuir mecanismos de defesa interna. Transpondo essa ideia para o local de trabalho, toda situação perigosa deve possuir barreiras e salvaguardas, para que, quando um evento adverso ocorrer o importante será saber não quem cometeu o erro, mas sim como e porque as barreiras falharam.

Essa foi a ideia desenvolvida em 1990 por James Reason, que, metaforicamente, propôs o Modelo do Queijo Suíço. Esse modelo consiste-se de múltiplas fatias de queijo suíço colocadas lado a lado, como barreiras à ocorrência de erros. Em algumas situações, os buracos do queijo se alinham, permitindo que um erro passe pelas múltiplas barreiras causando o dano.

Observa-se que os orifícios em cada fatia do queijo representam as fraquezas individuais dentro do sistema, que pode ser exemplificado por um ato inseguro ou uma barreira ineficiente. Quando os orifícios estão alinhados, significa que o perigo ultrapassará todos os orifícios, levando à falha, ou seja, ao acidente.

Como se fala em camadas, estes buracos em cada camada são inofensivos, mas quando ocorre um alinhamento destes buracos nas diferentes camadas, ocorre a possibilidade de ocorrência de um evento perigoso.

Essas barreiras podem ser soluções de engenharia, tais como, sensores, travas, alarmes. Estas barreiras também podem ser pessoas, bem como, soluções administrativas.

Portanto, a Teoria do Queijo Suíço de Reason trouxe a perspectiva de proteção em camadas, e que os erros só acontecem numa probabilidade muito baixa, uma vez que os buracos ou falhas necessitam estar alinhados para que existam as perdas.

Ver *Teoria da falha segura

---

(338) RIOS, Roger Raupp. *Direito da antidiscriminação*: discriminação direta, indireta e ações afirmativas. Porto Alegre: Livraria do Advogado, 2008. p. 149.
(339) Art. 235 – Pederastia ou outro ato de libidinagem – Praticar, ou permitir o militar que com ele se pratique ato libidinoso, homossexual ou não, em lugar sujeito à administração militar.

TEORIA REGALISTA OU FEUDAL DA RESPONSABILIDADE CIVIL

É a teoria da irresponsabilidade civil, de inspiração absolutista e fundada no ideal de soberania irrestrita que não admitia a responsabilização do Estado por atos ilícitos, pois o soberano (que era o próprio Estado) estava acobertado por uma infalibilidade divina.[340]

TERCEIRIZAÇÃO EM CADEIA

Imagine hipótese na qual uma empresa contratante firma múltiplos contratos de terceirização, com diversas empresas prestadoras de serviços. Por sua vez, cada uma delas, ou algumas, subcontrata o objeto para o qual foram inicialmente contratadas.

A hipótese acima retrata a figura da "terceirização em cadeia", que é uma modalidade de reengenharia organizacional mediante a qual uma empresa prestadora de serviços a terceiros (empresa A), que tem por objeto social a prestação de determinado e específico serviço – limpeza, por exemplo – e que foi contratada para oferecer esse serviço de limpeza, subcontrata outra empresa do mesmo ramo (limpeza) (empresa B) para fazer exatamente aquilo que era sua atribuição originária e assim sucessivamente, sem limites.

No exemplo, a empresa A subcontrata a empresa B que, por sua vez, subcontrata a empresa C e esta por sua vez a D, até que a responsabilidade da empresa que deu início à cadeia se esmaeça e torne difícil a sua responsabilização patrimonial.[341]

Em outros termos, a empresa prestadora de serviços, ao invés de, ela mesmo, contratar, remunerar e dirigir o trabalho realizado por seus trabalhadores, pode subcontratar esses serviços de contratação, remuneração e direção para outras empresas.

O fenômeno encontra regulamentação expressa no art. 4º, § 1º, segunda parte, da Lei n. 6.019/74, incluído pela Lei n. 13.429, de 2017, com a seguinte redação: *"A empresa prestadora de serviços contrata, remunera e dirige o trabalho realizado por seus trabalhadores, **ou subcontrata** outras empresas para realização desses serviços"*. (gn)

Na terceirização em cadeia os trabalhadores são empregados da empresa que está na ponta da cadeia produtiva e não há qualquer vínculo contratual entre a empresa contratante e a empresa que está na ponta da cadeia produtiva (EPS final – subcontratada). Muitas vezes, a empresa contratante sequer sabe da existência dos subcontratos – o que, é claro, não a exime de qualquer responsabilidade.

Como adverte Luciano Martinez, o problema da terceirização em cadeia é que ela pode não ter fim, pois a empresa A subcontrata a empresa B que, por sua vez, subcontrata a empresa C e esta a D, e assim sucessivamente, até que a responsabilidade da empresa que deu início à cadeia se esmaeça e torne difícil a sua responsabilização patrimonial.[342]

É certo que a quarteirização, na maioria das vezes, é artifício usado para burlar direitos trabalhistas em flagrante prejuízo do trabalhador. Nestas circunstâncias, tornava-se imperativa a incidência do art. 9º da CLT. O Tribunal Superior do Trabalho já enfrentou o tema da terceirização em cadeia, embora tenha confundido, equivocadamente, o conceito com o de quarteirização. Nesse sentido, apesar de correta a conclusão do TST, é preciso ler o acórdão com essa ressalva, isto é, onde está escrito quarteirização, leia-se e entenda-se por terceirização em cadeia:

> [...] **QUARTEIRIZAÇÃO**. TOMADOR DE SERVIÇOS INTEGRANTE DA INICIATIVA PRIVADA. RESPONSABILIDADE SUBSIDIÁRIA. DECISÃO EM CONFORMIDADE COM A SÚMULA N. 331, IV, DO C. TST. ÓBICES DO ART. 896, § 7º, DA CLT E SÚMULA Nº 333 DO C. TST. Assentou o E. Regional que **a Reclamada RBS terceirizou à empresa Pack Four a entrega de seus jornais, a qual, por sua vez, terceirizou o serviço ao Reclamado Wilson Sadzinski – ME, empregador do Reclamante. Assim, o fenômeno havido no caso dos autos é aquele que a doutrina e a jurisprudência denominam como "quarteirização", a qual é inadmitida no ordena-

---

(340) DIAS, Ronaldo Brêtas de Carvalho. *Responsabilidade do Estado pela função jurisdicional*. Belo Horizonte: Del Rey, 2004. p. 22.
(341) MARTINEZ, Luciano. *A terceirização na era Temer*. In: Revista Magister de direito do trabalho. Ano XIII, n. 77. p. 9.
(342) MARTINEZ, Luciano. *A terceirização na era Temer*. In: Revista Magister de direito do trabalho. Ano XIII, n. 77. p. 9.

mento jurídico pátrio, por envolver a prática de terceirização pela própria empresa contratada para a prestação de serviços, que para esse fim deveria dispor de empregados próprios, integrantes de seu quadro permanente, mostra-se particularmente nefasta ao empregado, dificultando-lhe, diante da trama de relações empresariais em que se vê enredado, a visualização da destinatária final de seus serviços. Não há nenhuma dúvida, portanto, de que a Reclamada RBS, situando-se na ponta da referida cadeia produtiva, foi a beneficiária final da prestação de serviços e da força de trabalho do Reclamante, por meio da indireta relação mantida com a empregadora deste, subcontratada para o fornecimento de serviços de entrega de jornais. Aplica-se ao caso, portanto, a Súmula n. 331, IV, do C. TST, no sentido de que a tomadora final dos serviços (Reclamada RBS) responde subsidiariamente pelos créditos devidos ao trabalhador. Inviável o processamento do recurso de revista, nos termos do art. 896, § 7º, da CLT e da Súmula n. 333 deste Tribunal. Agravo de instrumento de que se conhece e a que se nega provimento. (AIRR-1818-52.2012.5.12.0019, Relatora Desembargadora Convocada: Jane Granzoto Torres da Silva, Data de Julgamento: 03.12.2014, 8ª Turma, Data de Publicação: DEJT 05.12.2014) (GN)

Agora, com a aprovação da Lei, fica superado o posicionamento de que essa medida constitui fraude e acarreta responsabilidade solidária a empresas envolvidas, pois, como já dito, a Lei n. 13.429/2017 passou a permitir, expressamente, a subcontratação, autorizou a terceirização em cadeia.

Contudo, considerando que a Constituição da República consagra o valor social do trabalho e a dignidade da pessoa humana como fundamentos do Estado (art. 1º, III e IV, CF/88); considerando que a ordem social tem como base o primado do trabalho (art. 193, CF/88); considerando que a ordem econômica está fundada na valorização do trabalho humano e na livre-iniciativa e tem por fim assegurar a todas uma existência digna (art. 170, CF/88) e; que a sociedade só se torna eticamente viável a partir da forma como estrutura os meios de produção, dentre eles o trabalho, é possível, a partir da principiologia constitucional e juslaboral, bem como da constatação da nocividade da terceirização que implica a precarização das relações de trabalho, defender a responsabilidade, no mínimo, subsidiária, no tocante ao pagamento das verbas trabalhistas, previdenciárias e fiscais em relação à terceirização em cadeia.

Afinal, os efeitos nefastos da terceirização são clarividentes e vão desde a sonegação de direitos, com a ausência de fornecimento de EPIs, bem como de treinamento adequado para a sua correta utilização, além da afronta à isonomia salarial e a pulverização do direito coletivo, com a quebra de vínculos entre empregados terceirizados e as organizações sindicais correspondentes, o que mina a autonomia coletiva da vontade.

Outrossim, o art. 5º-A, § 5º da Lei n. 6.019/1974 com redação dada pela Lei n. 13.429/2017 dispõe que a empresa contratante é subsidiariamente responsável pelas obrigações trabalhistas referentes ao período em que ocorreu a prestação de serviços, dispositivo que se aplica na íntegra e de forma direta à terceirização em cadeia.

Por isso, defende-se aqui a responsabilização subsidiária no que diz respeito à terceirização em cadeia, sob pena de desvirtuamento da *ratio* juslaboral e de todo o sustentáculo constitucional que engloba a matéria.

TERCEIRIZAÇÃO ESTRUTURANTE E TERCEIRIZAÇÃO PRECARIZANTE OU PREDATÓRIA

A terceirização estruturante possibilita a diversificação das formas de produção e de processos de trabalho, ampliando o controle sobre o processo de produção. A focalização, decorrente da terceirização, permite ganhos de racionalização, eficiência e produtividade, mas, sempre, com respeito aos direitos dos trabalhadores.

Essa modalidade de terceirização leva em conta o propósito originário que a inspirou e justificou, retratado na chamada *teoria do foco*, que prega a concentração do organismo empresarial nas atividades que constituem sua vocação nuclear (atividades-fim), com vistas à maior especialização, racionalização de recursos e qualificação do produto, mediante a transferência para terceiros da execução das demais atividades, ditas acessórias, instrumentais, marginais e auxiliares (atividades-meio).[343]

Logo, em seu sentido originário, a terceirização sempre foi centrada na lógica da focalização e concentração

---

(343)(340) AMORIM, Helder Santos. *Terceirização no serviço público*: uma análise à luz da nova hermenêutica constitucional. São Paulo: LTr, 2009. p. 46.

das atividades essencialmente ligadas ao negócio central da contratante dos serviços, de modo a permitir que as tarefas meramente acessórias ao objetivo central da empresa contratante fossem transferidas a terceiros.

Já a terceirização predatória tem como principal característica a tentativa de reduzir custos por meio da exploração de relações precárias de trabalho. É a que potencializa o caráter estratégico-defensivo do capital em detrimento do valor-trabalho.[344]

A terceirização que não se circunscreve às atividades-meio do tomador tende a ser uma terceirização predatória, de modo a se estender sobre as atividades essenciais da produção. Alguns chamam esse fenômeno de *superterceirização*.[345]

A propósito do tema, Rodrigo Carelli considera que é da essência do instituto a concentração da empresa em seu foco operacional, o que "*afasta completamente a possibilidade da existência de terceirização na atividade central da empresa, comumente conhecida por atividade-fim*". Para o autor, a transferência de atividade-fim "*não se trata de terceirização, mas de 'ato fictício', mera intermediação, desfigurando e desnaturando o instituto*".[346]

TRABALHO ESCRAVO CONTEMPORÂNEO

O conceito de trabalho escravo contemporâneo deve ser compreendido como aquele em que há afronta à dignidade do trabalhador, o que pode se manifestar de dois modos, seja pelo *trabalho forçado*, seja pelo *trabalho degradante*.

Observa-se que o trabalho escravo ou análogo à condição de escravo é um gênero, que tem como modalidades ou espécies: o *trabalho forçado* e o *trabalho degradante*, ambos considerados atentatórios à dignidade da pessoa humana, representando a própria essência dos direitos humanos fundamentais.[347]

Trabalho degradante é caracterizado por péssimas condições de labor. Pode-se dizer, na linha do que defende a doutrina especializada, que trabalho em condições degradantes "é aquele em que há a falta de garantias mínimas de saúde e segurança, além da ausência de condições mínimas de trabalho, de moradia, higiene, respeito e alimentação, tudo devendo ser garantido (...) em conjunto; ou seja, em contrário, a falta de um desses elementos impõe o reconhecimento do trabalho em condições degradantes".[348]

Por sua vez, de acordo com a Convenção n. 29 da OIT, *trabalho forçado ou compulsório* é todo trabalho ou serviço exigido de uma pessoa sob a ameaça de uma sanção e para o qual a pessoa não se ofereceu espontaneamente.

Entretanto, a expressão *trabalho forçado ou obrigatório* não compreenderá para os fins da Convenção n. 29, os seguintes tipos de trabalho:

a) qualquer trabalho ou serviço exigido em virtude das leis sôbre o serviço militar obrigatório e que só compreenda trabalhos de caráter puramente militar; b) qualquer trabalho ou serviço que faça parte das obrigações cívicas normais dos cidadões de um país plenamente autônomo; c) qualquer trabalho ou serviço exigido de um indivíduo como consequência de condenação procunciada por decisão judiciária, contanto que êsse trabalho ou serviço seja executado sob a discalização e o contrôle das autoridades públicas e que o dito indivíduo não seja pôsto à disposição de particulares, companhias ou pessoas morais privadas; d) qualquer trabalho ou serviço exigido nos casos de fôrça maior, quer dizer, em caso de guerra, de sinistro ou ameaças de sinistro, tais como incêncios, inundações, fome tremores de terra, epidemias, e epizootias, invasões de animais, de insetos ou de parasistas vegetais daninhos, e em geral tôdas as circunstâncias que ponham em perigo a vida ou as condições normais de existência, de tôda ou de parte da população; e) pequenos trabalhos de uma comunidade, isto é, trabalhos

---

(344) Idem. Ibidem.
(345) Pochmann, citado por Helder Santos Amorin. Op. cit.
(346) CARELLI, Rodrigo de Lacerda. *Terceirização e intermediação de mão de obra*. Rio de Janeiro: Renovar, 2003. p. 79-80.
(347) GARCIA, Gustavo Filipe Barbosa. *Trabalho escravo, forçado e degradante: trabalho análogo à condição de escravo e expropriação da propriedade*. Disponível em: < http://www.lex.com.br/doutrina_23931020_trabalho_escravo_forcado_e_degradante> Acesso em 25/03/2019. Também nesse sentido: MIRAGLIA, Lívia Mendes Moreira. *Trabalho escravo contemporâneo*. 2. ed. São Paulo: LTr, 2015. p. 173.
(348) BRITO FILHO, José Cláudio Monteiro de. Trabalho com redução à condição análoga à de escravo: análise a partir do tratamento decente e de seu fundamento, a dignidade da pessoa humana. In: VELLOSO, Gabriel; FAVA, Marcos Neves (Coord.). *Trabalho escravo contemporâneo*: o desafio de superar a negação. São Paulo: LTr, 2006. p. 132.

executados no interêsse direto da coletividade pelos membros desta, trabalhos que, como tais, pode, ser considerados obrigações cívicas normais dos membros da coletividade, contanto que a própria população ou seus representantes diretos tenham o direito de se pronunciar sôbre a necessidade dêsse trabalho.

No Brasil, o art. 149 do Código Penal tipifica o crime de "redução a condição análoga à de escravo", nos seguintes termos, *verbis*:

> Art. 149. Reduzir alguém a condição análoga à de escravo, quer submetendo-o a *trabalhos forçados* ou a *jornada exaustiva*, quer sujeitando-o a *condições degradantes de trabalho*, quer *restringindo, por qualquer meio, sua locomoção em razão de dívida contraída com o empregador ou preposto*: (Redação dada pela Lei n. 10.803, de 11.12.2003)
>
> Pena - reclusão, de dois a oito anos, e multa, além da pena correspondente à violência. (Redação dada pela Lei n. 10.803, de 11.12.2003)
>
> § 1º Nas mesmas penas incorre quem: (Incluído pela Lei n. 10.803, de 11.12.2003)
>
> I – cerceia o uso de qualquer meio de transporte por parte do trabalhador, com o fim de retê-lo no local de trabalho; (Incluído pela Lei n. 10.803, de 11.12.2003)
>
> II – mantém vigilância ostensiva no local de trabalho ou se apodera de documentos ou objetos pessoais do trabalhador, com o fim de retê-lo no local de trabalho. (Incluído pela Lei n. 10.803, de 11.12.2003)
>
> § 2º A pena é aumentada de metade, se o crime é cometido: (Incluído pela Lei n. 10.803, de 11.12.2003)
>
> I – contra criança ou adolescente; (Incluído pela Lei n. 10.803, de 11.12.2003)
>
> II – por motivo de preconceito de raça, cor, etnia, religião ou origem. (Incluído pela Lei n. 10.803, de 11.12.2003)

Como se nota, atualmente, está ultrapassada a conceituação do trabalho escravo como sendo aquele que se circunscreve ao labor desempenhado com ausência de liberdade do empregado.

TRABALHO INTERMITENTE

Ver **contrato de trabalho intermitente*

Ver **contratos zero hora*

Ver **zero-hour contracts*

TRABALHO "ON DEMAND" VIA APPS

É uma forma de trabalho em que a execução de atividades tradicionais de trabalho, como transporte, limpeza e recados, mas também formas de trabalho administrativo, é canalizada através de aplicativos gerenciados por empresas, que também intervêm no estabelecimento de padrões mínimos de qualidade de serviço e na seleção e gestão da força de trabalho.[349]

É chamado de "sob demanda" porque o destinatário final do serviço só aciona o aplicativo quando necessita do serviço.

TROIKA

No idioma russo *troika* designa, atualmente, um comitê de três membros. Originariamente, significava um carro conduzido por três cavalos alinhados lado a lado, ou mais frequentemente, um trenó puxado por cavalos.

No campo político, a palavra *troika* designa uma aliança de três personagens do mesmo nível e poder que se reúnem em um esforço único para a gestão de uma entidade ou para completar uma missão.

Mais recentemente, a expressão voltou à tona em razão da cooperação firmada entre o Banco Central

---

(349) STEFANO. Valerio de. *The rise of the "just-in-time workforce"*: On-demand work, crowdwork and labour protection in the "gig- economy". Genebra: ILO, 2016. p. 1.

Europeu, o Fundo Monetário Internacional e a Comissão Europeia, cujos esforços conjuntos objetivam estabelecer uma negociação com a finalidade de firmar os compromissos que as autoridades portuguesas teriam que assumir para receber a ajuda financeira internacional, solicitada pelo Governo em abril de 2011.

De modo geral, a Troika, formada pelas entidades acima, negociam com os países membros dos programas de crédito da zona do euro, mediante uma série de imposições de ordem fiscal, política e econômica a esses países, como condição para liberação de recursos.

A Troika é assim composta por uma equipe de consultores, analistas e economistas responsáveis pela negociação com os países que solicitam um pedido de resgate financeiro, de forma a consolidar as suas contas públicas. Esta equipe desloca-se aos países e analisa exaustivamente as despesas e receitas dos Estados.

Após a análise da Troika é elaborado um memorando, onde são apresentadas medidas a executar para estabilizar as contas públicas, os prazos e os montantes de dinheiro que serão entregues ao país.

Grécia, Irlanda e Portugal são os três países europeus que solicitaram o resgate financeiro à Troika no século XXI.

A nomenclatura importa ao direito do trabalho porque uma das medidas geralmente impostas por essas entidades, como condição para liberação de recursos, é justamente a flexibilização de direitos trabalhistas.

TRUCK SYSTEM *OU* TIENDAS DE RAYA

Nos termos do art. 462, § 2º, da CLT é vedado à empresa que mantiver armazém para venda de mercadorias aos empregados ou serviços estimados a proporcionar-lhes prestações *"in natura"* exercer qualquer coação ou induzimento no sentido de que os empregados se utilizem do armazém ou dos serviços.

O *truck system* é a prática ilícita por meio da qual o empregador paga seus empregados em vales de uso forçado na localidade ou no armazém da empresa,[350] onde muitas vezes são comercializados bens a preços abusivos. Não raro, esse sistema permite que o empregador mantenha o empregado em trabalho de servidão por dívidas com ele contraídas no armazém.

Historicamente, preocupação com essa prática remonta ao tempo da mobilidade rural insatisfatória, em que as propriedades rurais distantes dos centros urbanos vendiam produtos de necessidade primária com preços abusivos. Assim, o trabalhador rural, sem possibilidade de locomoção até a cidade, não tinha alternativa senão adquiri-los naquele único estabelecimento do empregador. Os preços, quando abusivos, tinham o propósito de comprometer o salário do empregado, gerando seu endividamento com o patrão e o trabalho de servidão por dívida. Somando-se a isso, o trabalhador era coagido a obter os produtos da fazenda, seja por constrangimento do empregador, seja pela impossibilidade ou limitação de locomoção até os grandes centros, pela falta de transporte eficiente. Por outro lado, o empregado desconhecia os preços praticados no mercado e, não tendo como saber se eram justos os preços dos produtos do armazém do empregador, transparecia a falsa de ideia de comodidade.[351]

Guilherme da Rocha Zambrano, citando Orlando Gomes, registra que o *truck system* é repelido com o objetivo de impedir que o empregador se exima do pagamento de qualquer quantia em espécie, apenas fornecendo gêneros de primeira necessidade ao empregado, o que tornaria mais intensa a dependência econômica do empregado, a ponto de reduzi-lo à condição de verdadeiro servo.[352]

Ainda, valendo-se das lições de Alice Monteiro de Barros, informa que o sistema surgiu na Inglaterra, no século XV, quando as indústrias se instalavam em regiões isoladas para aproveitar a energia hidráulica e precisavam manter armazéns para fornecer artigos

---

(350) SAAD, José Eduardo; BRANCO, Ana Maria Saad Castello. *Consolidação das Leis do Trabalho comentada*. 49. ed. São Paulo: LTr, 2016.
(351) TRT da 3ª Região, em sentença prolatada nos autos do processo n. 0010196-58.2016.5.03.0099, no dia 05.07.2016.
(352) ZAMBRANO, Guilherme da Rocha. *Arts. 457 a 467*. In: SOUZA, Rodrigo Trindade de (org.). CLT Comentada. 3. ed. São Paulo: LTr, 2018. p. 330.

de primeira necessidade aos seus empregados, mas a fixação de preços abusivos provocava o endividamento diante do empregador e um estado de submissão vitalícia. Na América espanhola, informa o autor que esse sistema era conhecido como *tiendas de raya* e foi largamente utilizado nas minas de Potosí.[353]

---

(353) *Idem. Ibidem.*

– U –

UBERIZAÇÃO

Uberização é um neologismo utilizado para se referir às novas relações de trabalho surgidas e operadas via *apps*, no ambiente de economia compartilhada. Deriva do nome da empresa Uber, a grande responsável pela popularização desse tipo de relação.

Ver *economia compartilhada*

Ver *trabalho "on demand" via apps*

UNDUE HARDSHIP

Undue hardship ou dificuldade indevida é um termo utilizado quando se fala em dever de acomodação razoável. Dever de acomodação ou adaptação razoável é uma obrigação imposta ao empregador para por fim a qualquer situação de discriminação baseada em deficiência, religião, idade ou qualquer outro motivo. Assim, empregadores devem achar uma solução para propiciar aos empregados o exercício integral de seus direitos.

Como exemplos, pode-se mencionar o dever de adaptação da estação de trabalho para as limitações funcionais do empregado; garantia de *day off* nos feriados religiosos; garantia de ferramentas de ensino adequadas para alunos desabilitados ou com comportamentos desordenados; modificação do menu para pessoas com dietas restritivas, dentre outras situações.

Mas, não há obrigação de acomodar nos casos de "*undue hardship*", ou seja, nos casos de dificuldade indevida, como por exemplo quando o custo é muito alto para uma empresa absorver; quando a acomodação interfere substancialmente no funcionamento adequado da organização ou, ainda, quando prejudica significativamente a segurança alheia ou infringe os direitos dos outros.

– V –

VESTING

As ações fantasmas ou *phantom shares* envolvem a concessão de uma cota virtual de ações resgatáveis após o período de carência, desde que atendidas as condições previstas em regulamento. Por esse sistema, o direito de resgatar as ações somente se materializa em direito subjetivo após o final do prazo de carência fixado pelo plano. Esse período de carência é conhecido como "*vesting*". Logo, se o empregado se demitir antes de decorrido determinado período de carência ("*vesting*") poderá perder o direito ao resgate.

A propósito do tema, o C. Tribunal Superior do Trabalho entende que "*é lícita a cláusula que prevê a perda de "ações fantasmas" (unidades monetárias de incentivo) pelo empregado que pedir demissão antes de decorrido o prazo de carência ("vesting") fixado pelo regulamento. Não há falar em sujeição à vontade unilateral do empregador, mas na mera expectativa de direito ao resgate das ações de incentivo no curso do prazo de carência*". (ARR-2843-80.2011.5.02.0030, Relatora Ministra: Maria Cristina Irigoyen Peduzzi, Data de Julgamento: 18.11.2015, 8ª Turma, Data de Publicação: DEJT 20.11.2015).

No caso julgado, a 8ª Turma do TST considerou lícita cláusula que previa a perda de "ações fantasmas" (ações de incentivo) pelo empregado que se demitisse antes de decorrido o prazo de carência de três anos fixado pelo regulamento do Banco de Investimentos Credit Suisse (Brasil) S.A.

– W –

WEARABLE TECHNOLOGY OU TECNOLOGIA VESTÍVEL

Tecnologia *wearable* ou tecnologia móvel e vestível se traduz em dispositivos como *smartwatches* e rastreadores de atividade física para ajudar as pessoas a tomar decisões de estilo de vida mais informadas. No local de trabalho essa tecnologia tem ganhado enorme popularidade nos últimos anos, até porque a saúde e o bem-estar dos funcionários afetam diretamente a saúde de um negócio.

Os impactos da tecnologia vestível no contrato de trabalho são inevitáveis. Em um relatório elaborado pela *Consumer Intelligence Series da PwC*, percebeu-se que um empregador resolveu estimular um equilíbrio entre vida profissional e pessoal a seus empregados. Foi relatado como uma empresa de tecnologia oferecia aos funcionários um subsídio que cobria o custo de um *smartwatch*. Os funcionários da empresa podiam acompanhar sua atividade diária (batimentos do coração e nível de atividade física, por exemplo) com o *smartwatch* e convertê-los em pontos, que podem ser usados para resgatar mercadorias ou doar para instituições de caridade.

No caso acima, a empresa traduziu o investimento em *smartwatch* em custos reduzidos para assistência médica aos funcionários, tempo gasto para licenças médicas e até melhor produtividade. Os funcionários, por outro lado, tinham mais motivação e um meio melhor para monitorar sua saúde e boa forma, ao mesmo tempo em que se recompensavam com mercadorias ou ajudavam uma instituição de caridade.

As empresas podem se beneficiar inegavelmente da tecnologia *wearable*, pois elas podem ser usadas para rastrear os movimentos da força de trabalho e o tempo de registro, por exemplo. Mas, por outro lado, deve-se mensurar até que ponto isso não representa um abuso do poder diretivo e de fiscalização pelo empregador.

A Volkswagen, por exemplo, montou uma aplicação vanguardista de tecnologia vestível para aumentar drasticamente a produtividade da força de trabalho.

Em 2015, após uma fase piloto de três meses, eles lançaram óculos inteligentes 3D como equipamento padrão para trabalhadores de fábrica em uma de suas fábricas. Através de seus óculos, os funcionários do chão de fábrica recebiam todas as informações necessárias em seu campo de visão, como números de peça e locais de armazenamento.

De fato, dependendo do *wearable* em questão e do trabalho envolvido, existem várias maneiras de uma organização adotar a tendência tecnológica vestível em seu benefício.

Já em 2015, o Gartner previu que algumas empresas exigiriam que seus funcionários usassem dispositivos de rastreamento de saúde e condicionamento físico. Em 2018, segundo o Gartner, cerca de dois milhões de funcionários serão equipados com tecnologia vestível como requisito.

Naturalmente, a empresa de pesquisa e consultoria atenuou sua previsão, indicando que os profissionais com funções perigosas ou fisicamente exigentes constituirão a maioria desses dois milhões de funcionários. Em outras palavras, socorristas, paramédicos e bombeiros, entre outros – e isso faz sentido, já que a tecnologia vestível pode ajudar a monitorar os batimentos cardíacos, a respiração e os níveis gerais de estresse para a própria segurança dos funcionários. O Gartner acrescentou que as funções críticas de trabalho – pilotos de linhas aéreas, trabalhadores industriais e líderes políticos, por exemplo – também se beneficiariam da tecnologia vestível.

Para as organizações, as vantagens são óbvias: acompanha as atividades dos funcionários e complementa o registro de tempo; monitora os níveis de estresse e reduz os custos com assistência médica; complementa o equilíbrio entre vida e trabalho através de implementações de políticas; potencialmente aumenta a produtividade através do aumento das capacidades atuais dos funcionários e melhorando a eficiência.

WHISTLEBLOWER

Whistleblower é aquele que assopra o apito. Por isso, no mundo corporativo, o *Whistleblower* é o empregado ou empregada que delata a existência de alguma irregularidade que está ocorrendo na organização empresarial, principalmente fraudes corporativas, inclusive corrupção.

Nos Estados Unidos, para proteger o delator, há o instituto jurídico do *Whistleblowing*. O *Occupational Safety and Health Administration* – OSHA editou um estatuto de proteção para o delator contra retaliações. Segundo esse estatuto, um empregador não pode retaliar um empregado que reportou qualquer tipo de irregularidade, tais como más condições de trabalho, práticas de corrupção ou sonegação fiscal.

Para um estudo detalhado sobre o tema, consultar excelente artigo de Roberto Wakahara, intitulado "A proteção do *Whistleblower*", publicado na Revista Trabalhista Direito e Processo, n. 57, pela Editora LTr.

– Y –

YELLOW DOG CONTRACTS

O *yellow dog contracts* ou contratos de cães amarelos é uma espécie de conduta antissindical, mais especificamente uma cláusula ou compromisso pelo qual o empregado se compromete, como condição de admissão e manutenção do emprego, a não se filiar ao sindicato. A propósito, a expressão amarelar significa se acovardar.

– Z –

ZERO-HOUR CONTRACT

O contrato zero hora corresponde, no Brasil, ao contrato de trabalho intermitente. Patrícia Maeda lembra que o CZH (contrato zero hora) é um modelo de contrato de trabalho com jornada flexível que se difundiu no Reino Unido, sobretudo após os anos 2000, e que, segundo o governo britânico, pode ser revelado no seguinte conteúdo: *"eles [trabalhadores] estão de plantão para trabalhar quando você [empresário] precisar deles; você não tem que lhes dar trabalho; eles não têm de trabalhar quando solicitado"*.[354]

Desse modo, o *zero-hour contract* é um tipo de contrato firmado entre um empregador e um trabalhador, no qual o empregador não está obrigado a oferecer um número mínimo de horas de trabalho ou quantia pecuniária, enquanto o trabalhador não está obrigado a aceitar nenhum trabalho oferecido, ou seja, ele pode sempre que desejar, recusar o chamado para o trabalho. Ele permite ao empregador formar um *staff* sem garantia mínima de trabalho.[355]

Ver **contrato de trabalho intermitente*

Ver **contrato zero hora*

---

[354] MAEDA, Patrícia. *A era zero dos direitos*: trabalho decente, terceirização e contrato zero hora. São Paulo: LTr, 2017. p. 113.
[355] ARRIGO, Gianni; CASALE, Giuseppe. *International labour law handbook*: from A to Z. Torino: Giappichelli Editore, 2017. p. 315.

REFERÊNCIAS BIBLIOGRÁFICAS

ABRANTES, José João. *Contrato de trabalho e direitos fundamentais*. Coimbra: Coimbra Editora, 2005.

ALONSO OLEA, Manuel. *Introducción al derecho del trabajo*. Sexta Edición. Madrid: Editorial Civitas, 2002.

AMADO, João Leal. *Contrato de trabalho*: noções básicas. Coimbra: Coimbra Editora, 2015.

____. *O direito do trabalho, a crise e a crise do direito do trabalho*. In: Revista Direito e Desenvolvimento, João Pessoa, v. 4, n. 8, p. 163-186, jul./dez. 2013.

AMORIM, Helder Santos. *Terceirização no serviço público*: uma análise à luz da nova hermenêutica constitucional. São Paulo: LTr, 2009.

ANTUNES, Ricardo; BRAGA, Ruy (orgs). *Infoproletários:* degradação real do trabalho virtual. São Paulo: Boitempo Editorial, 2009.

ARAÚJO FILHO, Raul. *Punitive damages e sua aplicabilidade no Brasil*. In: *Doutrina*: edição comemorativa, 25 anos. Brasília: Superior Tribunal de Justiça, 2014.

ARAUJO, Adriana Reis de. *Assédio moral organizacional*. In: Revista do Tribunal Superior do Trabalho, Brasília, vol. 73, n. 2, abr./jun. 2007.

ARRIGO, Gianni; CASALE, Giuseppe. *International labour law handbook*: from A to Z. Torino: Giappichelli Editore, 2017.

AVILÉS, Antonio Ojeda. *Derecho transnacional del trabajo*. Valencia: Tirant lo Blanch, 2013.

BARBOSA, Fernanda. *O compliance trabalhista como ferramenta de integração*. Disponível em: <https://www.migalhas.com.br/>. Acesso em: 16 nov. 2018.

BAUMAN, Zygmunt. *Modernidade líquida*. Rio de Janeiro: Zahar, 2001.

BLOCK, Sharon. *Joint employer NPRM*: Hy-Brand returns. Disponível em: <https://onlabor.org/joint-employer-nprm-hy-brand-returns/>. Acesso em: 21 nov. 2018.

BOBBIO, Norberto; MATTEUCI, Nicola; PASQUINO, Gianfranco. *Dicionário de política*. Volume 2. Brasília: UnB, 1991.

BOUCINHAS FILHO, Jorge Cavalcanti. *Fracionamento do contrato de trabalho e split salary*: Novas figuras contratuais surgidas em decorrência da globalização. Disponível em: <www.ambitojuridico.com.br>. Acesso em: 21 nov. 2018.

____. *Validade das clawback clauses no direito brasileiro e cautelas necessárias para sua adoção*. São Paulo: Revista LTr, n. 05, vol. 75.

BRITO FILHO, José Cláudio Monteiro de. Trabalho com redução à condição análoga à de escravo: análise a partir do tratamento decente e de seu fundamento, a dignidade da pessoa humana. In: VELLOSO, Gabriel; FAVA, Marcos Neves (Coord.). *Trabalho escravo contemporâneo*: o desafio de superar a negação. São Paulo: LTr, 2006.

BULOS, Uadi Lammêgo. *Curso de direito constitucional*. 9. ed. São Paulo: Saraiva, 2015.

CAMBRIDGE DICTIONARY. Disponível em: <https://dictionary.cambridge.org>. Acesso em: 30 jul. 2018.

CANOTILHO, J. J. *Constituição da República Portuguesa Anotada*. vol. 1. 4. ed. Coimbra Editora, 551, citado no acórdão do Supremo Tribunal de Justiça de 16 de outubro de 2014, proc. 679/05.7TAEVR.E2.S1, Cons. Helena Moniz.

____. *Direito constitucional e teoria da Constituição*. 7. ed. Coimbra: Almedina, 2003.

CARAPINHEIRO, Graça. *Saberes e poderes no hospital*. Porto: Edições Afrontamento, 1998.

CARELLI, Rodrigo de Lacerda. *Terceirização e intermediação de mão-de-obra*. Rio de Janeiro: Renovar, 2003.

____. *O caso Uber e o controle por programação*: de carona para o século XIX. In: LEME, A.C.P, RODRIGUES, B.A., CHAVES JÚNIOR, J.R. (Coord.). *Tecnologias disruptivas e a exploração do trabalho humano*. São Paulo: LTr, 2016.

CARNEIRO, Luís Almeida. *Dever de formação e pacto de permanência*. Coimbra: Almedina, 2015.

CARVALHO, Augusto César Leite de. *Garantia de indenidade no Brasil*. São Paulo: LTr, 2013.

CASABONA, Carlos María Romeo. *Genética y Derecho*: responsabilidad jurídica y mecanismos de control. Buenos Aires: Astrea, 2003.

CASTELO, Jorge Pinheiro. *O direito do trabalho líquido*: o negociado sobre o legislado, a terceirização e o contrato de curto prazo na sociedade da modernidade líquida. São Paulo: LTr, 2017.

CATHARINO, José Martins. *Trabalho temporário*. Rio de Janeiro: Edições Trabalhistas, 1984.

____. *Tratado jurídico do salário*. São Paulo: LTr, 1994.

CAVALCANTE, Márcio André Lopes. *Direito ao esquecimento*. Disponível em: <https://www.dizerodireito.com.br/ 2013/11/direito-ao-esquecimento.html>. Acesso em: 22 nov. 2018.

____. *Noções gerais sobre os chamados danos sociais*. Explicações ao verbete extraídas do site Dizer o Direito. Disponível em: <https://www.dizerodireito.com.br/2015/01/nocoes-gerais-sobre-os-chamados-danos.html>. Acesso em: 22 nov. 2018.

____. *Responsabilidade civil dos administradores de rede social por violação de direito autoral causada por seus usuários*. Disponível em: <https://www.dizerodireito.com.br/2015/09/responsabilidade-civil-dos.html>. Acesso em: 23 nov. 2018.

CAVALIERI FILHO, Sergio. *Programa de responsabilidade civil*. 9. ed. São Paulo: Atlas, 2010.

CHACON, Bayon; BOTIJA, Perez. *Manual de derecho del trabajo*. volumen I. Madrid: Marcial Pons, 1974.

CHAVES JÚNIOR, José Eduardo de Resende; MENDES, Marcus Menezes Barberino. *Subordinação estrutural-reticular*: uma perspectiva sobre a segurança jurídica. In: Revista do Tribunal Regional do Trabalho da 3ª Região. Belo Horizonte, LTr, vol. 46, n. 76, p. 197-218, jul./dez. 2007.

____. *A elisão trabalhista*. Disponível em: <http://ostrabalhistas.com.br/a-elisao-trabalhista/>. Acesso em: 21 nov. 2018.

____. *O direito do trabalho e as plataformas eletrônicas*. In: MELO, Raimundo Simão de; ROCHA, Cláudio Jannotti da. Constitucionalismo, trabalho, seguridade social e as reformas trabalhista e previdenciária. São Paulo: LTr, 2017. p. 357.

CHEN, Daniel. *Regime jurídico brasileiro de duração do trabalho na relação de emprego*. Dissertação de mestrado apresentada ao Departamento de Direito do Trabalho e Seguridade Social da Universidade de São Paulo – USP, 2008. p. 49.

D'HAUTEL, Charles-Louis. *Dictionnaire du Bas-Langage ou manières de parler usitées parmi le peuple*. t. II, D'Hautel et Schoell, 1808. Disponível em: <https://gallica.bnf.fr/ark:/12148/bpt6k5406698m?rk=42918;4>. Acesso em: 25 nov. 2018.

DALLEGRAVE NETO, José Affonso. *Nexo técnico epidemiológico e seus efeitos sobre a ação trabalhista indenizatória*. In: Rev. Trib. Reg. Trab. 3ª Reg., Belo Horizonte, v.46, n. 76, jul./dez. 2007.

DELGADO, Mauricio Godinho. *Curso de direito do trabalho*. 16. ed. São Paulo: LTr, 2017.

DERBLI, Felipe. *A aplicabilidade do princípio da proibição do retrocesso social no direito brasileiro*. In: SOUZA NETO, Cláudio Pereira de; SARMENTO, Daniel (Coords.). Direitos Sociais: Fundamentos, Judicialização e Direitos Sociais em Espécie. Rio de Janeiro: Lumen Juris, 2008.

DESSAUNE, Marcos. *Desvio produtivo do consumidor*: o prejuízo do tempo desperdiçado. São Paulo: RT, 2011.

DIAS, Ronaldo Brêtas de Carvalho. *Responsabilidade do Estado pela função jurisdicional*. Belo Horizonte: Del Rey, 2004.

FELICIANO, Guilherme Guimarães. *Dos princípios do direito do trabalho no mundo contemporâneo*. In: Revista do Tribunal Regional do Trabalho da 15ª Região.

FERNANDES, Paulo Roberto. A figura de contrato intermitente do PL n. 6.787/2016 (Reforma Trabalhista) à luz do direito comparado. Disponível em: <htpp://ostrabalhistas.com.br/figura-do-contrato-de trabalho-intermitente-do-pl-no-6-7872016-reforma-trabalhista-luz-do-direito-comparado/>. Acesso em: 19 nov. 2018.

FLORES, Joaquín Herrera. *A (re)invenção dos direitos humanos*. Florianópolis: Fundação Boiteux, 2009.

FRANCO FILHO, Georgenor de Sousa. *Cyber atleta*: profissão nova. In: O Liberal, de 28 maio 2017.

_____. *Deslocalização internacional e interna*. In: Revista do Tribunal Regional do Trabalho da 8ª Região, Belém, v. 91, 2013.

FREITAS, Cláudio Victor de Castro. *Reforma trabalhista e a relativização da proteção no direito individual*: a emergência do princípio da compensação da posição debitória complexa das partes. Disponível em: <https://www.jota.info/opiniao-e-analise/colunas/reforma-trabalhista/reforma-trabalhista-direito-individual-24052018>. Acesso em 22 nov. 2018.

FRÖHLICH, Martin. *La reducción de la jornada (Kurzarbeit) y otras medidas del derecho del trabajo frente a la crisis em alemania*. In: Temas laborales. n. 105/2010.

GAGLIANO, Pablo Stolze; PAMPLONA FILHO, Rodolfo. *Manual de direito civil*. São Paulo: Saraiva, 2017.

GARBI, Carlos Alberto. *Il Terzo Contratto*: Surge uma nova categoria de contratos empresariais? In: Revista Consultor Jurídico, 30 de julho de 2018. Disponível em: <https://www.conjur.com.br/2018-jul-30/direito-civil-atual-il-terzo-contratto-categoria-contratos-empresariais#sdfootnote1sym>. Acesso em: 22 nov. 2018.

GARCIA, Gustavo Filipe Barbosa. *Curso de direito do trabalho*. 8. ed. São Paulo: Método, 2014.

_____. *Teletrabalho carece de legislação para garantir o direito à desconexão*. Revista Consultor Jurídico, 15 de junho de 2016.

_____. *Trabalho escravo, forçado e degradante*: trabalho análogo à condição de escravo e expropriação da propriedade. Disponível em: <http://www.lex.com.br/doutrina_23931020_trabalho_escravo_forcado_e_degradante>. Acesso em: 25.03.2019.

GASPAR, Danilo Gonçalves. *Subordinação pontencial*. São Paulo: LTr, 2016.

GERENT, Juliana. *Internalização das externalidades negativas ambientais*: uma breve análise da relação jurídico-econômica. In: Revista de Direito Ambiental. São Paulo, ano 11, n. 44, out./dez. 2006.

GILBERT, Michael D. *Single subject rules and the legislative process*. In: University of Pittsburgh Law Review. Vol. 67:803.

GONTIJO, Danielly Cristina Araújo. *O direito fundamental de acesso à justiça*. São Paulo: LTr, 2015.

GONZAGA NETO, José Wally; SCHIO, Adriana Cavalcante de Souza. *A negociação coletiva para redução salarial*: o "Acordo japonês" e o PPE. In: Revista eletrônica Tribunal Regional do Trabalho da 9ª Região. Curitiba. v. 5, n. 51, p. 146-155, jun. 2016.

GOODWIN, Tom. *Digital darwinism*: survival of the fittest in the age of business disruption. Londres: KoganPage, 2018.

HERKENHOFF, João Batista. *Como aplicar o direito*. 9. ed. Rio de Janeiro: Forense, 2004.

HIRIGOYEN, Marie-France. *Mal-estar no trabalho*: redefinindo o assédio moral. Tradução Rejane Janowitzer. Rio de Janeiro: Bertrand Brasil, 2002.

HOBSBAWN, Eric. *Os trabalhadores*: estudos sobre a história do operariado. 5. ed. Trad.: Marina Leão Teixeira. São Paulo: Paz e Terra, 2015.

HOUAISS, Antônio. *Dicionário Houaiss da língua portuguesa*. Rio de Janeiro: Objetiva, 2009.

JAKUTIS, Paulo. *Manual de estudo da discriminação no trabalho*. São Paulo: LTr, 2006.

JOÃO, Paulo Sérgio. *O que muda com o projeto de lei sobre trabalho temporário e terceirização*. In: Revista Consultor Jurídico. Disponível em: <http://www.conjur.com.br/2017-mar-24/reflexoes-trabalhistas-muda-pl-trabalho-temporario-terceirizacao>.

JOSÉ FILHO, Wagson Lindolfo. *Glass ceiling*. Disponível em: <http://www.magistradotrabalhista.com.br/2015/01/glass-ceiling.html>. Acesso em: 02 nov. 2018.

KAUFMANN, Roland; JAGGI, Vibeke. *Swiss Supreme Court defines "very high remuneration" and sets a framework for managers' remuneration*. Disponível em: <http://www.froriep.com/uploads/tx_news/NL_Employment_EN_29_09_15def.pdf?utm source=Mondaq&utm_medium=syndication&utm_campaing=View-Original>. Acesso em: 25 jul. 2018.

LEITE, Jorge. *Direito do Trabalho na crise*. Temas de Direito do Trabalho. Coimbra, 1990.

LIMA, Firmino Alves. *Teoria da discriminação nas relações de trabalho*. Rio de Janeiro: Elsevier, 2011.

LIMA, Francisco Gérson Marques de. *Dos deveres constitucionais*: o cidadão responsável. Disponível em: <http://servicos.prt7.mpt.gov.br/artigos/2011/Deveres%20Constitucionais.pdf>. Acesso em: 22 jul. 1982.

LOPES, Otávio Brito. *Minorias, discriminação no trabalho e ação afirmativa judicial*. Disponível em: <http://www.tst.jus.br/documents/1295387/1313830/Minorias,%20discrimina%C3%A7%C3%A3o+-no+trabalho+e+a%C3%A7%C3%A3o+afirmativa+judicial>. Acesso em: 14 nov. 2018.

MAEDA, Patrícia. *A era zero dos direitos*: trabalho decente, terceirização e contrato zero hora. São Paulo: LTr, 2017.

MALLET, Estevão. Cláusula de não-concorrência no contrato individual de trabalho. In: *Revista da Faculdade de Direito da Universidade de São Paulo*. Volume 100. Jan./dez. 2005.

_____. *Dogmático elementar do direito de greve*. 2. ed. São Paulo: LTr, 2017.

MARMELSTEIN, George. *Discriminação por preconceito implícito*. Disponível em: <https://direitosfundamentais.net/category/preconceito-implicito/>. Acesso em: 22 nov. 2018.

_____. *O estado de coisas inconstitucional – ECI*: apenas uma nova onda do verão constitucional? Disponível em: <https://direitosfundamentais.net/2015/10/02/o-estado-de-coisas-inconstitucional-eci-apenas-uma-nova-onda-do-verao-constitucional/>. Acesso em: 22 nov. 2018.

MARTINEZ, Luciano. *A terceirização na era Temer*. In: Revista Magister de direito do trabalho. Ano XIII, n. 77.

_____. *Condutas antissindicais*. São Paulo: Saraiva, 2013.

_____. *Curso de direito do trabalho*. 9. ed. São Paulo: Saraiva, 2018.

MARTINS, João Zenha. *Dos pactos de limitação à liberdade de trabalho*. Coimbra: Almedina, 2016.

MARTINS, Sérgio Pinto. *Assédio moral no emprego*. 2. ed. São Paulo: Atlas, 2013.

_____. *Flexibilização das condições de trabalho*. 5. ed. São Paulo: Atlas, 2015.

_____. *Lockout*. In: Jornal Carta Forense. Disponível em <http://www.cartaforense.com.br/conteudo/colunas/lockout/15749>. Acesso em: 25 nov. 2018.

MASSONI, Túlio de Oliveira. *Aplicação das leis trabalhistas no teletrabalho*. Revista Consultor Jurídico, 1 de setembro de 2011, 11h36. Acesso em: 16.07.2017.

MAZZUOLI, Valério de Oliveira. *Curso de direito internacional público*. 11. ed. Rio de Janeiro: Forense, 2018.

_____. *Direito dos tratados*. São Paulo: RT, 2011.

MEDEIROS NETO, Xisto Tiago de. *Dano moral coletivo*. 4. ed. São Paulo: LTr, 2014.

MELO, Geraldo Magela. *O teletrabalho na nova CLT*. Disponível em: <https://www.anamatra.org.br/artigos/25552-o-teletrabalho-na-nova-clt>.

MENDANHA, Marcos Henrique; BERNARDES, Pablo Ferreira; SHIOZAWA, Pedro. *Desvendando o burn-out*: uma análise interdisciplinar da síndrome do esgotamento profissional. São Paulo: LTr, 2018.

MENEZES, Cláudio Armando Couce de. *Proteção contra condutas antissindicais*. In: Rev. TST, Brasília, vol. 71, n. 2, mai./ago. 2005.

MENZEL, Jörg; MÜLLER-TERPITZ, Ralf (Hrsg.). *Verfassungsrechtsprechung*: Ausgewählte Entscheidungen des Bundesverfassungsgerichts in Retrospektive. Berlim: Mohr Siebeck, 2011.

MESQUITA, Mário M. C. *Brasil 1961-1964*: inflação, estagnação e ruptura. n. 569. Departamento de Economia da PUC-RJ. Disponível em < http://www.econ.puc-rio.br/pdf/td569.pdf>. Acesso em: 28 jul. 2018.

MIGLIORINI, Mariceia Aparecida. *A dimensão do contrato psicológico como acordo das expectativas do indivíduo nas relações de trabalho na organização*. Tese de Doutorado em Engenharia da Produção. UFSC, Florianópolis. Disponível em: <http://repositorio.ufsc.br/handle/123456789/101931>. Acesso em: 18 nov. 2018.

MINDA, Gary. *Boycott in America*: how imagination and ideology shape the legal mind. Southern Illinois University Press, 1999.

MIZIARA, Raphael; PINHEIRO, Iuri Pereira. *A regulamentação da terceirização e o novo regime do trabalho temporário*: comentários analíticos à Lei n. 6.019/74. São Paulo: LTr, 2018.

MOLINA, André Araújo; HIGA, Flávio da Costa. *Direito ao esquecimento nas relações de trabalho*. In: Revista de Direito do Trabalho. vol. 195, nov. 2018.

MUÇOUÇAH, Renato de Almeida Oliveira; SOUZA, Aline Lemes de. *O panóptico nas relações de trabalho*. Disponível em: <http://www.estudosdotrabalho.org/texto/gt6/o_panoptico.pdf>.

MURADAS, Daniela Reis; CORASSA, Eugênio Delmaestro. *Aplicativos de transporte e plataforma de controle: o mito da tecnologia disruptiva do emprego e a subordinação por algoritmos*. In: LEME, A.C.P, RODRIGUES, B.A., CHAVES JÚNIOR, J.R. (Coord.). *Tecnologias disruptivas e a exploração do trabalho humano*. São Paulo: LTr, 2016.

JÚNIOR, J.R. (Coord.). *Tecnologias disruptivas e a exploração do trabalho humano*. São Paulo: LTr, 2016.

NASCIMENTO, Amauri Mascaro. *Compêndio de direito sindical*. 8. ed. São Paulo: LTr, 2015.

NEGREIROS, Teresa. *Teoria do contrato*: novos paradigmas. 2. ed. Rio de Janeiro: Renovar, 2006.

NEVES, Marcelo. *A constitucionalização simbólica*. São Paulo: Martins Fontes, 2013.

NOVAIS, Jorge Reis. *Direitos sociais*: Teoria jurídica dos direitos sociais enquanto direitos fundamentais. Coimbra: Coimbra, 2010.

OIT. *Enciclopedia de salud y seguridad en el trabajo*. Centro de publicaciones del Ministerio de Trabajo y Seguridad Social.

OIT. *Empregos Verdes*: trabalho decente em um mundo sustentável e com baixas emissões de carbono. 2008. Disponível em: <www.unep.org/labour_environment/features/greenjobs.asp>. Acesso em: 22 nov. 2018.

OLIVEIRA, Christiana D'arc Damasceno. *Direito à desconexão do trabalhador*: repercussões no atual contexto trabalhista. In: Revista LTr, v. 74, São Paulo: LTr, 2010.

OLIVEIRA, Fábio de. *A persistência da noção de ato inseguro e a construção da culpa*: os discursos sobre os acidentes de trabalho em uma indústria metalúrgica. In: Revista Brasileira de Saúde Ocupacional, São Paulo, 32(115): 19-27, 2007.

ONTÁRIO HUMAN RIGHTS COMMISSION. *The cost of caring*: report on the consultation on discrimination on the basis of family *status*. Disponível em: <http://www.ohrc.on.ca/sites/default/files/attachments/The_cost_of_caring%3A_Report_on_the_consultation_on_discrimination_on_the_basis_of_family_status.pdf>. Acesso em: 24 nov. 2018.

PEREIRA, Alexandre Libório Dias. *O direito à autodeterminação informativa na jurisprudência portuguesa*: breve apontamento. In: Tribuna de Actualidade. Vol. 5, 27-30. Dez./2017.

PLÁ RODRÍGUEZ, Américo. *A propósito de las fronteras del Derecho del Trabajo*. In: *Estudios sobre Derecho Laboral*. Homenaje a Rafael Caldera. Tomo I. Universidad Católica Andrés Bello. Editorial Sucre. Caracas 1977.

PORTO, Lorena Vasconcelos. *Por uma releitura do conceito de subordinação*: a subordinação integrativa. In: PORTO, Lorena Vasconcelos; ROCHA, Cláudio Jannotti da. Trabalho: diálogos e críticas. São Paulo: LTr, 2018.

____. *A parassubordinação*: aparência x essência. In: Revista Magister de Direito Trabalhista e Previdenciário. Vol. 5, n. 27. Porto Alegre: Editora Magister.

____. *A subordinação no contrato de trabalho*: uma releitura necessária. São Paulo: LTr, 2009.

RAMALHO, Maria do Rosário Palma. *Negociação colectiva atípica*. Coimbra: Almedina, 2009.

____. *Tratado de direito do trabalho*. Parte I: dogmática geral. 4. ed. Coimbra: Almedina, 2015.

RAMOS, Rafael Teixeira. *Luvas e bichos no contrato de trabalho do atleta*. Disponível em: <http://ostrabalhistas.com.br/luvas-e-bichos-do-contrato-de-trabalho-do-atleta/#_ftnref3>. Acesso em: 06 nov. 2018.

REINALDO FILHO, Demócrito. *Proteção das informações do empregado*: a posição da Comissão Europeia. Disponível em: <http://www.ibdi.org.br/site/artigos.php?id=175>. Acesso em: 08 jun. 2018.

REZEK, José Francisco. *Direito internacional público*. São Paulo: Saraiva, 2002.

RIOS, Mino Correia; GONDIM, Sônia Maria Guedes. *Contrato psicológico de trabalho e a produção acadêmica no Brasil*. In: Revista Psicologia, Organizações e Trabalho. Vol. 10, n. 1, jun., Florianópolis, 2010.

RIOS, Roger Raupp. *Direito da antidiscriminação*: discriminação direta, indireta e ações afirmativas. Porto Alegre: Livraria do Advogado, 2008.

RIVERO, Jean; SAVATIER, Jean. *Droit du travail*. Paris: Presses Universitarires de France, 1956.

ROBORTELLA, Luiz Carlos Amorim. *Lock-out*: aspectos conceituais no direito comparado. In: Revista de Direito Mackenzie. n. 2. Ano 1. São Paulo, 2000.

RODRIGUES JÚNIOR, Edson Beas. *Discriminação visual e suas diversas dimensões*: aschimofobia, discriminação etária, discriminação étnico-racial e discriminação cultural. In: Revista LTr, Volume 79, n. 9, set./2015.

ROSENVALD, Nelson. *Direito civil em movimento*: desafios contemporâneos. Salvador: JusPodivm, 2017.

____. *Inclusion rider*: Hollywood e a função social do contrato. Disponível em: <https://www.nelsonrosenvald.info/single-post/2018/03/13/inclusion-rider---hollywood-e-a-funcao-social-do-contrato>. Acesso em 16 nov. 2018.

____. *Responsabilidade vicária e responsabilidade contributiva*. Disponível em: <https://www.nelsonrosenvald.info/single-post/2015/12/08/Responsabilidade-vicária-e-responsabilidade-contributiva>. Acesso em: 22 nov. 2018.

RUGGIERO, Roberto de. *Instituições de direito civil*. Volume III. Campinas: Bookseller, 1999.

RUPRECHT, Alfredo J. *Relações coletivas de trabalho*. São Paulo: LTr: São Paulo, 1995.

SAAD, José Eduardo; BRANCO, Ana Maria Saad Castello. *Consolidação das Leis do Trabalho comentada*. 49. ed. São Paulo: LTr, 2016.

SACRAMENTO, Júlia Thiebaut. *A quarteirização na Administração Pública*: conceito, características e vantagens. Conteúdo Jurídico, Brasília, 2016. Disponível em: <http://www.conteudojuridico.com.br/?artigos&ver=2.56558&seo=1>. Acesso em: 12 set. 2017.

SACHS, Benjamin. *Janus and the private sector*. Disponível em: <https://onlabor.org/janus-and-the-private-sector-2/>. Acesso em: 26 nov. 2018.

SANSEVERINO, Paulo de Tarso Vieira. *Princípio da reparação integral*. São Paulo: Saraiva, 2010.

SANTOS, Ronaldo Lima dos. *Fraude nas relações de trabalho: morfologia e transcendência*. In: Boletim Científico da ESPMU, n. 28 e n. 29 – jul./dez. 2008.

SARLET, Ingo Wolfgang. *Notas sobre a assim designada proibição de retrocesso social no constitucionalismo Latino-Americano*. Revista do TST, Brasília, vol. 75, n. 3, jul./set. 2009.

SARMENTO, Daniel. In: CANOTILHO, J. J. Gomes [et. al.]. *Comentários à Constituição do Brasil*. 2. ed. São Paulo: Saraiva e Almedina, 2018.

SCAQUETTI, Sonia Cristina. *As cláusulas de paz e influência como conteúdo obrigatório da negociação coletiva sob a ótica da responsabilidade recíproca e social entre as partes*. In: Revista de direito do trabalho. São Paulo: Revista dos Tribunais, v. 40, n. 157, maio/jun. 2014.

SCHILLING, R.S.F. *More effective prevention in occupational health practice?* In: Occupational Medicine. Volume 34, Issue 3, 1st August 1984. Disponível em: <http://citeseerx.ist.psu.edu/viewdoc/download?doi=10.1.1.893.2852&rep=rep1&type=pdf>. Acesso em: 21 nov. 2018.

SCHWAB, Klaus. *A quarta revolução industrial*. São Paulo: Edipro, 2016.

SERSON, José; FERNANDES, Anníbal. *Curso de rotinas trabalhistas*. 37. ed. São Paulo: RT, 1997.

SERVAIS, Jean-Michel. *Derecho internacional del trabajo*. Buenos Aires: Heliasta, 2011.

SILVA, Homero Batista Mateus da. *Curso de direito do trabalho aplicado*. Volume 7 – direito coletivo do trabalho. 3. ed. São Paulo: RT, 2015.

SILVA, Otávio Pinto e. *Subordinação, autonomia e parassubordinação nas relações de trabalho*. São Paulo: LTr, 2004.

SOARES, Flaviana Rampazzo. *Responsabilidade civil por dano existencial*. Porto Alegre: Livraria do Advogado, 2009.

STEFANO. Valerio de. *The rise of the "just-in-time workforce"*: On-demand work, crowdwork and labour protection in the "gig- economy". Genebra: ILO, 2016.

SUPIOT, Alain. *Crítica do direito do trabalho*. Lisboa: Fundação Calouste Gulbenkian, 2016.

TAVARES, André Ramos. *Curso de direitos humanos*. São Paulo: Saraiva, 2004.

TEMER, Michel. *Elementos de direito constitucional*. 11. ed. São Paulo: Malheiros, 1995.

TEODORO, Maria Cecília Máximo. *O princípio da adequação setorial negociada no direito do trabalho*. 2. ed. São Paulo: LTr, 2018.

THOMSON, Judith Jarvis. *The realm of rights*. Boston: Harvard University Press, 1992.

TOFFOLI, Dias; RODRIGUES JÚNIOR, Otavio Luiz. *60 anos do julgamento do caso Luth e a autocontenção judicial*. Disponível em: <www.conjur.com.br>. Acesso em: 15 nov. 2018.

TRECCANI. Dicionário. Disponível em: <http://www.treccani.it/enciclopedia/valuta/>. Acesso em: 16 jul. 2018.

TRINDADE, Antônio Augusto Cançado. *Direito das organizações internacionais*. 6. ed. Belo Horizonte: DelRey, 2014.

URIARTE, Oscar Ermida. *A proteção contra os atos antissindicais*. Tradução Irany Ferrari. São Paulo: LTr, 1989.

VIANA, Marco Túlio; DELGADO, Gabriela Neves; AMORIM, Helder Santos. *Terceirização – aspectos gerais:* A última decisão do STF e a Súmula 331 do TST. Novos Enfoques. Rev. TST, Brasília, vol. 77, n. 1, jan./mar. 2011.

VITORELLI, Edilson. *Estatuto da igualdade racial e comunidades quilombolas*. 2. ed. São Paulo: RT, 2015.

WAKAHARA, Roberto. Bluewashing, desreipeito aos direitos fundamentais laborais e propaganda enganosa. In: *Revista do Tribunal Regional do Trabalho da 15ª Região*, n. 50, 2017.

WEIL, David. *The Fissured Workplace:* why work became so bad for so many and what can be done to improve it. Boston: Harvard University Press, 2017.

WRZESNIEWSKI, Amy; DUTTON, Jane E. *Crafting a Job*: Revisioning Employees as Active Crafters of Their Work. In: Academy of Management Review. vol. 26, n. 2. Disponível em: <https://journals.aom.org/doi/10.5465/amr.2001.4378011>. Acesso em: 21 nov. 2018.

ZAINAGHI, Domingos Sávio. *Contrato de trabalho simultâneo e emprego desdobrado*: fraude ou não? In: Revista de Direito do Trabalho – RDT. Ano 37, n. 141, jan./mar. São Paulo: Revista dos Tribunais, 2011.

ZAMBRANO, Guilherme da Rocha. *Arts. 457 a 467*. In: SOUZA, Rodrigo Trindade de (org.). *CLT Comentada*. 3. ed. São Paulo: LTr, 2018.